Rafaela Benício Mendes

Normalização, Certificação e Auditoria Ambiental

Josimar Ribeiro de Almeida

Normalização, Certificação e Auditoria Ambiental

ALMEIDA CABRAL

THEX EDITORA

Rio de Janeiro, 2008

THEX EDITORA LTDA.
Rua da Lapa, 180, Grupo 804/805 - Cep 20021-180
Tel.: (21) 2221-4458
e-mail: atendimento@thexeditora.com.br
Rio de Janeiro, RJ – República Federativa do Brasil
Printed in Brasil / Impresso no Brasil

Coordenação editorial
Marcia Pinto
Capa
Geraldo Jantzen
Formatação
Julio Fado

CIP-BRASIL. CATALOGAÇÃO-NA-FONTE
SINDICATO NACIONAL DOS EDITORES DE LIVROS, RJ

A444n

Almeida, Josimar Ribeiro de, 1950-
Normalização, certificação e auditoria ambiental/Josimar Ribeiro de Almeida. - Rio de Janeiro : Thex, 2008.

Inclui bibliografia
ISBN 978-85-7603-031-7

1. Política ambiental. 2. Planejamento estratégico. 3. Gestão ambiental. 4. Meio ambiente - Normas. 5. Auditoria ambiental. I. Título.

08-1649.

CDD: 363.7
CDU: 504.06

ÍNDICE

Capítulo 1

1. DIRETRIZES ESTRATÉGICAS DA POLÍTICA AMBIENTAL BRASILEIRA

1.1 - SISTEMA NACIONAL PARA O MEIO AMBIENTE

O desenvolvimento, a realização e a eficácia de uma Política Nacional para o Ambiente (PNA) requerem o estabelecimento de algumas condições essenciais, sem as quais seus resultados podem ser comprometidos. Essas condições, que normalmente derivam da forma pela qual a nação enfrentou e resolveu suas mais variadas questões, constituem elementos norteadores da política proposta, ou seja, seus princípios essenciais. Significa dizer que, em todas as suas facetas, e vista sob qualquer ângulo, a política obrigatoriamente os contempla, sendo por esse motivo beneficamente impactada pelas imposições e regras que deles derivam. Assim, os princípios básicos constituem valores que orientam planos nacionais, setoriais e locais, tanto públicos, quanto privados. (Almeida et al. 2006)

A Política Nacional para o Ambiente (PNA) consiste na estrutura estratégica conformada por Princípios (compromissos), Diretrizes e Sistemas de Gestão de diversas naturezas, dos quais decorrem programas estratégicos de institucionalização, compostos por projetos, ações imediatas e recomendações institucionais. Esses elementos, devidamente consolidados, destinam-se a oferecer à nação, através da ação conjunta e integrada do poder público e da sociedade civil organizada, as condições macroambientais necessárias à qualidade de vida, assegurando, portanto, ao País a disponibilidade institucional, legal e técnica necessária para:

- Realizar o desenvolvimento sócio-econômico.
- Propicia a diversificação de seus resultados.
- Garantir a soberania da nação.
- Efetuar a conservação e a reabilitação de seus recursos naturais e transformados.

Considerando alguns valores éticos já consagrados universalmente pelos movimentos denominados ambientalistas, esta política deve atender aos seguintes princípios:

- PRINCÍPIO da VIABILIZAÇÃO AMBIENTAL: Assegurando que todas as relações mantidas entre a nação e o território sobre o qual se assenta são viabilizáveis do ponto de vista ambiental.

- PRINCÍPIO da INTEGRAÇÃO de ESFORÇOS: Regendo que a sociedade civil e o poder público instituído têm plena consciência da necessidade da viabilização ambiental imposta às decisões e atos, públicos e privados, que impliquem a transformação ambiental de qualquer parcela de seu território.

- PRINCÍPIOS da COLETIVIDADE: Identificando que a dignidade humana em uma sociedade organizada está intimamente vinculada à estabilidade do ambiente em que se insere e no qual pretende realizar todas as suas aspirações de vida: o nascimento, o desenvolvimento físico e intelectual, as associações, a reprodução, as atividades produtivas, o lazer e a capacidade de contemplar este mesmo ciclo em todos os demais fatores do ambiente do qual é apenas parte.

- PRINCÍPIO da GLOBALIZAÇÃO: Regendo que o ambiente deve ser visto e compreendido em sua totalidade, contemplado em todos os seus componentes físicos, químicos, biológicos, sociais, políticos e econômicos.

- PRINCÍPIOS do USO RACIONAL: Determinando que o uso de qualquer um dos conjuntos dos recursos disponíveis em um território, naturais ou transformados, requer a adoção de práticas de comprovada eficiência que:

- Identifiquem, confirmem e justifiquem as demandas sociais que determinam a sua apropriação.
- Estabeleçam as condições essenciais desta apropriação e dos eventuais processos subseqüentes de transformação.
- Condicionem as ações a serem empreendidas a resultados preestabelecidos e socialmente legítimos.
- Sejam transparentes à nação, submetendo-se aos padrões de controle e fiscalização vigentes e distribuindo, sistematicamente, informações para a consulta pública.

- PRINCÍPIO do USO COMUM: Declarando que todos os indivíduos têm direito ao ambiente ecologicamente estabilizado, cabendo-lhes, portanto, o dever de protegê-lo, conservá-lo e preservá-lo, mesmo que, nas suas mais íntimas parcelas, sejam elas representantes de espaços primitivos, sejam resultados de ações antrópicas, das quais redundam novos espaços estabilizáveis e, conseqüentemente, novos conceitos de qualidade ambiental.

- PRINCÍPIO da EQUIVALÊNCIA: Concluindo que os fatores ambientais básicos - o ar, a água, o solo, a flora, a fauna e o homem - têm igual relevância diante de sua estreita e permanente interferência na estabilização ecológica do ambiente. Em razão dos processos inteligentes desenvolvidos pelo homem, a ele cabe compreender a inteligência subjacente às relações ambientais mantidas entre os demais fatores constituintes do ambiente. Dessa forma, o homem nunca será entendido, nem se entenderá, como um fator externo ao ambiente, o que enseja os enfoques limitados que abordam a Ecologia somente através de fatores físicos e biológicos.

- DIRETRIZES ESTRATÉGICAS (DE)

Da Política Nacional para o Ambiente (PNA) decorrem ações que, além de serem planificadas a partir dos princípios adotados, demandam orientações sistemáticas e permanentes em seu curso. Essas orientações são apresentadas sob a forma de Diretrizes Estratégicas que, em última instância, constituem conjuntos de valores que norteiam a realização de projetos em geral, tanto públicos, quanto privados:

❖ DE- 01: A nação, através do poder público instituído e da sociedade civil organizada, buscará, com base nos instrumentos institucionais disponíveis, as condições necessárias para a garantia da estabilidade ecológica de seu território:

Reabilitando áreas degradadas.

Conservando áreas em processo de uso/ocupação e utilizadas/ocupadas.

Preservando áreas cujas características biofísicas específicas, por motivos de variadas naturezas, impeçam ou desaconselhem o seu uso e ocupação.

❖ DE- 02: A estrutura legal nacional, direta ou indiretamente vinculada ao setor ambiental, conterá dispositivos destinados à viabilização ambiental das atividades transformadoras do meio, tanto aquelas que venham a ser propostas, quanto e sobretudo, as atividades existentes que, eventualmente, promovam efeitos negativos em seu sítio de influência.

❖ DE- 03: O poder público promoverá o desenvolvimento e a permanente atualização dos Sistemas Nacionais que corporificam, em forma e essência, a política nacional para o ambiente, a saber:

1. Sistema Nacional para o Ambiente - SNALA: Consiste na estrutura institucional através da qual é aplicada, gerenciada e atualizada a política nacional vigente, seus mecanismos e seus dispositivos complementares.
2. Sistema Nacional de Gestão Ambiental- SIAGA: Consiste no conjunto de dispositivos normativos e de subsistemas específicos de gestão dos recursos hídricos, do solo e do subsolo, da flora, da fauna e daqueles recursos que já sofreram qualquer processo de transformação através da ação humana.
3. Sistema Nacional de Informações para a Gestão Ambiental - SIGA: Consiste no conjunto de informações necessárias à gestão ambiental e ao acompanhamento da própria política nacional para o ambiente em todo o seu território.
4. Sistema Nacional de Licenciamento Ambiental - SLAL: Consiste no conjunto de normas e dispositivos destinados à definição de processos e pré-requisitos, apreciação de estudos de viabilização ambiental, análise e avaliação dos mesmos estudos e licenciamentos ambientais, para projeto, obra e operação de atividades transformadoras do meio.
5. Sistema Nacional de Zoneamento Ambiental - SIZA: Consiste no conjunto de critérios básicos, conceitos e normas destinados a orientar, qualitativa e quantitativamente, o uso e ocupação do seu território, conciliando os tipos de atividades previstas com as potencialidades e fragilidades de cunho físico, biológico e antrópico das áreas a serem utilizadas.
6. Sistema Nacional de Controle e Fiscalização Ambiental - SCOF: Consiste nos conjuntos de dispositivos legais destinados às atividades de sua competência, sob responsabilidade do setor público e da sociedade civil organizada,

envolvendo a estrutura institucional que lhe é dedicada; padrões de qualidade ambiental; condições de monitorização da qualidade dos recursos ambientais; normas de uso e de ocupação territorial; caracterização e classificação dos infratores, das infrações; e respectivas sanções penais.

7. SISTEMA NACIONAL de UNIDADES sob CONSERVAÇÃO AMBIENTAL - SNUCA: Consiste no conjunto de instituições, normas e processos destinados a estabelecer, desenvolver e implementar os dispositivos necessários para a definição, gestão e uso de Unidades Nacionais de Conservação Ambiental, as quais integram o próprio sistema.
8. SISTEMA FINANCEIRO NACIONAL para o AMBIENTE - SFINA: Consiste no conjunto de instituições, nacionais e internacionais, que dispõem de linhas de financiamento para planos, programas e projetos de cunho ambiental; contém ainda a estrutura e o fluxo gerencial e administrativo do Fundo Nacional para o Ambiente - FUNAME, ao qual caberá a captação e gestão dos recursos a serem aportados para fins da política nacional para o ambiente e de suas ações resultantes em seu território.
9. SISTEMA NACIONAL de EDUCAÇÃO e TREINAMENTO AMBIENTAIS - SETA: Consiste no conjunto de instituições, normas e processos destinados à promoção de uma consciência ecopolítica nacional e à capacitação dos profissionais do setor, tanto em âmbito público, quanto privado.

❖ DE-04: A política nacional para o ambiente será complementada, sempre que necessário for, por instrumentos destinados a criar resultados objetivos e práticos em acordo com as bases ideológicas que a configuram; estes instrumentos serão organizados sob a forma de Programas Nacionais de Gerenciamento, aprovados pelo órgão máximo do SNALA, envolvendo temas, tais como:

- Gerenciamento do patrimônio sócio-cultural.
- Gerenciamento do patrimônio físico.
- Gerenciamento das Unidades Nacionais sob Conservação.
- Gerenciamento das bacias hidrográficas.
- Gerenciamento do uso e da ocupação do solo.
- Gerenciamento da qualidade da água.
- Gerenciamento da qualidade do ar.
- Gerenciamento dos resíduos tóxicos e perigosos.
- Gerenciamento dos níveis de ruído.
- Gerenciamento dos recursos da flora.
- Gerenciamento dos recursos da fauna.

❖ DE- 05: Os programas nacionais de gerenciamento serão desenvolvidos de forma a integrar seus conceitos, créditos, padrões e atividades decorrentes; cada compartimento ambiental a ser gerenciado será contemplado dentro de um único tema, ensejando um único programa, de modo a não criar superposição de atividades, conflitos de ação e alocação indevida de recursos humanos, técnicos, logísticos e financeiros; o ato de gerenciar sempre será entendido como o conjunto das ações de normalização, inventário, diagnóstico, planificação, monitorização, controle, manejo e disseminação de informações.

1.2 - OS SISTEMAS NACIONAIS DO PNA

- Sistema Nacional para o Ambiente - SNALA

Consiste no sistema institucional básico destinado a aplicar a Política Nacional para o Ambiente, composto de órgãos e entidades do poder público estruturados nas diversas instâncias necessárias para garantir a gestão dos:

- Sistemas Nacionais que corporificam esta política.
- Programas Nacionais que a instrumentalizam, encarregados da manutenção e da melhoria da qualidade ambiental e de vida no seu território.

O SNALA está estruturado da seguinte forma:

- Órgão Estratégico - o Conselho Nacional para Ambiente (Coname), como órgão de assessoramento do Presidente da República para:

  1. formulação de políticas, estratégias e diretrizes governamentais do setor.
  2. identificação e determinação das necessidades de normalização.
  3. critérios e padrões de qualidade ambiental no território nacional. Por fim, cabe ao Coname a homologação de todas as formas, instrumentos e dispositivos relativos ao setor ambiental.

- Órgão Normativo e Deliberativo - a Secretaria Nacional para o Ambiente (Sename), como órgão de assessoramento da Presidência da República, com as finalidades de:

  1. Planificar, coordenar e avaliar os resultados globais dos sistemas e programas nacionais, estabelecendo as prioridades da ação e a alocação de recursos de acordo com as orientações do Coname.
  2. Desenvolver, atualizar e garantir a aplicação das normas relativas aos Sistemas Nacionais, envolvendo zoneamento ambiental, recursos de toda a natureza, informações para a gestão ambiental, licenciamento de atividades transformadoras do meio e educação ambiental.
  3. Estabelecer as condições, os critérios de avaliação e os padrões de qualidade ambiental a serem mantidos no território nacional.
  4. Supervisionar e homologar os processos de avaliação de impacto ambiental de empreendimentos regionais e na-

cionais, bem como homologar todos os licenciamentos conferidos no território nacional.

5. Gerir o Sistema Financeiro Nacional para o Ambiente.

- Órgãos Executivos - as Secretarias Seccionais ou Locais para o Ambiente (Semente), como órgãos executivos, no âmbito de sua jurisdição estadual e municipal, com as finalidades de:

1. Gerir a realização dos Programas Nacionais no território sob sua responsabilidade, detalhando sua programação físico-temporal e a alocação dos recursos de acordo com a planificação e as prioridades estabelecidas pela Sename.
2. Gerir os recursos locais destinados a cada programa, tanto aqueles oriundos do FUNAME, quanto aqueles gerados no próprio e pelo próprio estado ou município.
3. Aplicar e fazer aplicar em todos os processos de transformação ambiental ocorrentes em cada estado ou município as condições, critérios e padrões de qualidade ambiental aprovados para a nação, podendo ser mais restritiva em função das peculiaridades da região e da natureza das atividades transformadoras envolvidas.
4. Realizar as atividades referentes ao licenciamento ambiental das atividades transformadoras propostas para o estado ou município sob sua responsabilidade, integrando-se, se for o caso, com estado ou município limítrofes para a resolução de questões ambientais comuns.
5. Desenvolver e atualizar o diagnóstico ambiental do segmento do território nacional sob sua jurisdição, evidenciando as situações consideradas ambientalmente críticas e propondo medidas alternativas de reabilitação.

- Órgãos Técnicos de Assessoramento - as Comissões Consultivas (CoCon), constituem órgãos não permanentes de assessoramento aos órgãos do SNALA: Coname, Sename e Semente. Têm como finalidade desenvolver instrumentos, dispositivos e mecanismos relativos aos Sistemas e Programas Nacionais, sob a forma de projetos, com prazos e recursos limitados. Sua composição será efetuada. com base nas necessidades de domínio científico-tecnológico de cada projeto ou estudo a ser desenvolvido. O órgão do SNALA que propuser uma CoCon deverá alocar especialistas que poderão advir do próprio SNALA, de instituições científicas, entidades ambientalistas, órgãos de classe e do segmento autônomo consultivo, tanto nacionais, quanto internacionais. O Quadro apresenta a estrutura orgânica proposta para o SNALA.

QUADRO 1.1 - ESTRUTURA DO SNALA

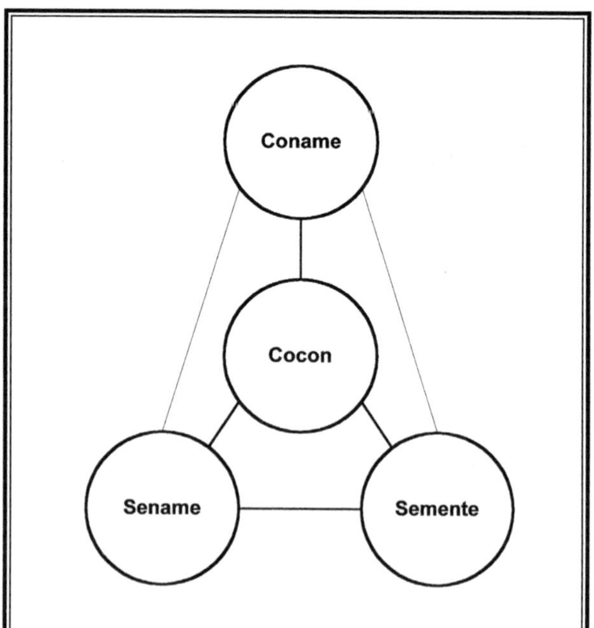

- SISTEMA NACIONAL de GESTÃO AMBIENTAL - SIAGA

O SIAGA representa todos os conjuntos de subsistemas necessários à operacionalização da política ambiental proposta. É constituído pelos:

1. Sistemas Nacionais Reguladores e Orientadores da Gestão Ambiental.
2. Sistemas Nacionais, Normativos e Executivos, destinados à gestão ambiental dos fatores ambientais básicos.
3. Sistema Nacional de Educação e Treinamento Ambientais.
4. Sistema Nacional de Controle e Fiscalização Ambiental.
5. Sistema Nacional de Unidades de Conservação Ambiental.
6. Sistema Financeiro Nacional para o Ambiente.

Todos esses elementos de gestão utilizam-se dos Programas Nacionais de gerenciamento específicos como instrumento de sua orientação, definição de metas e execução de resultados.

O Quadro a seguir apresenta a estrutura de todos os componentes do SIAGA.

QUADRO 1.2 - ESTRUTURA DO SIAGA

Sistema Nacionais Reguladores e Orientadores da Gestão	• Sistema Nacional de Zoneamento Ambiental • Sistema Nacional de Informações para a Gestão Ambiental • Sistema Nacional de Licenciamento Ambiental

<table>
<tr><td>Sistemas Nacionais Normativos e Executivos</td><td>• Sistemas Nacionais Reguladores e Orientadores da Gestão
• Sistema Nacional de Gestão dos Recursos Hídricos
• Sistema Nacional de Gestão dos Recursos do Solo e do Subsolo
• Sistema Nacional de Gestão dos Recursos da Flora
• Sistema Nacional de Gestão dos Recursos da Fauna
• Sistema Nacional de Gestão dos Recursos Transformados</td></tr>
<tr><td colspan="2">Sistema Nacional de Educação e Treinamento Ambiental</td></tr>
<tr><td colspan="2">Sistema Nacional de Controle e Fiscalização Ambiental</td></tr>
<tr><td colspan="2">Sistema Nacional de Unidades sob Conservação Ambiental</td></tr>
<tr><td colspan="2">Sistema Financeiro Nacional Para o Ambiente</td></tr>
</table>

(1) SISTEMAS NACIONAIS REGULADORES E ORIENTADORES DA GESTÃO

Estes sistemas estão assim estruturados:

- SISTEMA NACIONAL de ZONEAMENTO AMBIENTAL – SIZA, com desenvolvimento, implantação e coordenação em todo o território nacional sob responsabilidade da Sename, a partir das políticas e diretrizes formuladas pelo Coname e contando com a participação direta de representantes das diversas Semente. Sua operacionalização se dá no nível dos estados e municípios, de forma a evidenciar as singularidades territoriais de cada um, os tipos de uso e ocupação do solo existentes e permitidos, segundo o suporte ambiental oferecido. Para atingir essa meta, os estados ou municípios são subdivididos e estruturados em Áreas Homogêneas de Planejamento Ambiental - ARPA, que constituem porções territoriais que apresentam condições similares de suporte ambiental em termos de:

- Características geomorfológicas.
- Disponibilidade de água adequada aos usos previstos.
- Disponibilidade de solo.
- Áreas sob conservação.
- Usos e ocupação ocorrentes predominantes.

- Sistema Nacional de Informações para a Gestão Ambiental - SIGA, com desenvolvimento, implantação e coordenação sob responsabilidade da Sename, a partir das diretrizes formuladas pelo Coname, contando com a participação direta dos representantes da Semente. este sistema operará a partir de cadastros básicos a serem estabelecidos e produzirá:

  - Informações de suporte à decisão.
  - Informações de inventários de recursos ambientais.
  - Informações referentes à qualidade ambiental.
  - Informações relativas à gestão dos programas nacionais.
  - Informações de controle e fiscalização ambientais.

Essas informações serão consolidadas em três níveis distintos e complementares, a saber: Informações operacionais, que têm como usuários principais as Semente, informações táticas, que têm como usuário principal a Sename, e informações estratégicas, que têm como usuário o Coname. Cada um destes usuários constitui-se no responsável pela manutenção e atualização das bases de dados no nível em que é definido como usuário principal.

- SISTEMA NACIONAL de LICENCIAMENTO AMBIENTAL - SLAL, com elaboração, implantação e coordenação sob responsabilidade da Sename, a partir das diretrizes formuladas pelo Coname, contando com a participação direta de representantes das Semente. Tem por finalidade estabelecer os pré-requisitos para a implantação e operação de atividades transformadoras do meio, ou seja:

  - Estudos necessários à viabilização ambiental de empreendimentos.
  - Guias metodológicos gerais para a execução de estudos ambientais. . Determinação das Normas e Critérios para o desenvolvimento desses estudos.
  - Determinação das Normas e Critérios para cada uma das etapas de licenciamento de um empreendimento.
  - Definição dos instrumentos básicos para a análise e avaliação de estudos ambientais.
  - Determinação dos prazos de validade do licenciamento ambiental e das condições de sua renovação, em situações ordinárias e extraordinárias.
  - Delegação de competência para solicitação e análise de estudos ambientais, bem como emissão de licenças ambientais.

(2) SISTEMAS NACIONAIS NORMATIVOS E EXECUTIVOS

Trata-se de instrumentos cujos objetos de tratamento são:

- A estabilidade ecológica dos conjuntos dos fatores ambientais básicos - ar, água, solo, flora, fauna e homem.
- A qualidade das relações ambientais que esses fatores mantêm entre si.

Estes instrumentos estão assim discriminados:

- Sistema Nacional de Gestão dos Recursos Hídricos.
- Sistema Nacional de Gestão dos Recursos do Solo e do Subsolo.
- Sistema Nacional de Gestão dos Recursos da Flora.
- Sistema Nacional de Gestão dos Recursos da Fauna.
- Sistema Nacional de Gestão dos Recursos Transformados.

Todos têm por finalidade, no segmento ambiental de sua competência:

- Estabelecer as normas, condições e pré-requisitos para o uso e a apropriação de recursos.
- Estabelecer o conjunto essencial mínimo dos parâmetros necessários à monitoração, para fins de inventário e avaliação da qualidade ambiental, dos fatores ambientais envolvidos, resguardado o atendimento às determinações do SIGA.
- Identificar situações e tendências críticas de desestabilização ambiental no território nacional.
- Propor medidas alternativas de reabilitação e de proteção ambientais.
- Gerir a execução das medidas de reabilitação ambiental aprovadas pela Sename.
- Instrumentalizar as atividades de desenvolvimento e atualização do diagnóstico ambiental do território nacional.

As duas primeiras finalidades serão atendidas pela Sename, tendo por objeto todo o território nacional. Para a reabilitação dos instrumentos necessários, a Sename contará com o assessoramento de especialistas alocados pelas Semente. As finalidades restantes serão atendidas pelas Semente, garantindo assim a descentralização operacional da gestão ambiental e, por conseguinte, o atendimento às peculiaridades físicas, biológicas e antrópicas do território de cada estado ou município.

(3) SISTEMA NACIONALDE EDUCAÇÃO E TREINAMENTO AMBIENTAIS - SETA

O SETA tem por finalidade:

- Oferecer as condições básicas para o desenvolvimento da consciência crítica, em âmbito ecopolítico, da nação.
- Valorizar a cidadania e a qualidade de vida como um binômio resultante da harmonia entre o desenvolvimento sócio-econômico e a manutenção da qualidade ambiental.
- Garantir meios e instrumentos para a capacitação dos recursos humanos, na esfera do poder público, envolvidos com a gestão ambiental. Sua concepção básica, implantação e coordenação ficará sob a responsabilidade da Sename, a partir das diretrizes formuladas pelo Coname, contando com a participação direta de representantes das Semente.

Na sua execução, envolverá, além do poder público, os segmentos organizados da sociedade civil, as Universidades, organizações não-governamentais e instituições de pesquisa em ciência e tecnologia.

A matéria-prima básica de que se utiliza constitui-se de todos os elementos do SIAGA - Sistema Nacional de Gestão Ambiental e de todos os Programas Nacionais de Gerenciamento. Para a educação ambiental propriamente dita, o tratamento a ser dado objetiva dotar a sociedade civil de todo o conhecimento necessário à Gestão Ambiental como fundamento da qualidade de vida. Tomará assim, ao público, transparentes todos os mecanismos institucionais disponíveis e em desenvolvimento destinados à gestão do ambiente.

Negociará as possíveis formas de participação da sociedade neste processo, utilizando legítimos mecanismos de captação. Por sua vez, para o treinamento ambiental, onde a clientela é constituída pelos próprios órgãos do SNALA, através de seus recursos humanos, o SETA buscará a sua capacitação e atualização sistemáticas, como fórmula de garantir a qualidade dos serviços ambientais prestados pelo poder público constituído à nação.

(4) SISTEMA NACIONAL DE CONTROLE E FISCALIZAÇÃO AMBIENTAL - SCOF

O SCOF tem por finalidade:

- Estabelecer normas, critérios e padrões relativos às atividades de controle e fiscalização ambientais.
- Definir e estabelecer as estruturas orgânicas mínimas de uma Semente para a realização destas atividades no território sob sua jurisdição.
- Definir e estabelecer, qualitativa e quantitativamente, as penalidades, sanções e multas associadas às transgressões da legislação ambiental, considerando a natureza do infrator, o gênero de atividade por ele exercida, o quadro de desestabilização criado e as possíveis conseqüências da infração cometida.
- Constatar possíveis omissões dos programas nacionais de gerenciamento já implementados, justificando-as através de fatos concretos documentados.
- Suprir sistematicamente o SIGA com as informações operacionais de controle e fiscalização, envolvendo cadastro de infratores, cadastro de devedores, cadastro de eventos de fiscalização e outras informações compatíveis que venham a ser solicitadas pela Sename.

O SCOF será desenvolvido e implementado pela Sename, a partir das diretrizes formuladas pelo Coname. Sua gestão ficará sob a responsabilidade das Semente, descentralizada, portanto, por Estado ou município. O SCOF utilizará corno base de referência os padrões de qualidade ambiental estabelecidos e as determinações dos programas nacionais de gerenciamento.

(5) SISTEMA NACIONAL DE UNIDADES SOB CONSERVAÇÃO AMBIENTAL - SNUCA

O SNUCA tem por finalidade:

- Estabelecer as condições, critérios e normas para a identificação, demarcação e homologação das unidades sob conservação ambiental- UCA.
- Estabelecer os critérios de motivação para que urna área seja transformada em UCA.
- Definir os critérios e os padrões de uso de urna UCA, segundo sua natureza.
- Definir os critérios e os agentes responsáveis pela administração das UCA.
- Definir a estrutura orgânica destinada à gestão do SNUCA.

O SNUCA utilizar-se-á da estrutura institucional do SNALA para o seu desenvolvimento e gestão, resguardados os diversos níveis de competência nela previstos. Todos os sistemas componentes do SNALA, bem corno as relações de gestão básica que mantém, estão apresentados na figura 1.1.

FIGURA 1.1 - FLUXO DE ATIVIDADE DO SNALA

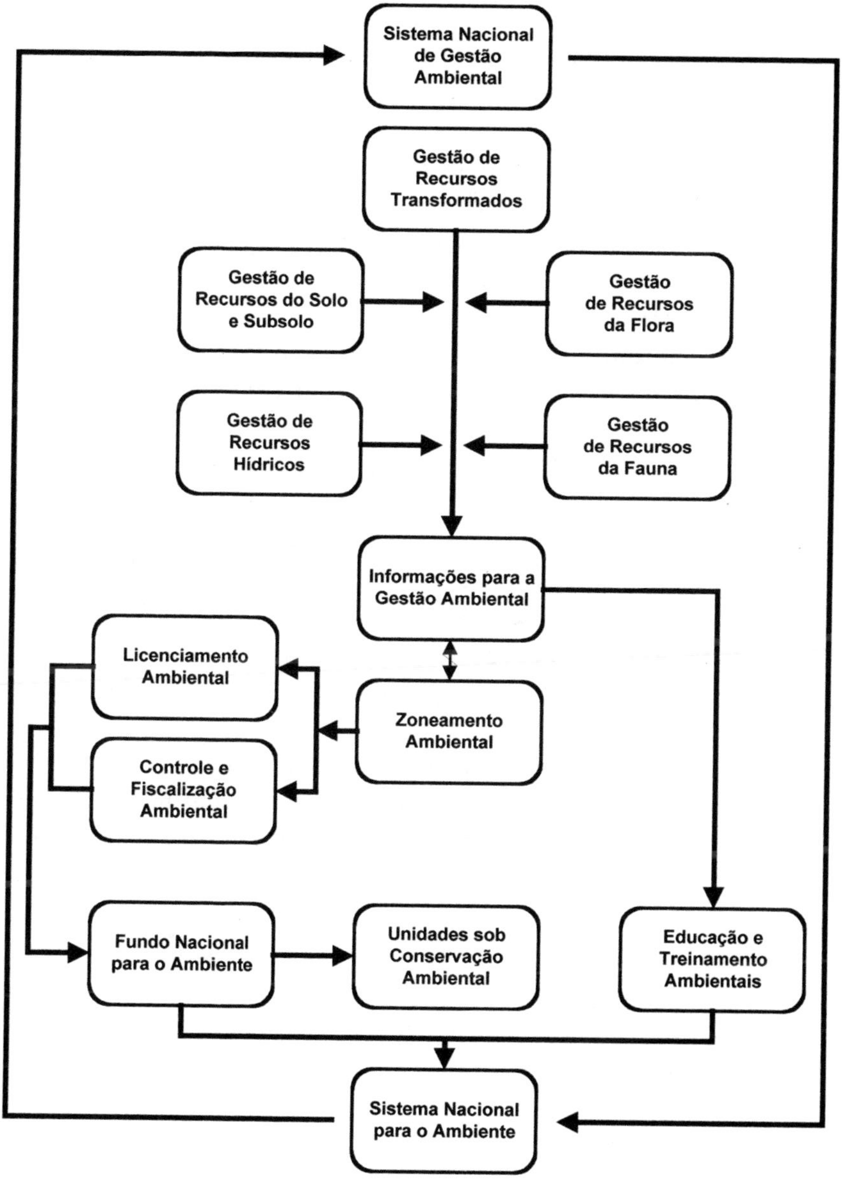

(6) SISTEMA FINANCEIRO NACIONAL PARA O AMBIENTE - SFINA

Com desenvolvimento, implantação e coordenação sob a responsabilidade da Sename, a partir das diretrizes formuladas pelo Coname, o SFINA tem por finalidade a alocação de recursos financeiros para o desenvolvimento e a realização de:

- Programas nacionais de gerenciamento.
- Sistemas nacionais de gestão.
- Sistemas reguladores e orientadores da gestão ambiental.
- Sistema nacional de educação e treinamento ambientais.
- Sistema nacional de controle e fiscalização do ambiente.
- Implantação, consolidação e ampliação da estrutura institucional do SNALA e de todos os seus mecanismos constituintes.

O instrumento básico para a sua operacionalização será o Fundo Nacional para o Ambiente - FUNAME. Diferentemente de outras propostas e de políticas vigentes, busca gerar a maior parte de seus recursos através de suas próprias atividades. Para realizar esses recursos, toma-se necessária uma estruturação seccional e locacional forte. As Semente precisam ter autonomia e organização adequadas.

O fundo será constituído, portanto, dos seguintes recursos:

- Dotações orçamentárias do sistema federal.
- Recursos oriundos de instituições financeiras internacionais com contrapartida nacional, tanto provenientes do setor público, quanto do setor privado.
- Recursos resultantes de doações, contribuições, valores, bens móveis e imóveis, que venha a receber de pessoas físicas e jurídicas.
- Recursos resultantes do Sistema Nacional de Controle e Fiscalização Ambiental.
- Recursos resultantes do Sistema Nacional de Informações para a Gestão Ambiental.

- Recursos resultantes do Sistema Nacional de Licenciamento.
- Recursos resultantes do Sistema Nacional de Educação e Treinamento Ambientais.
- Rendimentos de qualquer natureza auferidos pela aplicação de seu patrimônio.
- Outros recursos destinados por lei.

1.3 - PLANEJAMENTO FÍSICO-TERRITORIAL E A DIMENSÃO AMBIENTAL

Os trabalhos desenvolvidos para a Carta Magna coroam, de certo modo, o tratamento dado ao meio ambiente, caracterizado pela evolução dos instrumentos legais e institucionais criados no Brasil. Com base nesse instrumental, foi possível desenvolver ações de gestão ambiental, tais como iniciar o controle da poluição industrial, além de criar e instituir o zoneamento ambiental e de proteção dos mananciais em diversas regiões e estabelecer outras medidas acauteladoras ou claramente de preservação e proteção.(Coelho et al. 2006)

Calcado na forte consciência ambiental da sociedade contemporânea, aferindo os risco reais que a degradação ambiental provoca na qualidade de vida, na produção econômica e na sobrevivência da espécie humana, o texto constitucional coloca, de modo insofismável, a exigência de um tratamento especial para assuntos do meio ambiente, que resulte no efetivo cumprimento das normas por parte dos poderes públicos e da própria sociedade.

O texto constitucional, estando acima de todas as ideologias, de todos os partidos e grupos, sendo de interesse geral de toda a sociedade brasileira, das gerações atuais e futuras, consagra o direito de todos os cidadãos ao equilíbrio ecológico do meio ambiente, endossando, em linhas gerais, os princípios emanados da Conferência de Estocolmo de 1972 (Almeida, 2008). Mais ainda, atribui, direta ou indiretamente, aos planejadores, urbanistas, arquitetos, engenheiros e outros profissionais responsabilidade para a qual não estamos devidamente preparados científica e tecnologicamente.

1.3.1 - OS PARÂMETROS AMBIENTAIS E O PLANEJAMENTO TERRITORIAL

Os caminhos percorridos até agora, no âmbito do planejamento territorial, levados em conta os parâmetros ambientais, foram basicamente dois: a sistematização da análise ecológica sobre bases biológicas e a verificação pontual dos impactos das ações planejadas pelos homens. Isso se forem considerados trabalhos realizados no Exterior, pois o Brasil carece ainda de ações concretas e instrumentos conceituais precisos. (Almeida et al. 2006)

O planejamento territorial (regional e urbano), já há algum tempo operando com indicadores econômicos e sociais e utilizando outras disciplinas, deve introduzir agora novos indicadores, como os ambientais, para adquirir uma série de elementos de base que lhe permitam conhecimento adequado dos níveis de produtividade, unicidade e qualidade ambiental dos ecossistemas que estruturam a função territorial.

Trata-se de considerar "as diferenças entre sistemas diferentes" na análise dos sistemas complexos, como no caso dos modelos ecológicos (sistemas predador-vítima, competição, migração, estabilidade e complexidade etc.), e escolher variáveis significativas, como, por exemplo, as correspondentes à dinâmica dos fluxos energéticos nos ecossistemas artificiais.

Trata-se, ainda, de utilizar os indicadores ambientais em sentido positivo; isto é, ultrapassar a assunção e a assimilação dos "parâmetros negativos" do meio ambiente, como de fato se deu até agora junto aos planejadores. A tecnologia não pode ser considerada mero instrumental técnico, mas sim conhecimento sobre os efeitos ocasionados por dada técnica sobre a sociedade e o meio ambiente. O conceito geralmente aceito de "problema", para o meio ambiente, será substituído pelo conceito positivo de "potencialidade". (Mai et al. 2006)

O modelo de "ajuste", no que se refere ao desenvolvimento, seria superado, introduzindo-se a dimensão ambiental, na direção de um desenvolvimento voltado para a satisfação das necessidades básicas das populações mais carentes. Nesse contexto, evidentemente, não se poderá mais aceitar a racionalidade setorial do desenvolvimento (Lins et al. 2004).

1.3.2 - CARACTERIZAÇÃO LATINO-AMERICANA DOS PARÂMETROS AMBIENTAIS NO PLANEJAMENTO DO DESENVOLVIMENTO

Na IV Conferência de Ministros e Chefes de Planejamento da América Latina e Caribe (realizada em Buenos Aires, em 1983), concluiu-se que a incorporação da dimensão ambiental significava criar, entre os que se dedicam ao planejamento e em seu instrumental de planejamento, a consciência e a capacidade de considerar os recursos naturais e suas características ecossistêmicas:

- Como recursos escassos e de uso não-obrigatório.
- Como recursos ampliáveis, reproduzíveis, deterioráveis e esgotáveis, conforme o tratamento a que são submetidos.
- Sua utilização implica inevitavelmente custos e benefícios que afetam, de forma diferente, diferentes grupos sociais.
- Os custos podem ser minimizados - inclusive evitados - e os benefícios, ampliados mediante uma gestão ambiental adequada.
- A investigação científica e tecnológica pode gerar interessantes e novos conhecimentos para o desenvolvimento.

Nesse contexto, a incorporação da dimensão ambiental no planejamento não se baseia, apenas, na agregação ao plano de desenvolvimento de um capítulo especial sobre o meio ambiente. Na realidade, consiste na análise sistemática, no decorrer de todo o processo de planejamento, das oportunidades e das potencialidades, bem como dos riscos e perigos inerentes à utilização dos recursos ambientais da sociedade para seu desenvolvimento. Há mais: os recursos naturais, o meio ambiente construído e os ecossistemas não constituem categorias abstratas, num eventual modelo de planejamento, mas realidades concretas, espaciais e territoriais, muito bem inter-relacionadas. Assim, a incorporação da dimensão ambiental implica, obrigatoriamente, a necessidade de o planejamento expressar-se em termos de utilização do espaço e dos recursos naturais, devendo, portanto, ter uma especificação geográfica precisa, pela qual o processo de ordenação territorial adquire uma hierarquia determinante.

Entretanto, e apesar dessas conceituações, a metodologia de planejamento adotada na América Latina pouco considera as posições anteriores, basicamente porque, tal como as estratégias de desenvolvimento, tem sido influenciada por um estilo fundamentado, precipuamente, na imitação de padrões de desenvolvimento dos países industrializados. O mesmo ocorreu quando da realização de estudos de impacto ambiental em projetos de desenvolvimento, num enfoque passivo, parcial e, freqüentemente, conservacionista.

Necessita-se, evidentemente, de um enfoque que considere a base de recursos naturais ambientais como um dos potenciais de desenvolvimento da sociedade, junto com o potencial humano. O desenvolvimento desejado só pode vir da utilização racional e sustentável dos recursos da sociedade, mediante a adoção de tecnologias adequadas e a organização social eqüitativa e eficiente.

1.3.3 - A DIMENSÃO AMBIENTAL E OS ESTILOS DE DESENVOLVIMENTO

É possível, e até mesmo desejável, prever que, no futuro, se apresentem tentativas de modificação dos atuais estilos de desenvolvimento. É conveniente, portanto, que, quando isso acontecer, estejamos adequadamente preparados, mesmo que, em geral, as questões relacionadas com estilos de desenvolvimento, bem como aquelas associadas mais intimamente à dimensão ambiental, só sejam suscetíveis de modificações a longo prazo. Dentro das mudanças possíveis, vale a pena mencionar:

- A distribuição espacial e a concentração urbana da população.
- As transformações tecnológicas da estrutura produtiva, dos padrões de consumo e, por isso, dos estilos de vida.
- O desenvolvimento e o aproveitamento racional dos recursos naturais, corrigindo seu desperdício e sua deterioração.
- As mudanças na cultura, nos valores e nos comportamentos.
- As formas de organização sócio-política e institucional.
- Os modos de relacionamento internacional.

O fato de essas modificações ocorrerem a longo prazo não nos exime da responsabilidade de começarmos a agir o quanto antes; o futuro começa a ser construído agora, sobre as bases herdadas do passado.

Assim, como parâmetro inicial, é necessário reiterar que sociedade e meio ambiente estão intimamente relacionados e constituem subsistemas, formando um sistema global e condicionando-se mutuamente. Também é necessário ter em mente que o potencial de desenvolvimento de uma sociedade depende, em grande parte, de sua base ecológica - os seus recursos naturais -, enquanto o tipo e o grau de desenvolvimento afetam diretamente a base ambiental. Por esse motivo, o reconhecimento da base dos recursos naturais, atual e potencial, de uma sociedade é altamente prioritário. Claro que se deve considerar que a condição de "recurso" atribuída a algum elemento da natureza depende do conhecimento empírico, tecnológico e científico e das prioridades sociais, de modo que, por algum motivo, a matéria que se considerava refugo possa transformar-se em recurso energético, por exemplo, ou um mineral valioso perder todo o interesse econômico e político. (Leite & Almeida, 2005)

De tudo que já foi dito, infere-se que as atividades destinadas a conhecer e avaliar os recursos naturais de um país, seu controle permanente e sistemático, em particular aquelas que tem por objeto conhecer e entender o comportamento de seus ecossistemas, devem estar incluídas, desde já, entre as preocupações fundamentais do planejamento e da política em ciência e tecnologia. Entre essas atividades, deve-se ter em conta que os setores pobres urbanos e rurais sobrevivem, na maioria dos casos, em condições ambientais limites: são altamente vulneráveis à erosão, ao esgotamento dos solos, à contaminação das águas, às catástrofes naturais e às variações climáticas. A razão disso está na precariedade do acesso dessa população à terra urbana e rural. As políticas destinadas a erradicar a pobreza e a melhorar as condições de saúde e a habilitação não podem deixar de reconhecer essa situação estrutural básica e, em particular, os modos como são apropriados os recursos naturais. A distribuição dos benefícios e dos custos ambientais é muito desigual e contribui para acentuar as desigualdades sociais.

Disso resulta que o excedente gerado pela exploração da natureza permitiu um meio ambiente artificial extremamente favorável aos setores de renda média e alta e extremamente desfavorável aos setores mais populares. A preocupação ambiental dos setores mais favorecidos é a qualidade de vida, ameaça:da pela poluição do ar, pelo resíduo, pelo congestionamento, enquanto as condições ambientais que preocupam os menos favorecidos, como a poluição da água, a distância do local de trabalho, a pobreza das habitações, ameaçam a própria vida.

Estamos diante de um complexo de problemas sociais que se referem à pobreza, à eqüidade e à satisfação das necessidades básicas, aos quais a incorporação da dimensão ambiental permite enfoques e soluções capazes de proporcionar amplas oportunidades para introduzir elementos novos e criativos. (Almeida et al. 2007)

1.3.4 - O PLANEJAMENTO DO DESENVOLVIMENTO E OS ÓRGÃOS DE PLANEJAMENTO

As análises realizadas comprovam que, no que se refere à perspectiva ambienta! no planejamento do desenvolvimento, o livre funcionamento das forças de mercado revela grandes deficiências como mecanismo de desenvolvimento. De fato, o mercado é incapaz, em geral, de atender às necessidades de fornecimento de serviços de infra-estrutura ou de consumo coletivo. Em seguida, o mercado tem um horizonte temporal de prazo curto e tende a explorar os recursos de modo a pôr em risco as possibilidades de desenvolvimento futuro. (Almeida et al. 2008)

Por outro lado, o Estado e as instituições encarregadas do planejamento têm responsabilidade fundamental por esse assunto, pois o Estado não se apresenta simplesmente como aparato legitimador e reprodutor das forças de mercado, mas, ao contrário, como instituição que reflete os interesses, a curto prazo, dos setores majoritários da população e os impõe ao mercado. Desse modo, a preocupação fundamental do planejamento e da organização do Estado refere-se à reorientação do estilo de desenvolvimento, dirigida para a satisfação das necessidades básicas da população em geral e para o desenvolvimento sustentável a longo prazo, bem como para a ampla participação da população em todos os níveis.

As condições de crise do estilo de desenvolvimento atual, que se tomarão mais agudas num futuro próximo, levam forçosamente à adoção de medidas de política econômica e social destinadas a atenuar ou resolver tais problemas. Dessa perspectiva, os planejadores devem propor soluções que evitem que o peso dos recursos necessários recaia sobre os setores mais pobres da população, assim como que tais reajustes se dêem às custas de excessiva exploração dos recursos naturais, mas permitam aproveitar ao máximo e de forma criativa as oportunidades geradas por esse estado de mudança. Para isso, é necessário que os responsáveis pela política e pelas estratégias de desenvolvimento, incluindo os planejadores e os sistemas institucionais de planejamento, se conscientizem de que sociedade e natureza se configuram mutuamente.

Nesse sentido, e em oposição ao que acontecia nos anos 50 e 60, são atualmente colocadas em julgamento:

- A confiança na possibilidade de crescimento econômico exponencial limitado.
- A possibilidade de sustentar, a longo prazo, um estilo de desenvolvimento baseado na exportação de recursos naturais, em troca da importação de estilo característico da civilização urbano-industrial contemporânea.
- A acumulação máxima de bens de consumo materiais.

- As economias de escala de uma concentração urbana ilimitada.
- A fé indiscriminada no progresso da ciência e da tecnologia e sua capacidade para artificializar a natureza.
- A compatibilização dos níveis de consumo dos países industriais e dos grupos de altas rendas dos países em desenvolvimento, com os níveis de consumo da maioria da população do mundo.

Por outro lado, a introdução da dimensão ambiental sugere que a política de desenvolvimento acentue e cuide, entre outros, dos seguintes aspectos:

- Da garantia de acesso aos recursos naturais e seu aproveitamento para assegurar a satisfação das necessidades básicas atuais de toda a população.
- Da garantia de utilização e reprodução adequadas dos recursos naturais, que permitam sustentar o desenvolvimento a longo prazo, a fim de assegurar a sobrevivência e o bem-estar das gerações futuras.
- Da reorientação da atividade científica e tecnológica para a potencialização do entorno biofísico próprio e, em especial, para o uso dos recursos renováveis, a reciclagem dos dejetos e a eliminação de desperdícios, especialmente importante no caso da energia.
- Da adoção de uma perspectiva integradora multidisciplinar e de diferentes níveis da política e do planejamento do desenvolvimento.
- Da preocupação pela maneira como o campo internacional influi na estrutura e no funcionamento da sociedade em todas as suas dimensões, inclusive a ambiental.
- Da procura constante de formas de participação e organização social dos setores populares e da descentralização do exercício de planejamento, a fim de compensar as tendências

e as estruturas concentradoras de poder dominantes na economia e na sociedade.

- Da realização de enorme esforço para reeducar a população, de modo que esta adquira consciência e internalize a dimensão e os aspectos ecológicos do desenvolvimento.

Esse conjunto de orientações e de políticas, necessárias aos diferentes componentes de um sistema de planejamento, ou seja, às suas metas, às suas estratégias e políticas e ao seu instrumental técnico, faz parte, se não totalmente, pelo menos em grande parte, do texto constitucional que estamos analisando.

Devemos considerar, entretanto, que, na maioria dos países latino-americanos, é importante estabelecer a diferença entre as políticas formais (explícitas) que surgem das instituições oficiais do Estado e as que se originam de grupos de interesses econômicos (implícitos). Há, freqüentemente, evidente dissociação entre os objetivos formalmente adotados e a realidade dos países (Almeida et al. 2006).

Por outro lado, sem abandonar a concepção holística que caracteriza o planejamento, é importante defini-la atendendo às variáveis estratégicas que mais incidem nos processos que são objeto do planejamento. Entretanto, elemento fundamental nesse processo é o objetivo que o planejamento procura atingir, de maximização da taxa de crescimento do produto em função da provisão ótima de recursos.

No entanto, a alternativa do estilo de desenvolvimento atual poderia adotar como objetivo central a satisfação das necessidades básicas da maioria da população e a melhoria de sua qualidade de vida. Aceita essa proposição, é evidente que as dimensões relacionadas com o meio ambiente, a distribuição da renda, o acesso aos recursos e a própria estabilidade do processo de desenvolvimento assumem particular importância no planejamento.

Igualmente, seria necessário desenvolver uma estrutura jurídico-institucional condizente com os requisitos do estilo de desenvolvimento que se deseja, uma vez que a estrutura jurídica e as instituições do Estado respondem hoje, principalmente, às necessidades do estilo dominante. Não se pode pretender implantar um novo estilo de planejamento e de desenvolvimento sem que se modifiquem as instituições existentes.

1.3.5 - AS CONSEQÜÊNCIAS DA INCORPORAÇÃO DA DIMENSÃO AMBIENTAL NO PLANEJAMENTO

Até agora, os desafios imediatos do crescimento econômico impediram a incorporação eficaz da dimensão ambiental no planejamento do desenvolvimento econômico e social e no planejamento territorial da América Latina. A falta de resposta ao tratamento escasso ou nulo dado ao tema ambiental, na teoria econômica clássica e neoclássica, motivou, particularmente na década 70, o questionamento dessas teorias por parte de alguns e a cobrança de complementações e modificações por parte de outros. (Almeida et al. 2004)

As críticas levaram ao aumento de esforços visando incorporar a dimensão ambiental aos diferentes níveis do processo de planejamento. Diversos enfoques tomaram corpo, particularmente em organismos internacionais de financiamento, ao englobar a dimensão ambiental, mesmo quando os diferentes estilos de desenvolvimento propõem diferentes respostas em face dos problemas e da gestão ambiental. Ao mesmo tempo, em órgãos de ciência e tecnologia, surgem os enfoques integradores e holísticos que privilegiam o tratamento do planeta como ecossistema, assinalando os limites físicos do processo de desenvolvimento - vide, como exemplo, o enorme programa de pesquisa da UNESCO sobre o homem e a biosfera. Assim, o primeiro Relatório do Clube de Roma influi na abertura do debate sobre o planejamento do desenvolvimento mundial com crescimento zero da população e redução do crescimento econômico. A resposta latino-americana a essa colocação foi o Modelo Mundial da Fundação Bariloche, que assinalou a necessidade de estratégias redistribuidoras, orientadas preferencialmente para a satisfação dos requisitos básicos, em vez de se colocarem limites físicos, incorporando a dimensão ambiental no desenvolvimento e complementando-a com a introdução do conceito de estilos de desenvolvimento, de cujos comportamentos decorrem os diferentes estados do meio ambiente.

Dessas colocações, posições, interpretações e estudos, podem-se deduzir algumas conclusões capazes de contribuir para a maior coerência dos sistemas de planejamento em relação à dimensão ambiental:

- O mercado não é o mecanismo adequado para que se percebam os aspectos ambientais do desenvolvimento.
- Não é possível colocar no mesmo plano hierárquico as leis físicas, ecológicas, políticas, sociais ou econômicas.
- As novas exigências de recursos e espaços não têm que levar em conta uma resposta tecnológica automática.
- Os países da América Latina devem olhar sua gestão ambiental com prioridades diferentes daquelas dos países desenvolvidos.
- Os ecossistemas têm capacidade limitada de sustentação que, superada, influirá na deterioração do próprio ecossistema, constituindo variável importante na interpretação dos diferentes níveis de desenvolvimento (esse fato introduz a importância, do ponto de vista ambiental, do planejamento a longo prazo).
- A capacidade de sustentação não é um conceito rígido, ligado exclusivamente aos limites da oferta de recursos; ela pode ser modificada pela realidade sócio-cultural.
- Existe um marcado despropósito entre os horizontes econômicos dos produtores e os horizontes ecológicos do meio, que adquire especial importância, quando se analisam as diferentes racionalidades, aplicadas pelos diferentes tipos de produtos.

1.3.6 - OS NÍVEIS DE PLANEJAMENTO

Do ponto de vista anterior, podem ser analisados alguns níveis fundamentais do processo de planejamento: planejamento global, planejamento regional, planejamento setorial, planejamento de assentamentos humanos e planejamento de bacias hidrográficas. Entre eles, veremos com maior interesse o planejamento regional, o setorial e o de assentamentos humanos. (Almeida et al. 2006)

- PLANEJAMENTO REGIONAL

As análises anteriores sugerem que o planejamento regional poderá se tomar um dos principais meios para a maior incorporação da dimensão ambiental ao planejamento do desenvolvimento.

O primeiro aspecto necessário é que a região conheça o seu próprio meio ambiente. A falta de conhecimento global das possibilidades e restrições dos recursos naturais próprios impede uma avaliação cuidadosa do impacto de algumas das políticas governamentais setoriais de maior significação. Se o impacto é negativo, caso bastante freqüente, o pouco conhecimento impede que se conte com elementos de juízo que favoreçam a negociação com o Governo central. No caso de alguma grande intervenção, por exemplo, a região estará em melhores condições para negociar, se conhecer devidamente o comportamento e os atributos dos ecossistemas afetados.

A consideração explícita da problemática ambiental também pode contribuir para as funções de dotação e compensação dos agentes de planejamento regional, mediante o exame crítico da dimensão e o tipo de programas e projetos de aproveitamento dos recursos naturais. A dimensão dos projetos afeta a consideração dos mesmos como nacionais ou regionais. As vantagens das economias de escala e a adoção de tecnologias importadas facilitam os grandes investimentos ou macroprojetos desenhados e manejados em nível central. (Almeida et al. 2007)

- PLANEJAMENTO SETORIAL

Desde que se começou a planejar na América Latina, a dimensão ambiental sempre foi incorporada, em maior ou menor escala, ao planejamento em setores tradicionais, como agricultura, mineração, saúde, habitação etc. Existiu e existe ainda, por isso, a tendência a criar, em função dos problemas ambientais, novo setor dedicado ao meio ambiente. Essa solução corre o risco de, a médio e a longo prazos, marginalizar a dimensão ambiental do planejamento. Os principais argumentos para se evitar a setorialização dos problemas ambientais são os seguintes:

- O meio ambiente é uma dimensão que se situa, em maior ou menor escala, em todos os setores.
- A criação de um organismo ambiental setorial leva a privilegiar os temas de saúde, água, solos etc. e, cumprindo uma função principalmente fiscalizadora da deterioração ambiental, converte-se, para os planejadores dos outros setores, num obstáculo para suas iniciativas, opondo-se peremptoriamente à realização de projetos que possam afetar o meio ambiente.
- As decisões econômicas e as de planejamento adquirem, em organismos e ministérios tradicionais, considerável peso político e amplos recursos, às vezes, enquanto os novos organismos ambientais setoriais carecem de toda infra-estrutura operacional.
- A problemática ambiental tende a ser relegada a segundo ou terceiro plano, e não é incorporada ao planejamento global.

Criticar a setorialização do meio ambiente não significa, de maneira alguma, recusar o planejamento ambiental, as políticas e as linhas de ação especificamente ambientais. Alguns estudos tendem a apresentar dicotomia entre as posições que defendem a incorporação da dimensão ambiental no planejamento e o planejamento ambiental. Se, por outro lado, a ampla incorporação das considerações ambientais nas ações de desenvolvimento está muito longínqua e proporciona várias lacunas que tendem a se completar mediante planos e políticas de organismos setoriais tradicionais, por outro lado, a situação ambiental latino-americana é tal que, junto à adequada gestão ambiental, tomou-se indispensável tomar medidas concretas para a urgente solução dos problemas que se apresentam cada vez mais graves. É óbvio que muitas dessas medidas surgem, então, de políticas ambientais *ad hoc*. O problema fundamental é que essas ações tendem a ser sempre de tipo curativo e a ser tomadas *expost facto*. É necessário, assim, prevenir, antecipar e/ou evitar problemas posteriores por meio de propostas alternativas de maior cunho sócio-ambiental. (Almeida et al. 2007)

- PLANEJAMENTO DE ASSENTAMENTOS HUMANOS

É possivelmente no campo do planejamento de assentamentos humanos que se concretizam, com maior freqüência, as políticas setoriais, particularmente as políticas que têm relação com o meio ambiente. O acúmulo de problemas ambientais surgidos dos processos de urbanização e, particularmente, a gravidade de alguns deles nas cidades maiores, especialmente nas áreas metropolitanas, fazem do planejamento urbano uma categoria que, de algum modo, incorpora a dimensão ambiental. (Almeida et al. 2006)

Entretanto, é importante esclarecer alguns conceitos. A cidade pode ser considerada um sistema complexo e altamente artificializado ao qual se deve fornecer, contínua e ininterruptamente, materiais, energia e informações e do qual devem ser retirados os resíduos e dejetos gerados em suas atividades. Mesmo sendo um sistema altamente artificializado, a cidade tem origem num ecossistema que, apesar das transformações, mantém ainda alguns atributos básicos. Dessa forma, o alto grau de artificialização não deve coibir a possibilidade de aproveitamento da potencialidade ambiental que permanece no ecossistema. Estudos foram realizados considerando a cidade - o agloramento urbano - um ecossistema, e não somente um sistema de origens ecossistêmicas.

As administrações locais, municipais e metropolitanas, motivadas pela agilização dos problemas de desenvolvimento urbano e, em especial, pelos problemas ambientais, estão exigindo processos de planejamento mais elaborados e inter-relacionados com os planejamentos setorial, regional e global. Conseqüentemente, é cada vez mais importante a incorporação da dimensão ambiental ao desenvolvimento urbano.

Para isso, deve-se ter em conta as seguintes considerações:

- Do ponto de vista conceitual, é necessário dar ao processo de urbanização enfoque integral, histórico e de longo prazo e, além disso, considerar os assentamentos humanos núcleos de concentração de população, atividades e meio ambiente construído, que geram e resultam de um constante fluxo de transformações e usos de materiais e de energia.
- Além dos conhecidos problemas de contaminação, o planejamento da estruturação do espaço deve dar importância especial aos problemas de acesso, apropriação e renda da terra.
- As políticas de transporte têm múltipla e crucial influência no ambiente urbano e na demanda de recursos naturais, especialmente energéticos.
- A apresentação dos interesses comunitários não tem sido caminho muito utilizado para o planejamento, mesmo quando se conta com experiências notáveis à margem dos canais formais de planejamento, produtoras de soluções locais para problemas sócio-ambientais.

1.3.7 - OS INSTRUMENTOS DE PLANEJAMENTO

As considerações anteriores, acompanhadas da introdução de análises sistemáticas dos efeitos ambientais pelas intervenções de projetos sobre o ambiente, ou melhor, as avaliações de impactos ambientais, podem constituir importante avanço para a maior consciência dos problemas de uso dos recursos naturais e da qualidade do ambiente, que hoje parece tão escassa nos instrumentos de planejamento e de gestão do território, em níveis nacional, regional e local. A discussão sobre a avaliação de impactos e os resultados decorrentes podem servir para melhorar a racionalidade do processo de planejamento territorial.

A procura da maximização da eficácia e da minimização dos custos somente levará a resultados positivos, se as relações entre os conteúdos e modos de avaliação de impacto e os conteúdos e modos de planejamento territorial, nos diversos níveis, forem consideradas elementos de um mesmo problema e se ficarem claras as relações e a divisão de tarefas entre o novo instrumental e os instrumentos já em uso. Estes últimos, de fato, continuam a constituir, com todas as limitações que se conhecem, o quadro de referência da racionalidade das intervenções públicas e privadas. (Almeida et al. 2005)

O problema consiste, na realidade, em interligar um instrumento que ainda não existe, e que apresenta amplas margens de indeterminação, a instrumentos que, embora consolidados, parecem ter esgotado sua capacidade de produzir efeitos, e são, portanto, de repensamentos e de incertezas, mais do que elementos constitutivos de um corpo normativo consolidado. Por exemplo, a sensação de crise do urbanismo (e do planejamento urbano) é difundida, não só entre aqueles que elaboram os instrumentos do plano, mas também entre os administradores que devem gerenciar os planos e entre os administradores sobre os quais rebatem as conseqüências dos planos.

Sobre algumas questões parece haver concordância:

- O planejamento urbano não está em condições de orientar, segundo suas próprias previsões, as transformações territoriais; o planejamento, portanto, é ineficaz. Para fins de organização territorial, parecem muito mais determinantes outros tipos de decisão, como a política e a economia de um governo central, as políticas setoriais centrais e as competências locais em matérias diferentes da organização do território (por exemplo, em matéria de prevenção da poluição). Uma vez que não há coordenação entre os diversos instrumentos utilizados pelos diferentes sujeitos da Administração Pública e não existe coordenação entre os diferentes instrumentos utilizados pela mesma entidade local, o planejamento territorial só poderá ser ineficiente. Na maioria das vezes, os planos são tecnicamente fracos e de má qualidade.

- O planejamento tomou-se cada vez mais burocrático, constituindo sério obstáculo à eficiência de todo o sistema.
- Obter licenças e permissões de intervenção comporta procedimentos inseguros, cansativos e longos, que muitas vezes tomam inviável a própria intervenção. Por outro lado, a gestão do plano não está em condições de evitar alta cota de intervenções clandestinas ou disformes das previsões do plano.
- O planejamento é incapaz de prever a dinâmica real da sociedade (comportamentos coletivos e individuais, relações entre centros de poder etc.).
- O plano apresenta-se formalmente como referência de todas as racionalidades setoriais, mas, substancialmente, não é calibrado nem equipado com relação a elas, excluído, talvez, o caso de alguns segmentos de setores típicos, como a habitação ou determinadas categorias de infra-estrutura. O problema central toma-se, então, o de construir a lógica do plano, tomando explícitos - e, portanto, objeto de possíveis escolhas racionais - os conteúdos implícitos.

Do mesmo modo que algumas questões são objeto de críticas, no âmbito do planejamento urbano, também nas questões de planejamento regional são comuns as discussões, por exemplo, sobre o problema do "zoneamento". Criado pela tecnologia de planejamento territorial, desde as primeiras décadas deste século, esse instrumento entra em crise a partir do momento em que se introduz a dimensão ambiental no processo de planejamento.

O motivo fundamental é que o zoneamento não consegue traduzir a dinâmica das relações de todo tipo e de todos os níveis que se estabelecem no território. O meio ambiente é um jogo de interações complexas entre o meio suporte (elementos abióticos), os elementos vivos (elementos bióticos) e as práticas do homem (práticas sociais e produtivas). Essas interações estabelecem uma dinâmica que toma impossível dar conta, mesmo com ajuda de cartografias específicas, de certo número de "objetos" (riscos naturais, flora, fauna, utilização do espaço pelo homem), pois não se sabe ainda mapear esse "todo" ambiental, esse conjunto de relações de grupos a grupos de objetos, ou entre dois objetos de um mesmo grupo.

A apreciação da importância de um elemento do meio ambiente está diretamente ligada à cultura, à classe social e às atividades de cada indivíduo. O meio ambiente, portanto, não é uma realidade uniforme que possa ser "mapeada". Seu conteúdo deve ser definido por quem está "envolvido"; todo estudo que se refere, então, ao "percebido" ambiental, não levando em conta essas diversidades, se fundamenta em alguns a priori injustificáveis. (Almeida et al. 2008)

1.3.8 - O PLANEJAMENTO FÍSICO- TERRITORIAL E A DIMENSÃO AMBIENTAL

Após essas considerações, deve-se observar que o conteúdo dos planos era o destino das áreas ou das zonas; os objetivos eram de tipo formal (a decoração urbana), de tipo funcional (evitar que as diferentes atividades se atrapalhem mutuamente) e de tipo infra-estrutural (para que a cidade funcione). O conflito eventual poderá nascer: da qualidade do ambiente destinado aos vários grupos sociais; da redistribuição da riqueza originada dos modos de expansão e de uso do território; e dos processos de redistribuição da renda sob forma de distribuição do capital fixo social. Os planejadores sabem que é disso que se trata, mesmo que a aprovação de um plano nunca tenha sido explicitamente construída sobre os processos de quantificação dos meios de formação e distribuição da riqueza, mas escondendo-se atrás dos objetivos do bom senso, da dinâmica da população e da necessidade de habitações e dos lugares de trabalho. (Almeida et al. 2004)

Quando eram esses os problemas, o planejamento territorial não teve condições de enfrentá-los de modo eficaz. Às grandes expectativas de maior eqüidade social de que era imbuído o plano, seguiram-se as grandes desilusões. Hoje, os problemas parecem ser mais complexos que os anteriores, continuando a existir carências de explicitação e de conscientização.

O território como fator de produção, por exemplo, e como fornecedor de matérias-primas entra em conflito com o território do habitar e do gozar, de qualidade elevada. Juntos, entram em conflito com o território como lugar de reciclagem e de depuração, por meio do qual são absorvidos, sem traumas, os impactos da produção dos bens e dos serviços e os impactos da concentração da população.

Ante os problemas de racionalidade das escolhas entre os possíveis usos alternativos do território, o plano até agora utilizado é normalmente impotente: por sua instrumentação, pela falta de conhecimentos, pelo despreparo político e técnico que impedem a estruturação do planejamento territorial nesses termos.

Outro cenário tende, ao contrário, a dividir, de maneira mais equilibrada, as tarefas entre os planos territoriais, oportunamente modificados para levar em conta as variáveis ambientais, e os novos instrumentos, como os de avaliação de impacto. A formação do plano, nesse caso, deverá prever um mapa da sensibilidade do ambiente com relação à intervenção humana. Isto é, o plano deverá ser submetido a uma particular verificação preventiva de impacto ambiental, em condições de selecionar algumas tipologias de intervenção inadmissíveis e de definir alguns objetivos de qualidade ambiental aos quais comparar as sucessivas hipóteses de transformação. (Almeida et al. 2006)

Abrir o processo de planejamento a objetivos ambientais e avaliar as transformações em relação àqueles objetivos não significa, evidentemente, organizar uma nova hierarquia de valores que tenha em primeiro lugar os valores ambientais.

Significa somente tentar tomar explícitos os conteúdos implícitos, transparentes as decisões, avaliar os efeitos. Isto é, significa tentar melhorar os conteúdos e a eficácia do planejamento territorial e não jogar fora o patrimônio de experiências e de instrumentos até agora fadigosamente reunidos.

1.4 - PROCESSO DE GESTÃO DA ATIVIDADE PRODUTIVA SOB ENFOQUE ECONÔMICO E AMBIENTAL.

Os problemas relacionados ao meio ambiente vêm se tornando objeto de preocupação econômica e social. No cenário empresarial, a questão ambiental, sobretudo a questão de preservação do meio ambiente, coloca a empresa numa posição diferencial e competitiva no quadro atual de mudanças econômicas e ambientais das últimas décadas. Quanto a sociedade, esta nova consciência ambiental por parte da indústria traz uma melhoria qualidade de vida da população.

As organizações deverão, gradativamente tentar inserir a variável ambiental no planejamento dos seus cenários e nas tomadas de decisões além de manter uma postura responsável de respeito à questão ambiental. Para tanto, urge a necessidade de avaliar e identificar os fatores ambientais, visando a sobrevivência das empresas, a médio e longo prazos

Portanto, é importante saber quanto custa melhorar e manter a qualidade ambiental desejada, prevista a partir da política ambiental e dos objetivos e metas da empresa, apoiada por um Sistema de Custos de Qualidade Ambiental. Este sistema visa prover dados que permitam, em paralelo à identificação dos aspectos e impactos ambientais, selecionar as ações a serem tomadas em áreas problemáticas da empresa, de maneira a conseguir reduzir os custos totais da qualidade ambiental.

O sistema atual de custos não incorpora e/ou internaliza os chamados custos ambientais ou custos externos às empresas. Estes custos não fazem parte da alçada dos atuais sistemas de custos pois o sistema não considera as variáveis ambientais sob a forma de custos. A identificação e obtenção destes tornam-se fundamentais para explicar a causa e o efeito do problema, ou seja, conhecer os agentes geradores dos impactos socioambientais, os tipos de efeitos socioeconômicos na sociedade e os custos referentes a estas externalidades ou envolvidos na preservação do meio ambiente. Por isso, os custos ambientais deverão ser incorporados aos custos dos produtos a fim de determinar o valor real do produto.

Portanto, a inserção da variável ambiental é um importante elemento de decisão de compra, principalmente hoje em dia, onde é possível repassar ao consumidor os gastos ambientais realizados na melhoria dos processos, produtos e serviços, desde que estes tenham valores razoáveis, ou seja, que tenha sido realizada uma administração correta dos gastos ambientais. (Mai et al. 2006)

A existência de um sistema de custos ambientais tem a vantagem de apresentar as despesas envolvidas e os benefícios financeiros resultantes. Vale ressaltar que torna-se fundamental que as empresas participem, realizando melhorias nos seus processos, seja através de equipamentos mais eficientes, que refletem na redução de emissões de poluentes e conseqüentemente, na diminuição de casos de doenças respiratórias. Além do mais, o desempenho econômico da empresa pode ser afetado em decorrência das faltas e licenças que os funcionários tiram por causa dos problemas de saúde.

O termo custo ambiental pode ser tratado como uma externalidade, segundo alguns autores Benakouche, Motta, Margulis, Pearce, e instituições que tratam deste assunto. A economia neoclássica do bem-estar define externalidade como sendo o reflexo da ocorrência de uma atividade de produção ou de consumo de um bem ou serviço que provoca efeitos paralelos para os consumidores ou produtores envolvidos. Esses efeitos não são refletidos nos preços de mercado, ocasionando as denominadas "falhas de mercado". Uma externalidade, portanto, ocorre quando a atividade de um agente econômico afeta negativamente ou positivamente o bem-estar ou o lucro de outro agente e não há nenhum mecanismo de mercado que faça com que este último seja compensado ou pague por isso. (Almeida et al. 2006)

Externalidade é um custo externo, ou seja, aquele custo que muito possivelmente não é incorporado aos custos do produto e arcado pelas empresas. O COMASE – Comitê Coordenador das Atividades de Meio Ambiente do Setor Elétrico, de forma semelhante a Motta, define o custo ambiental como um custo de degradação que corresponde a uma externalidade socioambiental, isto é, aos efeitos negativos resultantes da geração de uma atividade que não são arcados pelas entidades geradoras, porém são impostos a terceiros na ausência de qualquer ação voluntária.

Nesta visão de custo ambiental tratado como uma "externalidade", pode-se enfocar dois aspectos distintos:

- o custo ambiental sob o aspecto da utilização do "bem comum" e
- o custo ambiental sob o aspecto do custo social.

Em ambos os casos há um ponto em comum: tais custos, normalmente, não entram nos cálculos do custo do produto, por isso são tratados como custos externos.

A abordagem de custo ambiental sob o aspecto da utilização do "bem comum" baseia-se na necessidade de considerar o meio ambiente sem proprietários, ou seja, o meio ambiente como um bem comum a todos. De fato, o meio ambiente realmente é um bem coletivo, a todos pertence a todos – direta ou indiretamente – dele usufruem. Entretanto, ao utilizar indevidamente este bem o custo que está sendo gerado não é agregado ao custo total.

Exemplificando a situação. Quando uma determinada indústria extrai recursos naturais do solo que são utilizados no beneficiamento e processamento de um determinado produto, gera-se um custo ambiental, pois não se paga pelos bens ambientais que não pertence somente à fábrica ou aos seus proprietários.

Grande dificuldade e complexidade estão quando se tenta atribuir valor a alguns bens e serviços ambientais declarados como intangíveis, pois como afirma o autor "a maioria dos serviços ambientais em risco não é transacionada no mercado e, portanto, não tem preço. O fato de não ter preço não significa que não tenha valor econômico".

A abordagem de Custo Ambiental sob o aspecto do "custo social" trata também dos custos decorrentes das "externalidades", porém possui uma diferença básica. Nesta situação, qualquer atividade que, por algum motivo, esteja provocando danos ou alterações maléficas ao meio ambiente e não esteja arcando diretamente com isto, está gerando um custo ambiental à sociedade como um todo, ou um custo social. Portanto, a população deve arcar também como esse tipo de custo, que não será incorporado por quem ou gerou, por exemplo, os custos relacionados com a limpeza das casas por conta da fuligem que é lançada pelas indústrias e com os remédios gastos para cuidar dos problemas respiratórios provocados por poluentes atmosféricos provenientes da mesma.

Custos sociais são "os custos de certa atividade ou produto que são bancados pela sociedade como um todo e que não são necessariamente iguais aos custos bancados pelo indivíduo ou empresa que realiza aquela atividade ou produção". Em outras palavras, equivale aos custos dos recursos utilizados em uma certa atividade, juntamente com o valor de qualquer perda de bem-estar ou aumento de custo que a atividade cause a qualquer outro indivíduo ou empresa.

Na tentativa de internalizar os custos ambientais, a empresa deve buscar alcançar um desenvolvimento econômico sustentável, adotando uma gestão ambiental eficiente capaz de propiciar benefícios à empresa que superem, anulem ou reduzem os possíveis custos ambientais que venham a surgir. Neste contexto, a empresa pode conduzir ações e o governo adotar políticas para o controle ambiental com intuito de reduzir os efeitos da degradação ambiental. (Coelho et al. 2006)

A gestão da atividade produtiva sob este enfoque tornou-se sinônimo de produtividade e sobre tudo, de competitividade para a empresa, através da maior eficiência no uso de materiais no processo produtivo, da redução das despesas com a disposição final de resíduos sólidos, da maior eficiência gerencial resultante de uma boa sintonia de trabalho entre os responsáveis pelas compras, pelo projeto, pela produção e manutenção afim de alcançar uma melhoria no desempenho ambiental da empresa. Se outrora a poluição era compreendida como aquele indesejável mal necessário ao desenvolvimento, agora a poluição é entendida como um recurso produtivo desperdiçado.

Existe a necessidade, então, de que sejam conhecidas com detalhes as previsões de custos para cada ação programada e um acompanhamento contábil dos custos efetivos, para se identificar os benefícios, compensações e reduções de custos a médio prazo, ou, por outro lado, eventuais despesas sem o retorno esperado pela empresa, em seus estudos de planejamento. Os riscos de acidentes são muito grandes nas empresas que estejam preocupadas com a variável ambiental ou que não tenha um sistema de gestão ambiental implementado, pois este tende a realizar um diagnostico dos riscos de acidentes. (Almeida et al. 2007)

Considerando que os processos produtivos de uma empresa possam causar alterações maléficas ao meio ambiente, urge a necessidade de uma gestão especifica que requer informações apropriadas sobre os fatores que provocam a degradação ambiental. Desta forma, é possível avaliar os efeitos à sociedade e selecionar as medidas adequadas de controle, combate ou prevenção à poluição conforme quadro a seguir.

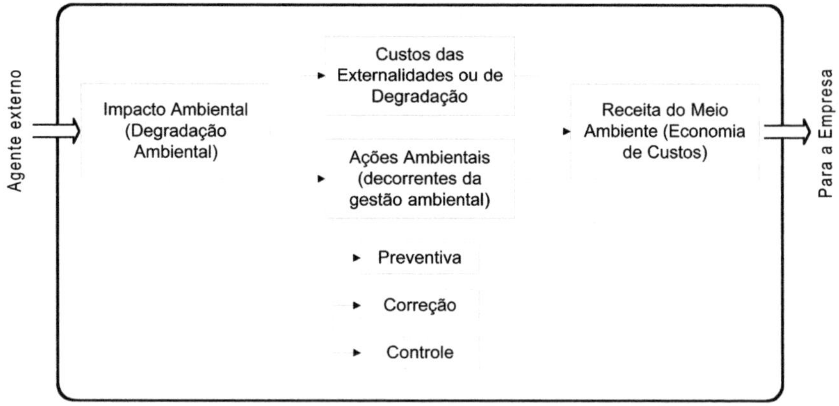

FIGURA 1.2 – PROCESSO DE GESTÃO DA ATIVIDADE PRODUTIVA SOB O ENFOQUE ECONÔMICO E AMBIENTAL.

Portanto, um dos primeiros passos para a aplicação deste processo de gestão é a investigação do(s) agente(s) externo(s) que provoca(m) o efeito indesejável. Esses agentes externos podem ser atribuídos as falhas humanas ou as falhas no projeto durante a construção e montagem do oleoduto ou em relação ao material utilizado e à fixação do mesmo no terreno ou no processo de monitoramento do sistema de detecção de vazamento de um duto ou de um tanque de uma refinaria ou qualquer outro responsável por causar um impacto ambiental poluidor. A partir destas variáveis perturbadoras, deve-se verificar e identificar as principais causas que culminaram no evento e posteriormente, a freqüência com que elas contribuem para a ocorrência deste, através dos estudos de análise de risco ambiental. (Almeida et al. 2003)

Frente a probabilidade de ocorrer um acidente ao meio ambiente e por conseqüência, a empresa tiver que incorrer em custos de externalidades, a gestão ambiental surge com a proposta de administrar (gerenciar) o uso dos recursos ambientais por meio de ações ou medidas econômicas, investimentos e providências institucionais e jurídicas visando a manutenção ou recuperação da qualidade do meio ambiente. Essas ações são de diferentes naturezas: corretiva, preventiva, ou destinada a controlar a utilização dos recursos ambientais.

Espera-se que com a efetividade destas ações, os custos decorrentes dos impactos ambientais – custos de externalidades – sejam reduzidos ou evitados e que retornem para a sociedade benefícios provenientes do emprego destas ações, como por exemplo a diminuição ou total eliminação de tratamentos de saúde devido aos poluentes emitidos pela empresa. Do ponto de vista empreendedor, algumas vantagens serão alcançadas se a empresa atingir as seguintes metas:

- Reparar/corrigir o dano causado no ambiente, de modo a colocá-lo nas mesmas condições em que se encontrava antes da degradação, ou o mais próximos disso.
- Procurar evitar que novas degradações venham a ocorrer.
- Fiscalizar todas as ações da empresa que envolva alterações ambientais, de modo a tê-las sob controle e evitar expor o meio ambiente a riscos desnecessários.

Satisfazendo estas metas, a empresa pode usufruir do aumento da produtividade, por acesso a mercados específicos para produtos, de um sistema de comunicação mais eficiente e ágil entre os atores envolvidos para evitar interpretações errôneas das irregularidades detectadas, da ausência de multas, da não incorrência de riscos de indenizações a terceiros, entre outras.

Os efeitos desta gestão se materializam de diversas formas, seja assumindo uma postura proativa perante a sociedade, instituições governamentais e não-governamentais ao empregar programas sociais para que haja a participação da população ou através da economia nos custos, pois ao empregar um processo que contemple um sistema de proteção e gerenciamento ambiental ou quaisquer outras atividades preventivas, corretivas ou de controle, o empreendedor estaria reduzindo seus custos de degradação ao meio ambiente.

Portanto, sob o enfoque econômico-ambiental o resultado deste processo de gestão se traduz através da análise comparativa dos custos de degradação com os investimentos necessários para implementar ações ambientais, seja em termos de prevenção, correção e controle. O resultado desta análise comparativa é o que podemos chamar de Receitas do Meio Ambiente ou de Economia de Custos.

A identificação e registro dos custos ambientais não resolvem os problemas de qualidade ambiental. A solução dos problemas ambientais é conseqüência da existência de um sistema de gestão ambiental bem administrado, da identificação clara dos problemas/falhas, utilizando como ferramenta o Diagrama de Causa e Efeito ou "Espinha-de-peixe" criado pelo japonês Kaoru Ishikawa, além da elaboração de um Plano de Ação e um Sistema de Informações Gerenciais estruturado que proporcione dados para orientar futuras decisões com problemas ambientais. (Almeida et al. 2007)

Considerando as mudanças surgidas nas últimas décadas na relação entre meio empresarial e meio ambiente, as empresas se vêem exigidas a incorporar a variável ambiental a fim de se manter no cenário empresarial competitivo.

Entretanto, a avaliação apenas sob a ótica das "externalidades" para o calculo do custo ambiental não é suficiente para auxiliar o empresário nas tomadas de decisões. Estas abordagem é uma visão simplificada pois os custos de externalidades são arcados apenas pela sociedade e não pela empresa. Os custos tornam-se atrativos para o empresário quando buscam soluções para redução dos impactos e conseqüentemente, diminuição dos custos ambientais e aumento dos benefícios ao meio ambiente.

Urge a necessidade do desenvolvimento de uma nova proposta de custos ambientais que revele as quantias dispendidas na obtenção da qualidade ambiental. Segundo a ISO 8.402, os custos da quantidade são "custos incorridos para garantir e assegurar a quantidade, bem como aqueles decorrentes das perdas quando essa qualidade não é obtida". A escolha por e modelo faz-se por considerá-lo um ótimo indicativo para avaliar o quanto as empresas deixaram de ganhar ou estariam perdendo, a partir dos danos ambientais provocados por atividades econômicas.

Segundo Philip Crosby (1996), qualidade não custa: a qualidade é um investimento com retorno assegurado. O que custa e provoca enormes prejuízos as organizações é a não-qualidade. Cada vez que há necessidade de refazer qualquer parte do trabalho já realizado seja por falhas próprias ou por falhas de outros, o custo real está crescendo . a expressão "Custo da Qualidade" vem causando certa confusão no âmbito das empresas pois associa a idéia de melhoria da qualidade ao aumento dos custos dos produtos. Na verdade, ter qualidade é lucrativo. Entretanto, uma outra expressão "aumentando a qualidade, aumenta-se a produtividade" que é encontrada nas normas nacionais, estrangeiras e internacionais, "bate de frente" com a idéia de lucratividade; de qualquer forma, por ser uma expressão já consagrada, prefere-se mantê-la.

As organizações buscam sempre a utilização racional dos recursos para alcançar o seu objetivo final. A abordagem que será realizada a respeito dos "Custos da Qualidade" é uma ferramenta de grande valor para a racionalização dos recursos.

Baseando-se na literatura de controle de qualidade e tendo como objetivo oferecer suporte às ações de melhoria ambiental, surgem diversos conceitos sobre "Custos da Qualidade" que variam conforme a aplicação que é dada pela empresa. Um dos primeiros autores nos anos noventa a definir custos de qualidade foi J.M.Juram) que dizia que era aquele que não deveria existir se o produto fosse fabricado perfeitamente e sem haver falhas na produção, que pudesse levar a desperdícios e perdas da produtividade.

Os custos da qualidade podem ser conceituados como aqueles associados à definição, criação e controle da qualidade, bem como à determinação do valor e retorno da conformidade com a qualidade, confiança e critérios de segurança. Este autor ressalva a importância de medidas para a qualidade e propõe uma classificação para os "Custos da Qualidade" em quatro categorias:

- Prevenção e Avaliação, que são os Custos de Controle (ou da Qualidade) e
- Falhas Internas e Externas, que são os Custos das Falhas de Controle (ou da Não-Qualidade).

Atualmente, esta classificação tem sido muito utilizada pela maioria dos autores que aplicam e discutem os conceitos de "Custos da Qualidade". (Quadro 1.3)

QUADRO 1.3 – CATEGORIZAÇÃO DOS "CUSTOS DA QUALIDADE".

Custo do Controle ou da Qualidade	=	*(Custo da Prevenção)* *(Treinamento)*	+	*(Custo da Avaliação)* *(Avaliação)*
Custo da Falha de Controle ou da Não Qualidade	=	*(Custo das Falhas Internas)* *(Perdas internas)*	+	*(Custo das Falhas Externas)* *(Perdas no cliente)*

No final da década de 70 e no início da década de 80, os "Custos da Qualidade" receberam uma maior atenção de gerentes que estavam preocupados com o sucesso dos programas de qualidade de suas empresas. No início dos anos 90, com o aumento da competitividade mundial, as empresas adquiriram uma preocupação maior em controlar e gerenciar seus custos. Com isso, novos sistemas de custos surgem para substituir a obsolescência e imprecisão dos sistemas de custos tradicionais. Neste contexto, trabalhar com "Custos de Qualidade" passa a ser fundamental para a racionalização e otimização dos recursos. Em suma, o objetivo dos "Custos de Qualidade" é identificar os problemas quanto à qualidade e direcionar os esforços para se prevenir destes tipos de problemas.

Os Custos de Controle (ou da Qualidade) podem também ser entendidos como aqueles necessários para garantir que o produto saia prefeito e os Custos da Falha de Controle (ou da não-Qualidade) são aqueles em decorrência das falhas que podem ser detectadas na linha de produção, antes que o produto saia da empresa ou mesmo depois que o produto já esteja no mercado. A seguir são apresentadas as categorias de Custo da Qualidade.

Os custos de prevenção são aqueles relativos às atividade que buscam evitar a produção de produto, componentes ou serviços insatisfatórios ou defeituosos. Os gastos com prevenção incluem os investimentos e demais dispêndios (demonstrados a seguir), que visam assegurar a conformidade com requisitos da Qualidade a níveis econômicos. Segundo IBP (1990) são considerados custo de prevenção:

QUADRO 1.4 - CUSTOS DE PREVENÇÃO

• Desenvolvimento de projetos de produtos/serviços a fim de satisfazer a necessidade do cliente/usuário em requisitos e padrões confiáveis de qualidade e para gerenciar a qualidade na fase de desenvolvimento do novo produto/ serviço. Para esta tarefa, incluem-se os custos de análise crítica do projeto; testes de qualificação de novos produtos/serviços; inovação tecnológica e alterações significativas em projetos de produtos/serviços já existentes.
• Planejamento da qualidade do processo produtivo para assegurar a capacidade das operações produtivas em atingir os requisitos e padrões da qualidade. Para estas tarefa, incluem-se o planejamento das atividades de controle da qualidade para todas as etapas do processo; qualificação do processo; projeto e desenvolvimento de técnicas e instrumentos de medição e testes e aquisição e desenvolvimento de software para processamento de dados de inspeção e teste.
• Administração e gerenciamento da qualidade através dos custos de salários administrativos da qualidade (gerentes e supervisores); planejamento do Sistema da Qualidade (Manual da Qualidade); análise e divulgação de índices da qualidade (relatórios de custos e auditoria); desenvolvimento de um plano anual de melhoria da qualidade envolvendo todas as atividades e despesas administrativas em geral.
• Avaliação para assegurar a conformidade dos itens/serviços fornecidos e, minimizar o impacto das não-conformidades destes itens/serviços na qualidade dos produtos/serviços entregues. Para esta tarefa, incluem-se os custos de avaliação de fornecedores; preparação e manutenção da lista de fornecedores aprovados e do índice de desempenho dos fornecedores e o planejamento de inspeção de recebimento e na fonte.
• Educação para qualidade de todas as funções da empresa que possam afetar, direta ou indiretamente, a qualidade dos produtos/serviço. Para esta tarefa, incluem-se os custos incorridos com treinamento (educação, conscientização e motivação) de pessoal para a melhoria da qualidade e certificação de operadores.
• Identificação das necessidades e percepção do cliente e/ou usuário quanto a qualidade que afeta a sua satisfação com os produtos e/ou serviços fornecidos. Para esta tarefa, incluem-se os custos de pesquisa de mercado; programas para buscar a opinião dos clientes/usuários; análise crítica dos contratos ou outros documentos que afetam os requisitos do produto/ serviço e desenvolvimento de procedimentos e listas de verificação para entrada de pedidos.
• Manutenção preventiva de equipamentos.

Fonte: IBP (1990)

Os custos de avaliação são aqueles relativos às atividades associadas a medição, avaliação e auditorias de produtos ou serviços que garantam o atendimento ao requisitos especificados de qualidade. Para o IBP (1990) tais custos incluem:

QUADRO 1.5 – CUSTOS DE AVALIAÇÃO

• Testes e inspeções em produtos ou serviços adquiridos a fim de determinar sua adequação ao uso. Estas atividades podem ser executadas como parte da inspeção de recebimento ou como inspeção realizada no próprio fornecedor. Para esta tarefa, incluem-se os custos de ensaios e testes de aceitação no fornecedor e programas de controle; ensaios e testes de aceitação em laboratórios, inspeção e testes de recebimento e a qualificação ou homologação de fornecedores, produtos ou serviços.
• Avaliação de operações (Fabricação ou Serviço) através de inspeções, testes ou auditorias requeridas para determinar e assegurar o atendimento aos requisitos durante todas as fases de execução de um produto ou de um serviço. Para esta tarefa, incluem-se os custos de análise de informações para execução, inspeção e testes de protótipos, homologação de produtos ou processos por agências oficiais; inspeções e testes durante a execução dos serviços ou produtos; pessoal envolvido com avaliação da qualidade; manutenção, aferição, calibração do equipamento de inspeção da qualidade; materiais consumidos durante as inspeções, testes e ensaios, avaliação da deterioração das matérias-primas e componentes em estoque.
• Avaliações efetuadas nas instalações do cliente, antes da aceitação oficial pelo mesmo. Para esta tarefa, incluem-se os custos de inspeção de transporte e armazenamento de campo; inspeção e ensaios durante a montagem no cliente e testes pré-operacionais.

Fonte: IBP (1990)

Os Custos da não-Qualidade são aqueles relativos aos gastos para reavaliar, corrigir ou substituir produtos ou serviços não-conformes com os requisitos ou com as necessidades do cliente. Estes custos estão associados a produtos, componentes, materiais, documentos, equipamentos, informações e serviços, que falham em atingir os requisitos especificados, incluindo as conseqüências dessas falhas.

Os Custos de Falhas Internas são aqueles que resultam de falhas ou defeitos que ocorrem antes da transferência de propriedade do produto ou do serviço ao cliente final. Normalmente está associado a algum tipo de erro do processo produtivo, seja ele devido a falhas humanas ou mecânicas. Alguns exemplos de falhas internas, segundo a classificação do IBP (1990), são:

QUADRO 1.6 – CUSTOS DE FALHAS INTERNAS

• Falhas de projeto de produto/serviço em razão das inadequações inerentes de projeto em relação à documentação das operações de produção. Para esta tarefa, incluem-se os custos de ação corretiva de projetos; retrabalho devido às mudanças de projeto; sucata devido às alterações de projeto e apoio à produção.
• Falhas de suprimento (material de fornecedores) em relação aos requisitos de qualidade, inclusive o pessoal envolvido. Para esta tarefa, incluem-se os custos de rejeição de materiais comprados; reposição de materiais comprados; ação corretiva no fornecedor e retrabalho sobre os materiais não-conformes recebidos do fornecedor.
• Falhas de operação (produto ou serviços) representam os custos gerais da qualidade e podem ser vistos como os custos relacionados com produtos ou serviços defeituosos, descobertos durante as operações de processo. Para esta tarefa, incluem-se os custos de análise de produto ou serviço não conforme e ação corretiva; retrabalho e reparo de operação; reinspeção/reteste; operações extras; sucatas de operação e perdas de mão-de-obra por falha interna.
• Problema de embarque de material.
• Refazer propostas antes de submetê-las ao cliente.
• Comparecimento à reuniões internas sobre problemas da Qualidade.
• Atrasos e buscas por informações incompletas ou perdidas.
• Reciclo de documento para corrigir erros.
• Redução da receita e penalidade devido ao atraso nas vendas faturadas
• Projetar novamente um item devido a erros ou problemas da fabricação.
• Tempo perdido devido à deficiência do projeto ou à compra de materiais defeituosos.
• Atrasos na produção e entrega gerando multas e penalidades.

Fonte: IBP (1990)

Os Custos de Falhas Externas são aqueles que resultam de falhas ou defeitos que ocorrem após a transferência de propriedade do processo produtivo ou de serviço ao cliente final. Podem ser considerados como custos de falhas externas, segundo a classificação do IBP (1990).

QUADRO 1.7 – CUSTO DE FALHAS EXTERNAS

• Administração de reclamações, que inclui a investigação, julgamento e resposta às reclamações individuais dos clientes ou usuários por razões de qualidade.
• Reclamações de responsabilidade pelo produto ou serviço, inclusive, custos de advogados, registros, custos de tribunal, responsabilidades e pagamentos.
• Devolução de produtos ou serviços inclui o custo de manusear, transportar e contabilizar material devolvido, bem como avaliar e reparar ou trocar bens que não atendem os requisitos de aceitação pelo cliente ou usuário devido a problemas de qualidade.
• Correção de não conformidades nos produtos em garantia inclui todos os custos de má qualidade num local de operação ou execução dos serviços e os custos de pessoal que estejam fazendo o trabalhão associado com garantia.
• Alteração das especificações de projeto para uma nova condição, baseado em re-cálculos significativos para minimizar ou mesmo eliminar as deficiência do projeto anterior.
• Penalidade pós-entrega devido à falhas no atendimento aos requisitos contratuais pós-entrega do produto e/ou serviço.
• Concessões ao cliente/usuários que não estão completamente satisfeitos com a qualidade dos produtos ou serviços recebidos, incluindo custos de descontos de vendas, extensões de garantia de produtos ou serviços.
• Vendas perdidas por conta da redução de vendas por problemas de qualidade.
• Reposição para manter a imagem da empresa.

Fonte: IBP (1990)

As informações fornecidas sobre as categorias de custos devem ser analisadas e interpretadas de forma a identificar as oportunidades de melhoria e avaliar a evolução dos custos ao longo do período. Para tanto, são realizadas comparações entre as categorias de custos (figura 1.3). Estes custos variam muito de indústria para indústria, dependendo da tecnologia utilizada com relação a equipamentos que produzam menos resíduos e poluentes, do tipo de produto fabricado e matéria-prima empregada, da condição de motivação e treinamento de funcionários sobre postura com relação aos problemas ambientais, etc.

FIGURA 1.3 – CUSTO DA QUALIDADE

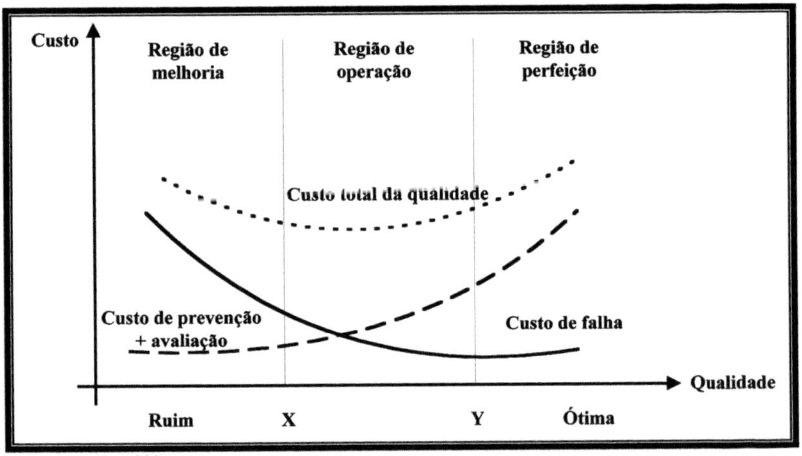

Fonte: IBP (1990)

a) Quando os custos de falha são dominantes, as oportunidades de aperfeiçoamento surgem quando estes se reduzem a fim de alcançar ações nas áreas de concentração de problemas da qualidade. (Região de Melhoria) Nesta região, deve-se investir primordialmente em prevenção e avaliação para reduzir os custos de falha.

b) Quando os custos de prevenção e de avaliação são dominantes, as melhores oportunidades de aperfeiçoamento aparecem na eliminação do perfeccionismo e da sobrequalidade. (Região de Perfeccionismo).

c) O custo total da qualidade possui um ponto ótimo que equivali à interseção entre as curvas de custos de falhas e custos de prevenção e de avaliação. (Região de operação) Esse ponto representa o custo mínimo global, desde que consiga obter um desempenho ambiental mínimo em condições compatíveis com as exigências de legislação e com a política ambiental da empresa.

Esse gráfico é objeto de várias críticas pelo de representar um momento especifico de um processo de produção de um dado produto ou serviço com condições fixas e de, portanto, não admitir o aperfeiçoamento da qualidade e a conseqüente redução de custos através da mudança do processo. A identificação dos "Custos da Qualidade" permite uma seleção de informações importantes para auxiliar no gerenciamento de programas de qualidade e na redução dos custos totais, buscando retorno dos investimentos e priorizando a implementação de programas nas áreas críticas em função dos custos.

Havendo um controle adequado nos "Custos da Qualidade", através da utilização de medidas eficazes para a qualidade, torna-se possível controlar os níveis de "Custos da Não-Qualidade", visando a eliminação das falhas de controle. Dessa forma, com um aumento planejado e controlado nos custos operacionais da qualidade, haverá uma redução dos custos operacionais decorrentes da não-qualidade e conseqüentemente, uma redução nos custos operacionais totais da qualidade. Admite-se de forma "ad hoc" que para cada US$ 1.00 gasto na prevenção e avaliação da qualidade, pode-se ganhar US$ 4.00 com a diminuição de falhas internas e externas; os custos decorrentes falhas podem aumentar gradativamente se os erros e defeitos não forem detectados.

As empresas gastam muito pouco com a prevenção de qualidade e muito mais com a correção das falhas de controle, fato este que eleva os custos operacionais totais das empresas. No sentido de complementar estas informações, a tabela a seguir apresenta duas maneiras de distribuição média dos "Custos da Qualidade" na indústria moderna.

Tabela 1.1 – Percentuais Característicos dos Custos de Qualidade

Categoria	Feigenbaum	Juran & Gryna
Custo de Prevenção	5% - 10%	0,5% - 5%
Custo de Detecção/Inspeção	20% - 25%	10% - 50%
Custo de Falha	65% - 70%	Interna: 25% - 40% Externa: 20% - 40%
Custo Total da Qualidade	100%	100%

Fonte: Baltazar, 2001

Pode-se evidenciar dois enfoques básicos para mensurar os "Custos da Qualidade": o enfoque tradicional é uma nova tendência que se baseia na utilização de valor agregado. Sob o ponto de vista tradicional, os "Custos da Qualidade" são alcançados por meio da identificação de itens de custos, como: prevenção, avaliação, falhas internas e externas em uma organização, que se encontram em relatórios contábeis e através de ajustes em sistemas de custos tradicionais.

A nova tendência baseia-se nas atividades que agregam valor ao consumidor, associando o conceito de valor agregado aos "Custos da Qualidade" que relacionam os itens de controle e falhas de controle às atividades agregadas ou não. Desta forma, o gerenciamento da qualidade propõe-se a identificação das atividades que agregam ou não valor, eliminado as atividades que não agregam e que resultam em custos desnecessários à organização, buscando a satisfação dos seus clientes e consumidores. Os aspectos abordados nos "Custos da Qualidade" indicam as falhas existentes antes e depois da entrega do produto/serviço ao cliente, bem como as medidas para prevenir e inspecionar problemas que possam surgir durante o processo produtivo. Para subsidiar esta identificação, são necessárias informações que contribuam para um melhor gerenciamento de custos das empresas, quando buscam o retorno dos investimentos e priorizam a implementação de programas nas áreas críticas em função dos custos.

A preservação ambiental é uma das preocupações do meio empresarial, que visa priorizar a prevenção à poluição e eliminar os resíduos/efluentes. Dessa forma, torna-se possível evitar as despesas com correções e até mesmo controle, e se necessário fazer uma restauração do seu processo produtivo.

Atualmente, as empresas buscam a qualidade por meio de uma política de qualidade e/ou programas a serem realizados. Na verdade, estas necessitam gerenciar seus custos, diminuir os custos das correções e das falhas ambientais e investir na prevenção da poluição, para que os custos totais se reduzam.

Considerando o cenário mundial que está atento às empresas que se preocupam com a questão ambiental, torna-se importante identificar os custos que se apresentam na relação entre o meio ambiente e o meio empresarial – Custo da Qualidade Ambiental. Para tanto devem-se conhecer dois aspectos relacionados com esses tipos de custo: as "externalidades" que serão tratadas pelos seguintes nomes: *custos externos* ou *custos de degradação* ou *custos de externalidades*, decorrentes dos impactos gerados pelas empresas e que no futuro, podem-se tornar grandes passivos ambientais e os *custos ambientais* incorridos pela empresas para tratar com atividades relativas à prevenção, à avaliação, às falhas internas e externas ao processo de produção.

Esta nova abordagem traz benefícios não apenas para empresas quanto para o meio ambiente. Sob o ponto de vista empresarial, as informações sobre os custos ambientais auxiliam nas propostas de melhorias para reduzir ou até mesmo eliminar tais danos, de forma que a empresas obtenha vantagens. Quanto aos benefícios proporcionados para o meio ambiente e a sociedade, a identificação deste custos também favorecem a melhoria nos processos que resultem na diminuição do dano acusado ao meio.

QUADRO 1.8 – ABORDAGEM DOS CUSTOS DA QUALIDADE AMBIENTAL.

- **CUSTO DE ADEQUAÇÃO** → **PREVENÇÃO**, **CORREÇÃO**, **CONTROLE**
- **CUSTO DE FALHA DE ADEQUAÇÃO**
- **CUSTO DE EXTERNALIDADES**

O *Custo de Qualidade Ambiental* encontra-se dividido em três categorias: o Custo de Adequação (adequação a normas, leis, portarias, decretos, necessidades dos clientes, abertura de mercado, etc.), que por sua vez subdivide-se em Custos de Adequação através da Prevenção do Controle e da Correção; o Custo das Falhas de Adequação; e os Custos de Externalidades ou de Degradação. A seguir são apresentadas as categorias que compõe a visão de Custo da Qualidade Ambiental, descrevendo cada elemento.

Sob o ponto de vista empresarial, o Custo de Adequação diz respeito aos custos necessários para se alterar o processo produtivo e se adequar às leis impostas por órgãos fiscalizadores, às leis de mercado que se modificam a cada momento, às normas ambientais nacionais e internacionais e às tecnologias "limpas". Na verdade, o custo de adequação revela as ações tomadas pela empresa para se adequar a uma nova situação imposta pelo mercado ou governo. A seguir serão abordadas as subdivisões de Custo de Adequação através da Prevenção, do Controle e da Correção.

Os custos de adequação através da prevenção são os dispêndios associados às atividades que buscam reduzir ou eliminar a emissão de poluição, se possível tentando chegar a 100% de prevenção ou zero de emissão. Alcançar zero de emissão é uma meta que distingue as empresas que buscam a qualidade ambiental e as que apenas reduzem os custos. Para tanto, a empresa deverá restaurar seu processo de poluição de maneira a obter produtos e componentes que sem qualquer tipo de falha ou serviços produzidos sem qualquer tipo de atividade poluidora.

A prevenção da poluição, é o uso de materiais, processos, ou práticas que reduzam ou eliminam a qualidade ou toxidade de resíduos na fonte de geração através de atividades que promovam, encorajam ou exijam modificações nos padrões comportamentais básicos da indústria, do comercio e instituições.

A solução preventiva embora se caracterize por uma crescente complexidade na sua aplicação implica em alguns benefícios do tipo: custos decrescentes para a sociedade, minimização dos custos de disposição final dos resíduos e dos custos da produção, devido à utilização mais eficiente das matérias-primas e da energia, melhora da imagem da empresa diante da sociedade e de agentes ambientais, crescente motivação dos empregados, aumento da competitividade da empresa frente ao estabelecimento de critérios ambientais por alguns consumidores e facilidade no cumprimento de novas leis e regulamentos ambientais. Alguns tipos de custos de adequação através da prevenção são:

- Contratação de mão-de-obra especializada na área ambiental;
- Treinamento e conscientização de pessoal, em todos os níveis hierárquicos, para implementação dos Sistemas de Gestão Ambiental;
- Contratação de consultorias e auditorias ambientais;
- Adequação aos preceitos das legislações federais, estaduais e municipais;
- Criação de banco de dados ambientais;

- Certificação pelas ISO 14000 (meio ambiente) e BS 8800 (segurança e saúde), incluindo custos de implantação, custos de conscientização e treinamentos de todos os níveis hierárquicos envolvidos, custos com manutenção e acompanhamento e custos com melhorias continua;
- Substituição de matérias-primas, insumos e componentes poluentes e revisão de equipamentos;
- Reciclagem e reutilização de materiais de escritório, embalagens, containers, sobras, etc.;
- Compra de máquinas, equipamentos e instalações cujas funções especificas atuem no processo de minimização dos níveis de emissão danosos;
- Investimentos em pesquisa e desenvolvimento para aprimoramento dos processos de tratamento e tecnologias "limpas", que não agridam o meio ambiente ou a sociedade;
- Serviço de atendimento ao consumidor;
- Divulgação das ações preventivas da empresa;
- Gastos co seguros ambientais.

No custo de adequação através da correção, estas refere-se como as despesas necessárias para a reparação de um dano causado, ou de uma poluição gerada ao meio ambiente. Neste caso, como o dano já aconteceu, verifica-se a necessidade da reparação/correção do ambiente.

Este tipo de custo apresenta-se de duas formas. A primeira é o custo para corrigir/reparar o dano causado de forma intencional. A presença dos custos não obriga a empresa a pagá-lo, ou melhor, que seja internalizado pela empresa através da correção ou reparo do prejuízo. A decisão de arcar ou não com os custo de correção depende de uma série de fatores, como a preocupação da empresa com sua imagem, a análise comparativa entre o custo de correção (exemplo: limpeza do rio) e o valor da multa imposta, etc; mesmo que a lei obrigue a empresa a fazer. A segunda, ao contrario do primeiro custo de correção, não é provocado de forma intencional (proposital). Um bom exemplo são os custos de reparação do danos causado ao meio ambiente por conta do vazamento de óleo de navios petroleiros e de dutos. A Exxon Valdez gastou em custo de correção por volta US$ 2,1 bilhões, além de sérias conseqüências com a imagem da empresa. (Mai et al. 2006) Alguns tipos de custos podem ser considerados como custos de adequação através da correção:

- Gastos com materiais (consumido e/ou perdido) e em embarcações de apoio para limpeza e recuperação de rios, mares e lagos, e de terrenos;
- Gastos com serviços (locações de lanças e barcos);
- Gastos com mobilização de pessoal (contratação de mão-de-obra);
- Custos com a paralisação;
- Reflorestamento;
- Gastos com reparos devido a acidentes causados em mares, lagos, rios, solos, ou ar;
- Correções na linha de produção;
- Limpezas desnecessárias (causada por ineficiências do processo).

O Custo de Adequação através do controle subentende-se que seja todas as ações implementadas para manter uma fiscalização e um monitoramento de empreendimentos impactantes ao meio ambiente visando alcançar uma meta preestabelecida, por exemplo, o equilíbrio ecológico. Sendo assim, pode-se considerar que o controle esta numa posição intermediária entre a prevenção, que tem como principal objetivo – prevenir para preservar o meio ambiente – evitar a poluição e o dano causado, e a correção, que busca remediar um dano já ocorrido.

Os custos de adequação através do controle, são aqueles gastos necessários para combater a poluição, e conseqüentemente os danos causados ao meio ambiente deliberadamente. Não deixa de ser uma forma de manter a poluição dentro de uma faixa de controle. Os tipos de custos de adequação através do controle são:

- Implementação de equipamentos para controle de efluentes provenientes das estações de tratamento, de tanques, áreas de bombas e áreas sujeitas a vazamentos de derivados de petróleo ou resíduos oleosos;
- Instalações de filtros;
- Compra de equipamentos utilizados nos testes para verificar os impactos causados ao meio ambiente;
- Verificação de métodos e processos;
- Testes e inspeções para verificação dos parâmetros poluentes nas matérias-primas, insumos e componentes comprados;
- Testes e inspeções para verificação dos parâmetros poluentes nos produtos acabados;
- Avaliação da deterioração das matérias-primas e componentes em estoque.

Um outro custo da Qualidade Ambiental e o Custo das Falhas de Adequação que refere-se aos dispêndios empresariais que são incorridos quando há uma falha no processo de adequação, seja através da prevenção, do controle ou da correção. Este item é de grande importância pois evidencia as ineficiências no processo produtivo e a não adequação às leis e normas ambientais impostas por órgãos ambientais. Desta forma, a empresa incorre em altos valores, em termos monetários de Custos de Falhas de Adequação que devem ser eliminados, por exemplo, as multas.

Algumas espécies de custos da falhas de adequação são encontradas, por exemplo:

- Pagamento de multas aos órgãos ambientais;
- Indenizações por prejuízos causados;
- Imagem da empresa abalada no mercado e na sociedade;
- Fechamento da empresa;
- Corte de crédito;
- Corte de permissão de atuação;

- Devolução de produtos;
- Atrasos na liberação de produtos (no caso, principalmente, de produtos para exportação);
- Perda de fatias do mercado.

Os custos dass falhas ao meio ambiente internas e externas são:

Custo de Falhas Internas:

- Retrabalhos em produtos por problemas ambientais;
- Perdas de matéria-prima fora dos limites normais;
- Desperdícios de energia elétrica e de água;
- Gastos com mão-de-obra do pessoal empregado em manuseio de material rejeitado por problemas ambientais;
- Remediação de áreas internas contaminadas;
- Ações trabalhistas resultantes de condições ambientais inadequadas da empresa.

Custo de Falhas Externas:

- Retrabalhos decorrentes de queixas de clientes sobre a qualidade ambiental do produto;
- Custo com testes externos para corrigir imperfeições decorrentes de queixas;
- Remediação de áreas externas contaminadas;
- Recursos legais por problemas ambientais;
- Multas de órgãos ambientais.

Os Custos das "Externalidades" são custos incorridos pela sociedade com tratamento de saúde, por exemplo, ou outros efeitos negativos resultantes da atividade produtiva e normalmente não são incorporados aos custos do produto.

Capítulo 2

2. NORMALIZAÇÃO AMBIENTAL

2.1 - OBJETIVOS E BENEFÍCIOS DA NORMALIZAÇÃO E CONFORMIDADE

Normalização é a atividade que estabelece, em relação a problemas existentes ou potenciais, prescrições destinadas à utilização comum e repetitiva com vistas à obtenção do grau ótimo de ordem em um dado contexto. (INMETRO)

Objetivos de Normalização

QUADRO 2.1

Economia	Proporcionar a redução da crescente variedade de produtos e procedimentos.
Comunicação	Proporcionar meios mais eficientes na troca de informação entre o fabricante e o usuário, melhorando a confiabilidade das relações comerciais e de serviços.
Segurança	Proteger a vida humana, o meio ambiente e a saúde
Proteção do Consumidor	Prover a sociedade de meios eficazes para aferir a qualidade dos produtos.
Eliminação de barreiras Técnicas e Comerciais	Evitar a existência de regulamentos conflitantes sobre produtos e serviços em diferentes paises, facilitando assim, o intercâmbio comercial.

Na prática, a Normalização está presente na fabricação dos produtos, na transferência de tecnologia, na melhoria da qualidade de vida através de normas relativas à saúde, à segurança e à preservação do meio ambiente. A normalização é utilizada cada vez mais como um meio para se alcançar a redução de custo da produção e do produto final, mantendo ou melhorando sua qualidade. (INMETRO, ABTN)

Os benefícios da Normalização podem ser:

- Qualitativos, permitindo:
  - utilizar adequadamente os recursos (equipamentos, materiais e mão-de-obra)
  - uniformizar a produção
  - facilitar o treinamento da mão-de-obra, melhorando seu nível técnico
  - registrar o conhecimento tecnológico e
  - facilitar a contratação ou venda de tecnologia

- Quantitativos, permitindo:
  - reduzir o consumo de materiais
  - reduzir o desperdício
  - padronizar componentes
  - padronizar equipamentos
  - reduzir a variedade de produtos
  - fornecer procedimentos para cálculos e projetos
  - aumentar a produtividade
  - melhorar a qualidade e
  - controlar processos

As normas podem ser elaboradas em 4 níveis:

- *Nível internacional* – normas destinadas ao uso internacional, resultantes da ativa participação das nações com interesses comuns. Por exemplo, normas da ISO (International Organization for Standardization) e IEC (International Eletrotechnical Comission).

- *Nível regional* – normas destinadas ao uso regional, elaboradas por um limitado grupo de países de um continente. Por exemplo: normas da CEN (Comitê Europeu de Normalização – Europa), COPANT (Comissão Panamericana de Normas Técnicas – Hemisfério Americano), AMN (Associação Mercosul de Normalização – Mercado Comum do Cone Sul).

- *Nível nacional* – normas destinadas ao uso nacional, elaboradas por consenso entre os interessados em uma organização nacional reconhecida como autoridade no respectivo país. Por exemplo: normas da ABNT (Brasil); AFNOR (França); DIN (Alemanha); JISC (Japão) e BSI (Reino Unido).

- *Nível institucional* – normas destinadas ao uso em empresas, instituições e organizações com finalidade de reduzir custos, evitar acidentes, orientar procedimentos.

PROCESSO DE ELABORAÇÃO DE NORMAS BRASILEIRAS

- A sociedade brasileira manifesta a necessidade de se ter uma norma;
- O Comitê Brasileiro (ABNT/CB) ou Organismo de Normalização Setorial (ABNT/ONS) analisa o tema e inclui no seu Programa de Normalização Setorial (PNS);
- É criada uma Comissão de estudo (CE), com a participação voluntária de diversos segmentos da Sociedade, ou incorporada esta demanda no plano de trabalho da Comissão de Estudos já existente e compatível com o escopo do tema solicitado;
- A Comissão de Estudo (CE) elabora um Projeto de Norma, com base no consenso de seus participantes;

- O Projeto de Norma é submetido à Comissão Pública (Consulta de Editais);
- As sugestões obtidas na Consulta Pública são analisadas pela Comissão de Estudo (CE) e o Projeto de Norma é aprovado e encaminhado à Gerência do Processo de Normalização da ABNT para homologação e publicação como Norma Brasileira.

Os ABNT/CB e ABNT/ONS mantêm Comissões de estudo em atividade nas mais diversas áreas. Estas Comissões de Estudo (CE) são integradas voluntariamente por produtores, consumidores e neutros (universidades, laboratórios, centros de pesquisas e Governo) que, através de consenso, analisam e debatem propostas de Projetos de Norma. Obtido o consenso, o Projeto de Norma é aprovado e submetido à Consulta Pública, após o que poderá atingir à condição de Norma Brasileira.

A expressão "produto, processo ou serviço", adotada para abranger o objeto de normalização em sentido amplo, deve ser interpretada igualmente para cobrir, por exemplo, qualquer material, componente, equipamento, sistema, interface, protocolo, procedimento, função, método ou atividade.

A normalização pode ser limitada a aspectos particulares de qualquer assunto. Por exemplo, no caso de calçados, os critérios de tamanho e durabilidade podem ser normalizados separadamente.

A normalização pode ter um ou mais objetivos específicos, notadamente em relação à adequação ao propósito de um produto, processo ou serviço. Tais objetivos podem ser, mas não estão restritos a: controle de variedade, facilidades de uso, compatibilidade, intercambiabilidade, saúde, segurança, proteção do meio ambiente, proteção do produto, entendimento mútuo, desempenho econômico, comércio. Estes objetivos podem estar sobrepostos. (INMETRO)

O documento normativo é aquele que estabelece regras, diretrizes ou características para atividades ou seus resultados. "*Documento normativo*" é um termo genérico que engloba documentos tais como normas, especificações técnicas, códigos de práticas e regulamentos.

Considera-se documento qualquer meio que contenha informação registrada. Norma é o documento, estabelecido por consenso e aprovado por um organismo reconhecido, que oferece, para uso comum e repetitivo, regras, diretrizes ou características para atividades ou seus resultados, visando à obtenção de um grau ótimo de ordenação em um dado contexto. (ABNT)

As normas devem ser baseadas em resultados consolidados da ciência, tecnologia e experiência, visando à otimização de benefícios para a comunidade.

As Normas disponíveis ao público são:

- Norma Internacional: norma que é adotada por uma organização internacional com atividades de normalização, e colocada à disposição do público.
- Norma Territorial: norma que é adotada no âmbito de uma fração territorial de um país e colocada à disposição do público.
- Norma Regional: norma que é adotada por uma organização regional com atividades de normalização, ou por uma organização regional de normalização, e colocada à disposição do público.
- Norma Nacional: norma que é adotada por um organismo nacional de normalização e colocada à disposição do público.
- Outras Normas: normas também podem ser adotadas em outras bases, isto é, normas setoriais ou de empresas. Tais normas podem ter um impacto geográfico cobrindo vários países.

A especificação técnica é um documento que estabelece requisitos técnicos a serem atendidos por um produto, processo ou serviço.

O Código de práticas é um documento que recomenda práticas ou procedimentos para projeto, produção, instalação, manutenção ou utilização de equipamentos, estruturas ou produtos.

O regulamento é um documento que contém regras de caráter obrigatório, e que é adotado por uma autoridade. O regulamento técnico é um regulamento que estabelece requisitos técnicos, seja diretamente, pela referência ou incorporação do conteúdo de uma norma, de uma especificação técnica ou de um código de práticas. (INMETRO)

Um regulamento técnico pode ser complementado por diretrizes técnicas, estabelecendo alguns meios para obtenção da conformidade com os requisitos do regulamento, isto é, alguma disposição julgada satisfatória para obter conformidade.

Tipos de Normas:

- Norma Básica: é uma norma de abrangência ampla, que contém disposições gerais para um campo especifico.
- Norma de Terminologia: norma que estabeleça termos, geralmente acompanhados de suas definições e, algumas vezes, de notas explicativas, ilustrações, exemplos, etc.
- Norma de Ensaio: norma que estabelece métodos de ensaio, suplementada algumas vezes com outras disposições relacionadas com o ensaio, tais como amostragem, uso de métodos estatísticos, seqüência de ensaios.
- Norma de produto: norma que especifica requisitos a serem atendidos por uma produto ou um grupo de produtos, para estabelecer sua adequação ao propósito.
- Norma de Processo: norma que especifica requisitos a serem atendidos por um processo para estabelecer sua adequação ao propósito.
- Norma de Serviço: norma que especifica requisitos a serem atendidos por um serviço, para estabelecer sua adequação ao propósito.
- Norma de Interface: norma que especifica os requisitos relativos à compatibilidade de produtos ou sistemas em seus pontos de interligação.

- Norma sobre dados a serem fornecidos: norma que contém uma lista de característica onde valores ou outros dados são indicados, a fim de especificar produto, processo ou serviço.

CONFORMIDADE

- Avaliação de conformidade: exame sistemático do grau em que um produto, processo ou serviço atende aos requisitos especificados.
- Inspeção: atividades, tais como medição, exame, ensaio, verificação com calibres ou padrões, de uma ou mais características de uma entidade, e a comparação dos resultados com requisitos especificados, a fim de determinar se a conformidade para cada uma dessas características é obtida.
- Verificação de conformidade: confirmação, por exame de evidências, que um produto, ou serviço atende aos requisitos especificados.
- Certificação: modo pelo qual uma terceira parte dá garantia escrita de que um produto, processo ou serviço está em conformidade com os requisitos especificados.
- Registro: modo pelo qual um organismo indica as características relevantes de um produto, processo ou serviço, ou qualidades particulares de um organismo ou pessoa, em lista apropriada e disponível ao público.
- Credenciamento: modo pelo qual um organismo autorizado dá reconhecimento formal de um organismo ou pessoa é competente para desenvolver tarefas específicas.

CERTIFICAÇÃO

- Sistema de Certificação: sistema que possui suas próprias regras de procedimentos e de gestão para realizar a certificação de conformidade.

- Esquema de Certificação: sistema de certificação voltado a produtos, processos ou serviços especificados, aos quais se aplicam as mesmas normas e regras específicas, bem como o mesmo procedimento.
- Organismo de Certificação: organismo que conduz a certificação de conformidade.
- Organismo de Inspeção (para certificação): organismo que realiza serviços de inspeção por delegação de um organismo de certificação.
- Certificado de Conformidade: documento, emitido de acordo com as regras de um sistema de certificação, indicando existir um nível adequado de confiança de que um produto, processo ou serviço, devidamente identificado, está em conformidade com uma norma específica ou outro documento normativo.

2.2 - SISTEMA DE NORMALIZAÇÃO NO BRASIL

O SISTEMA DE NORMALIZAÇÃO NO BRASIL

As atividades de normalização no Brasil estão inseridas no Sistema Nacional de Metrologia, Normalização e Qualidade Industrial – SINMETRO. Este Sistema é integrado por mais de 200 órgãos e instituições públicas e privadas, tendo como normativo o Conselho Nacional de Metrologia, Normalização e Qualidade Industrial (CONMETRO) e como órgão central o Instituto Nacional de Metrologia, Normalização e Qualidade Industrial (INMETRO).

O SINMETRO dispõe de 3 Subsistemas integrados: Metrologia, Normalização e Qualidade Industrial. Por seu turno, o Subsistema de Normalização é integrado pelo Foro Governo, no âmbito do INMETRO, e pelo Foro Nacional, representado pela Associação Brasileira de Normas Técnicas (ABNT). A ABNT foi fundada em 1940, sendo uma entidade civil, sem fins lucrativos. Neste foro, busca-se a compatibilização de interesses, traduzida na elaboração ou revisão de normas, que são posteriormente submetidas ao INMETRO para registro.

A ABNT dispõe de Comitês Brasileiros (CB), encarregados do planejamento, coordenação e controle das atividades de normalização nas suas respectivas áreas. Os Comitês dividem-se em Subcomitês (SC), que por sua vez dividem-se em Comissões Técnicas (CT), e estas em Comissões de Estudo(CE).

Os Subcomitês são os órgãos responsáveis pela preparação e execução dos planos e programas relativos aos respectivos âmbitos de atuação, coordenando e acompanhando os trabalhos das Comissões Técnicas. Por sua vez, as Comissões Técnicas são os órgãos de orientação e compatibilização dos programas de normas das Comissões de Estudo.

Enquanto os Subcomitês e Comissões Técnicas constituem-se em órgãos de planejamento e coordenação, as Comissões de Estudo são aquelas que efetivamente elaboram o texto normativo, sendo além disso responsável por sua aprovação final. Dessa forma, as Comissões de Estudo são absolutamente soberanas (suas decisões não podem ser alteradas por nenhuma instância), constituindo-se na maior autoridade na ABNT, dentro de seus campos específicos de atuação.

As normas elaboradas podem ser classificadas nos seguintes tipos: procedimento, especificação, padronização, métodos de ensaio, terminologia, simbologia e classificação.

Existem 4 categorias para registro das normas:

NBR - 1 Normas Compulsórias, de uso obrigatório em todo o território nacional.

NBR - 2 Normas Referendadas, de uso obrigatório para o Poder Público e Serviços Públicos concedidos

NBR - 3 Normas Registradas, de uso voluntário.

NBR - 4 Normas Probatórias, em fase experimental, com vigência limitada.

FIGURA 2.1 - ESQUEMA DE COMPOSIÇÃO DO SINMETRO

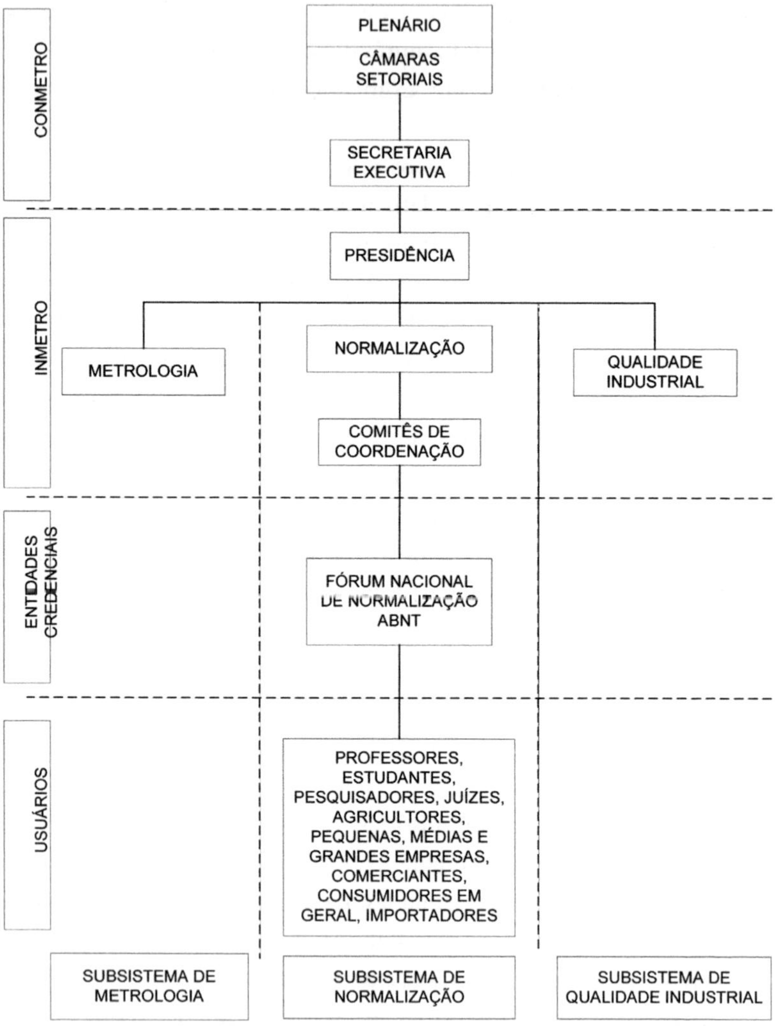

Fonte: INMETRO

ORGANISMOS DO SINMETRO

Dentre as organizações que compõem o Sinmetro, as seguintes podem ser relacionadas como principais:

- Conmetro e seus Comitês Técnicos
- Inmetro
- Organismos de Certificação Credenciados, (Sistemas da Qualidade, Sistema de Gestão Ambiental, Produtos e Pessoal) – OCC
- Organismos de Inspeção Credenciados – OIC
- Organismos de Treinamento Credenciados – OTC
- Laboratório Nacional de Metrologia – LNM
- Organismo Provedor de Ensaio de Proficiência Credenciado – OPP
- Laboratórios Credenciados – Calibrações e Ensaios – RBC-RBLE
- Associação Brasileira de Normas Técnicas – ABNT
- Institutos Estaduais de Pesos e Medidas – IPEM

FUNÇÕES

Na área da metrologia cientifica e industrial o Sinmetro é de grande importância para a economia do Brasil, tendo em vista que esse Sistema é o responsável pelas grandezas básicas. Este Sistema, sob coordenação do Inmetro, transfere para a sociedade padrões com confiabilidade igual a de outros países.

NORMALIZAÇÃO E REGULAMENTAÇÃO TÉCNICA

Uma das atividades do Sinmetro é a de elaborar normas para dar suporte à regulamentação e facilitar o comércio e fornecer a base para melhorar a qualidade de processos, produtos e serviços. A área de normalização no Sinmetro está sob a responsabilidade da Associação

Brasileira de Normas Técnicas (ABNT), que tem autoridade para credenciar Organismos de Normalização Setoriais (ONS) para o desempenho dessas tarefas.

CREDENCIAMENTO

Na área de avaliação de conformidade, o Sinmetro oferece aos consumidores, fabricantes e exportadores uma infra-estrutura tecnológica calcada em princípios internacionais, com grande confiabilidade. Para que isso seja possível, todos os serviços nesta área são externos as organizações credenciadas pelo Inmetro. (INMETRO)

O Inmetro é o único órgão credenciador do Sinmetro, seguindo a tendência internacional de apenas um credenciador por economia. o Inmetro é reconhecido internacionalmente como organismo de credenciamento brasileiro. O Inmetro baseia o seu credenciamento nas normas e guias da ABNT, COPANT, Mercosul, IAF, ILAC, IATCA e IAAC.

CERTIFICAÇÃO

São os organismos de certificação credenciados, supervisionados pelo Inmetro, que emitem certificação de conformidade no Sinmetro, nas áreas de produtos, sistemas da qualidade do meio ambiente. Estes organismos são entidades públicas, privadas ou mistas, nacionais ou estrangeiras no Brasil ou no exterior, sem fins lucrativos e que demonstraram competência técnica e científica para aquelas tarefas. (INMETRO)

Os ensaios e calibrações executados no Sinmetro, são de responsabilidade dos laboratórios públicos, privados ou mistos, nacionais ou estrangeiros, constituintes da RBC e RBLES que são utilizados, na maioria dos casos, para a certificação de produtos (ensaios) e calibração ou padrões de trabalho na indústria, além da calibração dos próprios instrumentos industriais.

Conselho Nacional de Metrologia, Normalização e Qualidade Industrial, tem como atribuições coordenar o órgão normativo do Sinmetro e é presidido pelo Ministro do Desenvolvimento da Indústria e do Comercio Exterior.

COMITÊ NACIONAL DE NORMALIZAÇÃO - CNN

Assessora o Conmetro no desenvolvimento de políticas, diretrizes e programas nacionais de normalização, permitindo que a ABNT e a ONS funcionem como organismos de normalização em consonância com as necessidades do Brasil.

COMITÊ BRASILEIRO DE CERTIFICAÇÃO - CBC

Assessora o Conmetro, discutindo com a sociedade brasileira as necessidades nas áreas de certificação de produtos, pessoal e sistemas da qualidade de gestão ambiental, propondo diretrizes e programas. Assessora ainda o Inmetro, funcionando como foro imparcial no estabelecimento de normas, regulamentos e procedimentos para as áreas de credenciamento e certificação.

COMITÊ NACIONAL DE CREDENCIAMENTO - CONACRE

Assessora o Conmetro, discutindo com a sociedade brasileira as necessidades de credenciar funcionamento de laboratórios de calibração e de ensaios o organismos de inspeção. Assessora ainda o Inmetro funcionando como foro imparcial no estabelecimento de normas, regulamentos e procedimentos para o credenciamento e funcionamento dos laboratórios de calibração e ensaios e dos organismo de inspeção.

COMITÊ BRASILEIRO DE METROLOGIA - CBM

Assessora o Conmetro, propondo políticas, diretrizes e programas, nas áreas de metrologia cientifica, industrial e metrologia legal. É o Comitê que discute a questão metrológica não estando seu trabalho intimamente ligado às atividades do CONACRE e do CBC.

COMITÊ DO CODEX ALIMENTARIUS DO BRASIL - CCAB

O Brasil é signatário do Codex Alimentarius Internacional e é o CCAB que traz para o debate normas aprovadas naquele foro. O CCAB atua fortemente nas áreas de saúde e agricultura e é coordenado pelo Inmetro que representa o país nas reuniões internacionais do Codex.

COMITÊ BRASILEIRO DE NOTIFICAÇÃO – TBT/OMC

Este Comitê tem operado quase que exclusivamente como apoio ao "*Enquiring Point*" na interface do Sinmetro com a sociedade e com os parceiros internacionais, em relação da regulamentação técnica, nas áreas da metrologia, normalização e qualidade.

INMETRO – INSTITUTO NACIONAL DE METROLOGIA, NORMALIZAÇÃO E QUALIDADE INDUSTRIAL

O Inmetro delega as atividades de verificação, fiscalização e da certificação às entidades do Sistema Nacional de Metrologia Legal – RNML que são os institutos de pesos e medidas (IPEM) brasileiros.

PROCESSO DE CREDENCIAMENTO

A base do credenciamento utilizada pelo Inmetro é formada pelos guias internacionais ISO;IEC GUIA 62 e EN45013 para organismos certificadores de sistemas e pessoal e pelos organismos de treinamento, respectivamente; ABNT-ISO/IEC GUIA 65 para organismos certificadores de produtos; ABNT-ISO/IEC GUIAS 39 para organismo de inspeção; A25 para laboratórios; ABNT-ISO/IEC GUIA 43 para organismos de ensaios de proficiência para laboratórios de agrotóxicos e BPLC para laboratórios de analises clinicas.

A organização do Inmetro como credenciador de laboratórios está baseada no ISO GUIA e credenciador de organismo de certificação, no ISO GUIA 61.

Na busca do reconhecimento internacional, o Inmetro representa o Brasil nos seguintes foros internacionais:

- IAF – International Accreditation Forum
- IAAC – Interamerican Accreditation Cooperation
- ILAC – International Laboratory Accreditation Cooperation
- OIML – Organização Internacional de Metrologia Legal
- IATCA – International Auditor and Training Certification Association
- BIPM – International Bureau of Weights and Measures

O Inmetro mantém acordos de cooperação com as seguintes entidades:

- UKAS – United Kingdom Accredditation Service
- NIST – National Institute of Standards and Technology
- PTB – Physikalish Technishe Bundesanstalt

A ABNT representa o Brasil nos seguintes foros:

- ISO – International Organization for Standardization
- COPANT – Comissão Panamericana de Normalização Técnica
- CMN – Comitê Mercosul de Normalização
- CEN/CENELEC – Organização Conjunta Européia de Normalização

A ABNT mantém ainda acordo de cooperação com:

- ANSI – American National Standards Institute

O Inmetro, a ABNT e outras entidades constituintes do Sinmetro participam conjuntamente de comitês técnicos dos seguintes foros:

- MERCOSUL – Mercado Comum do Sul
- ALCA – Área de Livre Comércio das América

Capítulo 3

3. CERTIFICAÇÃO AMBIENTAL

3.1 - OBJETIVOS E BENEFÍCIOS DA CERTIFICAÇÃO

CERTIFICAÇÃO

É um conjunto de atividades desenvolvidas por um organismo independente da relação comercial com o objetivo de atestar publicamente, por escrito, que determinado produto, processo ou serviço está em conformidade com os requisitos especificados. Estes requisitos podem ser: nacionais, estrangeiros ou internacionais. (INMETRO)

As atividades de certificação podem envolver: análise de documentação, auditorias/inspeções na empresa, coleta e ensaios de produtos, no mercado e/ou na fábrica, com o objetivo de avaliar a conformidade e sua manutenção.

Não se pode pensar na certificação como uma ação isolada e pontual, mas sim como um processo que se inicia com a conscientização da necessidade da qualidade para a manutenção da competitividade e conseqüente permanência no mercado, passando pela utilização de normas técnicas e pela difusão do conceito de qualidade por todos os setores da empresa, abrangendo seus aspectos operacionais internos e o relacionamento com a sociedade e o ambiente. (ABTN)

BENEFÍCIOS DA CERTIFICAÇÃO

QUADRO 3.1: A certificação de terceira parte pode apresentar vários benefícios para as partes interessadas.

BENEFÍCIOS PARA O FABRICANTE
A certificação garante a implantação eficaz dos sistemas de controle e garantia da qualidade nas empresas, diminuindo a perda de produtos e os custo da produção. Deste modo aumenta a competitividade das empresas certificadas frente às empresas que não estão. A certificação também aumenta a satisfação do cliente e facilita a venda de produtos e a introdução destes em novos mercados já que são comprovadamente projetados e fabricados de acordo com as expectativas do mercado consumidor.

BENEFÍCIOS PARA O EXPORTADOR
Quando a certificação é feita por um Organismo de Certificação que, como a ABNT, possui acordos de reconhecimento com outros países, evita a necessidade de certificação pelo país de destino. E, se as normas nacionais a serem aplicadas são equivalentes às normas dos países de destino ou às internacionais, a certificação de acordo com estas normas protege o exportador de barreiras técnicas ao comércio.

BENEFÍCIOS PARA O CONSUMIDOR
O produto certificado dá maior confiança e é um meio eficaz através do qual o consumidor pode identificar os produtos que são controlados e testados conforme as normas nacionais e internacionais. A certificação assegura uma relação favorável entre qualidade e preço, proporciona a garantia de troca e consertos e permite a comparação de ofertas, auxiliando a escolha dos produtos por parte dos consumidores. Se a marca é conhecida e procurada, se evita a competição desleal, impedindo a importação e consumo de produtos de má qualidade.

BENEFÍCIOS PARA O GOVERNO
A certificação é um instrumento que o governo pode utilizar para criar uma infraestrutura técnica adequada que auxilie o desenvolvimento tecnológico, melhorando o nível de qualidade dos produtos industriais nacionais. A certificação evita também o estabelecimento de controles obrigatórios desnecessários e, por outro lado, pode auxiliar o desenvolvimento de políticas de proteção ao consumidor.

Fonte: INMETRO 2005

COMITÊ BRASILEIRO DE CERTIFICAÇÃO - CBC

O CBC tem por missão assessorar o CONMETRO:

a) na estruturação, para a sociedade, de um sistema de certificação de conformidade harmonizado internacionalmente, que seja imparcial, independente, confiável e dotado de flexibilidade e dinamismo;
b) na proposição dos princípios e políticas a serem adotados, no âmbito do SBC, consubstanciados em um Plano Brasileiro de Certificação;
c) no planejamento estratégico do SBC, consubstanciado em um Programa Brasileiro de Certificação e em Programas setoriais de Certificação;
d) na realização periódica de análises críticas do SBC, visando sua melhoria contínua, tendo como parâmetro o Plano Brasileiro de Certificação;
e) na harmonização do SBC com outros sistemas nacionais ou regionais, visando o seu reconhecimento;
f) na análise das sistemáticas adotadas pelo Organismo de Credenciamento (INMETRO) quanto ao tratamento dado aos recursos administrativos relativos aos assuntos de credenciamento e de certificação;
g) na solução das recorrências levadas ao CONMETRO, como instância superior;
h) na avaliação anual das atividades desenvolvidas pelo SBC;
i) na articulação com os demais Comitês Assessores do CONMETRO, buscando a contínua integração das atividades de credenciamento e certificação;
j) apresentar anualmente ao CONMETRO uma visão de conjunto das diversas atividades de certificação de conformidade conduzidas tanto no âmbito do SBC quanto naqueles sistemas brasileiros que são operados por organismos não integrantes do SBC.

Cabe ainda ao CBC atuar como foro imparcial e independente, assessorando o Organismo de Credenciamento (INMETRO) na discussão e estabelecimento de diretrizes e critérios para as áreas de credenciamento e certificação.

ORGANISMO DE CERTIFICAÇÃO CREDENCIADO - OCC

Cabe ao OCC:

a) exercer e acompanhar as atividades de certificação de acordo com os requisitos estabelecidos no âmbito do SBC;
b) atender continuamente aos requisitos de credenciamento estabelecidos pelo Organismo de Credenciamento (INMETRO).

Na área de certificação voluntária, o OCC pode buscar o reconhecimento com entidades estrangeiras similares através de convênios, associações e subcontratações.

ORGANISMO DE TREINAMENTO CREDENCIADO - OTC

Cabe ao OTC:

a) exercer e acompanhar as atividades de treinamento de acordo com os requisitos estabelecidos no âmbito do SBC;
b) atender continuamente aos requisitos de credenciamento, estabelecidos pelo Organismo de Credenciamento (INMETRO). Na área de treinamento, o OTC pode buscar o reconhecimento com entidades estrangeiras similares através de convênios, associações e subcontratações.

3.2 - SISTEMA DE CERTIFICAÇÃO

CERTIFICAÇÃO COMPULSÓRIA

A certificação compulsória, no âmbito do SBC, deve dar prioridade às questões de segurança, de interesse do País e das pessoas individualmente, abrangendo também as questões relativas a animais e vegetais, proteção da saúde, proteção do meio ambiente e temas correlatos. Para assegurar o cumprimento dos requisitos da certificação compulsória, no âmbito do SBC, devem ser estabelecidos os mecanismos adequados para verificação, acompanhamento e fiscalização da conformidade de produtos, de processos e de serviços no mercado. (INMETRO)

A certificação compulsória deve ser efetuada pelos OCC segundo os critérios estabelecidos no âmbito do SBC e a fiscalização dos produtos, processos e serviços pode ficar a cargo dos órgãos fiscalizadores estaduais conveniados com o INMETRO.

A certificação compulsória, no âmbito do SBC, deve ser executada com base em norma ou regulamento técnico indicado no documento que a criou e complementada por regra específica de , certificação.

Qualquer acordo de reconhecimento de atividades necessárias à certificação compulsória, no âmbito do SBC, tais como resultados de ensaios ou relatórios de inspeção, com organismos de certificação operando no exterior, somente serão aceitos se tais atividades, além de serem reconhecidas reciprocamente, forem realizadas por organismo que atendam às mesmas regras internacionais de credenciamento adotados pelo Organismo de Credenciamento (INMETRO).

CERTIFICAÇÃO VOLUNTÁRIA

A certificação voluntária é de decisão exclusiva do seu solicitante e tem como objetivo garantir conformidade a normas. As entidades integrantes do SBC devem promover a certificação voluntária e encorajar que ela seja efetuada no âmbito do Sistema, utilizando os OCC dele constituintes.

Quando houver mais de um OCC executando a mesma certificação voluntária, no âmbito do SBC, o Organismo de Credenciamento (INMETRO) promoverá a harmonização da documentação por meio de uma regra específica de certificação única.

NORMAS E GUIAS

Os critérios e procedimentos adotados no âmbito do SBC devem ser baseados nas normas e guias da ABNT, nas normas e guias regionais ou nas normas e guias da ISO/IEC, dentro do conceito de níveis de normalização.

Para fins de certificação compulsória, no âmbito do SBC, devem ser utilizados regulamentos técnicos e para a certificação voluntária devem ser adotadas normas brasileiras, regionais ou internacionais, dentro do conceito de níveis de normalização.

ORGANISMO NORMALIZADOR

No Brasil, a única entidade autorizada a emitir normas técnicas é a ABNT - Associação Brasileira de Normas Técnicas, que atua como representante das seguintes entidades de normalização internacional:

- *Organization for Standardization* (ISO) e
- *International Electrotechnical Commission* (IEC).

Daí a nomenclatura das normas transportadas da ISO para o Brasil terem a sigla NBR (Norma Brasileira) ISO.

ORGANISMO CREDENCIADOR

Cada país possui um organismo de âmbito federal que estabelece diretrizes e critérios para credenciar entidades a realizarem auditorias nas empresas candidatas à certificação, com o objetivo de dar um parecer sobre sua conformidade ao modelo normativo e conseqüente recomendação ao certificado.

Cada organismo credenciador pode estabelecer critérios especiais para a certificação das empresas. Alguns adotam, por exemplo, a exigência de pelo menos 3 meses de funcionamento do sistema implantado, antes de estar apto à certificação. Por mais sensata que seja esta exigência, as empresas dificilmente aceitam esperar tanto tempo para solicitar a auditoria de certificação. Normalmente desejam fazê-lo logo após a realização da análise crítica do Sistema.

No Brasil, o organismo credenciador é o INMETRO - Instituto Nacional de Metrologia, Normalização e Qualidade Industrial; no Reino Unido, é o NACCB - *National Accreditation Council for Certification Bodies*; na Holanda é o RvC - *Raad voor de Certificatie*, nos Estados Unidos é o RAB (*Register Accreditation Board*), para citar apenas alguns exemplos.

A empresa é livre para escolher o organismo credenciador que irá avalizar o certificado. O simples fato de estar sediada no Brasil não obriga a empresa a adotar o INMETRO. O que vai direcionar a escolha é o impacto que determinada chancela pode ter sobre seu mercado alvo.

ORGANISMO DE CERTIFICAÇÃO CREDENCIADO - OCC OU OCA

O organismo de certificação credenciado (OCC) ou Organismo de Certificação de Sistema de Gestão Ambiental (OCA, sigla específica adota.da.pelo INMETRO) tem autoridade para auditar a empresa e dar o parecer sobre sua recomendação ou não ao certificado em questão.

Se a organização implantou um sistema de gestão integrado (ISO 9000, ISO 14000 e/ou OHSAS 18000), deverá escolher um organismo que seja credenciado para auditar todos os sistemas e cada um será objeto de um certificado específico, mesmo que sejam apresentados de maneira integrada. A empresa pode optar por auditorias simultâneas ou não.

Atualmente, várias OCAs de certificação credenciados, em sistema de gestão ambiental estão atuando no Brasil: entre as quais o BVQI (*Bureau Veritas Quality International*), o ABSQE - *American Burean of Shipping Quality Evaluations*, o DNV - *Det Norske Varitas* e a própria

ABNT que, além de normalizador, também atua como organismo credenciado pelo INMETRO.

Um mesmo OCA pode ser credenciado por organismos de diversos países. A empresa deve escolher aquele que apresente o melhor apelo frente ao mercado que deseja atingir. Ao escolher o OCA, a empresa deve verificar se ele é credenciado pela entidade de seu interesse.

PROCESSO DE CERTIFICAÇÃO

O processo de certificação obedece basicamente ao fluxo apresentado na figura a seguir, com algumas variações, dependendo do organismo de certificação. (INMETRO)

A auditoria de pré-certificação, embora opcional, é altamente aconselhável. Trata-se de uma simulação da auditoria propriamente dita e é uma oportunidade para que a empresa possa se familiarizar com o processo de auditoria, com a visão dos auditores e seus questionamentos e tenha uma noção real de suas chances de certificação. Caso a implantação do sistema ainda se mostre incipiente, um período de ajustes pode ser dimensionado, antes que a auditoria final seja marcada.

A auditoria propriamente dita normalmente é dividida em duas etapas, em geral, sem intervalo entre uma e outra. Na primeira, são avaliados pontos vitais do sistema, como por exemplo a verificação de que o sistema está baseado na avaliação de aspectos e impactos ambientais e que é orientado para o controle e a melhoria do desempenho ambiental. Caso o nível de implantação do sistema seja considerado satisfatório, inicia-se a auditoria principal, que deve concluir com a recomendação ou não da empresa para a certificação.

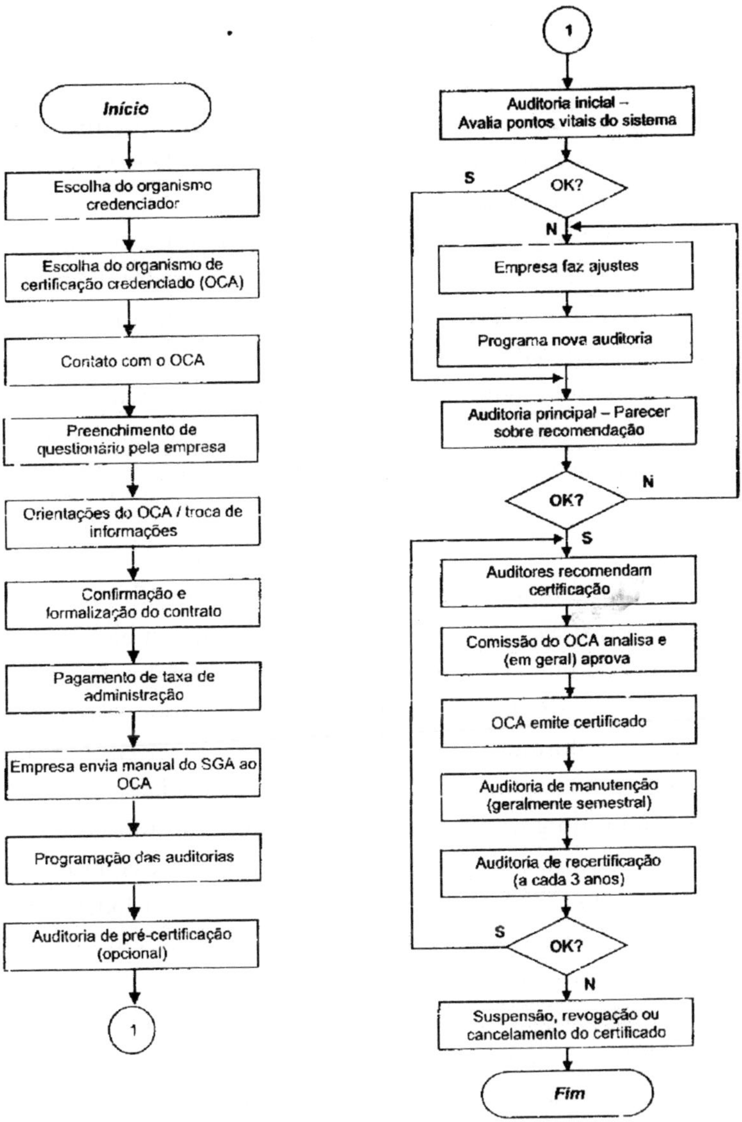

FIGURA 3.1 – PROCESSO DE CERTIFICAÇÃO

Fonte ABNT 2004

A organização pode solicitar quantos certificados quiser (são cobrados a preço unitário) e deverá controlar cada via como um documento do sistema. A função prática do certificado é sua exibição em pontos estratégicos da empresa (recepção, salas da diretoria, do representante da administração e do coordenador de meio ambiente, a critério de cada empresa).

A partir da obtenção do certificado, a empresa receberá auditorias semestrais de manutenção e, a cada três anos, uma auditoria de recertificação, quando o OCA recomendará a ratificação, suspensão, cancelamento ou revogação do certificado concedido.

Se entre uma auditoria e outra forem feitas alterações significativas no Manual e nos objetivos e metas, cópias desses documentos devem ser encaminhadas ao OCA antes da próxima auditoria.

HISTÓRICO

A instituição do SINMETRO e do CONMETRO foi formalizada no Brasil, através da Lei nº 5.966, de 11 de dezembro de 1973, a partir da qual surgiu o modelo de certificação de conformidade no País. Nesse modelo, coube ao INMETRO administrar a concessão da Marca Nacional de Conformidade a produtos. No entanto, diversos órgãos da sociedade já praticavam, e ainda praticam, a atividade de certificação, fora do âmbito do governo. Várias iniciativas foram tomadas, muitas vezes redundantes, com critérios diversos e nem sempre equivalentes.

O modelo vigente quando da adoção do "Novo Modelo de Certificação", estabelecido através da Resolução CONMETRO 08/92, tinha como suas principais atribuições a promoção, articulação e consolidação de todos os esforços na área de certificação. Cabe ressaltar que as ações realizadas permitiram o desenvolvimento da capacitação nas áreas de credenciamento e certificação, bem como despertaram a conscientização, principalmente do setor industrial e de entidades técnico-científicas, da necessidade de se ter um SBC harmonizado e integrado aos diversos esforços existentes. (INMETRO)

O SBC tornou-se poderoso instrumento para o desenvolvimento industrial e para a defesa do consumidor. Através da avaliação objetiva do desempenho perante padrões de referência estabelecidos, a certificação:induz à busca contínua da melhoria da qualidade. As empresas que se engajam nesse movimento orientam-se para assegurar a qualidade de seus produtos, processos e serviços, beneficiando-se tanto pelo aspecto mercadológico como pelo aumento da competitividade, através da redução de custos e desperdícios. A certificação é, também, uma referência para os consumidores de que o produto, o processo ou o serviço atende a padrões mínimos de qualidade. (ABNT)

Capítulo 4

4. AUDITORIA AMBIENTAL

4.1 - AUDITORIA AMBIENTAL DE REGULARIDADE, DESEMPENHO E CONFORMIDADE

O caso "atum-golfinho", julgado no GATT em 1990, durante as negociações da Rodada Uruguai, constituiu marco importante no contexto da tensão entre as agendas comercial e ambiental. A proibição norte-americana de importação de atum mexicano, com base na justificativa da captura acidental de golfinhos, foi considerada discriminatória pelo painel, em virtude de seu caráter extra-jurisdicional, por basear-se no método de produção (ferindo a claúsula de "produto similar") e por não explorar outros meios estimados menos restritivos ao comércio para se buscar o mesmo objetivo. Na visão dos ambientalistas,a decisão adotada pelo painel teria colocado as obrigações comerciais em um plano superior aos compromissos relativos ao meio ambiente. (OMC)

Os ambientalistas passaram a duvidar da capacidade do então GATT e da OMC, hoje, de julgar disputas comerciais que envolvam medidas de proteção ao meio ambiente. Para estes, o Artigo XX do GATT (que estipula que nada no texto do acordo deve ser interpretado de forma a impedir a adoção ou a implementação de medidas necessárias à proteção do meio ambiente e da saúde humana, animal ou vegetal) deveria ser revisto, de forma a permitir a acomodação das preocupações ambientais. A criação do Comitê sobre Comércio e Meio Ambiente (CTE) da OMC e a referência à importância do desenvolvimento sustentável no preâmbulo do Acordo de Marraquesh refletem, de certa forma, preocupação em estabelecer uma relação entre os instrumentos internacionais de proteção ambiental e o sistema multilateral de comércio. Cabe salientar, entretanto, que a OMC não implementa acordos ambientais. O CTE limita-se a analisar a relação entre as medidas ambientais e comerciais, de modo a promover o desenvolvimento sustentável. Para tanto, o Comitê tem mandato para propor eventuais emendas ou modificações às regras da OMC, caso necessário, de modo a se realçarem as sinergias positivas entre o comércio e o meio ambiente. Não obstante, o CTE nunca chegou a recomendar qualquer mudança nas regras da OMC, em razão da ausência de consenso entre seus membros. (OMC)

Às dificuldades relacionadas com a definição das normas e a aplicação de políticas ambientais, soma-se o conceito, consagrado na Agenda 21, de responsabilidades comuns mas diferenciadas.

Segundo esse princípio, os países industrializados teriam responsabilidade moral com relação à grande parte dos atuais problemas ecológicos, causados pela atividade econômica desenvolvida ao longo dos séculos. Com base nesse argumento, os países em desenvolvimento defendem que não deveriam ter a obrigação de investir em programas ambientais na mesma proporção dos desenvolvidos, em razão do histórico de utilização dos recursos naturais. (OMC)

Vale assinalar que a jurisprudência da OMC envolvendo preocupações ambientais ou ligadas à saúde humana tem evoluído positivamente, no sentido de se interpretar as regras de forma mais flexível e sensível a esses interesses. No caso do "camarão-tartaruga", por exemplo, o Órgão de Apelação reconheceu o direito de os EUA adotarem uma medida unilateral para proteger as tartarugas marinhas, em situações de pesca de camarão, desde que as Partes se comprometessem a buscar uma solução bilateral ou multilateral satisfatória. (OMC)

Durante a IV Conferência Ministerial da OMC, realizada em Doha (2001), países como a Noruega e a Suíça, além da União Européia buscaram flexibilizar as regras da OMC, para acomodar preocupações ambientais. Mais especificamente, pretendiam revisitar as regras relativas a rotulagem (TBT), precaução (SPS) e as exceções gerais aos acordos da OMC (Artigo XX do GATT 94), em particular o esclarecimento da relação entre as Convenções Ambientais (MEA - "*Multilateral Environmental Agreements*") e as regras da Organização. Os argumentos destes países baseavam-se, primordialmente, na falta de previsibilidade do sistema em caso de disputas comerciais que envolvessem medidas comerciais tomadas no âmbito de MEAs, dado o risco potencial da incompatibilidade entre as agendas comercial e ambiental. (OMC)

As negociações sobre comércio e meio ambiente lançadas em Doha compreendem três áreas: 1) esclarecimento sobre a relação entre as 'obrigações comerciais específicas' tomadas no âmbito das Acordos Ambientais Multilaterais (MEA) e as regras da OMC; 2) arranjos institucionais para o intercâmbio de informações entre os Secretariados dos MEA e os comitês específicos da OMC, bem como critérios para a admissão de observadores; e 3) redução e eliminação das tarifas e barreiras não-tarifárias para os produtos e serviços ambientais. (OMC)

O relatório Perspectivas do Meio Ambiente Global e outras avaliações do PNUMA mostram que ocorreram mudanças significativas em nossas vidas e no meio ambiente ao longo dos últimos 30 anos. Enquanto algumas melhorias notáveis foram alcançadas, o estado geral do meio ambiente está mais frágil e degradado do que em 1972. Para muitas Instituições Supremas de Auditoria (*Supreme Audit Institutions* - SAI), nada disso é novidade. Elas identificaram problemas de manejo de resíduos, poluição da água e do ar, perda florestal, degradação do solo e ecossistemas comprometidos, como os principais problemas ambientais sendo enfrentados por seus respectivos países. (PNUMA)

Pelo fato e os problemas ambientais terem suas raízes em políticas econômicas e sociais, eles acontecem em todos os níveis, do local ao global (e, portanto, podem envolver governos municipais, regionais e nacionais), e o sucesso nesta área requer ações por parte de muitos atores e por um longo período de tempo. Mesmo assim, os governos em todo o mundo têm abordado as questões ambientais ao longo dos anos através da criação de ministérios de meio ambiente, políticas e programas ambientais e por meio de instituições e tratados internacionais, leis e regulamentos, e gastos.

A "auditoria ambiental" é um termo amplo utilizado para descrever uma gama de atividades de auditoria voltadas para o meio ambiente. Apesar de existirem muitas variações, as SAIs atualmente estão engajadas em três tipos básicos de auditoria com uma perspectiva ambiental: financeira (atestar), fiscalização e cumprimento (*compliance*) e desempenho (valor-obtido-em-troca-do-dinheiro). Cada um destes tipos está formalmente descrito e definido em padrões de auditoria da INTOSAI e nas orientações elaboradas pelo Grupo de Trabalho da INTOSAI sobre Auditoria Ambiental (*Working Group on Environmental Auditing* - WGEA). As auditorias ambientais aplicam métodos e padrões gerais de auditoria com um enfoque diferente. (INTOSAI, 2000) Ao realizar auditorias ambientais, os auditores geralmente fazem perguntas do tipo:

- Os relatórios financeiros refletem adequadamente os custos, os passivos (incluindo passivos contingenciais) e os ativos ambientais?
- A organização está gastando o dinheiro de acordo com as regras financeiras e a legislação pertinente?
- O governo está cumprindo as obrigações assumidas em tratados ambientais internacionais, leis e regulamentações ambientais domésticas, e com as políticas e os programas do governo?
- O governo está atingindo as metas de desempenho ambiental que ele próprio estabeleceu para si mesmo, e quais são os resultados alcançados?
- O governo está controlando os riscos ambientais de suas próprias operações?
- O governo implementou uma matriz de responsabilização (*accountability*) eficaz para seus programas e políticas ambientais?

Abordar questões ambientais se enquadram perfeitamente no mandato, a responsabilidade - dos órgãos nacionais de auditoria pelos seguintes motivos (INTOSAI, 2000):

- Os governos gastam recursos públicos significativos com a gestão de problemas ambientais - as SAI necessitam responsabilizá-los pela gestão financeira prudente, bem como por relatórios e resultados.
- Os governos assinaram vários acordos internacionais e promulgaram leis e regulamentações domésticas - as SAI necessitam responsabilizá-los pelo cumprimento.
- Os governos, em seus relatórios financeiros, precisam prestar contas dos custos e passivos ambientais criados por suas possessões e operações de terras - os padrões de contabilidade exigem o cumprimento de práticas apropriadas de contabilidade.
- Em alguns casos, a legislação em vigor para SAI especifica exigências ambientais.

Tabela 4.1: Questões Ambientais Auditadas por SAI.

Gestão ambiental interna por parte de autoridades ou departamentos públicos
Água doce: água potável, qualidade da água, rios, lagos
Resíduos: resíduos em geral, resíduos nocivos, resíduos não-nocivos, processamento de resíduos, aterros sanitários
Prevenção da poluição
Agricultura, agrotóxicos, urbanização, atividades florestais
Natureza e recreação (incluindo parques e florestas nacionais, recreação e turismo)
Ecossistemas: biodiversidade, infra-estrutura ecológica, gestão de ecossistemas
Meio ambiente e saúde humana
Trânsito, mobilidade, transportes
Poluição do ar
Água salgada: poluição marinha
Poluição industrial
Manejo de catástrofes e defesa civil

Fonte: (INTOSAI, 2000)

4.1.1 - TIPOS DE AUDITORIA

Previamente, em seu documento, "Orientação para a Realização de Auditorias de Atividades com uma Perspectiva Ambiental"[1] o Grupo de Trabalho sobre Auditoria Ambiental identificou três tipos de auditoria onde questões ambientais podem ser abordadas, a saber, auditoria de relatórios financeiros, auditoria de conformidade e auditoria de desempenho. (INTOSAI, 2000)

A) Auditoria de Relatórios Financeiros

Durante uma auditoria de relatórios financeiros, as questões ambientais podem incluir o seguinte:

- iniciativas para prevenir. diminuir ou remediar os danos ao ambiente;
- a conservação de recursos renováveis e não-renováveis;
- as conseqüências da violação de leis e regulamentos ambientais: e
- as conseqüências da responsabilidade substitutiva imposta pelo estado.

B) Auditorias de Desempenho

A auditoria de desempenho de atividades ambientais pode incluir:

- garantir que os indicadores de desempenho relacionado ao meio-ambiente (quando contidos em relatórios de prestação de contas) reflitam razoavelmente o desempenho da entidade examinada; e
- garantir que os programas ambientais sejam conduzidos de modo econômico, eficiente e eficaz.

[1] INTOSAI WGEA Guidance on Conducting Audits of Activities with na Environmental Perspective 2000.

Qual destes tipos diferentes de auditoria uma EFS usará dependerá primeiramente do mandato sob o qual a EFS funciona.

C) Auditoria de Regularidade

Uma auditoria de regularidade (definido pelas Normas de Auditoria da INTOSAI) inclui:

- certificação da prestação de contas das entidades, envolvendo o exame e a avaliação de registros financeiros e pareceres sobre os relatórios financeiros;
- certificação da prestação de contas da administração governamental como um todo;
- auditoria dos sistemas e transações financeiras incluindo uma avaliação da conformidade com os estatutos e regulamentos aplicáveis;
- auditoria de controle interno e funções internas de auditoria;
- auditoria da probidade e propriedade das decisões administrativas tomadas no âmbito da entidade examinada; e;
- relatório de quaisquer outras questões que surgirem a partir da auditoria, ou que estejam relacionadas a ela, que a EFS julgue que devam ser divulgadas.

As normas reconhecem que pode haver uma sobreposição entre a auditoria de regularidade e a auditoria de desempenho, e nesses casos a classificação de uma determinada auditoria dependerá do propósito primário dessa auditoria.

Ao planejar e executar uma auditoria, o auditor de regularidade avalia a conformidade com a leis e regulamentos aplicáveis. onde a não-conformidade pode materialmente afetar os relatórios financeiros. Entretanto, não se pode esperar que uma auditoria detecte a não-conformidade com todas as leis e regulamentos[2].

---

[2] ISA 250: Consideração das Leis e Regulamentos em uma Auditoria de Relatórios Financeiros.

O auditor de regularidade obtém uma compreensão geral das leis e dos regulamentos ambientais que podem resultar em erro de declaração material nos relatórios financeiros ou que podem ter um impacto fundamental nas operações de uma entidade.

O auditor de regularidade também obtém evidência para apoiar as divulgações ambientais feitas nos relatórios financeiros através de averiguação junto à gerência - os responsáveis pela preparação dos relatórios financeiros e os responsáveis pelas questões ambientais.

Se a entidade tiver uma função de auditoria interna, que examina aspectos ambientais das operações da entidade, o auditor deve considerar a possibilidade de aproveitar esse trabalho. Em determinadas situações, um perito ambiental pode ser envolvido em um resultado que seja reconhecido ou divulgado nos relatórios financeiros, por exemplo, na quantificação da natureza e da extensão de uma contaminação, ou na consideração de métodos alternativos de restauração do local etc.

Um outro aspecto que o auditor de regularidade pode considerar é o uso de toda a renda que uma entidade pode ser responsável por captar, como os recursos captados sob modelo 'o poluidor paga'. O auditor pode examinar os sistemas e os controles financeiros relativos a esses recursos, e também se os recursos estão sendo usados para as finalidades pretendidas.

Alguns governos fornecem informações sobre o desempenho do serviço em relatórios financeiros ou separadamente. Nesses casos, as EFS podem promover aspectos de responsabilização e prestação de contas do seu papel na auditoria de regularidade.

As entidades que têm um impacto no ambiente podem ser categorizadas em três grupos:

- Entidades cujas operações afetam diretamente ou indiretamente o meio-ambiente, seja positivamente ou negativamente - como através da reabilitação ou utilização e poluição.
- Entidades com poderes para elaborar ou influenciar as políticas e regulamentos ambientais - seja no nível internacionaL nacional, ou local.

- Entidades com o poder de monitorar e controlar as ações ambientais de terceiros[3].

O desenvolvimento de informações, controle, sistemas de avaliação e relatório adequados dentro do governo facilitará o processo de prestação de contas. A gerência é responsável pela exatidão e suficiência da forma e do conteúdo dos relatórios financeiros e outras informações[4].

As organizações no setor público estão avançando no desenvolvimento da governaça corporativa e nos arranjos para a gestão do risco. Houve um distanciamento de um foco singular no risco financeiro, e uma ampliação do foco no sentido de incluir todos os principais riscos que possam ter impacto sobre o público.A gestão de todos os riscos significativos na consecução dos objetivos de um órgão levou a mudanças nas responsabilidades e relatórios corporativos.

Os relatórios ambientais foram desenvolvidos como um método para que as empresas comuniquem seu desempenho e impactos ambientais aos interessados; podem ser considerados como um aspecto novo e importante da governança corporativa. Tais relatórios podem incluir um perfil organizacional, uma declaração de política ambiental, detalhes das metas e realizações, e detalhes sobre desempenho e conformidade.

D) Auditoria Financeira

Os relatórios financeiros devem fornecer informações sobre a situação financeira, o desempenho, e o fluxo de caixa de uma entidade, que possam ser usadas para tomar e avaliar decisões sobre alocação de recursos. Especificamente, um relatório financeiro no setor público deve fornecer informações úteis para a tomada de decisões e demonstrar a prestação de contas de uma entidade em relação aos seus recursos[5].

---

[3] Diretriz da INTOSAI para a Realização de Auditorias de Atividades com uma Perspectiva Ambiental, 2000.

[4] Normas de Auditoria da INTOSAI, Edição Revisada 1992, parágrafo 23-24.

[5] Norma Internacional de Contabilidade do Setor Público IPSAS 1: Apresentação dos Relatórios Financeiros emitidos pela Federação Internacional dos Contabilistas, maio de 2000.

Geralmente, os relatórios financeiros dos governos (ou suas entidades vinculadas) tendem a evitar questões ambientais. Entretanto, há uma percepção de que existem questões relativas a custos, conformidade, e desempenho associadas às políticas e obrigações ambientais que devem ser refletidas nos relatórios financeiros.

O Comitê Internacional de Práticas de Auditoria (IPAC) define matérias ambientais em um relatório financeiro como:

- "iniciativas para impedir, reduzir ou remediar danos ao meio ambiente ou assegurar a conservação de recursos renováveis e não-renováveis (tais iniciativas podem ser exigidas por leis e regulamentos ambientais ou por contrato, ou podem ser empreendidas voluntariamente);
- conseqüências da violação regulamentos ambientais;
- conseqüências dos danos ambientais causados a terceiros ou aos recursos naturais; e
- as conseqüências da responsabilidade substitutiva imposta pela lei (por exemplo, a responsabilidade por danos causados pelo proprietário anterior[6])".

Até o presente, os contadores e auditores se concentraram nas responsabilidades ambientais. Os relatórios financeiros de uma organização podem incluir, por exemplo, imóveis rurais (avaliados na mesma base que qualquer outra propriedade), porém um foco recente é o "patrimônio ambiental" - patrimônio natural que não constitui um recurso, mas que presta um serviço ambiental como habitat, ou controle do clima ou enchentes, e outras funções não-econômicas tais como valores estéticos ou de saúde. Esta idéia enfatiza que os órgãos têm que prestar contas não apenas a seus acionistas, mas também à sociedade,

[6] Relatório Internacional de Prática de Auditoria 1010: A Consideração de Matérias Ambientais na Auditoria de Relatórios Financeiros, março de 1998.

pelo manejo do meio ambiente natural. A consideração do patrimônio ambiental ainda está num estágio inicial de desenvolvimento, com o setor privado à frente.

E) Auditoria de Conformidade

A auditoria de conformidade no que diz respeito às questões ambientais pode envolver a garantia de que as atividades governamentais sejam conduzidas de acordo com as leis, normas e políticas ambientais relevantes, tanto no nível nacional quanto internacional. Como indicado acima, as auditorias de relatórios financeiros podem também incluir o exame da conformidade com normas de contabilidade e regulamentos financeiros.

As auditorias de conformidade podem examinar a conformidade de uma entidade com uma série de questões. Primeiro, podem examinar a conformidade de uma entidade com autoridades financeiras e práticas de contabilidade (por exemplo, controles legislativos tais como dos gastos da entidade). Em segundo lugar, podem examinar a conformidade com leis e tratados ambientais. Os auditores podem estar interessados em examinar a conformidade com leis e tratados porque a falta de conformidade pode afetar os relatórios financeiros da entidade. Além disso, os auditores podem estar interessados em examinar tal conformidade porque, aparte de qualquer efeito sobre os relatórios financeiros, incorrerá inevitavelmente em despesa e poderia, portanto, ser de relevância com relação ao uso mais amplo de recursos públicos. Este tipo de auditoria ambiental pode:

- promover a conformidade ou fornecer maior garantia de conformidade com a política e a legislação ambiental existente e futura.
- reduz os riscos e os custos associados à não-conformidade com os regulamentos.
- poupar custos minimizando resíduos impedindo a poluição. e
- identificar responsabilidades e riscos.

Portanto, a auditoria de regularidade abrange a auditoria financeira e de conformidade, e o aspecto da conformidade de uma auditoria de regularidade pode ter relação com a conformidade com normas de contabilidade e/ou conformidade com leis e tratados ambientais relevantes.

Em todas as auditorias, um conhecimento suficiente do negócio é necessário para que o auditor possa identificar e compreender as questões que podem ter um efeito significativo nos relatórios financeiros, no processo de auditoria, e no relatório de auditoria.

Tendo obtido conhecimento suficiente do negócio, o auditor avalia o risco de erros de declaração material nos relatórios financeiros. Isto incluiria o risco de erro de declaração devido a questões ambientais, especialmente risco ambiental. Exemplos de risco ambienta! incluem:

- custos de conformidade resultantes da legislação; e
- impacto da não-conformidade com as leis e regulamentos ambientais.

A entidade examinada pode adotar diferentes abordagens para conseguir o controle de questões ambientais. Entidades pequenas ou entidades com baixa exposição ao risco ambiental podem incluir sistemas de controle ambiental em seus sistemas de controle interno normais. As entidades com exposição elevada ao risco ambiental podem elaborar e operar um subsistema de controle interno separado - por exemplo, um sistema de gestão ambiental (EMS).

F) Auditorias em Recursos Hídricos

A água é um pré-requisito vital à vida humana. A preservação da sustentabilidade dos recursos hídricos pode ser considerada uma responsabilidade pública de todos os governos. Devido a sua importância mundial, a água foi escolhida como o tema central do Grupo de Trabalho sobre Auditoria Ambiental - WGEA (*Working Group on Enviromental Audit*) da Organização Internacional de Entidades Fiscalizadoras Superiores INTOSAI (*International Organization of Supre-*

me Audit Institutions) em 1996. O papel da Entidade Fiscalizadora Superior (EFS) - SAI (*Supreme Audit Institutions*) nessa área é executar auditorias para examinar a regularidade do gasto público e o desempenho governamental.

A importância da água para o desenvolvimento econômico, para a saúde pública e para a qualidade dos ecos sistemas exige que cada governo assuma a responsabilidade de garantir o fornecimento dos serviços básicos e manter em equilíbrio os interesses competitivos. Apenas um governo central tem condições de obter uma visão geral de toda a demanda para o estoque hídrico disponível e pode preencher o papel crucial de atender ao interesse público.Ainda que o sistema de fornecimento de água seja privatizado, pode-se considerar uma responsabilidade pública assegurar que o público tenha acesso ao fornecimento de água tratada para uso doméstico.

Vários órgãos públicos e governamentais, muitas vezes em cooperação com organizações privadas e órgãos internacionais, estão envolvidos em atividades visando à resolução de problemas em relação a questões hídricas. Os Governos têm uma série de instrumentos à sua disposição, incluindo a formulação de políticas gerais em relação à água, determinação de preços, legislação, autorizações, inspeções e meios de se fazer cumprir, taxas e multas, investimentos em infra-estrutura e pesquisa científica. O fornecimento de informações ao público e o monitoramento e a divulgação são elementos importantes nas políticas e programas relacionados à água.

As ESF podem auditar a implementação de planos e programas de governo, a aplicação de instrumentos e o orçamento gasto em medições e programas relativos à água. Isso se encaixa exatamente no papel tradicional das EFS, isto é, avaliar se o dinheiro público foi gasto de acordo com as regras e se foi utilizado de maneira econômica, eficiente e efetiva. Escolher o assunto e o foco certos (mais relevantes) e para suas auditoria são os principais desafios estratégicos para as EFS, para que obtenham o máximo efeito.

Em nível nacional ou regional, são realizada auditorias de regularidade e de desempenho em assuntos hídricos. Os tipos de auditoria que ocorrem freqüentemente focalizam em:

- obediência às leis e regulamentações ambientais nacionais por parte dos departamentos de governo, municípios e/ou outros órgãos;
- implementação de programas ambientais;
- avaliação dos impactos ou efeitos de programas ambientais nacionais existentes;
- os efeitos ambientais dos programas não-ambientais; e
- sistemas governamentais de gestão ambiental.

Dependendo da atribuição da EFS, a política geral de meio ambiente em relação à gestão da água, bem como a avaliação dos impactos ou efeitos dos programas nacionais de meio ambiente *proposto*, também pode ser um possível ponto de partida.

Políticas ambientais relacionadas à água têm com freqüência, dimensão internacional. Um total de 261 bacias hidrográficas ao redor do mundo são compartilhadas por dois países ou mais. Juntamente com o ambiente marinho. estes recursos hídricos sem fronteiras são de responsabilidade compartilhada pela maioria das nações. Muitos acordos ambientais internacionais tratam da negociação de questões ligadas à água que é compartilhada por vários países. Apesar dos muitos acordos, há problemas que muitas vezes permaneceram sem solução. A esse respeito, alguns falam até em uma *crise na governança*, no sentido em que uma cooperação internacional mais intensa não tenha ocorrido com freqüência. Entidades independentes como as EFS poderiam ter um papel executando auditorias na implementação nacional de acordos internacionais relacionados a questões da água.

Na década passada, mais de 500 auditorias em assuntos hídricos foram realizadas pelas EFS. As EFS européias e latino-americanas desenvolveram em cooperação diversos projetos de auditorias hídricas, por exemplo, em conformidade com obrigações ambientais internacionais.

Os tópicos que foram auditados variam de região para região. Cada país é, naturalmente confrontado com questões hídricas específicas às suas áreas, e portanto as EFS enfocarão as políticas estabelecidas e os orçamentos gastos para resolver estas questões. Muitas auditorias foram sobre recursos de água doce, enquanto outros se concentraram em ambientes marinhos. Os assuntos mais auditados foram a qualidade da água, rios e lagos, prevenção contra enchentes e recuperação pós-enchentes, água potável e saneamento. Outros assuntos auditados incluíram o valor natural e biodiversidade de ecossistemas hídricos, a prevenção contra poluição de ambientes marinhos e o custo de infraestrutura relacionada à água.

Alguns tópicos sobre água doce ainda não estão sendo auditados com freqüência pelas EFS, mas também poderiam ser relevantes, como por exemplo, água como recurso energético (usinas hidrelétricas, \ projetos de barragem) e medidas de combate às secas, como projetos de irrigação agrícola.

Em diversas auditorias, a entidade geográfica de uma linha divisória de águas. rio, lago ou bacia hidrográfica,) era o objeto da auditoria. Os problemas ambientais relacionados a essas entidades variam bastante entre os países e entre regiões dentro dos países, mas todos estão relacionados com alguma forma de poluição da água.

Os ministérios nacionais responsáveis pela gestão da água, proteção ambiental, proteção contra enchentes e educação ambiental são geralmente incluídos nessas auditorias. Na maioria dos casos, os municípios e distritos situados à beira dos rios e lagos são também incluídos. Um terceiro grupo de órgãos sendo auditados são as inspetorias - as organizações responsáveis pelo teste e verificação da qualidade da água, água potável, saúde ou o meio ambiente. O quarto grupo de instituições auditadas é o das empresas fornecedoras de água, estatais ou empresas privadas. Estes grupos podem estar envolvidos na auditoria como fornecedores ou consumidores de água, como agentes para a melhoria da qualidade da água, ou como poluidores, ou ainda uma combinação destes últimos.

ENCHENTES

A questão da gestão de águas em relação a enchentes, em particular ao risco de enchentes, foi .abordada em diversas auditorias. Um exemplo é a EFS francesa, que auditou as medidas de prevenção contra enchentes na França em 2002. A auditoria demonstrou que enchentes do Rio Sena causariam grandes danos. Contudo, as populações sob risco não estavam suficientemente alertadas para sua vulnerabilidade, e com freqüência, não havia planos para reduzir os riscos nas áreas mais urbanizadas e propensas a enchentes.As medidas preventivas gerais também não eram suficientemente eficazes.

ÁGUA POTÁVEL E SANEAMENTO

Por causa da importância da água potável, as EFS dedicam bastante atenção a este tópico. As auditorias normalmente focalizam a disponibilidade da água potável, e/ou vazamento (resultando em água não contabilizada), normalmente em relação ao custo. A maioria das entidades auditadas neste campo são as empresas (públicas) de fornecimento de água.

Auditorias dedicadas exclusivamente à biodiversidade hídrica são aparentemente escassas. Um exemplo é a auditoria sobre a obediência aos acordos internacionais sobre manguezais (EFS Holanda. 1999). A Holanda faz parte da Convenção de Ramsar sobre Proteção aos Manguezais e deve obedecer a duas diretivas da União Européia: Diretiva dos Pássaros e Diretiva do Habitat. As principais descobertas foram que a Holanda possui vários planos para a gestão e restauração de manguezais, mas que na prática a implementação desses planos era freqüentemente problemática ou extremamente lenta. Obrigações internacionais foram operacionalizadas inadequadamente na política nacional e o ministério responsável pela gestão da natureza não tinha feito acordos com as autoridades locais para o cumprimento das obrigações internacionais. Conseqüentemente, as autoridades locais foram mal informadas sobre o conteúdo das obrigações. O Ministério da Gestão da Natureza não teve um quadro claro a respeito das condições das localidades naturais ou do efeito das políticas sobre mangues regionais, e assim, não pode determinar se foram cumpridas as obrigações internacionais.

RECURSOS MARINHOS

O ambiente marinho é por definição, um tópico comum a mais de uma nação e as auditorias mais recentes sobre o ambiente marinho têm enfocado na implementação nacional das obrigações internacionais. Um exemplo, é a auditoria da Convenção de MARPOL sobre a Prevenção de Poluição Marinha por Navios e a Convenção de OPRC sobre como Tratar da Poluição no Mar.

Salientam dois aspectos complementares: a prevenção da poluição (pela garantia da qualidade e segurança de navios e instalações adequadas para a coleta de dejetos nos portos) e medidas a serem tomadas contra poluidores e poluição (incluindo, por exemplo, a vigilância além costa marítima, o relatório de incidentes de vazamentos para a guarda costeira e a limpeza dos vazamentos, e por fim e não menos importante, encontrar e processar os poluidores que violem a lei).

Auditorias ajudam a aumentar a consciência pública sobre a importância dos problemas hídricos. O objetivo das auditorias das EFS é aumentar a qualidade das políticas governamentais, seu desempenho e a transparência das operações (financeiras) ao fornecer um retorno estruturado para os executivos e formuladores de políticas.

G) Auditorias em Gestão de Resíduos

Na Conferência do Rio em 1992, os resíduos foram considerados uma das prioridades da Agenda 212, e receberam atenção específica para assegurar a gestão ambientalmente correta de produtos químicos tóxicos, resíduos sólidos e questões relativas a esgoto e a gestão segura e ambientalmente correta dos resíduos radioativos.

A Cúpula Mundial de Joanesburgo sobre Desenvolvimento Sustentável, realizada em 2002, abordou as iniciativas para agilizar a mudança no sentido do consumo e da produção sustentáveis e a redução da degradação de recursos, poluição e resíduos. Em sua sétima reunião em Ottawa, Canadá, em setembro de 2001, o Grupo de Trabalho sobre Auditoria Ambiental (WGEA) da INTOSAI decidido adotar "resíduos" como um segundo tema-chave além da água.

Diferentes tipos de resíduos requerem tratamento e disposição final diferentes. levando em conta tanto a composição física e química do resíduo e os níveis de perigo. A composição terá um impacto no processo de coleta e sobre a possível aplicação do resíduo na produção de energia, compostagem. etc.

Se o resíduo não for tratado adequadamente, pode representar grande perigo para o meio-ambiente e o bem estar e a saúde dos seres humanos e dos animais. Resíduos radioativos podem ser letais e poluírem grandes áreas por séculos. Resíduos médicos podem promover a propagação de doenças e infecções. Resíduos perigosos podem causar doenças e mortes. O despejo ilegal e a má administração de aterros sanitários comprometem a paisagem e cheiram mal, e podem contaminar o solo e a água. A queima de resíduos polui o ar.

Os problemas criados pelos resíduos requerem soluções práticas e políticas públicas. Os países regulam o tratamento de resíduos com medidas legais, e as autoridades em vários níveis inspecionam e monitoram as operações dos geradores, transportadores e tratadores de resíduos. Resíduos nucleares e perigosos são geralmente submetidos a um monitoramento mais rigoroso do que os resíduos sólidos. Os cidadãos individuais, especialmente em áreas urbanas, não tratam seus próprios resíduos após os estágios iniciais. Portanto, é importante que os serviços de coleta e tratamento de resíduos sejam conduzidos de forma adequada. efetiva e ambientalmente sustentável.

Na auditoria ambiental, o foco principal são os riscos à saúde e ao meio-ambiente. A primeira etapa no planejamento da auditoria ambiental consiste em criar cenários de risco identificando as principais áreas problemáticas relacionadas a resíduos no país e o risco que representam para a saúde pública e o meio-ambiente. Deste exercício resulta um retrato do perigo que os resíduos representam. Se forem identificados problemas sérios nos níveis básicos do tratamento de resíduos, argumentamos que estes são de importância nacional e conseqüentemente a EFS pode interferir para chamar atenção sobre os problemas.

A segunda etapa consiste em criar uma visão geral da estrutura organizacional do sistema de gestão de resíduos. É muito provável que sistemas distintos sejam criados para resíduos radioativos, perigosos e sólidos. Esta visão geral deve incluir os atores mais importantes: autoridades nos níveis nacional, regional e local. os geradores de resíduos e outros atores que podem representar risco pela forma com que tratam seus resíduos. Os órgãos responsáveis do governo e a natureza dos relacionamentos de responsabilização entre os diferentes atores devem ser identificados.

Após o mapeamento dos atores e suas responsabilidades, devem ser considerados os problemas relacionados à má gestão. Conhecimentos gerais relacionados a deficiências típicas em sistemas de gestão podem ser aplicados.

A corrente de resíduos é um bom ponto de partida quando se procuram defeitos no sistema de gestão de resíduos com o intuito de estabelecer uma auditoria:

- O estágio um na corrente de resíduos é a prevenção, e a finalidade deste estágio é o uso sustentável de recursos em geral.
- O segundo estágio é a geração de resíduos. O governo pode influenciar a geração de resíduos com incentives econômicos, onde o uso eficiente dos recursos e a geração limitada de resíduos são recompensados. Um exemplo deste tipo de incentivo é o princípio de que "o poluidor paga.
- O terceiro estágio da corrente de resíduos é a Reciclagem, o Reaproveitamento e a Recuperação. Alguns governos têm o objetivo de reciclar, reaproveitar e recuperar a maior quantidade de resíduos possível, dentro do que for economicamente e ambientalmente viável.

- O quarto estágio é a coleta de resíduos, geralmente regulada até certo ponto por autoridades locais ou nacionais, e que pode ser realizada por atores públicos ou privados. Novamente, o controle é um instrumento essencial.
- O transporte e a exportação de resíduos são o quinto estágio Geralmente há exigências oficiais para a realização desta atividade. Os operadores podem ser públicos ou privados. O transporte de produtos químicos perigosos requer regulamentos rigorosos para evitar possíveis acidentes. Quanto à exportação de resíduos perigosos, existem normas internacionais rigorosas a serem obedecidas.
- O estágio seis é o tratamento e a disposição dos resíduos, freqüentemente sujeitos à regulamentação por parte das autoridades. Em muitos países, é preciso ter uma licença de operação, e inspeções são realizadas regularmente.
- A possibilidade do despejo ilegal, estágio sete, deve ser reconhecida. Monitoramento, inspeções, etc. são os instrumentos de controle disponíveis, e a base estatutária é essencial. Tanto a permissão para conduzir inspeções e as sanções apropriadas devem estar incluídas nesta estrutura.

Há uma série de questões relevantes que o auditor pode levantar para avaliar a qualidade da gestão de resíduos e as áreas problemáticas que podem ser reveladas por auditorias. Cada um dos tópicos de auditoria pode ser abordado em cada um dos estágios da corrente de resíduos.

Após a identificação dos riscos mais sérios, o estabelecimento da estrutura de autoridade e a identificação dos desafios relacionados à corrente de resíduos, um foco para a auditoria pode surgir claramente. Entretanto, há uma série de perguntas de auditoria que podem ser feitas e abordagens que podem ser escolhidas A seguir, apresentamos um exemplo de pergunta sob cada título:

- Existência de política para resíduos: Há uma política para resíduos que se aplica a cada estágio da corrente de resíduos?
- Conformidade com a política ambiental nacional: A política ambiental geral e a política para resíduos foram pensadas, especificadas, e colocadas em termos concretos nos instrumentos tais como legislação, planos, orçamentos e ferramentas financeiras?
- Gestão de risco: O governo tem uma visão geral dos riscos e estão sendo adotadas medidas para administrar estes riscos?
- Qualidade do processo de implementação: Foram implementadas políticas, regulamentos, etc., de forma eficiente e efetiva?
- Desempenho do sistema de gestão de resíduos: As agências responsáveis dispõem dos instrumentos necessários para cumprir suas obrigações relativas à gestão de resíduos?
- Conformidade com as leis e regulamentos nacionais: Existem práticas ilegais ligadas ao tratamento de resíduos?
- Conformidade com obrigações internacionais: As políticas, a legislação e as práticas relativas à gestão de resíduos estão em conformidade com as obrigações e os compromissos internacionais assumidos pelo país?
- Monitoramento: Há um sistema que assegure a necessária visão geral do tratamento de resíduos?
- Efeitos de outras atividades do governo: Os ministérios, departamentos e agências públicas controlam os resíduos gerados por atividades sob sua autoridade?

A inclusão destes tópicos de auditoria no processo de escolha de um foco para uma auditoria confere as três dimensões: tipo de resíduos. estágio no corrente de resíduos e tópico de auditoria. A seguinte figura permite visualizar as três dimensões.

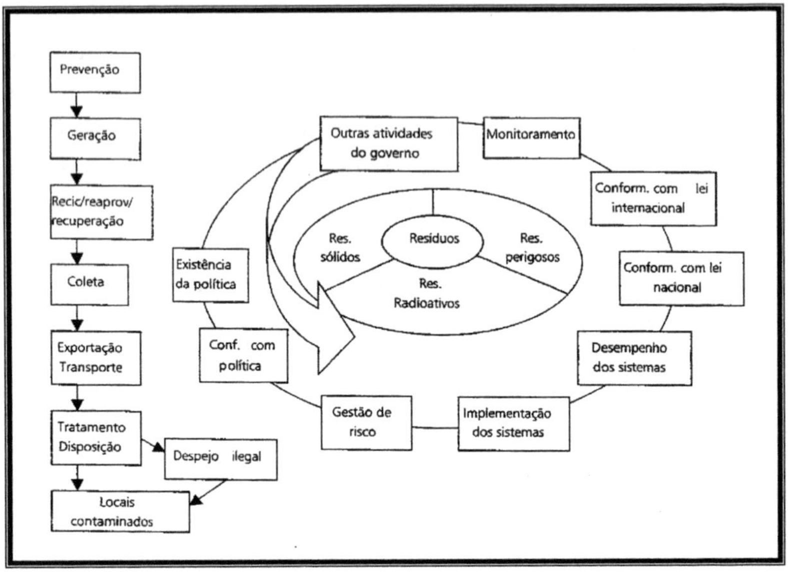

FIGURA 4.1 – FOCO DE AUDITORIA

Esta figura oferece aos auditores uma visão geral das áreas prioritárias para exame e de possíveis abordagens.

Exemplos de perguntas derivadas destas três dimensões são:

- Existe uma política em nosso país para a prevenção de resíduos perigosos?
- A legislação relativa ao tratamento de resíduos sólidos está em conformidade com a política ambiental?
- A disposição de resíduos radioativos é adequadamente monitorada?

4.1.2 - RESPONSABILIDADE AMBIENTAL

Sendo um patrimônio a ser protegido pela União, o meio ambiente passa a integrar o universo de bens nacionais cuja utilização, guarda, administração e conservação estão sujeitas ao controle externo. E uma vez que também se define como responsabilidade institucional do Tribunal de Contas da União a realização de inspeções e auditorias operacionais em suas unidades jurisdicionadas e em todas as entidades que recebam recursos públicos federais, inclusive mediante convênios, acordos e outros instrumentos, é a gestão ambiental como um todo que será objeto de avaliação quanto a sua legalidade, legitimidade e economicidade.

CUSTO DA GESTÃO AMBIENTAL DEFICIENTE

Um aspecto adicional a ser mencionado é o relativo aos custos decorrentes da degradação ambiental. São efeitos ambientais adversos que afetam o sistema produtivo ou impactam a saúde humana. São custos humanos, econômicos e sociais altíssimos, como, por exemplo, os produzidos por deslizamentos de encostas ou enchentes, resultantes, respectivamente, da erosão e da ocupação desordenada e do assoreamento, muitas vezes provocado por lixo despejado nos cursos d'água. Contaminações resultantes da poluição atmosférica ou hídrica podem custar muito caro ao já deficiente sistema de saúde pública.

Quadro 4.1 - Custos da gestão ambiental deficiente

<table>
<tr><th>Custos da poluição excessiva</th><th>Custos excessivos da execução deficiente da gestão ambiental</th></tr>
<tr><td>Prejuízos à saúde</td><td rowspan="2">Perda de concorrência causada por obstáculos burocráticos e aplicação imprevisível de regulamentos</td></tr>
<tr><td>Prejuízos à produção</td></tr>
<tr><td>Perdas de lazer</td><td>Custo excessivo de regulamentos ineficientes em relação ao custo</td></tr>
<tr><td>Prejuízos ecológicos</td><td>Obstáculos ao planejamento e à execução eficientes de projetos</td></tr>
</table>

Fonte: TCU

Por conseguinte, compete ao TCU, em seu papel de guardião da legalidade, da economicidade e da eficácia na aplicação dos recursos públicos, zelar pela proteção ao meio ambiente e o respeito à legislação ambiental brasileira.

O Tribunal de Contas da União tem o dever, atribuído pela Constituição, de fiscalizar o uso e a gestão dos bens públicos. O custo econômico e financeiro do mau gerenciamento e uso dos recursos naturais é extremamente alto, sendo imperativo que esta Corte proteja os direitos garantidos na Carta Magna às gerações presentes e futuras, exercendo um controle efetivo nessa área.

A atuação do tribunal poderia prevenir significativos prejuízos financeiros ao governo federal – como as despesas decorrentes de multas pelo descumprimento da legislação ambiental, da responsabilidade civil objetiva de reparar danos ambientais causados a terceiros ou da obrigação de recuperar o meio ambiente degradado por ação ou omissão de suas entidades – como também expressivos prejuízos econômicos à nação advindos de limitações extra-alfandegárias, à importação de produtos brasileiros, de medidas punitivas em conseqüência da inobservância pelo Brasil de tratados ambientais internacionais[7], ou, finalmente, da indisponibilidade de recursos naturais necessários às atividades produtivas.

Na verificação quanto à legalidade, à economicidade e à eficácia da gestão dos órgãos diretamente vinculados ao Sistema Nacional de Meio Ambiente (Sisnama)[8]. Em sua atuação fiscalizatória junto a entidade da administração direta e indireta cujas atividades produzem significativos impactos ambientais – especialmente nas áreas energética e mineral, como Itaipu, Furnas, Eletronuclear, Petrobrás, etc. – cumpre ao TCU verificar o adequado cumprimento da legislação ambiental.

---

[7] O Brasil ratificou quatro tratados e convenções de âmbito regional com implicações ambientais e é parte em 26 tratados e convenções de âmbito mundial.

[8] Constituído pelos órgãos e entidades da União, dos estados, do Distrito Federal, dos territórios e dos municípios, bem como pelas fundações instituídas pelo poder público, responsáveis pela proteção e melhoria da qualidade ambiental (art. 6o da Lei no 6.938, de 31 de agosto de 1981).

Associada a esse aspecto, encontra-se a hipótese de o Tribunal de Contas da União intervir, se a entidade federal foi multada por órgão ambiental estatal ou municipal em virtude de infração às respectivas normas ambientais, exigindo a promoção de ações regressivas contra os dirigentes da entidade ou outros identificados como responsáveis por tal ocorrência, geradora de duplo prejuízo aos cofres públicos federais e ao meio ambiente nacional.

Ademais, quando do exame das prestações de contas ou em procedimentos de auditoria relativos a recursos repassados a estados, Distrito Federal, municípios, organizações não-governamentais (ONGs) e outras entidades, deve o TCU assegurar-se de que a aplicação das verbas obedeceu ao estabelecido na legislação ambiental, tenha ou não o convênio ou instrumento congênere tido por objeto atividade ou projeto ligado à proteção ao meio ambiente.

Outro importante aspecto diz respeito aos financiamentos a empresas privadas pelos organismos oficiais de crédito e de fomento, bem como a denuncia de receitas mediante a concessão de incentivos fiscais. É papel do Tribunal certificar-se de que tais mecanismos, que envolvem a aplicação de recursos públicos para o estímulo ao desenvolvimento econômico, não contribuam para a degradação do meio ambiente.[9]

AUDITORIAS AMBIENTAIS NO ÂMBITO DO TCU

A auditoria de orçamento ambiental focaliza os recursos alocados para programas ambientais. A de impactos ambientais avalia os impactos causados a meio ambiente pelas atividades do próprio Estado. A de resultados das políticas ambientais analisa a eficiência e a eficácia das políticas públicas afetas ao meio ambiente. A de fiscalização ambiental pública verifica a atuação do poder público como fiscal do meio am-

[9] Entre 1970 e 1985, foram concedidos 700 milhões de dólares em incentivos fiscais e créditos subsidiados para 950 projetos na Amazônia, dos quais 631 de abertura de novas áreas para a pecuária. Entre 1978 e 1994, a área desmatada da Amazônia passou de 78 para 470 mil km2 (Brasil, 1998).

biente. A de cumprimento dos tratados ambientais internacionais cuida do exame da adequada execução de tratados firmados pelo Brasil, detendo-se especialmente nas cláusulas cujo descumprimento seria suscetível de produzir sanções ao país.

QUADRO 4.2 - TIPOLOGIA DAS AUDITORIAS AMBIENTAIS NO ÂMBITO DO CONTROLE EXTERNO

Tipo	Objeto
Auditoria de orçamento ambiental	Análise de aplicação dos recursos alocados para programas ambientais, oriundos de dotações orçamentárias, de empréstimos ou doações internacionais, ou de receita própria dos órgãos ambientais
Auditoria de impactos ambientais	Análise dos impactos causados ao meio ambiente pelas atividades do próprio Estado, diretamente ou mediante concessões, permissões e autorizações
Auditoria de resultados das políticas ambientais	Análise da eficiência e eficácia das políticas públicas afetas ao meio ambiente
Auditoria de fiscalização ambiental pública	Análise da eficiência da atuação do poder público como fiscal do meios ambiente
Auditoria de cumprimento dos tratados ambientais internacionais	Análise da adequada execução de tratados firmados pelo Brasil
Auditoria de licenciamento ambiental	Análise da conformidade dos licenciamentos concedidos para atividades potencialmente geradoras de significativos impactos ambientais, bem como da qualidade dos EIAs e Rimas
Auditorias de impactos ambientais das políticas de incentivos fiscais, subsídios e financiamentos por organismos oficiais de crédito	Análise dos impactos causados ao meio ambiente em razão das políticas de incentivos fiscais, subsídios e financiamentos por organismos oficiais de crédito

Fonte: TCU

QUADRO 4.3 - FINALIDADES DA AUDITORIA AMBIENTAL

Espécie	Descrição
Legais	Verificar o cumprimento da legislação
	Ser instrumento de fiscalização interna e externa
Públicas	Fazer frente a pressões externas
	Informar consumidores, funcionários e público
	Subsidiar campanhas institucionais e publicitárias
Econômicas	Ser elemento para a certificação ambiental de produto e serviços
	Negociar prêmios de seguros e taxas de financiamentos
	Detectar potenciais de redução/reciclagem de matérias e insumos
Gerenciais	Aferir políticas, diretrizes e programas ambientais de órgãos ou empresas
	Adotar equipamentos e processos menos poluentes
	Servir para o monitoramento ambiental
	Proporcionar treinamento para a gestão ambiental
	Melhorar a higiene e a segurança do trabalho
	Subsidiar a elaboração de balanços ambientais e demais demonstrativos de contabilidade ambiental

Fonte: TCU

A Resolução no 1.836/93 da Comunidade Econômica Européi[10] apresenta 12 possíveis temas para as auditorias ambientais:[11]

1. avaliação, controle e redução dos impactos da atividade em questão sobre os diferentes setores do ambiente;
2. gestão, economia e seleção de energia;
3. gestão, economia, seleção e transporte de matérias-primas;
4. redução, reciclagem, reutilização, transporte e eliminação de resíduos;

[10] Hoje, União Européia.

[11] Apud Leme Machado (1996, p.211)

5. avaliação, controle e redução de ruídos dentro e fora das instalações;
6. seleção dos novos métodos de produção e alteração dos métodos existentes;
7. planejamento dos produtos (concepção, embalagem, transporte, utilização e eliminação);
8. comportamento ambiental e práticas dos contratantes, subcontratantes e fornecedores;
9. prevenção e limitação dos acidentes de meio ambiente;
10. processos de emergência em casos de acidentes de meio ambiente;
11. informação e formação de pessoal em questões ambientais;
12. informações externas sobre questões ambientais.

Observe-se que o Tribunal de Contas da União não está isolado na preocupação de exercer o controle externo também na área ambiental. Com efeito, a emergência da temática ambiental como uma questão política maior no cenário internacional, a partir dos anos 70,[12] conduziu outras Entidades Fiscalizadoras Superiores (EFSs) a desenvolverem instrumentos e métodos para a auditoria ambiental, segundo as características da legislação de seus respectivos países.[13]

[12] A Declaração do Meio Ambiente adotada em Estocolmo pela Conferência das Nações Unidas em 1972 é considerada o marco inicial dessa preocupação que conduziu à realização, em 1992, no Rio de Janeiro, da Conferência das Nações Unidas sobre o Meio Ambiente e desenvolvimento (CNUMAD). Segundo Ramonet (1997), a convicção de que o planeta está ameaçado representou uma das mais importantes conquistas políticas do fin de Siècle. Tragicamente, essa consciência não foi adquirida apenas à custa de argumentos científicos e da militância política ambientalista, mais também como conseqüência de terríveis desastres ecológicos como Minamata no Japão (década de 1970), Bhopal na Índia (1984), Chernobil na ex-URSS (1986), Exxon-Valdez no Alasca (1989), sem olvidar as quueimadas na Amazônia.

[13] Como acentua Vilaça (1999), em todo o mundo, com exceção dos Estados não-democráticos e de alguns países africanos, o controle externo é realizado por dois órgãos: o controle político pelo parlamento e o controle técnico-operacional e/ou de natureza jurisdicional pelas entidades fiscalizadoras superiores. (EFS).

As auditorias concorrentes são aquelas conduzidas simultaneamente por duas ou mais EFSs, mas com equipes separadas, cada qual reportando-se ao seu parlamento ou ao seu governo e apenas com respeito aos tópicos pertinentes ao seu país. Auditorias conjuntas são aquelas realizadas por uma única equipe, composta de auditores de duas ou mais EFSs, que prepara um único relatório para todos os países participantes. As auditorias coordenadas podem ter as características de uma auditoria conjunta, mas com relatórios separados para cada país; ou as de uma auditoria concorrente, mas com um relatório conjunto em complemento aos relatórios de cada país.

QUADRO 4.4 - TIPOLOGIA DAS AUDITORIAS DE TRATADOS AMBIENTAIS INTERNACIONAIS

Tipo	Equipe	Relatório
Auditorias concorrentes	Separadas	Um por país
Auditorias conjuntas	Conjuntas	Único para todos os países
Auditorias coordenadas	Conjuntas	Um por país
Auditorias coordenadas	Separadas	Um por país e um conjunto para todos os países

Fonte: TCU

Eventualidade de uma duplicidade de punições: responsabilidades civil, penal e administrativa, o art. 23, inciso VI, da Carta Magna fixa a competência comum da União, dos estados, Distrito Federal e dos municípios para proteger o meio ambiente e combater a poluição em qualquer de suas formas. O art. 24. nos incisos VI, VII e VIII, estabelece a competência concorrente entre estes entes para legislar sobre florestas, caça, pesca, fauna, conservação da natureza, defesa do solo e dos recursos naturais, proteção ao meio ambiente e controle da poluição: proteção ao patrimônio histórico, cultural, artístico, turístico e paisagístico; e responsabilidade por dano ao meio ambiente, ao consumidor, aos bens e direitos de valor artístico, estético, histórico, turístico e paisagístico.

A competência comum implica atuações paralelas, embora preveja-se que o adequado funcionamento do Sistema previa a duplicidade de esforços.

Não há superposição de atribuições, pois se trata de esferas distintas, autônomas de atuação. A competência concorrente obedece às seguintes normas, insculpidas nos §§ 1° a 4° do art. 24 da Constituição:

a) no âmbito da legislação concorrente, a competência da União será limitada a estabelecer normas gerais:
b) a competência da União para legislar sobre normas gerais não exclui a competência suplementar dos estados;
c) inexistindo lei federal sobre normas gerais, os estados exercerão a competência legislativa plena, para atender a suas peculiaridades;
d) a superveniência de lei federal sobre normas gerais suspende a eficácia da lei estadual, no que lhe for contrário.

Como regra geral, deve prevalecer a legislação federal, ressalvando que as leis estaduais e municipais podem estabelecer restrições não previstas na esfera federal, desde que compatíveis com os princípios constitucionais.[14] Assim, determinada atividade autorizada por legislação federal poderá ser interditada por lei estadual, considerada constitucionalmente válida.

Para onde iria o dinheiro de eventuais multas aplicadas pelo TCU em fiscalizações ambientais? O art. 73 da LCA prevê que os valores arrecadados em pagamento de multas por infração ambiental serão destinados ao Fundo Nacional do Meio Ambiente,[15] ao Fundo

---

[14] Um exemplo positivo da competência concorrente é apresentado por Leme Machado (1996), a hipótese de tombamento de um mesmo bem, patrimônio ecológico ou paisagem notável, pelas três esferas: a federal, a estadual e a municipal.

[15] Instituído pela Lei no 7.797, de 10 de julho de 1989, com o objetivo de desenvolver os projetos que visem ao uso racional e sustentável de recursos naturais, incluindo a manutenção, melhoria ou recuperação da qualidade ambiental no sentido de elevar a qualidade de vida da população brasileira. Foi regulamentado pelo Decreto no 98.161, de 21 de setembro de 1989.

Naval,[16] aos fundos estaduais ou municipais de meio ambiente, a critério do órgão arrecadador. Tal dispositivo não é aplicável no caso de multas impostas pelo TCU por dois motivos:

a) em primeiro lugar, não se trata de infrações ambientais propriamente ditas, mas atos de gestão ilegais, ilegítimos ou antieconômicos que, tenso gerado danos ambientais, acarretaram danos ao erário. O fundamento legal de uma multa aplicada pelo TCU não será nunca a legislação ambiental, mas a Constituição da República e a Lei Orgânica do Tribunal;
b) a seguir, pelo de que o produto de multas oriundas do exercício das atividades de fiscalização do Tribunal de Contas da União constitui uma receita pública da União, sendo ilegal sua transferência para os cofres estaduais ou municipais, à exceção das hipóteses constitucionalmente previstas.

A multa determinada pelo Tribunal de Contas da União não se confunde com uma indenização, no sentido da Lei da Ação Civil Pública, embora eventualmente a base de cálculo seja a mesma, ou seja, um determinado dano ambiental.[17]

---

[16] O Fundo Naval foi criado pelo Decreto no 20.923, de 8 de janeiro de 1932, tendo como "principal finalidade a renovação do material flutuante na Marinha de Guerra", sendo sua presença nesse texto legal voltado para a repressão de crimes ambientais, em pé de igualdade com o Fundo Nacional de Meio Ambiente, resultante de um típico casuístico acordo parlamentar.

[17] A propósito, Bessa Antunes (1996), traz à baila uma decisão de Superior Tribunal de Justiça (STJ) bastante elucidadora: Ecologia. Transito. Emissão abusiva de fumaça por veiculo auto motor. O fato, como acontecimento da experiência jurídica, em seja, eventualmente, reprercurssão plural no direito. Transitar com veiculo produzindo fumaça em níveis proibidos interessa tanto ao direito ecológico como ao direito da circulação. Os respectivos objetos são diferentes. O primeiro busca conservar as condições razoáveis mínimas do ambiente. O segundo policia as condições de uso e funcionamento dos veículos. Dessa forma, ainda que, fisicamente, uno o fato, juridicamente há popularidade de ilícitos, daí a legitimidade do Departamento de Águas e Energia Elétrica, como do Detran, para aplicar sanções (grifo meu) (RJSTJ, Vol. 14, p.437).

O Art. 225 da Constituição contempla três tipos de responsabilidade, independentes entre si: a administrativa, a civil e a criminal. A primeira é oriunda de infração a normas administrativas. A responsabilidade civil, contratual ou extracontratual – neste caso incluindo-se a responsabilidade advinda de exigência legal – impõe ao infrator a obrigação de ressarcir o dano, sendo o ressarcimento feito tanto erário quanto a particulares, conforme o caso. Finalmente, a responsabilidade criminal ocorre em virtude do cometimento de crime ou contravenção.

Prevalece no Brasil o princípio da responsabilidade objetiva por dano ambiental, isto é, não há necessidade de comprovar a culpa, mas tão somente a ocorrência do dano e seu nexo com a fonte causadora.

Por outro lado, o crime pode ocorrer sem que o dano se tenha concretizado. De fato, é definida como crime ambiental a conduta que "expuser a perigo a incolumidade humana, animal ou vegetal, ou estiver tornando mais grave situação de perigo existente". Logo, o risco é suficiente. É a chamada teoria do risco integral: basta a prova da ação ou omissão e da relação de causalidade.

A exposição ao perigo da incolumidade humana, animal ou vegetal, ainda que o dano não seja consumado, implica a incriminação.

A responsabilidade civil pressupõe o dano, ainda que não haja infração[18] a criminal pressupõe o risco, ainda que não haja dano.

Assim, na hipótese em exame, a punição patrocinada pelo Tribunal de Contas da União seria tipicamente administrativa;[19] aquela proposta por órgão ambiental poderia ser, segundo o caso, administrativa ou civil;[20] e a responsabilização criminal dependeria de iniciativa do Ministério Público (MP) provocado ou não por algum daqueles organismos ou por denúncia de cidadão ou associação de natureza civil.[21]

[18] Isto é. O dano pode surgir de ato lícito (custódio, 1990).

[19] Observe-se que, conforme assinala Meirelles (1997), no direito administrativo prevalece o princípio da verdade material: "O princípio da verdade material, também denominado da liberdade na prova autoriza a administração a valer-se de qualquer prova de que a autoridade processante ou julgadora tenha conhecimento. Desde que a faça transladar para o processo". Já nos processos judiciais o juiz deve limitar-se ao exame das provas indicadas tempestivamente pelas partes.

A Lei dos Crimes Ambientais estabelece critérios distintos para a fixação das multas relativas aos crimes e as infrações. O seu art. 12 estabelece que a prestação pecuniária, uma das modalidades de pena restritiva de direitos, suscetível de substituir as penas privativas de liberdade, consiste no pagamento em dinheiro à vítima ou à entidade pública ou privada com fim social, de importância, fixada pelo juiz, não inferior a 01 (um) salário mínimo nem superior a 360 (trezentos e sessenta) salários mínimos. O valor pago será deduzido do montante de eventual reparação civil a que for condenado o infrator.

Para os crimes, o art. 18 determina que "a multa será calculada segundo os critérios do Código Penal; se revelar-se ineficaz, ainda que aplicada no valor máximo, poderá ser aumentada em até 3 vezes, tendo em vista o valor da vantagem econômica auferida". Haverá perícia de constatação do dano ambiental, prever o art. 19, para, sempre que possível, fixar "o montante do prejuízo causado para efeito de prestação de fiança e calculo de multa", acrescentando-se que a perícia produzida no inquérito civil ou no juiz cível poderá ser aproveitada no processo penal, instaurando-se o contraditório.

Com respeito às infrações, a regra fixada no art. 74 define que sua base será "a unidade, hectare, metro cúbico, quilograma ou outra medida pertinente, de acordo com o objeto jurídico lesado", dentro dos limites estabelecidos no art. 75 – entre 50 reais e 50 milhões de reais -, corrigidos periodicamente com base nos índices estabelecidos na legislação pertinente, existindo a previsão, no § 4° do art. 72, de que "a multa

---

[20] A Lei no 7.347, de 24 de julho de 1985, abordada mais detalhes no capítulo dois prever a iniciativa das ações civis públicas de responsabilidades por danos causados ao meio ambiente poderá ser do Ministério Público da União, do Estados e Municípios de autarquia, empresa pública, fundação, sociedade de economia mista ou de associação que esteja constituída a pelo menos 1 ano, nos termos da Lei civil e que inclua, entre suas finalidades institucionais, a proteção ao meio ambiente, ao consumidor, ao patrimônio artístico, estético, histórico, turístico e paisagístico.

[21] De acordo com o art. 26 e/e art. 79 da Lei dos Crimes Ambientais, nos crimes ambientais a ação penal é pública incondicionada, promovida pelo Ministério Público, admitindo-se, nos termos do inciso LIX do art. 5o da Constituição da República, a ação privada, caso a ação pública não seja intentada no prazo legal.

simples pode ser convertida em serviços de preservação, melhoria e recuperação da qualidade do meio ambiente".

QUADRO 4.5 - CARACTERÍSTICAS DAS RESPONSABILIDADES POR DANO AMBIENTAL

Características	Esfera Administrativa		Esfera Civil	Esfera Penas
Iniciativa	Órgão integrante do Sisnama	Tribunal de Contas da União	Ministério Público, autarquia, empresa pública, fundação, sociedade de economia mista ou associação civil	Ministério Público
Pressuposto	Infração	Dano ao erário	Dano	Crime ou contravenção
Órgão processante	Órgão integrante do Sisnama	Tribunal de Contas da União	Judiciário	Judiciário
Diplomas legais	Leis nº 6.938/81 (PNMA) e nº 9.605/98 (LCA)	Lei nº 8.443/92 (LOTCU)	Lei nº 7.347/85 e outras	Lei nº 9.605/98 (LCA)
Penalidades	Multa, sanções[22]	Multa, sanções	Obrigação de fazer ou de não fazer indenização	Penas privativas de liberdade; penas restritivas de direitos; multa; prestação de serviços à comunidade

Fonte: TCU

O documento que define a estratégia de atuação do Tribunal de Contas da União na área ambiental é a Portaria no 383, de 5 de agosto de 1998, que "aprova a estratégia de atuação para o controle da gestão

22 O Art. 72 da Lei no 9.605/98 estabelece as seguintes sansões para infrações administrativas: advertência: multa simples; multa diária; apreensão dos animais; produtos e subprodutos da fauna da flora, instrumentos, petrechos, equipamentos ou veículos de qualquer natureza utilizados na infração; destruição ou inutilização do produto; suspensão de venda e fabricação do produto; embargo de obra ou atividade; demolição de obra; suspensão parcial ou total de atividades; restritiva de direitos.

ambiental, resultante da implementação do Projeto de Desenvolvimento da Fiscalização Ambiental (PDFA)". A referida estratégia foi elaborada "com o objetivo de suprir a carência de um adequado controle externo da gestão ambiental em nível de governo".

Propõe-se a definir (art. 1º)

I) a forma de atuação adequada;
II) as áreas da gestão governamental que devem receber tratamento prioritário;
III) a sistemática e as diretrizes a serem observadas pelo planejamento tático;
IV) a estrutura operacional adequada;
V) a sistemática a ser adotada para a obtenção e o desenvolvimento de recursos.

Para o TCU, o controle da gestão ambiental terá as seguintes premissas (art. 2º)

I) é objetivo do poder público a preservação da qualidade do meio ambiente e do equilíbrio ecológico, com vistas à disponibilidade eqüitativa e permanente dos recursos ambientais;
II) é necessário que a promoção do desenvolvimento socioeconômico seja compatível com a preservação da qualidade ambiental e do equilíbrio ecológico.

Controle da gestão ambiental pelo TCU será efetuado (art. 3º):

I) por meio da fiscalização ambiental de:

a) ações executadas por órgãos e entidades do Sistema Nacional de Meio Ambiente (Sisnama);
b) políticas e programas de desenvolvimento que potencial ou efetivamente causem degradação ambiental.

II) por meio da inserção do aspecto ambiental na fiscalização de :

a) políticas e programas de desenvolvimento que potencial ou efetivamente causem degradação ambiental:
b) projetos e atividades que potencial ou efetivamente causem impactos negativos diretos ao meio ambiente.

III) por meio da inserção do aspecto ambiental nos processos de tomadas e prestações de contas de órgãos e entidades:

a) integrantes do Sistema Nacional de Meio Ambiente (Sisnama);
b) responsáveis pelas políticas, programas, projetos e atividades a que se refere o inciso anterior.

O conceito de fiscalização ambiental abrange as auditorias, inspeções, levantamentos e acompanhamentos que tenham por objetivo a análise da gestão ambiental.

Exercer, em auxilio ao Congresso Nacional, o controle externo da gestão ambiental de responsabilidade do Governo federal e dos recursos públicos federais aplicados em atividades relacionadas à proteção do meio ambiente.

São definidas como proprietárias as seguintes ações e atividades relacionadas à gestão ambiental (art. 5°):

I) ações que visem a induzir comportamentos compatíveis com o modelo de desenvolvimento sustentável;[23]

[23]Alguns exemplos podem ser estudados no documento sobre o conjunto de políticas intitulado Greening Government do Department of Environment, Transp. and Regions do Reino Unido (Rumain, 1998). Entre outras iniciativas ali descritas, destaca-se a política de compras públicas direcionadas para produtos e serviços de menor impacto ambiental.

II) fiscalização ambiental;
III) elaboração e aplicação de políticas setoriais relacionadas à proteção ou à utilização do meio ambiente;
IV) ações que visem à coleta e ao fornecimento de informações sobre o meio ambiente;
V) educação ambiental;
VI) coordenação das ações relacionadas à proteção ambiental;
VII)ações implementadas com recursos externos.

O art. 7º define a constituição da estrutura operacional:

I) por um grupo de especialistas na áreas de auditoria ambiental, lotados no serviço de Obras e Meio Ambiente (SOMA/ Dilic/Saudi);[24]
II) por pelo menos um responsável pela área do controle da gestão ambiental, nas secretarias de controle externo, sem o prejuízo de suas demais atribuições.

Os recursos técnicos e humanos necessários à efetivação do controle da gestão ambiental deverão ser obtidos ou desenvolvidos da seguinte forma (art. 8º):

I) recursos técnicos, por meio de :

a) implementação de intercâmbio com outras Entidades de Fiscalização Superiores (EFSs);
b) implementação de acordos de cooperação com entidades relacionadas à gestão ambiental;
c) realização de levantamentos e de armazenamento de informações sobre meio ambiente e gestão ambiental.

[24]Saudi é a Secretaria de Auditores e Inspeções. Dilic é a Divisão de Licitações, Contratos, Convênios, Obras e Meio Ambiente.

II) recursos humanos por meio de:

   a) desmitificação do tema auditoria ambiental;
   b) formação, treinamento e aperfeiçoamento de servidores.

A definição de dano ao erário para efeito de cominação de multa como conseqüência de atividades de controle externo executados pelo Tribunal de Contas da União está amparada pelos conceitos vigentes na Lei no 8.443/92, a Lei Orgânica do TCU, bem como pelas normas regulamentares expedidas pelo próprio tribunal.

O art. 16 daquele diploma legal prevê as hipótese em que o tribunal julgará irregulares as contas de um responsável:

Art. 16. As contas serão julgadas:

(...)

III) irregulares, quando comprovada qualquer das seguintes ocorrências:

   a) a)omissão no dever de prestar contas;
   b) prática de ato de gestão ilegal, ilegítimo, antieconômico, ou infração à norma legal ou regulamentar de natureza contábil, financeira, orçamentária, operacional ou patrimonial;
   c) dano ao erário decorrente de ato de gestão ilegítimo ou antieconômico.

4.2 - AUDITORIA DE PASSIVO AMBIENTAL

As áreas contaminadas e os problemas gerados devido á existência destas podem ser originados a partir de uma enorme quantidade de tipos de fontes potenciais de contaminação, pois na maioria das atividades humanas são geradas substâncias, resíduos e/ou efluentes com potencial para contaminar os diferentes compartimentos do meio ambiente, destacando-se, neste estudo, o solo e as águas subterrâneas.

O relatório do Congresso americano, "*Protecting the Nation's Ground Water from Contamination, the Office of Technology Assessment* (OTA)", de 1984, mostra as fontes de contaminação das águas subterrâneas que podem ser consideradas também como fontes de contaminação do solo, classificadas em seis categorias:

- a primeira categoria é constituída por fontes projetadas para descarga de substâncias no subsolo, incluindo tanques sépticos e fossas negras (normalmente descarregam efluentes de origem doméstica, vários tipos de compostos orgânicos e inorgânicos); poços de injeção de substâncias perigosas, águas salgadas da exploração de petróleo, etc. (a contaminação das águas subterrâneas pode ocorrer devido à má construção do poço ou falhas de projeto); aplicação de efluentes municipais ou industriais no solo, lodos de tratamento de água utilizados como fertilizantes, resíduos oleosos de refinarias ("*landfarming*");
- na segunda categoria estão incluídas as fontes projetadas para armazenar, tratar e/ou dispor substâncias no solo, na qual estão incluídas as áreas de disposição de resíduos (aterros sanitários e industriais, lixões, botas-fora, etc.); lagoas de armazenamento e tratamento de vários tipos de efluentes industriais; depósitos ou pilhas de resíduos de mineração; tanques de armazenamento de substâncias, aéreos ou subterrâneos;

- na terceira categoria estão enquadradas as fontes projetadas para reter substancias durante o seu transporte, como oleodutos, tubulações para o transporte de esgoto e efluentes industriais; transporte de substâncias químicas, como combustíveis por meio de caminhões e trens;
- na quarta categoria estão as fontes utilizadas para descarregar substâncias como conseqüência de atividades planejadas, na qual estão incluídas a irrigação ou fertirrigação de lavouras, aplicação de pesticidas e fertilizantes na lavoura; percolação de poluentes atmosféricos;
- a quinta categoria é constituída por fontes que funcionam como um caminho preferencial para que contaminantes entrem em um aqüífero, como, por exemplo, poços de produção de petróleo e poços de monitoramento com falhas de construção e projeto;
- na sexta categoria, estão posicionadas as fontes naturais ou fenômenos naturais associados às atividades humanas, das quais pode-se citar a interação entre águas subterrâneas e superficiais contaminadas, a ocorrência natural de substâncias inorgânicas nas águas subterrâneas e a intrusão salina. A esta sexta categoria pode ser adicionada a contaminação do solo e das águas subterrâneas ocasionada pelos gases de processos produtivos, ou outras fontes de poluição atmosférica (por exemplo, veículos automotivos), quando estes, contendo substâncias perigosas de alta toxidade, podem ser lançados à atmosfera e se infiltrarem no solo, carreados pelas águas de chuva.

4.2.1 - MODELO DE FICHA CADASTRAL DE ÁREAS CONTAMINADAS (CETESB):

1. IDENTIFICAÇÃO DA ÁREA

1.1- Nº de cadastro ____________________

1.2- Data da primeira inspeção ____________

Data de atualização ____________

1.3- Inspetores: ____________________

1.4- Denominação atual do local ____________

1.5- Endereço ____________________

____

Distrito/Bairro ____________CEP ____________

Município ____________ Agência DEMA ________

Administração regional ________Zoneamento _____

1.6- Latitude [________] Longitude [________]

Folha topográfica ____________

Datum/MC: ____________

Bacia Hidrográfica: ____________

1.7- Tipo de fonte de contaminação: [ ]

(1) Disposição de Resíduos (Preencher item 2)

(2) Área Industrial (Preencher item 3)

(3) Área Comercial (Preencher item 3)

(4) Posto de Serviço (Preencher item 3)

(5) Outras Fontes (Preencher item 4)

(6) Não conhecida (Preencher item 4)

1.8- Denominação da fonte ____________

1.9- Código da atividade IBGE da fonte ____________

Descrição ____________________

____

1.10- Situação da fonte quanto ao funcionamento

[ ] Ativa(o) desde ____________________

[ ] Desativada(o) funcionamento de ____________

até ________

1.11- Área total da fonte e área afetada: ____________________
/ ____________________ (m^2) (CP1)

1.12- Classificação da área

Classificação:	Motivo:
(1) Área Potencial	(1) Identificação de AP
(2) Área Suspeita	(2) Avaliação preliminar
(3) Área Contaminada	(3) Investigação confirmatória
(4) Área Excluída	(4) Remediação

Classificação	Data	Motivo
____________	______	_______
____________	______	_______
____________	______	_______
____________	______	_______

2. DISPOSIÇÃO DE RESÍDUOS

2.1- Tipo de Disposição [ ]

(1) Aterro sanitário (2) Aterro industrial
(3) Aterro de entulhos (4) Lixão
(5) Bota fora

2.2- Volume estimado de resíduos: ______________ m^3 (CP1)

2.3- Tipos de resíduos (CP1)

[ ] Resíduo industrial [ ] Resíduo de serviço de saúde
[ ] Resíduo domiciliar [ ] Resíduo inerte
[ ] Resíduo de mineração [ ] Varrição
[ ] Entulhos [ ] Lodos de dragagem
[ ] Lodos do tratamento de águas residuárias [ ] Desconhecido

2.4- Tipos de resíduos industriais:

Denominação	Quantidade	Unidade
__________	__________	__________
__________	__________	__________
__________	__________	__________
__________	__________	__________
__________	__________	__________
__________	__________	__________

2.5 Disposição desenvolvida [ ]
(1) Acima da superfície do terreno
(2) Abaixo da superfície do terreno
(3) Acima e abaixo da superfície do terreno

Altura: acima: __________ abaixo: __________ metros estimados

2.6- Existência de impermeabilização inferior
[ ] inexistente [ ] Membrana
[ ] argila e membrana [ ] Dupla Membrana
[ ] argila [ ] Desconhecida

2.7 Recobrimento operacional [ ]
(1) Sim (2) Não (3) Desconhecido

2.8 Operação de compactação [ ]
(1) Sim (2) Não (3) Desconhecido

2.9 Existência de drenagens:
(1) Sim (2) Não (3) Desconhecido

[ ] de água de escoamento superficial
[ ] de nascentes
[ ] de líquidos percolados
[ ] de gases

2.10 Destino dos líquidos percolados
[ ] Água superficial
[ ] Infiltração no solo
[ ] Infiltração em poços
[ ] Estação de tratamento de esgotos do Município
[ ] Estação de tratamento própria
[ ] Rede de esgoto / Águas pluviais
[ ] Inexistente
[ ] Desconhecido

2.11 Tipo de sistema de tratamento de líquidos percolados
[ ] Inexistente [ ] Desconhecido
[ ] Lagoas [ ] Recirculação
[ ] Processo físico-químico [ ]Sistema anaeróbio
[ ] Sistema aeróbio [ ] Outros

Tipo: ______________________________

2.12- Existência de catadores no local [ ]
(1) Não
(2) Menos de 5
(3) De 5 a 50
(4) Mais de 50

2.13- Existência de impermeabilização superior [ ]
(1) Inexistente
(2) Parcial
(3) Total com fraturas
(4) Total

2.14 Material de impermeabilização superior
(1) Inexistente
(2) Aterro argiloso
(3) Aterro arenoso
(4) Membrana
(5) Dupla membrana

(6) Argila e membrana
(7) Pavimentação com asfalto/cimento
(8) Desconhecido
(9) Paralelepípedo/bloquete

3. ÁREA INDUSTRIAL/COMERCIAL

3.1 Tipo de atividade industrial/comercial

[ ] Mineração
[ ] Energia
[ ] Equipamentos eletro-eletrônicos
[ ] Recuperação de resíduos
[ ] Armaz. de prods. quim. e combustíveis
[ ] Papel
[ ] Madeira
[ ] Produtos químicos
[ ] Produtos farmacêuticos
[ ] Produção e transformação de metais
[ ] Borracha
[ ] Têxtil
[ ] Couro
[ ] Outras ______________________

3.2 Fonte provável de contaminação:

[ ] Disposição de resíduos na área (preencher item nº 2)
[ ] Produção
[ ] Tratamento
[ ] Armazenagem
[ ] Infiltração
[ ] Manutenção

3.3 Número de funcionários: ______________

3.4 Materiais utilizados/produzidos/armazenados

Tipo de Material: (MP) Matéria prima (PP) Produtos produzidos (PA) Produtos armazenados (OM) Outra matéria
Armazenamento: (TE) Tanques enterrados (TA) Tanques aéreos (GA) Galpão (DC) Depósito a céu aberto (OU) Outros

Denominação	Tipo de Material	Quantidade	Unidade	Armazenamento
________	________		________	________
________	________		________	________
________	________		________	________
________	________		________	________
________	________		________	________
________	________		________	________
________	________		________	________

3.5. RESÍDUOS GERADOS:

Acondicionamento:

(E01) Tambor de 200 l (E02) A Granel (E03) Caçamba (E04) Tanque (E05) Tambores outros (E06) Fardos (E07) Sacos plásticos (E08) Outras formas (E09) Tanques enterrado (E98) Inexistente (E99) Desconhecido

Destino final:

(AT) Aterro terceiros (AT1) Aterro próprio (LF) Landfarming terceiros (F1) Landfarming próprio (VE) Venda/Reciclagem (LA) Lagoa (PI) Poço de infiltração (IR) Irrigação (CO) Compostagem (AG) Armazenagem galpão (DC) Depósito a céu aberto (IN) Incinerador (QU) Queima a céu aberto (IF) Infiltração no solo (ES) Estocagem (CP) Coprocessamento (OU) Outros (DE) Desconhecido

Denominação	Quantidade	Unidade	Acondicio-namento	Dest. Final
________	________	________	________	________
________	________	________	________	________
________	________	________	________	________
________	________	________	________	________
________	________	________	________	________
________	________	________	________	________
________	________	________	________	________

3.6 Destino das águas residuárias

[ ] Água superficial
[ ] Infiltração no solo
[ ] Infiltração em poços
[ ] Estação de tratamento de esgotos do município
[ ] Estação de tratamento própria
[ ] Rede de esgoto/águas pluviais
[ ] Inexistente
[ ] Desconhecido

3.7 Tipo de sistema de tratamento d águas residuárias

[ ] Inexistente
[ ] Lagoas
[ ] Recirculação
[ ] Processos físico-químico
[ ] Sistema anaeróbio
[ ] Sistema aeróbio
[ ] Caixa de retenção de sólidos
[ ] Caixa separadora água/óleo (SAO)
[ ] Outros
[ ] Desconhecido

Tipo: ____________________________________

3.8 Condições de impermeabilização na área:

(1) Boas (2) Ruins (3) Desconhecida

[ ] Área de produção
[ ] Área de armazenagem de substâncias
[ ] Área de armazenagem de resíduos
[ ] Área de tratamento de resíduos

3.9 Impermeabilização da superfície do solo
[ ] Área de produção
[ ] Área de armazenagem de substâncias
[ ] Área de armazenagem de resíduos
[ ] Área de tratamento de resíduos

(1) Inexistente (2) Aterro argiloso (3) Aterro arenoso
(4) Membrana (5) Dupla membrana (6) Argila e membrana
(7) Pavimentação com asfalto/cimento (8) Desconhecido
(9) Paralelepípedo/bloquete

3.10 Existência de vazamentos/infiltrações
[ ] Tanques de armazenamento [ ] Tubulações
[ ] No processo produtivo [ ] Na ETE
[ ] No tratamento/armazenamento de resíduos
[ ] Inexistente [ ] Desconhecida
[[Outros ______________________________

4. OUTRAS FONTES / FONTES NÃO CONHECIDAS

4.1 Tipo [ ]
(1) Acidentes
(2) Atividade agrícola
(3) Cemitérios
(4) Terminais de carga
(5) Subestações de energia

(6) Estações de bombeamento
(7) Outras ______________________________
(8) Não conhecida

4.2 Causa [ ]
(1) Colisão/tombamento de veículos
(2) Corrosão de dutos
(3) Vazamentos
(4) Infiltração
(5) Outras ______________________________
(6) Não conhecidas

4.3 Data da ocorrência: ________________________

4.4 Material/Resíduo

Denominação	Quantidade estimada	Unidade
____________	____________	____________
____________	____________	____________
____________	____________	____________
____________	____________	____________
____________	____________	____________

4.5 Destino das substâncias/materiais envolvidos
(1) Inexistente (2) Aterro argiloso (3) Aterro arenoso
(4) Membrana (5) Dupla membrana (6) Argila e membrana
(7) Pavimentação com asfalto (8) Desconhecido
(9) Paralelepípedo/bloquete

[ ] Infiltração no solo
[ ] Infiltração em poços

[ ] Estação de tratamento de esgotos do município
[ ] Estação de tratamento própria
[ ] Rede de esgoto/águas pluviais
[ ] Inexistente
[ ] Desconhecido

4.6 Existência de impermeabilização da superfície da área

(1) Inexistente	(2) Aterro argiloso
(3) Aterro arenoso	(4) Membrana
(5) Dupla membrana	(6) Argila e membrana
(7) Pavimentação com asfalto/cimento	(8) Desconhecido
(9) Paralelepípedo/bloquete	

5. DESCRIÇÃO DA ÁREA E SUAS ADJACÊNCIAS (RAIO DE 1000 METROS)

5.1 Substâncias presentes na área (CP2)

Conf.	Est.
[ ]	[ ] Solvente orgânicos não halogenados
[ ]	[ ] Solvente orgânicos halogenados
[ ]	[ ] Hidrocarbonetos clorados voláteis
[ ]	[ ] Hidrocarbonetos clorados não voláteis (ex: PCB)
[ ]	[ ] Dioxinas e furanos
[ ]	[ ] Comp. Org. nitrogenados, fosfotados e sulfurados (não agrotóxicos)
[ ]	[ ] Hidrocarbonetos aromáticos (não PAH)
[ ]	[ ] Hidrocarbonetos policíclicos aromáticos (PAH)
[ ]	[ ] Fenóis
[ ]	[ ] Produtos da refinação do petróleo
[ ]	[ ] Alcatrão e similares
[ ]	[ ] Agrotóxicos

[ ] [ ] Ácidos, bases e anidridos
[ ] [ ] Metais, ligas e compostos metálicos
[ ] [ ] Compostos inorgânicos de elevada toxidade (Cianetos, Fluoretos, Cromatos)
[ ] [ ] Substâncias utilizadas na indústria bélica
[ ] [ ] Outros ____________________
[ ] [ ] Desconhecido

5.2 Ocupação do solo/áreas com bens a proteger: (CP3)

dentro fora
[ ] [ ] Zona ferroviária
[ ] [ ] Zona viária
[ ] [ ] Estacionamento
[ ] [ ] Aeroporto
[ ] [ ] Área militar
[ ] [ ] Área comercial
[ ] [ ] Área industrial
[ ] [ ] Área/Bens de interesse público
[ ] [ ] Mineração
[ ] [ ] Utilidades (rede de esgoto, telefone, gás, etc)
[ ] [ ] Residencial com hortas, alta dens. pop. (>=20 casas)
[ ] [ ] Residencial com hortas, baixa dens. pop. (<20 casas)
[ ] [ ] Residencial sem hortas, alta dens. pop. (>=20 casas)
[ ] [ ] Residencial sem hortas, baixa dens. pop. (<20 casas)
[ ] [ ] Parque, área verde
[ ] [ ] Parque infantil/Jardim infantil
[ ] [ ] Área de lazer e desportos/circulação
[ ] [ ] Cemitério
[ ] [ ] Escola/Hospital

[ ] [ ] Hortas
[ ] [ ] Área de pecuária
[ ] [ ] Área agrícola
[ ] [ ] Mata natural
[ ] [ ] Área de proteção ambiental
[ ] [ ] Área de proteção de mananciais
[ ] [ ] Bacia hidrográfica para abastecimento
[ ] [ ] Aqüíferos importantes
[ ] [ ] Zona de maior restrição de prot. dos mananciais
[ ] [ ] Área inundável, várzea
[ ] [ ] Represa para abastecimento público
[ ] [ ] Água superficial para abastecimento público
[ ] [ ] Poço para abastecimento público
[ ] [ ] Poço para abastecimento domiciliar/ indústrial

5.3 Uso atual da área:
[ ] Edificação industrial desativada
[ ] Edificação industrial com uso residencial
[ ] Edificação industrial com uso comercial
[ ] Edificação industrial com uso cultural
[ ] Edificação industrial com uso industrial
[ ] Edificação comercial
[ ] Edificação residencial
[ ] Edificação cultural
[ ] Edificação industrial
[ ] Sem edificações
[ ] Outros ______________________________

5.4 Existência anterior de outra fonte potencial de contaminação na área
[ ] Industrial ______________________________

[ ] Comercial ______________________________
[ ] Disposição de Resíduos
[ ] Posto de Serviço
[ ] Outros ________________________________
[ ] Inexistente
[ ] Desconhecido

5.5 Distância até a edificação mais próxima da área [ ]
(1) < 50 m (2) 50-100 m (3) 100-500 m (4) > 500 m
(5) inexistente

5.6 Posição da área no relevo
[ ] Várzea [ ] Fundo de vale
[ ] Encosta [ ] Topo
[ ] Cava de mineração _________________________
[ ] Outros ________________________________

Declividade [ ]
(1) 0% a 30% (2) 30% a 60% (3) > 60%

5.7 Textura predominante do solo [ ]
(1) Argilosa (2) Arenosa (3) Siltosa
(4) Desconhecida

5.8 Existência de solo contaminado (confirmado por análise ou presença de produto/substância)
(1) Contaminado [ ] Profundidade 0 a 1 m
(2) Não contaminado [ ] Profundidade > 1
(3) Análise não realizada
(4) Desconhecida

5.9 Variação do nível da água subterrânea na área.
[ ] Inferida [ ] Medida
de ____________________ a ____________________ m.

5.10 Nível sazonalmente mais elevado da água subterrânea [ ]
(1) Em contato com o resíduo/solo contaminado
(2) Abaixo do resíduo/solo contaminado
(3) Desconhecido

5.11 Existência de água subterrânea contaminada por influência da área (confirmada por análise ou presença de produto/substância)
[ ] Sim [ ] Não [ ] Desconhecida

5.12 Uso da água subterrânea afetada pela contaminação
[ ] Abastecimento público
[ ] Abastecimento domiciliar
[ ] Irrigação/pecuária/piscicultura
[ ] Recreação
[ ] Industrial
[ ] Desconhecido
[ ] Inexistente

5.13 Contexto hidrogeológico da área [ ]
(1) Quaternário
(2) Terciário em área de recarga
(3) Terciário em área de descarga
(4) Terciário – Formação Tremembé
(5) Cristalino aflorante
(6) Cristalino com manto argiloso em área de recarga
(7) Cristalino com manto argiloso em área de descarga
(8) Cristalino com manto arenoso em área de recarga
(9) Cristalino com manto arenoso em área de descarga
(10) Cárstico
(11) Bauru
(12) Serra Geral aflorante
(13) Serra Geral com manto argiloso em área de recarga
(14) Serra Geral com manto argiloso em área de descarga
(15) Botucatu/Pirambóia

(16) Passa Dois
(17) Tubarão
(18) Furnas
(19) Desconhecido

5.14 Existência de água superficial contaminada por influência da área (contaminada por análise ou presença de produto/substância)

[ ] Não
[ ] Sim, utilizada para abastecimento público
[ ] Sim, utilizada para abastecimento domiciliar
[ ] Sim, não utilizada
[ ] Sim, utilizada para irrigação/pecuária/piscicultura
[ ] Sim, utilizada para pesca
[ ] Sim, utilizada para recreação
[ ] Desconhecida

5.15 Possibilidade de influência direta da área sobre as águas superficiais

[ ] Não
[ ] Sim, utilizada para abastecimento público
[ ] Sim, utilizada para abastecimento domiciliar
[ ] Sim, não utilizada
[ ] Sim, utilizada para irrigação/pecuária/piscicultura
[ ] Sim, utilizada para pesca
[ ] Sim, utilizada para recreação
[ ] Desconhecida

5.16 Possibilidade de enchentes na área e uso da água superficial no local

[ ] Não
[ ] Sim, utilizada para abastecimento público
[ ] Sim, utilizada para abastecimento domiciliar

[ ] Sim, não utilizada
[ ] Sim, utilizada para irrigação/pecuária/piscicultura
[ ] Sim, utilizada para pesca
[ ] Sim, utilizada para recreação
[ ] Desconhecida

5.17 Qualidade do ar do solo na área (confirmada por análise) [ ]

(1) Contaminado
(2) Não contaminado
(3) Análise não realizado
(4) Desconhecida

6. EVENTOS IMPORTANTES / EXISTÊNCIA DE RISCOS

6.1 Ocorrência de acidentes e/ou eventos importantes

[ ] Recalque
[ ] Desabamento
[ ] Erosão
[ ] Danos à vegetação
[ ] Dispersão de poeira contendo contaminantes do local
[ ] Danos aos animais
[ ] Danos à saúde
[ ] Danos materiais
[ ] Explosão
[ ] Incêndio
[ ] Emanação perceptível de gases/vapores
[ ] Proliferação de vetores
[ ] Desconhecida
[ ] Inexistente
[ ] Outros ____________________

6.2 Erosão existente (tipo predominante) [ ]
(1) Inexistente
(2) Laminar
(3) Sulco
(4) Vossoroca

6.3 Existência de risco em decorrência da contaminação do solo
[ ] Não, assegurado por análises
[ ] Sim, para saúde de população
[ ] Sim, para animais
[ ] Sim, para vegetação
[ ] Desconhecida

6.4 Indicações perceptíveis na superfície do solo
[ ] Presença do contaminante
[ ] Odor
[ ] Coloração
[ ] Inexistente
[ ] Desconhecida
[ ] Outros ______________________________

6.5 Presença de gases/vapores nas edificações vizinhas [ ]
(1) Sim
(2) Não
(3) Desconhecida

7. ATIVIDADES DESENVOLVIDAS NA ÁREA

7.1 Investigação confirmatória: [ ] Sim [ ] Não AP ( )
Executante: ______________________________
Data de início: ________ Data de encerramento: ________

Resumo dos resultados:

Substâncias	Faixa de Concentração	Unidade	Meio amostrado	Padrão considerado
________	________	________	________	________
________	________	________	________	________
________	________	________	________	________
________	________	________	________	________

7.2 Investigação detalhada: [ ] Sim [ ] Não
Executante: ______________________________
Data de início: ________ Data de encerramento: ______

7.3 Avaliação de risco: [ ] Sim [ ] Não
Executante: ______________________________
Data de início: ________ Data de encerramento: ______
Existência de risco à saúde: [ ] Sim [ ]Não

7.4 Remediação: [ ] Sim [ ] Não
Firma executante: ______________________________
Data de início: ________ Data de encerramento: _____
Técnicas empregadas: ______________________________
____

8. FONTES DE INFORMAÇÕES

(1) Órgão de Meio Ambiente
(2) Prefeituras
(3) Pessoas do local
(4) Indústria
(5) Empresas
(6) Outras

[ ] ______________________________
[ ] ______________________________
[ ] ______________________________
[ ] ______________________________
[ ] ______________________________
[ ] ______________________________

9. OBSERVAÇÕES GERAIS

____
____
____
____
____

10. CROQUI DA ÁREA / MODELO COMERCIAL

Modelo Conceitual [Utilizar as siglas P (com potencial), S (com suspeita) e C (confirmado)]

Fontes primárias	Mecanismos primários de liberação	Fontes secundárias	Mecanismos secundários de liberação	Vias de transporte dos contaminados	Receptores

11. MAPA DE LOCALIZAÇÃO DA ÁREA

A ESTRUTURA BÁSICA DA FICHA DE PONTUAÇÃO DE AC

A ficha de pontuação de ACs é o principal instrumento utilizado para a realização das etapas de priorização de áreas suspeitas (ASs) e de áreas contaminadas (ACs) do gerenciamento de ACs.

Os itens da ficha de pontuação de ACs, são respondidos a partir das informações contidas na Ficha Cadastral de ACs. Esse procedimento pode ser realizado manualmente ou por meio de um sistema informatizado. Para iniciar o preenchimento da ficha de pontuação de ACs são inseridos, nos espaços reservados para tal, o número da área no Cadastro de ACs, a data da última atualização desta e a denominação do local.

As pontuações obtidas para as diferentes áreas podem ser utilizadas para realização das etapas de Priorização 2 e Priorização, conforme as etapas de avaliação preliminar e investigação confirmatória forem sendo realizadas.

A utilização da ficha de pontuação de ACs propicia a realização de avaliações comparativas:.entre as áreas a ser priorizadas, considerando as caracteiísticas da -- fonte de contaminação, das substâncias, das vias de propagação da contaminação e dos bens a proteger potenciais ou existentes.

OS CRITÉRIOS E SUBCRITÉRIOS DA FICHA DE PONTUAÇÃO DE ACS.

A ficha de pontuação de ACs, é composta basicamente por quatro partes, sendo cada uma dessas consideradas como critérios de priorização, que são denominados:

- Critério Principal 1: Informações gerais sobre a área;
- Critério Principal 2: Resíduos/Substâncias;
- Critério Principal 3: Ocupação do solo/Áreas com bens a proteger;
- Critério Principal 4: Propagação.

A seguir, é apresentado uma descrição desses critérios e suas partes.

CRITÉRIO PRINCIPAL 1: INFORMAÇÕES GERAIS SOBRE A ÁREA

O Critério Principal 1 (CP1) é constituído por dois itens ou subcritérios. Quando a fonte de contaminação principal tratar-se de uma área de disposição de resíduos, devem ser utilizados os subcritérios denominados "Disposição: Tipos de Resíduos" (C1a) e "Volume de Disposição de Resíduos" (C1b), quando a fonte tratar-se de uma área industrial/comercial. Outras fontes, devem ser utilizados os subcritérios "Tipo de atividade industrial/comercial" (C1a) e "Dimensões da área industrial/comercial" (C1b). -

Dessa forma, a pontuação obtida para o CP1 é utilizada para quantificar a influência relativa do tipo de resíduo ou tipo de fonte de contaminação existente na área e suas dimensões, sobre a pontuação final.

CRITÉRIO PRINCIPAL 2: RESÍDUOS/SUBSTÂNCIAS

O Critério Principal 2 (CP2) é constituído por apenas 1 subcritério, denominado "Substâncias presentes na área".

A pontuação obtida para o Critério Principal 2 possibilita avaliar a influência das características das substâncias presentes ou potencialmente presentes na área sobre a pontuação total do risco aos bens a proteger. A somatória das pontuações obtidas para os critérios 1 e 2 avalia a influência das características da fonte de contaminação potencial ou presente.

CRITÉRIO PRINCIPAL 3: OCUPAÇÃO DO SOLO/ÁREA COM BENS A PROTEGER

O Critério Principal 3 é constituído por 2 subcritérios denominados "Ocupação do solo/Áreas com bens a proteger - dentro da área" (C3a) e "Ocupação do solo/Áreas com bens a proteger - fora da área (C3b).

Esse critério avalia a importância do uso do solo e dos bens a proteger localizados dentro e nas vizinhanças da área.

CRITÉRIO PRINCIPAL 4: PROPAGAÇÃO

O Critério Principal 4 é constituído por 4 subcritérios:

- Propagação via solo (C4a);
- Propagação via água superficial (C4b);
- Propagação via água subterrânea (C4c);
- Propagação via ar (C4d).

A propagação via solo é subdividida nas seguintes questões: "Resultado de análise do solo - prof. 0 a 1m", "Resultado de análise do solo - abaixo de 1m", "Eventos importantes", "Existência de risco comprovado a respeito de contaminação de solo", "Material de impermeabilização da superfície da área" e "Indicações perceptíveis na superfície do solo".

A propagação via água superficial é subdividida nas seguintes questões: "Qualidade da água superficial", "Possibilidade de influência direta da área sobre as águas superficiais", "Possibilidade de enchente na área e uso da água superficial".

A propagação via águas subterrâneas é subdividida nas seguintes questões: "Contaminação das águas subterrâneas", "Uso da água subterrânea afetada pela contaminação", "Textura predominante do solo", "Impermeabilização inferior", "Destino final de líquidos percolados, efluentes, substâncias e materiais", "Nível sazonalmente mais elevado d'água subterrânea" e "Contexto hidrogeológico".

A propagação via ar é subdividida nas seguintes questões: "Qualidade do ar do solo", "Eventos importantes", "Presença de vapores/gases nas edificações vizinhas", "Distância até a edificação mais próxima".

Dessa forma, o Critério Principal 4 avalia a eficiência e importância das vias de transporte dos contaminantes existentes ou potenciais presentes na área.

O SISTEMA DE PONTUAÇÃO

Para facilitar o preenchimento da ficha de pontuação de ACs, utiliza-se números e siglas, que correlacionam as questões da Ficha Cadastral de ACs com as correspondentes na ficha de pontuação. Estes encontram-se localizados entre parênteses ao lado de cada item em ambas as fichas. Dessa forma, nos itens da Ficha Cadastral de ACs são indicadas as siglas:

- CP1: Critério Principal 1;
- CP2: Critério Principal 2;
- CP3: Critério Principal 3;
- PAS: Propagação via água subterrânea;
- PASP: Propagação via água superficial;
- PS: Propagação via solo;
- PA: Propagação via ar.

Nos itens da ficha de pontuação de ACs, são indicados os números dos itens correspondentes da Ficha Cadastral entre parênteses.

Na ficha de pontuação de ACs, cada critério principal é constituído por diferentes subcritérios. Cada subcritério apresenta uma configuração básica.

Na primeira coluna de cada item, são relacionadas a questão (FC) e todas as respostas possíveis a esta (Resp.), transferidas da Ficha Cadastral de ACs. Na segunda coluna, é indicado o grau de influência sobre o risco R atribuído a cada resposta, que indica a contribuição que cada uma das respostas pode fornecer à totalização do risco. Esse grau de influência pode receber os valores 1 (quando o grau é considerado baixo), 2 (médio), 3 (alto) e 0 (quando a resposta não influencia na avaliação do risco).

Nas colunas 3 a 8, são transferidos os valores de R em função da resposta obtida a partir da Ficha Cadastral de ACs para cada bem a proteger (BP), sendo transferidos os valores máximos de R obtidos (Rmx) para a última linha do quadro. Na nona coluna, é apresentado o valor que indica a o peso ou multiplicador relativo que o item possui na avaliação total do risco M).

A multiplicação do maior grau de influência (Rmax - 1 a 6) obtido no item, pelo valor do peso do item (M), fornece um valor parcial (C - 1 a 6) que indica a parcela do risco obtido pela influência de cada item. Esses valores são transportados para as 6 colunas seguintes, indicando a pontuação parcial do risco para cada bem a proteger.

As colunas escuras indicam que não há nenhuma influência do item sobre o bem a proteger, não devendo ser considerada. Essa pontuação parcial é dada pela seguinte equação:

$$C = RxM$$ Equacão 4.1

A seguir, são relacionados os bens a proteger (BP) considerados na pontuação:

- BP1- Vida e saúde da população (impacto direto);
- BP2 - Abastecimento de água potável;
- BP3- Uso do solo. residencial com hortas;
- BP4 - Recursos hídricos (subterrâneos e superficiais);
- BP5 - Uso do solo agrícola ou pecuária;
- BP6 - Outros bens a proteger (patrimônio público, ecológico. entre outros).

A pontuação obtida para cada critério principal (CP) é resultante da soma da pontuação dos subcritérios que o constituem (observar significado das siglas no item 1 desta seção), segundo as equações:

- CP1 = C1a +C1b — Equacão 4.2
- CP2 = C2 — Equacão 4.3
- CP3 = C3a + C3b — Equacão 4.4
- CP4 = C4a + C4b + C4c + C4d — Equacão 4.5

A pontuação total indicativa do risco a cada bem a proteger (P) (Risco provável aos bens a proteger) é o resultado da soma das pontuações dos Critérios Principais 1 e 2 multiplicada pela pontuação do Critério Principal 3, que, por sua vez, é multiplicada pela pontuação do Critério Principal 4, de acordo com a seguinte equação:

$$P = (CP1 + CP2) \times CP3 \times CP4 \qquad \text{Equacão 4.6}$$

Os valores máximos para a soma dos Critérios Principais 1 e 2 e para os Critérios Principais 3 e 4 devem ser menores ou iguais a 10. Dessa forma, a pontuação final de risco aos bens a proteger deve ser menor ou igual a 1000. Na Figura, o sistema de pontuação é apresentado de forma resumida.

FIGURA 4.2 – SISTEMA DE PONTUAÇÃO

SISTEMA DE PONTUAÇÃO

FICHA CADASTRAL DE ACs

↓

FICHA DE PONTUAÇÃO DE ACs

Critérios Principais (CP)	Critérios Principais (CP)	Valoração
CP1 = Informações gerais + CP2 = Resíduos/ Substâncias	$C1_a$ = tipo de resíduo $C1_b$ = volume ou $C1_a$ = tipo de ativ. ind/com. $C1_b$ = área	$C1 = (C1_a + C1_b)$ + CP2 $(CP1 + CP2) \leq 10$
CP3 = Ocupação do solo / bens a proteger	C3a = BPs dentro C3b = BPs fora	CP3 = C3a + C3b $CP3 \leq 10$
CP4 = Propagação	C4a = PS C4b = PASP C4c = PAS C4d = PA	CP4=C4a+C4b+C4c+C4d $CP4 < 10$

Pontuação de risco aos bens a proteger (P)
$P = (CP1 + CP2) \times CP3 \times CP4_{(P \leq 1000)}$

PS = análise do solo (0-1m) + análise do solo (>1m) + eventos importantes + riscos Impermeabilização de superfície + indicações
PASP = qualidade da água superficial + influência sobre água superficial + possibilidade de
PAS = contaminação das águas subterrâneas + uso da água subterrânea afetada pela textura predominante do solo + impermeabilização inferior + destino final de líquidos substancias e materiais + nível sazonalmente mais elevado da água subterrânea + contexto
Pa = qualidade do ar do solo + eventos importantes + presença de vapores/gases nas edificações + distância até a edificação mais

4.2.2- LEVANTAMENTO E CARACTERIZAÇÃO DOS PASSIVOS AMBIENTAIS

A linha metodológica para o levantamento e registro dos passivos ambientais apoia-se em uma classificação dos eventos considerados e observados em vistoria prévia realizada nos trechos que compõe a amostra representativa do Programa e na elaboração de instrumental de apoio para a homogeneização do tratamento das ocorrências, de modo a permitir a estruturação de arquivo digital a partir da codificação dessas ocorrências, suas causas, impactos associados às mesmas e gravidade da situação, no que concerne à segurança do usuário da rodovia e às interferências acarretadas nas áreas adjacentes à rodovia, bem como os quantitativos estimados para a sua recuperação ambiental.

CLASSIFICAÇÃO DOS PASSIVOS AMBIENTAIS

Os passivos ambientais podem ser ordenados em duas grandes categorias e agregados em quatro grupos conforme sua origem e localização.

A primeira categoria corresponde às ocorrências decorrentes da construção e da operação da rodovia, refletindo deficiências de projeto ou da conservação do corpo estradal.

A segunda categoria corresponde às ocorrências derivadas da ação antrópica, em áreas de uso rural e áreas urbanas. Na primeira categoria distinguem-se dois grupos de ocorrências:

- Grupo I - Ocorrências internas à faixa de domínio, que interferem ou tenham potencial para interferir com o corpo estradal, ou estejam em evolução para áreas adjacentes;
- Grupo II - Ocorrências externas à faixa de domínio, em antigas áreas de apoio (acampamentos, usinas, jazidas, caixas de empréstimo, bota-foras) utilizadas na implantação da rodovia, que interfiram ou tenham potencial de interferência com a rodovia ou comunidades lindeiras e sejam passíveis da retomada da utilização/exploração.

Na segunda categoria distinguem-se os seguintes grupos de ocorrências:

- Grupo III - Ocorrências geradas por terceiros, em áreas adjacentes à faixa de domínio, que interfiram ou tenham potencial de interferência com o corpo estradal;
- Grupo IV - Ocorrências geradas pela ocupação urbana consolidada ou por modificações do uso e ocupação do solo urbano, com potencial de interferência sobre as condições de segurança de tráfego aos usuários e comunidades residentes.

Nos Grupos I e II, as origens das ocorrências de passivos ambientais identificadas são representadas pelos elementos constitutivos da rodovia, compreendidos na faixa de domínio, bem como as áreas de apoio utilizadas em sua implantação, localizadas externamente à faixa de domínio, envolvendo cortes em solo e rocha, aterros, bota-foras, caixas de empréstimo, jazidas, implantação de canteiros e alojamentos, usinas e demais instalações industriais, entre outros.

Nos Grupos III e IV as origens das interferências geradas por terceiros foram agregadas segundo as situações ocorrentes em áreas de usos predominantemente rurais e áreas de ocupação urbana, correspondendo, respectivamente, a situações de erosão, instabilização, inundação e assoreamento, decorrentes de obras de terraplenagem e do manejo agrícola em áreas adjacentes; situações que representam riscos aos usuários, como inadequabilidade de acessos e utilização irregular da faixa de domínio; conflitos com o sistema de transporte urbano, com os usos e ocupação do solo e com fontes geradoras de tráfego.

INSTRUMENTAL DE REGISTRO DO LEVANTAMENTO DOS PASSIVOS AMBIENTAIS

O registro das informações para a caracterização dos passivos ambientais deverá ser realizado através de um conjunto de 9 Fichas, que permitirão a estruturação de um banco de dados homogêneo, possibilitando identificar as áreas de maior incidência e as origens das ocorrências, as causas predominantes e os impactos ambientais associados, a dimensão das ocorrências, além das medidas propostas para recuperação e os custos envolvidos.

A Ficha 1 será preenchida para cada uma das rodovias em fase de projeto de restauração, e conterá o resumo dos passivos identificados e sua localização ao longo do eixo da via.

As Fichas 2 a 9 serão preenchidas individualmente para caracterizar cada um dos passivos ambientais identificados.

FICHA 1 - SÍNTESE DO LEVANTAMENTO PASSIVOS AMBIENTAIS DE RODOVIAS

A Ficha 1 - Síntese, apresentada, deve ser preenchida para cada rodovia contendo um resumo geral dos passivos ambientais identificados em cada rodovia, objeto da amostra, contendo 3 campos:

CAMPO 1

Corresponde aos dados de identificação da rodovia, respectiva denominação e número, a extensão total e a extensão do segmento em fase de recuperação.

CAMPO 2

Compreende um quadro geral dos passivos ambientais identificados na rodovia, expresso nos tipos de ocorrência, número total de eventos, número de casos críticos avaliados e gravidade das ocorrências, segundo o seu potencial de risco à segurança de trânsito e às áreas adjacentes.

CAMPO 3

Corresponde a um diagrama unifilar com a representação gráfica da localização e codificação dos passivos:

- em linha é representado o eixo da rodovia ou segmento, em escala apropriada, contando com a indicação da quilometragem inicial e final, bem como da quilometragem intermediária, considerando espaçamento em intervalo adequado;
- localização de cada passivo ambiental ao longo do eixo, distinguindo os internos e os externos à faixa de domínio.

FICHAS 2 A 9 - CARACTERIZAÇÃO DOS PASSIVOS AMBIENTAIS

As Fichas 2 a 9 devem ser preenchidas individualmente para cada passivo ambiental identificado. Estão estruturadas segundo 9 campos, sendo que os campos de 1 a 7 deverão ser preenchidos na primeira etapa do projeto (levantamentos), o campo 8 na segunda etapa (diagnóstico e proposição de medidas) e o campo 9 na fase de detalhamento final do projeto.

As Fichas devem apresentar as seguintes informações:

CAMPO 1

Indicação do código do passivo ambiental inventariado: será composto por três elementos: (i) o número de codificação da rodovia (Ex: SP-239), (ii) a origem da ocorrência (corte, aterro, caixa de empréstimos etc.), e (iii) o número seqüencial das ocorrências, segundo sua origem, como explicitado a seguir.

No caso dos passivos ambientais decorrentes da construção e operação da rodovia, a origem das ocorrências foi discriminada, considerando os elementos constitutivos da via e as áreas de apoio utilizadas na implantação da mesma, cuja relação e codificação são expostas a seguir:

2. [O: cortes em solo e rocha];
3. TE: aterros;
4. BF: bota-foras de material inservível;
5. CE: caixas de empréstimo de solo;
6. JA: jazidas de material pétreo e areais;
7. AC: Ações de terceiros;
8. NU: Núcleos urbanos

Para os passivos ambientais relativos às OU: Outras origens: canteiros, alojamentos, usinas industriais e caminhos de serviço, não foram elaboradas fichas específicas em razão da pouca probabilidade de serem identificadas as áreas utilizadas no período da construção da rodovia, dado o tempo decorrido e a provável incorporação das mesmas ao processo produtivo ou de regeneração natural.

Entretanto, caso sejam observadas áreas passíveis de terem sido utilizadas para estes fins, e confirmadas com as respectivas Diretorias Regionais do DNIT, bem como outras origens não contempladas no elenco relacionado, deverá ser aplicada a Ficha relativa a Outras ocorrências - OU.

Para caracterização dos passivos incluídos nos Grupos III e IV, derivados de ações de terceiros e da ocupação urbana, foi preparada uma única Ficha para cada origem respectivamente.

A numeração seqüencial dos passivos observará como referência a origem dos mesmos (CO/001, CO-002 ou AT/0001, AT/02 etc) e a ordem da quilometragem da rodovia.

Em uma mesma ficha poderá ser tratado um conjunto de passivos, desde que se apresentem como um conjunto homogêneo, de mesma natureza, localizados em segmentos contínuos ou contíguos, bem como exijam um mesmo conjunto de medidas corretivas.

CAMPO 2

Corresponde aos registros de localização do passivo ou passivos, conforme exposto acima, constando informações sobre a(s) quilometragem, estaca(s) e coordenadas da incidência do(s) passivo(s), o(s) lado(s) da rodovia onde se posicionam, distância(s) com relação ao eixo da rodovia e número de eventos de passivos ambientais considerados.

CAMPO 3

Corresponde às características do passivo ambiental inventariado, contemplando, particularmente, os processos instalados no meio físico, que põem em risco o corpo estradal e a segurança do usuário, decorrentes da construção e operação da rodovia, na faixa de domínio e em terrenos adjacentes à mesma, ou gerados por terceiros sobre a faixa de domínio, assim como as situações de conflito e riscos à segurança de trânsito e à população residente, causadas pela ocupação e expansão urbana. As informações deste campo devem, necessariamente, ser complementadas por fotografias da ocorrência e/ou croquis de localização.

CAMPO 4

Compreende as causas associadas ao desencadeamento dos processos do meio físico, como a deficiência ou ausência da cobertura vegetal e de dispositivos de drenagem, a inadequação geométrica e as características dos materiais, a ausência ou ineficiência de estruturas e dispositivos de controle de tráfego, de acessos e de travessias urbanas, dentre outros aspectos. São informações necessárias à concepção das medidas corretivas e de recuperação.

CAMPO 5

Compreende os impactos ambientais decorrentes dos processos observados, considerando o assoreamento de corpos d'água, as interferências em Áreas de Preservação Permanente, em Unidades de Conservação legalmente instituídas, assim como os riscos e existência de pontos críticos de acidentes, entre outros.

CAMPO 6

Corresponde a uma avaliação qualitativa da gravidade representada pelo passivo ambiental, quanto à segurança de tráfego e prejuízos às áreas adjacentes.

CAMPO 7

Compreende as dimensões físicas da ocorrência, resultante da avaliação efetuada no levantamento de campo.

CAMPO 8

Deverá ser preenchido na segunda fase do Projeto Executivo, na qual se apresentará um conjunto de soluções propostas para a correção dos passivos identificados, indicando as soluções alternativas, os quantitativos envolvidos, as estimativas de custo.

CAMPO 9

Deverá ser preenchido na terceira fase do Projeto, contendo o dimensionamento e o custo das medidas definitivas aprovadas. Deverão ser discriminadas aquelas cujos custos integrarão o custo do Projeto de Engenharia e as que integrarão a rubrica de custos ambientais do Programa de Recuperação.

CAMPO 10

O campo 10 consta apenas no modelo de planilha individual a ser aplicado aos jazimentos minerários (de material pétreo ou areais) utilizados na implantação da rodovia. O campo introduzido deverá conter os registros sobre a situação de regularização legal e condições de exploração das áreas utilizadas para a obtenção de material de construção na implantação da rodovia, o regime de exploração e o potencial de reutilização do jazimento para a execução das obras previstas no Projeto de Engenharia.

Às planilhas preenchidas deverão ser anexadas às respectivas fotos do passivo ambiental, acompanhadas de texto explicativo. A numeração das fotos observará:

- a identificação numérica da rodovia. Exemplo: 304;
- seguindo-se a origem do passivo: CO, AT, BF, CE, JA, TE, NU, OU;
- seguindo-se a numeração seqüencial do passivo ambiental e a numeração das fotos.

Exemplo de codificação das fotos: 304-CO-01.1 (uma foto), 304-AT-01.1, 304-AT-02-01.2 (duas fotos).

CONSIDERAÇÕES METODOLÓGICAS COMPLEMENTARES

a) Caso sejam identificados passivos ambientais relativos às áreas utilizadas para instalações de canteiros de obras, usinas e caminhos de serviço, os aspectos a serem observados considerarão os processos erosivos, a possibilidade de haver excessiva compactação do solo, a poluição do solo por graxas, óleos e resíduos, a restauração do uso original, a regeneração espontânea da vegetação, a incorporação do passivo ao processo produtivo ou à expansão urbana;

b) A recuperação das ocorrências relacionadas ao Grupo I de passivos ambientais (ocorrências internas à faixa de domínio, em evolução para áreas adjacentes) deverá integrar os Projetos de Engenharia e os recursos estimados para sua recuperação serão incorporados ao custo das obras;

c) No Grupo II de passivos ambientais (ocorrências originadas em antigas áreas exploradas para a obtenção de material de construção, situadas externamente à faixa de domínio), caso apresentem potencial e sejam previstas para reutilização nas obras propostas, deverão ser objeto de projeto específico (contemplando plano de exploração, reconformação topográfica, drenagem e recomposição vegetal) e integrarão os custos das obras;
d) No mesmo Grupo II, as áreas utilizadas/exploradas na construção da rodovia, que não apresentem potencial de utilização/exploração, serão objeto de projeto específico de recuperação, correspondendo a custos ambientais do Projeto;
e) As causas associadas aos passivos ambientais dos Grupos I e II exigirão o tratamento adequado nos Projetos de Engenharia e de recuperação;
f) O tratamento das causas relacionadas ao Grupo III (ocorrências danosas à rodovia em decorrência de terceiros) e Grupo IV (ocorrências geradas pela ocupação e expansão urbana) poderá opcionalmente integrar os Projetos de Engenharia na dependência da gravidade da situação de risco observada, da complexidade da solução proposta e pertinência da mesma, frente aos critérios do BID e dos necessários entendimentos institucionais ou com particulares, agentes estes da degradação observada. Os recursos estimados para as soluções poderão exigir estudo de caso, em face dos condicionantes acima expostos e a concretização de algumas soluções poderá configurar-se a médio ou longo prazo;
g) As ações de correção dos impactos associados aos passivos dos Grupos I e II integrarão o custo ambiental do Projeto, exceto quando façam parte integrante do projeto de engenharia ou caso já tenha ocorrido o reequilíbrio ambiental e a recuperação natural das áreas impactadas;

h) As ações de correção dos impactos associados aos passivos dos Grupos III e IV poderão ser objeto de tratamento no Projeto, na medida em que representem situações ou ocorrências de risco aos usuários e população, dentro dos critérios e normas de segurança de trânsito.

LEVANTAMENTO DE DADOS SÓCIO-AMBIENTAIS

A execução dos projetos executivos de restauração de rodovias requer o levantamento de um amplo conjunto de informações sócio-ambientais que, além de subsidiar de forma específica os quesitos ambientais do projeto, constitui uma base de informações para todos os demais elementos constitutivos da intervenção proposta, tais como o projeto de terraplenagem e drenagem, projeto de segurança viária e sinalização, localização das áreas de apoio, entre outros.

O levantamento de dados deverá-ser efetuado com base em uma Ficha destinada, como no caso da caracterização dos passivos, a homogeneizar o tratamento e registro das principais questões observadas na pesquisa de campo.

Essa Ficha, contempla as características da rodovia e as principais características dos meios físico, biótico e sócio-econômico da área de influência dos projetos.

A área de influência considerada constitui uma faixa ao longo da rodovia ou segmento, com largura capaz abranger a faixa de domínio, as áreas de apoio (canteiros de obra, usinas, jazidas, caixas de empréstimo e bota-foras) à implantação das melhorias, externas à faixa de domínio, bem como aquelas onde se localizam os passivos ambientais a serem recuperados. De qualquer forma, a largura da faixa considerada não deverá ser inferior a 1 km de cada lado do eixo da rodovia.

Os levantamentos a serem realizados deverão contemplar informações básicas a serem obtidas em pesquisa de campo, bem como em consultas aos Poderes Públicos Municipais comunidades lindeiras, de forma a propiciar a incorporação de questões críticas e demandas da municipal idade aos Projetos.

A Ficha elaborada para o registro das informações relativas à caracterização ambiental é estruturada segundo 5 campos, sendo que o primeiro contém características da rodovia, e os demais abrangem os registros das características sócio-ambientais propriamente ditas. Os campos de registro e as informações referentes aos mesmos são expostos a seguir:

CAMPO 1

Compreende características da rodovia, como número de faixas, existência de acostamentos, largura da faixa de domínio e largura média da plataforma, número e extensão de terceiras faixas e localização das mesmas, data da entrega do pavimento ao tráfego e serviços de conservação especial e recuperação, realizados ao longo da operação, com as datas de execução.

CAMPO 2

Compreende a síntese espacializada dos usos do solo na Área de Influência, tendo por base, no mínimo, planta planialtimétrica do IBGE, na escala 1:50.000, e levantamento de campo. Deverão ser indicados no mapeamento: a vegetação remanescente, destacando-se as formações ciliares e Unidades de Conservação legalmente instituídas, por meio de carta elaborada pela SMA no Projeto Olho Verde; a rede hidrográfica, destacando-se os mananciais de abastecimento e as captações de água, particularmente os localizados à jusante da estrada; a infra-estrutura regional e local que contará com interferências das obras, destacando-se o sistema viário interconectado e a rede de distribuição de energia elétrica; as áreas ocupadas por usos urbanos, por culturas permanentes e temporárias, por pastagens e por reflorestamento; os pontos de conflito e áreas críticas à segurança de trânsito.

CAMPO 3

Corresponde à caracterização do meio físico, indicando as características topográficas, aspectos geológicos-geotécnicos, climatológicos, hidrológicos e dos usos da água, estes últimos espacializados no mapeamento que compõe o Campo 2.

CAMPO 4

Corresponde à caracterização do meio biótico, contendo informações sobre as formações vegetais naturais existentes na Área de Influência, a ocorrência de áreas com maciços florestais, de espécies isoladas de porte significativo, áreas com vegetação em estágios médio e pioneiro de regeneração, áreas com espécies exóticas, presença de formações ciliares e de Unidades de Conservação, que serão espacializadas no mapeamento explicitado no Campo 2. As informações sobre a fauna na área de influência poderão ser apoiadas em dados secundários, confirmados por observações e consultas informais de campo, com a localização da presença dos animais registrados.

CAMPO 5

Compreende as informações sobre o meio sócio-econômico, a serem obtidas por meio de levantamento de campo e pesquisa junto aos Poderes Públicos Municipais, envolvendo:

- a existência de Plano Diretor Municipal, ou diretrizes urbanísticas, de ordenamento do solo, de disciplinamento de usos e ocupação ao longo da rodovia, enfocando, ainda, disposições normativas quanto à proteção do meio ambiente;
- a existência de planejamento, projeto ou execução de obras viárias que tenham interferências com a rodovia;
- a existência de empreendimentos públicos e privados, implantados, em implantação e planejados no município, capazes de constituírem-se em pólos geradores de tráfego;
- a localização de usos residenciais, comerciais, de serviços, industriais, institucionais e de lazer, bem como das áreas

de urbanização estável, de expansão (com potencial de alteração dos usos) e de ocupação periférica, com indicação dos vetores preferenciais de expansão urbana;

- a existência de Programa Municipal dirigido ao Sistema Viário Urbano: melhoramentos, obras, hierarquização de vias, sinalização, iluminação, dispositivos de controle de acesso e velocidade etc;
- os serviços de transporte inter e intramunicipal: localização de rodoviária, pontos de parada de ônibus, freqüência de viagens, transporte de escolares, pontos críticos e de riscos ao transporte público na rodovia;
- os pontos críticos de acidentes e principais demandas da população, relativas ao sistema viário de interconexão com a rodovia;
- os serviços de abastecimento público de água (destacando a localização das captações de água, adutoras na faixa de domínio) e de coleta e despejo de efluentes (pontos de lançamento, elementos do sistema localizados na faixa de domínio);
- os serviços de coleta e deposição do lixo urbano, enfatizando a regularização da área de disposição perante os órgãos ambientais;
- os equipamentos dos setores de saúde e de educação, tidos como equipamentos de referência regional, responsáveis pela atratividade de população de outros municípios, ou centros de referência para onde se desloca a população do município para o atendimento de necessidades específicas de saúde e educação, e aqueles localizados junto à rodovia;
- a existência de sítios ou bens do patrimônio histórico e cultural do município, assim como de áreas que tenham potencial de ocorrência de sítios arqueológicos ou paleontológicos;
- a existência de organizações sociais: sindicatos, cooperativas e associações presentes no município;

- a presença e mapeamento de usos do solo conflitivos com a rodovia: residencial, comercial, misto, comercial e de lazer de abrangência regional, industrial e institucional; a identificação de ocupação irregular na faixa de domínio e de áreas com potencial de alterações do uso e ocupação do solo;
- a existência e mapeamento de travessias viárias urbanas e de pedestres, em nível e em desnível, presença de passarelas e de dispositivos de controle de acesso;
- a indicação das culturas agrícolas e pastagens incidentes nos municípios da Área de Influência.

Deverão ser anexados à planilha, os registros fotográficos dos principais aspectos observados, com os respectivos textos explicativos. A codificação das fotos deverá conter:

- a identificação numérica da rodovia. Exemplo: 304;
- seguindo-se a indicação de Diagnóstico Ambiental: DA;
- seguindo-se a numeração seqüencial e ordem das fotos;
- exemplo de codificação das fotos: 304-DA 01.1 (uma foto), 304-DA-02, 304-DA-02.2 (duas fotos).

Os documentos disponíveis nas Prefeituras Municipais que atestem as informações levantadas poderão ser, também, anexados às planilhas, como é o caso de dados cartográficos, projetos, dados estatísticos, Planos e Programas, dentre outros.

ROTEIRO SÍNTESE DO LEVANTAMENTO DOS PASSIVOS AMBIENTAIS EM MALHA RODOVIÁRIA (FICHA 1)

1. IDENTIFICAÇÃO

Rodovia: (nome) .... Código: ....
Trecho em projeto: km .... a km ....
Extensão total: .... km.

2. CARACTERIZAÇÃO GERAL DOS PASSIVOS AMBIENTAIS

Tipo de Ocorrência	Número Total	Casos Críticos	Gravidade		
			A	B	C
Erosão					
Instabilização de taludes					
Recalques					
Deficiência do sistema de drenagem					
Inadequação de cruzamentos em nível					
Inadequação de acessos					
Conflitos com o tráfego urbano					
Pontos críticos de acidentes					
Outros: (citar e incluir linhas adicionais)					

3. DIAGRAMA UNIFILAR DE LOCALIZAÇÃO DOS PASSIVOS AMBIENTAIS

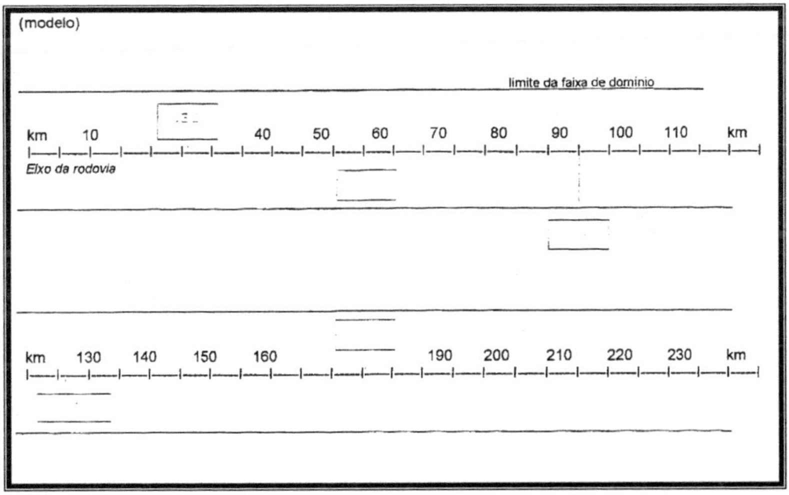

ROTEIRO DE CARACTERIZAÇÃO DE PASSIVO AMBIENTAL [CORTE] - FICHA 2 [CO]

RODOVIA: .... Código: ....

1. Código do Passivo Ambiental: Código da rodovia/CO/001 (002, 003, ...)

2. Localização:

Km: .... Distância do eixo: ....m

Estaca: ..../........... Lado (D/E): ..../........... Total de eventos: ....

Coordenadas: (Projeção: .... Datum ....)

Iniciais ..../............................... Finais ..../....................

3. Passivo Ambiental (assinalar com (x) uma ou mais características do passivo) (Anexar fotos)

3.1 Erosão laminar diferenciada ( )

3.2 Erosão linear

3.2.1	Suíço ( )	3.2.4	Paralela ao eixo ( )
3.2.2	Ravina ( )	3.2.5	Perpendicular ao eixo ( )
3.2.3	Voçoroca ( )	3.2.6	Diagonal ao eixo ( )

3.3 Instabilização

3.3.1 Corrida de massa (escoamento rápido de solo ou solo/rocha, através de linhas de drenagem) ( )

3.3.2 Rastejos (deslocamento descendente lento e contínuo de horizontes superficiais de solo em encostas) ( )

3.3.3 Escorregamentos (deslocamentos rápidos de massa definida de solo ou solo/rocha) ( )

3.3.4 Movimento de blocos (deslocamentos de blocos rochosos com risco de descalçamento ou desplacamento) ( )

3.3.5 Queda/rolamento de blocos (deslocamentos por perda de apoio ou decréscimo da resistência mecânica) ( )

3.3.6 Pastilhamento (desagregação de corte por fendilhamento em grande escala da rocha) ( )

3.3.7 Outros: (citar de descrever sucintamente)

4. Causas Associadas

4.1 Intrínsecas ( )

4.2 Cobertura Vegetal

4.2.1 Deficiente ( )

4.2.2 Ausente ( )

4.3 Drenagem superficial

4.3.1 Insuficiente ( )

4.3.2 Inexistente ( )

4.4	Inclinação acentuada ( )	4.5	Evolução da erosão ( )	4.6	Corpo de tálus ( )
4.7	Saturação ( )	4.8	Descalçamento ( )	4.9	Desplacamento ( )
4.10	Estruturas residuais ( )	4.11	Outras: (citar e descrever sucintamente)		

5. Impacto Decorrente

5.1	Assoreamento de cursos de água ( )	5.2	Obstrução de acostamento ( )
5.3	Invasão de Área de Preservação Permanente – APP ( )	5.4	Prejuízos a lindeiros ( )
5.5	Outros: (citar e descrever sucintamente)		

6. Gravidade

( ) À Segurança de tráfego ( ) Às áreas adjacentes

( ) Oferece perigo ( ) Evolução pode oferece perigo ( ) Não oferece perigo

7. Dimensões da Ocorrência

7.1	Comprimento: .... m	7.2	Largura: ....m	7.3	Profundidade: ....m
7.4	Outra dimensão relevante:				

8. Medidas Corretivas Propostas

- ____ Critérios de concepção de medidas corretivas;
- ____ Alternativas propostas: descrição, pré-dimensionamento, quantitativos, impactos ambientais, estimativa de custo;
- ____ Seleção da alternativa a ser implementada;
- ____ Croquis das medidas propostas:

9. Dimensionamento da Recuperação

- ____ Dimensionamento técnico;
- ____ Especificações técnicas para execução;
- ____ Orçamento: custos de projetos e custos ambientais.

ROTEIRO DE CARACTERIZAÇÃO DE PASSIVO AMBIENTAL [ATERRO] - FICHA 3 [TE]

RODOVIA: .... Código: ....

1. Código do Passivo Ambiental: Código da rodovia/AT/001 (002, 003, ...)

2. Localização:

Km: .... Distância do eixo........................m

Estaca: ..../........... Lado(D/E):................../................

Total de eventos: ....

Coordenadas: (Projeção: .... Datum ....)

Iniciais ..../....................... Finais ..../.....................

3. Passivo Ambiental (assinalar com (x) uma ou mais características do passivo) **(Anexar fotos)**

3.1 Erosão laminar diferenciada ( )

3.2 Erosão linear

3.2.1 Suíço ( ) 3.2.5 Paralela ao eixo ( )

3.2.2 Ravina ( ) 3.2.6 Perpendicular ao eixo ( )

3.2.3 Voçoroca ( ) 3.2.7 Diagonal ao eixo ( )

3.2.4 Interna (*Piping*) ( )

3.3 Instabilização

3.3.1 Deslizamento de camadas superficiais ( )

3.3.2 Escorregamento no corpo do aterro ( )

3.3.3 Escorregamento na fundação ( )

3.3.4 Escorregamento em travessias de linhas de drenagem ( )

3.3.5 Outros: (citar de descrever sucintamente)

3.4 Recalques

3.4.1 Deformação na superfície ( ) 3.4.2 Deformação na fundação ( )

3.4.3 Rompimento do aterro ( ) 3.4.4 Outra: (citar e descrever sucintamente)

4. Causas Associadas

4.1 Cobertura Vegetal)
4.1.1 Deficiente ( )
4.1.2.Ausente ( )

4.2 Drenagem superficial
4.2.1 Insuficiente ( )
4.2.2 Inexistente ( )

4.3 Drenagem profunda
4.3.1 Insuficiente ( )
4.3.2 Inexistente ( )

4.4 Comparação Inadequada ( )
4.5 Inclinação acentuada ( )
4.6 Material heterogênio ( )
4.7 Outras: (citar e descrever sucintamente)

5. Impacto Decorrente

5.1 Assoreamento de cursos de água ( )
5.2 Obstrução do pavimento ( )
5.3 Deformação no pavimento ( )
5.4 Prejuízos a lindeiros ( )
5.5 Degrau entre pavimento e obras de arte especiais ( )
5.6 Interferências em APPs ( )
5.7 Outras: (citar e descrever sucintamente)

6. Gravidade

(1) À Segurança de tráfego
(2) Às áreas adjacentes

(A) Oferece perigo
(B) Evolução pode oferecer perigo
(C) Não oferece perigo

7. Dimensões da Ocorrência

7.1 Comprimento:.......... m
7,2 Largura: ....m
7.3 Profundidade: .... m
7.4 Outra dimensão relevante:

8. Medidas Corretivas Propostas

- Critérios de concepção de medidas corretivas;
- Alternativas propostas: descrição, pré-dimensionamento, quantitativos, impactos ambientais, estimativa de custo;
- Seleção da alternativa a ser implementada;
- Outras informações relevantes.
- Croquis das medidas propostas:

9. Dimensionamento da Recuperação

- Dimensionamento técnico;
- Especificações técnicas para execução;
- Orçamento: custos de projetos e custos ambientais.

ROTEIRO DE CARACTERIZAÇÃO DE PASSIVO AMBIENTAL [BOTA-FORA] - FICHA 4 [BF]

RODOVIA: .... Código: ....

1. Código do Passivo Ambiental: Código da rodovia/BF/001 (002, 003, ...)

2. Localização:

Km: .... Distância do eixo: ....m

Estaca: ..../................. Lado (D/E): ..../.............. Total de eventos: ....

Coordenadas: (Projeção: .... Datum ....)

Iniciais ..../.......................... Finais ..../............................

3. Passivo Ambiental (assinalar com (x) uma ou mais características do passivo) **(Anexar fotos)**

3.1 Erosão laminar diferenciada ( )

3.2 Erosão linear

3.2.1 Suíço ( ) 3.2.5 Paralela ao eixo ( )

3.2.2 Ravina ( ) 3.2.6 Perpendicular ao eixo ( )

3.2.3 Voçoroca ( ) 3.2.7 Diagonal ao eixo ( )

3.2.4 Interna (*Piping*) ( )

3.3 Instabilização

3.3.1 Deslizamento de camadas superficiais ( )

3.3.2 Deformação no corpo do bota-fora ( )

3.3.3 Outra: (citar de descrever sucintamente)

3.4 Recalques

3.4.1 Deformação na superfície ( ) 3.4.2 Deformação na fundação ( )

3.5 Outra: (citar de descrever sucintamente)

4. Causas Associadas

4.1 Cobertura Vegetal) **4.2** Drenagem superficial **4.3** Drenagem profunda

4.1.1 Deficiente ( ) 4.2.1 Insuficiente ( ) **4.4** Comparação inadequada ( )

4.1.2.Ausente ( ) 4.2.2 Inexistente ( ) **4.5** Material heterogêneo ( )

4.6 Altura e volume de material ( ) 4.6 Material heterogêneo ( )

4.8 Outras: (citar e descrever sucintamente)

5. Impacto Decorrente

5.1 Assoreamento de cursos de água ( ) 5.2 Prejuízo a lindeiros ( )

5.3 Interferências em Áreas de Preservação Permanentes ( )

54 Outras: (citar e descrever sucintamente)

6. Gravidade

( ) À Segurança de tráfego ( ) Às áreas adjacentes

( ) Oferece perigo ( ) Evolução pode oferecer perigo ( ) Não oferece perigo

7. Dimensões da Ocorrência

7.1 Comprimento: .... m 7,2 Largura: ....m 7.3 Profundidade: .... m

7.4 Outra dimensão relevante:

8. Medidas Corretivas Propostas

- Critérios de concepção de medidas corretivas;
- Alternativas propostas: descrição, pré-dimensionamento, quantitativos, impactos ambientais, estimativa de custo;
- Seleção da alternativa a ser implementada;
- Outras informações relevantes.
- Croquis das medidas propostas:

9. Dimensionamento da Recuperação

- Dimensionamento técnico;
- Especificações técnicas para execução;
- Orçamento: custos de projetos e custos ambientais.

ROTEIRO DE CARACTERIZAÇÃO DE PASSIVO AMBIENTAL [CAIXA DE EMPRÉSTIMO] - FICHA 5 [CE]

RODOVIA: .... Código: ....

1. Código do Passivo Ambiental: Código da rodovia/CE/001 (002, 003, ...)

2. Localização:

Km: ....
Distância do eixo: ....m

....

Estaca: ..../................. Lado (D/E): ..../.............. Total de eventos: ....

Coordenadas: (Projeção: .... Datum ....)

Iniciais ..../................................ Finais ..../......................

3. Passivo Ambiental (assinalar com (x) uma ou mais características do passivo)

(Anexar fotos)

3.1 Erosão laminar diferenciada ( )

3.2 Erosão linear

3.2.1 Suíço ( ) 3.2.4 Paralela ao eixo ( )

3.2.2 Ravina ( ) 3.2.5 Perpendicular ao eixo ( )

3.2.3 Voçoroca ( ) 3.2.6 Diagonal ao eixo ( )

3.3 Instabilização

3.3.1 Deslizamento (escorregamento de massa de solo de horizontes superficiais) ( )

3.3.2 Desagregação remontante (deslocamento de camadas de solo mais suscetíveis sob o horizonte superficiais) ( )

3.3.3 Cisalhamento (escorregamento rápido de massa definida de solo ou solo/rocha) ( )

3.3.4 Outra: (citar de descrever sucintamente)

3.4 Outra: (citar de descrever sucintamente)

4. Causas Associadas

4.1 Conformação topográfica inadequada ( )

4.2 Cobertura Vegetal)

4.2.1 Deficiente ( )

4.2.2.Ausente ( )

4.3 Drenagem superficial

4.3.1 Insuficiente ( )

4.3.2 Inexistente ( )

4.4 Estrutura da matéria ( ) **4.5** Evolução da erosão ( )

4.6 Saturação ( ) **4.7** Alteração no estado de tensões ( )

4.8 Outras: (citar e descrever sucintamente)

5. Impacto Decorrente

5.1	Assoreamento de corpos de água ( )	**5.2**	Degradação da faixa de domínio ( )
5.3	Degradação de propriedades lindeiras ( )	**5.4**	Invasão de APPs ( )
5.5	Interferência com rede de infraestruturas ( )	**5.6**	Degradação da paisagem ( )
5.7	Outras: (citar e descrever sucintamente)		

6. Gravidade

( ) À Segurança de tráfego	( ) Às áreas adjacentes	
( ) Oferece perigo	( ) Evolução pode oferecer perigo	( ) Não oferece perigo

7. Dimensões da Ocorrência

7.1	Comprimento: .... m	**7.2**	Largura: ....m	**7.3**	Profundidade: .... m
7.4	Outra dimensão relevante:				

8. Medidas Corretivas Propostas

- Critérios de concepção de medidas corretivas;
- Alternativas propostas: descrição, pré-dimensionamento, quantitativos, impactos ambientais, estimativa de custo;
- Seleção da alternativa a ser implementada;
- Outras informações relevantes.
- Croquis das medidas propostas:

9. Dimensionamento da Recuperação

- Dimensionamento técnico;
- Especificações técnicas para execução;
- Orçamento: custos de projetos e custos ambientais.

ROTEIRO DE CARACTERIZAÇÃO DE PASSIVO AMBIENTAL [JAZIDA] - FICHA 6 [JA]

RODOVIA: .... **Código:** ....

1. Código do Passivo Ambiental: Código da rodovia/CE/001 (002, 003, ...)

2. Localização:

Km: .... Distância do eixo: ....m

Estaca: ..../............ Lado (D/E): ..../.............. Total de eventos: ....

Coordenadas: (Projeção: .... Datum ....)

Iniciais ..../...................... Finais ..../............................

3. Passivo Ambiental (assinalar com (x) uma ou mais características do passivo)

(Anexar fotos)

3.1 Erosão laminar diferenciada ( )

3.2 Erosão linear

3.2.1	Suíço ( )	3.2.4	Paralela ao eixo ( )
3.2.2	Ravina ( )	3.2.5	Perpendicular ao eixo ( )
3.2.3	Voçoroca ( )	3.2.6	Diagonal ao eixo ( )

3.3 Instabilização

3.3.1 Deslizamento (deslocamento de massa definida de solo superficial e solo/rocha) ( )

3.3.2 Movimento de blocos (deslocamento de blocos rochosos com risco de descalçamento ou desplacamento) ( )

3.3.3 Queda/rolamento (deslocamento por perda de apoio ou decrésc. da resist. mecânica) ( )

3.3.4 Outra: (citar de descrever sucintamente)

3.4 Outra: (citar de descrever sucintamente)

4. Causas Associadas

4.1	Cobertura Vegetal)	4.2	Drenagem superficial	
	4.1.1 Deficiente ( )		4.2.1	Insuficiente ( )
	4.1.2.Ausente ( )		4.2.2	Inexistente ( )
4.3	Inclinação acentuada ( )	4.4	Evolução da erosão ( )	
4.5	Infiltração ou Saturação ( )	4.6	Descalçamento ( )	
4.7	Desplacamento ( )	4.8	Estrutura residuais ( )	
4.9	Outras: (citar e descrever sucintamente)			

5. Impacto Decorrente

5.1	Fluxos concentrados de drenagem ( )	**5.2**	Interferência com lindeiros ( )
5.3	Interferências com Áreas de Preservação Permanente ( )	**5.4**	Assoreamento ( )
5.5	Supressão de formações ciliares ( )	**5.6**	Outros

6. Gravidade

( ) À Segurança de tráfego ( ) Às áreas adjacentes

( ) Oferece perigo ( ) Evolução pode oferecer perigo ( ) Não oferece perigo

7. Dimensões da Ocorrência

7.1	Comprimento: .... m	**7.2**	Largura: ....m	**7.3**	Profundidade: .... m
7.4	Outra dimensão relevante:				

8. Medidas Corretivas Propostas

- Critérios de concepção de medidas corretivas;
- Alternativas propostas: descrição, pré-dimensionamento, quantitativos, impactos ambientais, estimativa de custo;
- Seleção da alternativa a ser implementada;
- Outras informações relevantes.
- Croquis das medidas propostas:

9. Dimensionamento da Recuperação

- Dimensionamento técnico;
- Especificações técnicas para execução;
- Orçamento: custos de projetos e custos ambientais.

ROTEIRO DE CARACTERIZAÇÃO DE PASSIVO AMBIENTAL [AÇÕES DE TERCEIROS] – ÁREAS RURAIS - FICHA 7 [AC]

RODOVIA: .... Código: ....

1. Código do Passivo Ambiental: Código da rodovia/CE/001 (002, 003, ...)

2. Localização:

Km: .... Distância do eixo: ....m

Estaca: ..../.................. Lado (D/E): ..../.............. Total de eventos: ....

Coordenadas: (Projeção: .... Datum ....)

Iniciais ..../.................. Finais ..../..............................

3. Passivo Ambiental (assinalar com (x) uma ou mais características do passivo) **(Anexar fotos)**

3.1 Erosão laminar diferenciada ( )

3.2 Erosão linear

3.2.1 Suíço ( ) 3.2.4 Paralela ao eixo ( )

3.2.2 Ravina ( ) 3.2.5 Perpendicular ao eixo ( )

3.2.3 Voçoroca ( ) 3.2.6 Diagonal ao eixo ( )

3.3 Instabilização do terreno no acostamento ou pista ( )

3.4 Inundações no acostamento ou pista ( )

3.5 Assoreamento no acostamento ou pista ( )

3.6 Outras interferências com a segurança de trânsito:

3.6.1 Terraplanagem para instalações adjacentes à faixa de domínio ( )

3.6.2 Inadequação de acessos à vilas, aglomerações rurais e propriedades ( )

3.6.3 Utilização do acostamento para manobras ( )

3.6.4 Tráfego intenso de veículos pesados para o escoamento de produtos agrícolas ( )

3.6.5 Localização de pontos de ônibus ( )

3.6.6. Utilização irregular da faixa de domínio para a deposição de lixo e entulho ( )

3.6.7 Utilização da faixa de domínio para o comércio informal ou sazonal ( )

3.7 Outra: (citar de descrever sucintamente)

4. Causas Associadas

4.1 Cobertura Vegetal)
- 4.1.1 Deficiente ( )
- 4.1.2.Ausente ( )

4.2 Drenagem inadequada
- 4.2.1 No manejo agrícola ( )
- 4.2.2 Na implantação de loteamentos, ind. e outros ( )
- 4.2.3 No acesso à propriedades

4.3 Ausência de controle de acesso ( )

4.4 Ausência/deficiência de acostamento ( )

4.5 Deficiência da sinalização ( )

4.6 Ausência de cerca na faixa de domínio ( )

4.9 Outras: (citar e descrever sucintamente)

5. Impacto Decorrente

5.1 Situação potencial para acidentes ( )

5.2 Interferência com lindeiros ( )

5.3 Interferências com APPs ( )

5.4 Degradação da faixa de domínio ( )

5.5 Interferências com Unidades de Conservação ( )

5.6 Outros

6. Gravidade

( ) À Segurança de tráfego ( ) Às áreas adjacentes

( ) Oferece perigo ( ) Evolução pode oferecer perigo ( ) Não oferece perigo

7. Dimensões da Ocorrência

7.1 Comprimento: .... m

7,2 Largura: ....m

7.3 Profundidade: .... m

7.4 Outra dimensão relevante:

8. Medidas Corretivas Propostas

- Critérios de concepção de medidas corretivas;
- Alternativas propostas: descrição, pré-dimensionamento, quantitativos, impactos ambientais, estimativa de custo;
- Seleção da alternativa a ser implementada;
- Outras informações relevantes.
- Croquis das medidas propostas:

9. Dimensionamento da Recuperação

- Dimensionamento técnico;
- Especificações técnicas para execução;
- Orçamento: custos de projetos e custos ambientais.

ROTEIRO DE CARACTERIZAÇÃO DE PASSIVO AMBIENTAL [NÚCLEOS URBANOS] - FICHA 8 [NU]

RODOVIA: .... **Código:** ....

1. Código do Passivo Ambiental: Código da rodovia/NU/001 (002, 003, ...)

2. Localização:

Km: .... Distância do eixo: ....m

Estaca: ..../................. Lado (D/E): ..../.............. Total de eventos: ....

Coordenadas: (Projeção: .... Datum ....)

Iniciais ..../............................ Finais ..../.........................

3. Situações de Conflito/Ocorrência (assinalar uma ou mais características do passivo) **(Anexar fotos)**

3.1 Deslocamento de processos erosivos ( )

3.2 Instabilização de talude ( )

3.3 Condições de risco ao usuário da rodovia e população residente

3.3.1 Ausência de vias marginais de tráfego local e controles de acesso à rodovias ( )

3.3.2 Ausência de dispositivos de controle de velocidade ( )

3.3.3 Travessias viárias e de pedestres em nível ( )

3.3.4 Ausência/ineficiência de sinalizações e iluminação ( )

3.4 Conflitos com o Sistema de Transporte Urbano

3.4.1 Localização inadequada de paradas de ônibus ( )

3.4.2 Localização inadequada de pontos de carga e descarga de mercadorias ( )

3.5 Conflitos com usos e ocupação do solo adjacentes à faixa de domínio

3.5.1 Equipamentos sociais (saúde e educação) ( )

3.5.2 Comércio e serviços locais ( )

3.5.3 Áreas institucionais (órgãos públicos, cemitérios, etc.) ( )

3.5.4. Ocupação irregular por população de baixa renda ( )

3.6 Conflitos com fontes geradoras de tráfego

3.6.1. Centros de comércio, serviços e lazer de atendimento regional ( )

3.6.2 Áreas industriais ( )

3.7 Existência de pontos críticos de acidentes ( )

3.8 Outros:

4. Causas Associadas

4.1 Ausência/ineficiência de dispositivos de controle de acesso e de velocidade ( )

4.2 Ausência de dispositivos de vedação da faixa de domínio ( )

4.3 Ausência de travessias em desnível e passarelas ( )

4.4 Ausência de fiscalização e medidas para evitar mau uso da faixa de domínio ( )

4.5 Ausência de normas urbanísticas para o controle do uso e ocupação do solo ( )

4.6 Outras:

5. Impacto Decorrente

5.1 Poluição ( )

5.1.1 Sonora ( )

5.1.2 Do solo e das águas ( )

5.1.3 Visual ( )

5.2 Pontos críticos de Acidentes ( )

5.3 Área potencial de acidentes ( )

5.4 Outros:

6. Gravidade

( ) À Segurança de tráfego ( ) Às áreas adjacentes

( ) Oferece perigo ( ) Evolução pode oferecer perigo ( ) Não oferece perigo

7. Dimensões da Ocorrência

7.1 Pessoas afetadas: ....

7.2 Freqüência de Acidentes: ....

7.3 Outra dimensão características: ....

8. Medidas Corretivas Propostas

- Critérios de concepção de medidas corretivas;
- Alternativas propostas: descrição, pré-dimensionamento, quantitativos, impactos ambientais, estimativa de custo;
- Seleção da alternativa a ser implementada;
- Outras informações relevantes.
- Croquis das medidas propostas:

9. Dimensionamento da Recuperação

- Dimensionamento técnico;
- Especificações técnicas para execução;
- Orçamento: custos de projetos e custos ambientais.

ROTEIRO DE CARACTERIZAÇÃO DE PASSIVO AMBIENTAL [OUTROS] - FICHA 9 [OU]

(CANTEIROS, ALOJAMENTOS, USINAS INDUSTRIAIS, CAMINHOS DE SERVIÇOS)

RODOVIA: .... **Código:** ....

1. Código do Passivo Ambiental: Código da rodovia/OU/001 (002, 003, ...)

2. Localização:

Km: .... Distância do eixo: ....m

Estaca: ..../................. Lado (D/E): ..../.............. Total de eventos: ....

Coordenadas: (Projeção: .... Datum ....)

Iniciais ..../............................... Finais ..../..............................

Núcleo urbano (sede, distrito, vila, etc.): ....

3. Situação de Conflitos/Ocorrência (descrever as características do passivo) **(Anexar fotos)**

4. Causas Associadas

5. Impacto Decorrente

6. Gravidade

( ) À Segurança de tráfego ( ) Às áreas adjacentes

( ) Oferece perigo ( ) Evolução pode oferecer perigo ( ) Não oferece perigo

7. Dimensões da Ocorrência

8. Medidas Corretivas Propostas

- Critérios de concepção de medidas corretivas;
- Alternativas propostas: descrição, pré-dimensionamento, quantitativos, impactos ambientais, estimativa de custo;
- Seleção da alternativa a ser implementada;
- Outras informações relevantes.
- Croquis das medidas propostas:

9. Dimensionamento da Recuperação

- Dimensionamento técnico;
- Especificações técnicas para execução;
- Orçamento: custos de projetos e custos ambientais.

ROTEIRO PARA LEVANTAMENTO DE DADOS SÓCIO-AMBIENTAIS

RODOVIA: ....

CÓDIGO: ....

1. Características da Rodovia

Número de faixas .... Acostamentos: existência / largura / tipo de pavimento

Largura da faixa de domínio (m): .... Largura média da plataforma (m): ....

Extensão de terceiras faixas: ....

Data da entrega do pavimento ao tráfego: ....

Serviços de Conservação especial e/ou Recuperação executados e datas:

- .... em ....
- .... em ....

2. Área de Influência do Projeto

Mapeamento da área de influência da rodovia contendo:

- áreas urbanas;
- hidrografia e captações de abastecimento urbano;
- rodovias, estradas municipais, secundárias e acessos;
- Unidades de Conservação formações florestais e matas ciliares;
- culturas permanentes, temporárias, pastagens, reflorestamento;
- pontos de conflito e áreas críticas à segurança de trânsito;

Fontes: IBGE 1:50.000, Projeto Olho Verde, levantamentos de campo.

3. Características do Meio Físico

Características Topográficas

Aspectos Geológicos – geotécnicos

Aspectos Climatológicos

Precipitações Médias: .... mm/ano

Precipitações Máximas: mês mais chuvoso: ....; ....mm/mês

Aspectos Hidrológicos

Bacia(s) Hidrográfica(s): ....

Principais rios interceptados: ....

Aspectos dos Usos das Águas

Rios utilizados para manancial urbano: ....
Captações a jusante da rodovia: (localização / km / distância ao eixo rodovia): ....

4. Características do Meio Biótico

Aspectos das Formações Vegetais nas Áreas de Intervenção. Especificar e localizar.

Árvores adultas e adensadas: ....

Árvores adultas e isoladas: ....

Vegetação em estágio médio de regeneração: ....

Vegetação em estágio pioneiro de regeneração: ....

Espécies exóticas (eucalipto, pinus, bambu): ....

Presença de Unidades de Conservação (localização/distância do eixo da via): ....

Matas Ciliares: ....

Informações sobre a fauna presente na área. Especificar e localizar.

5. Características do Meio Sócio-Econômico

- Sedes urbanas, sedes distritais e vilas ao longo da rodovia: ....
- Plano Diretor ou diretrizes urbanísticos de ordenamento do uso e ocupação do solo:

Existente ( ) Em elaboração ( ) Inexistente ( )

- Disposições normativas para a proteção do meio ambiente:

Existente ( ) Em elaboração ( ) Inexistente ( )

- Obras viárias planejadas, em projetos ou em execução que poderão interferir com a rodovia:

Especificar e localizar: ....

- Empreendimentos públicos e privados, implantados, em implantação e planejados no município, considerado futuros pólos geradores de tráfego:

Especificar e localizar: ....

- Serviços de transporte inter e intra-municipal, com situações de conflito potencial com a rodovia:

Localização de rodovias e acessos principais: ....
Destino e freqüência das linhas: ....
Pontos de parada de ônibus. Localizar: ....
Transporte de escolares especificar trajetos: ....
Outros: ....

- Principais demandas da população relativas ao sistema viário interconectado à rodovia:

....

....

- Serviços de abastecimento público de água:

Concessionária: ....

Manancial utilizado: ....

Localização da(s) captação(ões): ....

Adutoras localizadas na faixa de domínio: ....

Outras informações: ....

- Serviços de coleta de esgotos:

Existência de rede e tratamento: ....

Ponto(s) de lançamento de efluentes: ....

Coletores/emissários localizados na faixa de domínio da rodovia: ....

Outras informações: ....

- Serviços de coleta e deposição do lixo urbano:

Órgão/empresa responsável pelo serviço: ....

Regularização do tratamento e disposição final perante a CETESB: ....

Outras informações: ....

- Equipamentos de saúde e educação:

Equipamentos de referência regional que atraem população de outros municípios: ....

....

Equipamentos de saúde junto às rodovias: ....

Equipamentos educacionais junto à rodovia: ....

- Sítios ou bens do patrimônio histórico-cultural do município e áreas com potencial de ocorrência de sítios arqueológicos ou paleontológicos (identificação e localização): ....

- Organizações sociais: sindicatos, cooperativas e associações existentes: ....

- Usos do solo conflitivos com a rodovia especificar e localizar.

Uso residencial: ....

Comercial local: ....

Comércio de abrangência regional: ....

Lazer local ou regional: ....

Uso industrial: ....

Uso institucional:

-unidades escolares: ....

- unidades de saúde: ....

- cemitérios: ....

- igrejas: ....

- outros: ....

- Identificação de ocupação irregular na faixa de domínio. Especificar e Localizar

Invasão por comércio, serviços e indústria: ....

Invasão por população de baixa renda: ....

Outros: ....

- Identificação de áreas com potencial de alterações do uso e ocupação. Localizar.

Área de expansão residencial: ....

Área de expansão industrial: ....

Outros (especificar e localizar): ....

- Aspectos das travessias urbanas. Localizar.

Travessias viárias em nível: ....

Travessias em desnível: ....

Travessias de pedestres em nível: ....

Passarelas: ....

Dispositivos de controle de acesso. Especificar e localizar.

- Aspectos do uso do solo rural. Especificar e Localizar.

Agricultura: ....

Pecuária: ....

Reflorestamento: ....

Outros usos: ....

4.3 - AUDITORIA DE SISTEMA DE GESTÃO AMBIENTAL

4.3.1- EVOLUÇÃO DOS CONCEITOS E PRÁTICAS DE GERENCIAMENTO AMBIENTAL

Na retomada industrial na Europa do pós-guerra, durante os debates no Clube de Roma, discutia-se também, entre os temas econômicos e políticos, a necessidade de critérios para proteção e uso dos recursos hídricos superficiais, até então utilizados pela maioria das nações de forma indiscriminada. Pela primeira vez, autoridades governamentais reunidas em um fórum internacional discutiam a necessidade da adoção de políticas de níveis globais envolvendo aspectos ambientais. (Almeida et al. 2006)

Na década de 70, a discussão das questões ambientais foi marcada pela Conferência de Estocolmo (1972). Tal conferência foi a primeira, a nível mundial, onde foram discutidos especificamente temas ambientais. Na época, as principais discussões centravam-se na necessidade de políticas de controle da poluição ambiental, principalmente do ar e da água. A Conferência de Estocolmo acelerou em vários países a organização institucional do setor ambiental. No Brasil, por exemplo, os principais órgãos de Meio Ambiente tanto a nível Federal (SEMA) como nos Estados (CETESB – São Paulo, FEEMA – Rio de Janeiro e outros) foram oficializados após a citada conferência. Surgem também na década de 70 os primeiro movimentos ambientalistas que viriam a se denominar, nos anos 80, ONGs – Organizações Não Governamentais.

Nos anos 80, os conceitos de proteção do Meio Ambiente começam a se expandir. Alguns acidentes famosos como o ocorrido em Bhopal, na Índia, onde um vazamento de gás letal tirou a vida de mais de 2.000 pessoas, ou o vazamento de petróleo do navio Exxon Valdez, ocorrido no Alasca, contribuíram para as mudanças nas políticas oficiais de Meio Ambiente e nos conceitos de gerenciamento ambiental na indústria.

No Brasil, é publicada em 1986 a Resolução 01 do CONAMA – Conselho Nacional de Meio Ambiente, instituindo a obrigatoriedade da realização de Estudos de Impactos Ambientais para qualquer empreendimento público ou privado, que apresentasse impacto aos meios físicos, biológico ou sócio-econômico na região a ser implantado.

Nessa década, também surgiram em vários países os partidos e os parlamentares "verdes". Assim, enquanto a década de 70 caracterizou-se pelo "controle da poluição", a década de 80 foi marcada pelas ações de "planejamento ambiental". As indústrias, por exemplo, começam a incorporar em seus planejamentos estratégicos a variável ambiental. A discussão sobre o meio ambiente começou a deixar de ser um tema isolado para se incorporar em vários setores. (Almeida et al. 2006)

A década de 90, em termos ambientais, está se caracterizando pela globalização dos conceitos. A Conferência Mundial de Meio Ambiente, sediada no Rio de Janeiro (1992), onde foram assinados os tratados globais da biodiversidade, do clima, etc, traduz de forma inequívoca a universalização da discussão ambiental.

O setor industrial começa também a considerar o enfoque global no que tange à proteção ambiental. Começa-se a atribuir à indústria a responsabilidade pelos efeitos ambientais de seus produtos e subprodutos, desde a obtenção da matéria prima até a disposição final dos mesmos como resíduos (Princípio "do Berço ao Túmulo"). Consolida-se também o conceito do poluidor-pagador; pelo que a indústria passa a ter responsabilidades tributárias pela geração de poluição, mesmo que controladas.

Preocupadas com o crescente nível de, imposições de caráter ambiental sobre o setor produtivo, algumas entidades, como a Câmara de Comércio Internacional, tomaram a iniciativa de propor estruturas lógicas que sistematizassem a gestão ambiental na indústria, compatibilizando-as com o interesse de qualidade e produtividade. Dessas iniciativas levadas a cabo no início da década de 90, surgiu o conceito de Sistema de Gerenciamento Ambiental, formalizado pela British Standard Institution na Norma "BS 7750 - Specification for Environmental Management Systems". O sistema proposto na referida Norma, por sua vez, apoia-se nos conceitos de Gestão da Qualidade definidos na Norma BS 5750, que deu origem à série de normas internacionais ISO 9000.

O conceito de certificação ambiental praticado já há alguns anos em vários países, porém aplicados a produtos, vem se impondo para processos produtivos e plantas industriais. Na Comunidade Européia, por exemplo, já se encontra em vigor desde julho/93, o Regulamento nº 836/93, "Sistema Comunitário de Ecogestão e Auditoria".

A nível mundial está, em vigor a Norma ISO 14001 - Sistema de Gestão Ambiental Especificação, integrante da Série ISO 14000. Hoje já existem mais de 1.000 empresas certificadas no Brasil, mostrando a importância da questão ambiental para os negócios das empresas.

A Figura mostra, de forma esquemática, a evolução dos conceitos neste tópico comentada.

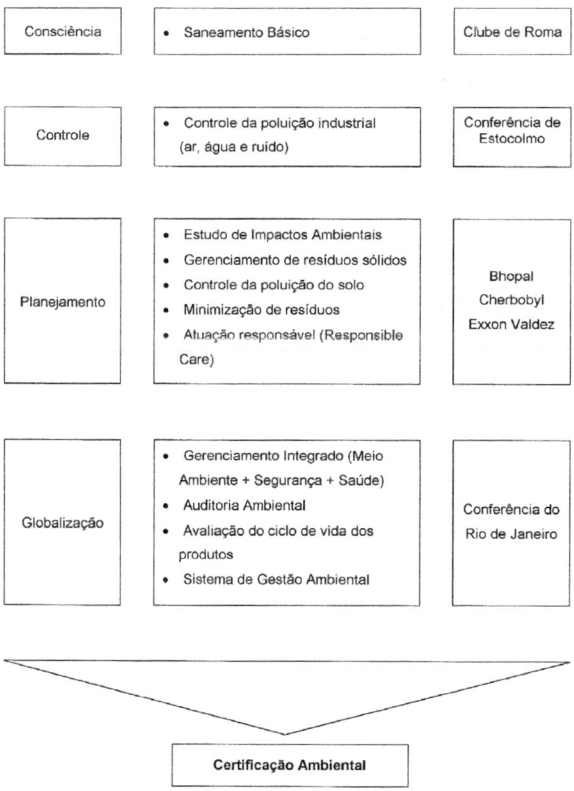

Figura 4.3 – Esquema de evolução dos conceitos ambientais com viés da certificação. Fonte ABNT

4.3.2- CERTIFICAÇÃO E AS NORMAS DA SÉRIE ISO 14000.

A certificação de produtos, sistemas, ou serviços consiste em um atestado, fornecido por organismos públicos ou privados, de conformidade a um determinado referencial normativo. A certificação tem por objetivo demonstrar que um determinado produto, serviço ou sistema se distingue dos seus concorrentes. A certificação traz ao consumidor uma garantia da qualidade do bem ou serviço adquirido. Tal referencial pode ser caracterizado por:

- um conjunto de exigências emitidas sob a forma de Diretriz por uma entidade internacional;
- um conjunto de códigos e legislações adotados por um organismo governamental nacional;
- um conjunto de normas técnicas e/ou padrões de qualidade definidos peta própria empresa.

A certificação pode ser de caráter regulamentar ou voluntária. A certificação regulamentar, normalmente associada à garantia da segurança do consumidor ou da saúde pública, é estabelecida de forma estatutária por organismos nacionais ou supranacionais, como é o caso das diretrizes da CE. São bastante conhecidas as diretrizes para medicamentos, bebidas, alimentos ou produtos que ofereçam riscos aos usuários, como equipamentos de mergulho, caldeiras, vasos de pressão, etc.

A certificação voluntária adota como referencial um conjunto de padrões de qualidade aceito pelos competidores do setor específico. Embora voluntário, um sistema de certificação para ter credibilidade precisa se ajustar a determinados critérios normativos, como é o caso da EN 45011, norma européia que estabelece os requisitos mínimo para acreditação de organismos independentes de certificação junto à CE.

CERTIFICAÇÃO	
SISTEMAS DE GESTÃO	PRODUTO
Demonstra existência de sistema de gestão de produção de bens ou serviços.	Demonstra existência de produtos que cumprem os requisitos de um referencial.
Certificado é conferido ao Sistema de Gestão	Selo é conferido ao produto.

- A SÉRIE ISO 14000

Com a função de harmonizar padrões de Gestão Ambiental, a ISO, entidade privada com sede em Genebra, instalou em 1993, um comitê, o TC 207; como objetivo de elaborar normas de Gestão Ambiental e suas ferramentas. O TC 207 subdivide-se em seis subcomitês internacionais e um grupo de trabalho que, por sua vez, podem ser agrupados em duas categorias principais e uma geral:

DAS EMPRESAS

- SC1 - Sistema de Gestão Ambiental (EMS), presidido pela Grã-Bretanha, é responsável pelas normas de Gestão Ambiental, ,análoga à série ISO 9000, só que com abordagem mais abrangente, incluindo o cumprimento de legislação ambiental, plano de emergência, compromisso com a melhoria contínua, entre outros.
- SC2 - Auditoria Ambiental (EA), presidido pela Holanda, é responsável pelas normas de procedimentos dos vários tipos de auditoria ambiental e da qualificação de auditores. Pode-se dizer que são análogas a série ISO 10011 - Auditorias da Qualidade, guardando-se as devidas proporções:
- SC4 - Avaliação de Performance (EPE);-presidido pelos EUA, é responsável pela elaboração das normas para avaliar o desempenho das empresas em função do gerenciamento

proposto, relacionando os riscos e efeitos mais significativos sobre o meio ambiente. A experiência mundial ainda é pequena com relação a este tema.

DOS PRODUTOS

- SC3 - Rotulagem Ambiental (EL), presidido pela Austrália, é' responsável pela normalização dos vários tipos de selos verdes e etiquetas de auto-declaração.
- SC5 - Análise do Ciclo de Vida (LCA), presidido pela França, é responsável pela elaboração de normas que orientarão o inventário, a determinação, o impacto ambiental do produto e melhorias do ciclo de vida do produto. O conceito básico é avaliar o Impacto Ambiental do produto, desde a extração da matéria prima, elaboração do produto e utilização até o descarte final.
- WG - *Working Group*, ligado à direção do TC 207, presidido pela Alemanha, é o responsável pela elaboração de um Guia sobre a inclusão de Aspectos Ambientais em Normas de Produtos (EAPS).

GERAL

- SC6 - Termos e Definições, presidido pela Noruega, é responsável pela harmonização de toda a terminologia utilizada nas normas do TO 207, abrangendo todos os subcomitês.

A única norma dessa série que é objeto de certificação é a NBR ISO 14001, que trata da Gestão Ambiental da empresa, analogamente ao que ocorre com as NBR ISO 9000, para a Gestão da Qualidade.

As normas da série ISO 14000, elaboradas pelo TC 207 estão assim distribuídas:

- SC1 - Sistemas de Gestão Ambiental
  ISO 14001 - Sistemas de Gestão Ambiental - Especificação e Diretrizes Para Uso
  ISO 14004 - Sistemas de Gestão Ambiental - Diretrizes Gerais Sobre os Princípios, Sistemas e Técnicas de Suporte

SC2 - AUDITORIA AMBIENTAL

ISO 14010 -Diretrizes para Auditoria Ambiental - Princípios Gerais de Auditoria Ambiental

ISO 14011/1-Diretrizes para Auditoria Ambiental - Procedimentos de Auditoria – Auditoria de Sistema de Gestão Ambiental

ISO 14012 -Diretrizes Para Auditoria Ambiental - Critério de Qualificação para Auditores Ambientais

ISO 14015 -Diretrizes para Avaliações Ambientais de Instalações e suas Áreas

SC3 - ROTULAGEM AMBIENTAL

ISO 14020 -Objetivos e Princípios Básicos para a rotulagem ambiental

ISO 14021 -Rótulos Ambientais e Declarações - Auto Declarações Ambientais -Termos e Definições

ISO 14022 -Rótulos Ambientais a Declarações - Auto Declaração Ambiental –Símbolos

ISO 14023 -Rótulos Ambientais e Declarações - Auto Declarações Ambientais -Metodologias de Teste e Verificação

ISO 14024 -Rótulos Ambientais e Declarações - Rotulagem Ambiental Tipo I - Princípios e Diretrizes

ISO 14025 -Rótulos Ambientais e Declarações - Rotulagem Ambiental Tipo III -Princípios e Diretrizes

SC 4 - AVALIAÇÃO DE DESEMPENHO AMBIENTAL

ISO 14031 -Avaliação do desempenho ambiental

SC 5 - AVALIAÇÃO DO CICLO DE VIDA

ISO 14040 -Gestão Ambiental - Análise do Ciclo de Vida - Princípios e Diretrizes

ISO 14041 -Gestão Ambiental - Análise do Ciclo de Vida – Inventário

ISO 14042 -Gestão Ambiental - Análise do Ciclo de Vida - Avaliação do Impacto

ISO 14043 -Gestão Ambiental - Análise do Ciclo de Vida – Interpretação

SC 6 - TERMOS E DEFINIÇÕES

ISO 14050 -Termos e definições - Guia sobre os princípios para o trabalho de terminologia do ISO/ TC 207/SC6 – Vocabulário

ISO GUIA 64-Diretrizes para a inclusão de aspectos ambientais em normas de produtos

SELOS AMBIENTAIS DE PRODUTOS

Em relação à certificação de produtos, existem atualmente no mundo mais de vinte programas de selos, sendo os principais apresentados a seguir:

QUADRO 4.6 – SELOS AMBIENTAIS DE PRODUTOS

Pais	Nome do Programa	Data da Criação
Alemanha	Blue Angel	1977
Canadá	Environmental Choice	1988
Japão	Eco Mark	1989
Países Nórdicos	White Swan	1989
Suécia	Good Environmental Choice	1990
Nova Zelândia	Environmental Choice	1991
Áustria	Austrian Eco-Label	1991
Austrália	Environmental Choice	1991
França	NF-Environment	1992
União Européia	European Flower (Eco-Label)	1992

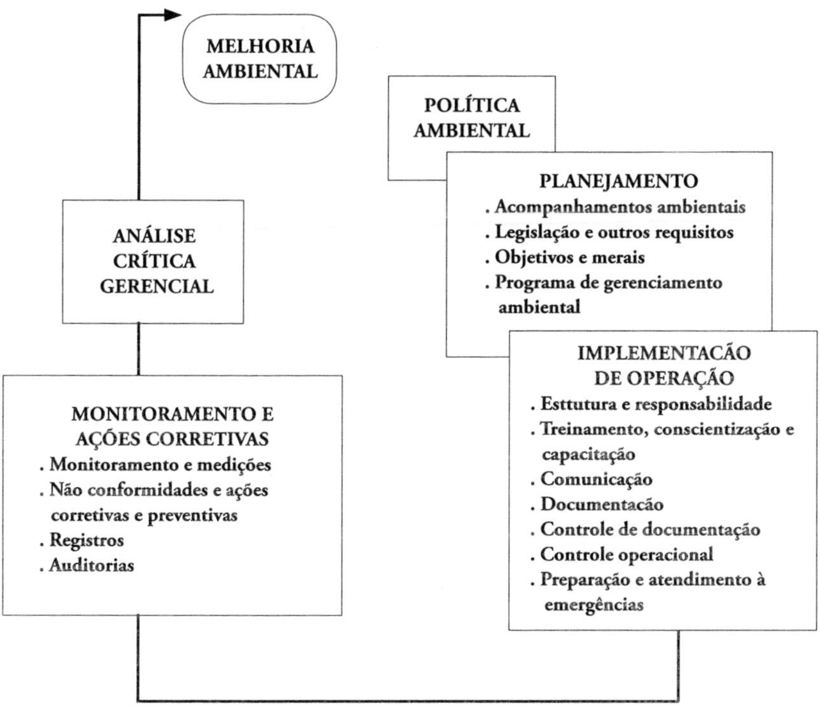

Figura 4.4 - Estrutura da Norma NBR ISO 14001 (Fonte: ABNT)

A seguir são apresentadas os elementos do Sistema de Gestão Ambiental proposto pela NBR ISO 14001.

SUMÁRIO

. Prefácio
. Introdução
1. Objetivo e campo de aplicação
2. Referências normativas
3. Definições
4. Requisitos do Sistema de Gestão Ambiental
    4.1. Requisitos Gerais
    4.2. Política Ambiental
    4.3. Planejamento
        4.1.1. Aspectos Ambientais
        4.1.2. Requisitos Legais e Outros Requisitos
        4.1.3. Objetivos e Metas
        4.1.4. Programa(s) de Gestão Ambiental
    4.4. Implementação e Operação
        4.4.1. Estrutura e Responsabilidade
        4.4.2. Treinamento, Conscientização e Competência
        4.4.3. Comunicação
        4.4.4. Documentação do Sistema de Gestão Ambiental
        4.4.5. Controle de Documentos
        4.4.6. Controle Operacional
        4.4.7. Preparação e atendimento a Emergências
    4.5. Verificação e Ação Corretiva
        4.5.1. Monitoramento e Medição
        4.5.2. Não Conformidade e Ações Conetiva e Preventiva
        4.5.3. Registros
        4.5.4. Auditorias do Sistema de Gestão Ambiental
        4.6. Análise Crítica pela Administração

Anexos
A - Diretrizes para uso da especificação
B - Correspondências entre NBR ISO 14001 e NBR ISO 9001
C - Bibliografia

A norma ISO 14001 se propõe a fornecer, a organizações de todos os tipos e tamanhos, elementos para um Sistema de Gestão Ambiental efetivo, que podem ser integrados com outros sistemas gerenciais para auxiliá-los a atingir objetivos ambientais e financeiros, Esta norma é aplicável a qualquer organização que deseje:

- implementar e manter um sistema de gestão ambiental;
- assegurar-se da efetiva conformidade aos itens estabelecidos em sua política ambiental;
- demonstrar a terceiros tal conformidade;
- buscar uma certificação de seu SGA por uma organização independente;
- elaborar uma declaração pública de conformidade à Norma,

4.3.3- AUDITORIAS DE SISTEMA DE GESTÃO AMBIENTAL

Como já comentado, a evolução da conscientização da sociedade em relação à questão ambiental ocorrida nos anos 70 e 80 forçou o setor industrial a adotar uma postura pró-ativa em relação à.proteção ambiental. Neste cenário, as auditorias ambientais voluntárias surgiram nas grandes corporações multinacionais no final da década de 70 e demonstraram ser uma eficiente ferramenta gerencial. (Almeida et al. 2005)

Entre outros casos, o vazamento de petróleo do navio Exxon Valdez, ocorrido no Alasca em 1989, acentuou ainda mais as discussões sobre a responsabilidade e a postura das empresas face a ocorrência de acidentes ambientais. Verificou se que a existência de política e diretrizes internas que restringiam os sistemas de proteção ambiental aos limites físicos da indústria/empresa não eram suficientes, fazendo-se necessário estender as práticas de proteção ambiental além desses limites abrangendo entre outros aspectos o transporte de materiais, a disposição de resíduos, etc...

Assim sendo dentro deste contexto, a auditoria ambiental impôs-se como um moderno instrumento de gestão empresarial contemplando com uma avaliação objetiva, sistemática e periódica os sistemas de gerenciamento ambiental. Em sua análise, a auditoria ambiental inclui, a estrutura organizacional, os procedimentos internos existentes, o desempenho dos sistemas e equipamentos de controle de poluição. Além disso procura assegurar uma proteção ambiental permanente através do cumprimento de exigências, legais, normativas e de práticas corretas.

A ICC - *International Chamber of Commerce* - tem reunido e discutido as diversas metodologias de Auditoria Ambiental adotadas em diversas corporações. Deve ser destacado, contudo, que algumas dessas metodologias, genericamente denominadas de "auditorias ambientais", se aproximam mais do conceito de "controle" do que de "auditoria" propriamente dita. É fundamental que se compreenda o que diferencia um controle de uma auditoria. O "controle" tem por objetivo unicamente, verificar a observação e o cumprimento das "regras" existentes e registrar os casos de não cumprimento.

O objetivo das auditorias é verificar se, além do cumprimento. das "regras" estabelecidas, tais "regras" são consistentes/pertinentes quando confrontadas com os objetivos estabelecidos. Além disso, por exemplo, as auditorias e, mais particularmente as auditorias internas, permitem que diferentes pontos de vista e opiniões possam emergir de pessoas com diferentes formação e cultura, o que torna a atividade dessas auditorias mais enriquecedora.

A partir do momento em que os auditores "abrem os olhos" dos responsáveis sobre possíveis ações de melhoria, é indispensável que estes julguem, e estabeleçam as prioritárias e dispensem o tempo necessário e suficiente para as ações corretivas ou preventivas necessárias. Em um Sistema de Gerenciamento Ambiental, a análise crítica pela direção é um dos aspectos ,mais importantes, pois é através desta análise que é julgada e avaliada a coerência entre os objetivos dos diferentes departamentos/setores, e os objetivos da empresa. Assim é recomendável, além de ser um requisito normativo, constante da Norma ISO 14001, as auditorias sejam completadas periodicamente através de análises críticas da direção.

TERMINOLOGIA

Na seqüência, são apresentadas algumas definições de termos utilizados.

- AUDITOR (ISO 14010)
  Pessoa qualificada para executar auditorias ambientais (critério de qualificação de acordo, por exemplo, com a norma ISO 14012).

- AUDITOR LÍDER (ISO 14010)
  Pessoa qualificada para gerenciar e executar auditorias ambientais' (critério de - qualificação de acordo, por exemplo, coma norma ISO 14012).

- CLIENTE (ISO 14010)
  Organização que solicita a auditoria.
  Nota: O cliente pode ser o auditado, ou qualquer outra organização que tenha direito regulatório ou contratual para requisitar a auditoria.

- AUDITADO (ISO 14010)
  Organização a ser auditada.

- DIPLOMA
  Certificado nacional ou internacional reconhecido, ou qualificação equivalente, normalmente obtida depois da educação

secundária, através de um mínimo de 3 anos de tempo integral, ou o equivalente em tempo parcial.

- EDUCAÇÃO SECUNDÁRIA
Etapa do sistema nacional de educação que vem após o 1o grau e que é completada imediatamente antes do ingresso em uma Universidade (3° grau) ou instituto similar.

- AUDITORIA INTERNA
Efetuada pela própria empresa ou por uma contratada para agir em seu nome, para avaliação de seu próprio SGA.

- AUDITORIA EXTERNA
Efetuada por uma entidade (ou sua representante), para avaliação do SGA de outra empresa.

- EVIDÊNCIA DE AUDITORIA (ISO 14010)
Informação, registros ou declaração verificáveis de fatos. Pode ser qualitativa ou quantitativa e permite ao auditor determinar se os critérios de auditoria são atendidos.
Nota: É baseado tipicamente em entrevistas, exame de documentos, observação de atividades e condições, resultados existentes de medições, ensaios ou outros meios dentro do escopo da auditoria.

- OBSERVAÇÃO
Constatação de fatos obtida num processo de auditorias, baseada em evidências.

- NÃO CONFORMIDADE
Não atendimento às exigências especificadas.

- AÇÃO CORRETIVA
  Intervenção com o objetivo de corrigir uma não conformidade.

O QUE É UMA AUDITORIA DE GESTÃO AMBIENTAL?

- "Uma ferramenta de gestão que compreende uma avaliação sistemática, documentada periódica e objetiva do desempenho da organização, do gerenciamento e dos equipamentos de controle ambientais, com o fim de auxiliar a proteção ambienta por:

  — facilitar o controle gerencial das práticas ambientais;
  — avaliar a conformidade com as políticas da companhia, que devem incluir o atendimento aos requisitos regulatórios."

- A norma BS 7750 (1992) define auditoria de gerenciamento ambiental como:

  "Avaliação sistemática para determinar se o SGA e o desempenho ambiental estão de acordo com as providências planejadas, se estas providência estão efetivamente implementadas, e se são adequadas para atender à Política e Objetivos Ambientais da Organização."

- A norma ISO 14010 define, basicamente, auditoria ambiental como:

  "Processo sistemático e documentado de verificação executado para obter e avaliar, de forma objetiva, evidências de auditoria, para determinar se as atividades, eventos, condições, sistema de gerenciamento específicas de meio ambiente, ou informações sobre este tema estão conformes com critérios de auditoria e de comunicação dos resultados deste processo ao cliente."

CLASSIFICAÇÃO DAS AUDITORIAS

Diferentes tipos de inspeções, avaliações e investigações têm sido denominados "auditorias ambientais". Tais "auditorias" podem ser classificadas de acordo, com:

- o seu propósito ou profundidade;
- o seu objeto;
- o seu tipo e o escopo/orientação.

É importante observar que as várias classificações de auditoria requerem diferentes níveis de experiência e de conhecimentos, por parte do grupo auditor, e em diferentes níveis de custos gerados por recursos materiais e humanos, tanto por parte dos auditores, como dos auditados.

QUADRO 4.7 - CLASSIFICAÇÃO DAS AUDITORIAS

OBJETO (O QUE?)	PROPÓSITO (POR QUE?)	TIPO (QUEM?)	ESCOPO/ORIENTAÇÃO (COMO?)	
AUDITORIA AMBIENTAL Processo Produto Conformidade Legal Passivo Ambiental Responsabilidade Civil Seguro Ambiental	LEVANTAMENTO E CARACTERIZAÇÃO CONFORMIDADE Verificação do Cumprimento da legislação	Interna ou Externa	Completa ou parcial	-
AUDITORIA DE SISTEMA DE GESTÃO AMBIENTAL	ADEQUAÇÃO Verificação do cumprimento aos requisitos especificados	Interna (*) ou Externa	Completa, parcial ou de acompanhamento (follow-up)	-
	CONFORMIDADE Verificação da implementação efetiva do SGA	Interna ou Externa	Completa, parcial ou de acompanhamento (follow-up)	-

Nota: (*) Durante a implantação do Sistema.

DE ACORDO COM O OBJETO (O QUE?):

(A) AUDITORIA AMBIENTAL

- PROCESSO - Verificação do cumprimento de instruções e procedimentos operacionais. Mais comumente utilizadas em processos de produção e inspeção.
- PRODUTO - Utilizada para verificar a conformidade do produto com suas especificações; avaliando a eficácia dos controles estabelecidos sobre os seus efeitos ambientais. Pode ser usado em vários estágios da produção, sendo mais comum para produto final.
- LEGISLAÇÃO - Verificação do cumprimento de exigências legais e regulatórias.
- PASSIVO AMBIENTAL – Utilizada para.a avaliação técnica e financeira do passivo ambiental de uma organização, em casos de transações corporativas e/ou privatização de empresas públicas.
- RESPONSABILIDADE CIVIL - Investigação jurídica para determinar a responsabilidade civil em casos de prejuízos a terceiros, decorrentes dos efeitos ambientais da organização ou de acidentes ambientais.
- SEGURO AMBIENTAL - Tem por clientes as companhias seguradoras. Visa realizar, um levantamento das práticas de proteção ambiental na organização frente a potenciais riscos de acidentes e de prejuízos a terceiros e, com base no diagnóstico efetuado, determinar as condições do seguro ambiental.

(B) AUDITORIA DE SISTEMAS DE GESTÃO AMBIENTAL

- Avaliação do grau de implementação e operacionalidade do SGA.

DE ACORDO COM O PROPÓSITO OU PROFUNDIDADE (POR QUE?):

(A) AUDITORIA AMBIENTAL

- **DE LEVANTAMENTO E CARACTERIZAÇÃO** - Referem-se a avaliações, inspeções e investigações ambientais das instalações industriais, equipamentos e atividades de controle da poluição, e na ocorrência de acidentes, contemplando um ou mais aspectos ambientais da organização.
- **DE CONFORMIDADE** - envolvem a verificação do cumprimento pela organização de leis, regulamentos e licenças ambientais aplicáveis a suas atividades, produtos e serviços.

(B) AUDITORIA DE SISTEMAS DE GESTÃO. AMBIENTAL

- **DE ADEQUAÇÃO** - Envolvem a avaliação da adequação de Programas de Gestão Ambiental através da análise da documentação, somente visando dois pontos básicos:

  Existência de políticas, programas e procedimentos de Gerenciamento Ambiental;
  Se forem seguidos, estes garantirão o cumprimento de obrigações contratuais, legais ou de normas, a um mínimo custo.

- **DE CONFORMIDADE** - Envolvem a medição de conformidade com relação a legislações, programas, sistemas, procedimentos e especificações, através da análise da documentação e de sua efetividade nos locais de uso.

Visam responder às seguintes questões:

- Os programas, sistemas e procedimentos foram implementados e estão sendo cumpridos?
- Os objetivos estão sendo alcançados?

DE ACORDO COM O TIPO (QUEM?):

Conforme já foi dito:

- INTERNA - Auto-avaliação periódica, visando obter informações gerenciais para orientar e regenerar o SGA ou o desempenho ambiental.
- EXTERNA - Aplicada à empresa no caso da certificação do seu SGA (3a parte) ou consiste na auditoria efetuada por uma parte interessada (2a parte). Do ponto de vista de quem está recebendo a auditoria (do auditado), é chamada de Auditoria extrínseca.

DE ACORDO COM O ESCOPO E ORIENTAÇÃO (COMO?):

- POR ESCOPO:

  COMPLETA - Abrange todas as funções e atividades pertinentes à organização/unidade.
  PARCIAL - Limita-se a determinada função, área, linha de produto ou atividade de interesse.
  DE ACOMPANHAMENTO (ou follow-up) - Realizada para verificar a implementação e eficácia de ações corretivas previamente acordadas.

- POR ORIENTAÇÃO:
  ORIENTADA DE ACORDO COM A ÁREA A SER AUDITADA

Esta classe de auditoria é um exame em profundidade de todos os elementos que tem efeito sobre o desempenho ambiental de uma área ou atividade particular na empresa.
Deste modo, esta auditoria deve cobrir as ações resultantes da aplicação de cada elemento naquela área e a interação destes elementos. Quando esta técnica é utilizada em diversas áreas afins, diferenças de interpretações rapidamente tornar-se-ão evidentes.
Contudo, esta técnica possui como limitação, a dificuldade de se avaliar a efetividade e continuidade global de algum elemento particular dentro da organização.

ORIENTADA DE ACORDO COM A FUNÇÃO

Esta classe de auditoria é um exame profundo de um elemento ou função particular dentro da organização em todas as áreas onde estiver presente. Através de visitas sucessivas às áreas, esta técnica permite avaliar completamente o item desejado.
Este método é mais aplicável quando se deseja descobrir a rastreabilidade da continuidade de um elemento ou função particular do sistema através da empresa.
Contudo, sua principal deficiência consiste na perda das informações relativas às interações entre os elementos e funções dentro da organização.

CARACTERÍSTICAS DAS AUDITORIAS

Independente de sua classificação, as auditorias são identificadas pelas seguintes características:

- LEGITIMIDADE
  Trata-se de uma atividade autorizada pela administração da empresa, no caso de auditorias internas, e são previstas em cláusulas contratuais, autorizadas mediante perspectiva de

fornecimento, ou previstas em legislação, no caso de auditorias externas.

- PLANEJAMENTO/PROGRAMAÇÃO
  São programadas com antecedência, pois não seriam realizadas somente em época de crise. Portanto, são realizadas com o prévio conhecimento e na presença das pessoas cuja atividade esteja sendo objeto de auditoria.

- MÉTODO CONSISTENTE
  Por serem um estudo de práticas e experiências reais e evidentes comparadas com os preceitos de boa prática, as auditorias se constituem em uma investigação metódica com objetivo definido.

- UTILIZAÇÃO DE PESSOAL QUALIFICADO
  São realizadas por pessoal experiente, bem treinado e independente da área/atividade auditada.

- TRANSPARÊNCIA
  - Abordagem dos fatos relevados pela auditoria é feita de maneira franca e os pontos deficientes são discutidos previamente, antes do envio do relatório à alta administração.

- **EFEITO DE RETROALIMENTAÇÃO**
  Os resultados e recomendações são analisados de modo construtivo, e a verificação do cumprimento das ações corretivas demonstra o ciclo de evolução do sistema. Fica claro que a auditoria não tem ação disciplinar ou punitiva, mas ação corretiva de aprimoramento.
  Ressalte-se, entretanto, a característica fundamental das auditorias, que é a sua independência em relação às atividades/áreas a serem auditadas. Pressupõe-se, dessa maneira, a isenção de qualquer envolvimento do grupo auditor com as referidas atividades/áreas.

4.3.4- METODOLOGIA DAS AUDITORIAS DE GESTÃO AMBIENTAL

Tabela 4.2 - Seqüência de atividades para condução de auditorias internas (resumido).

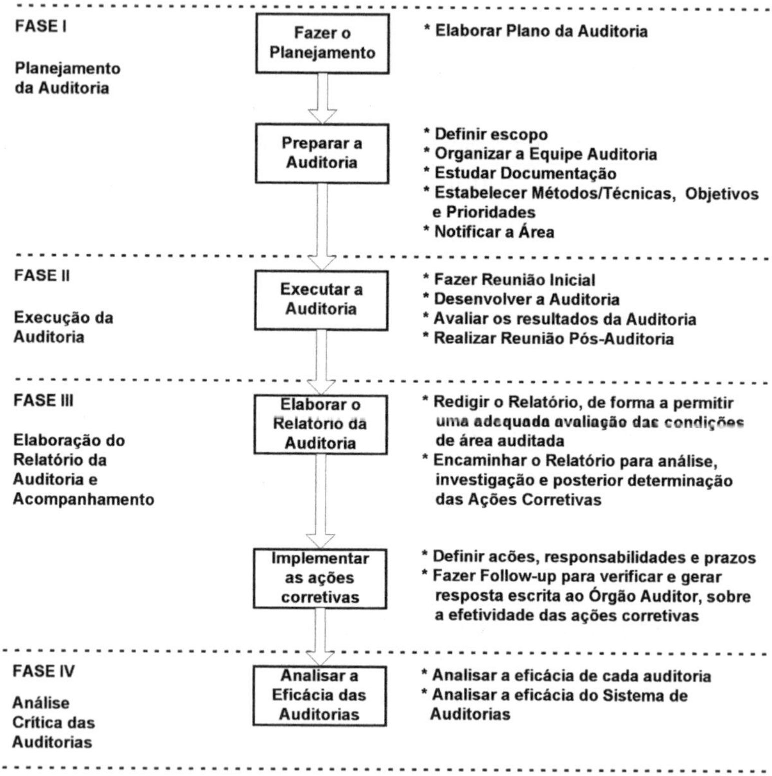

FASE I - PLANEJAMENTO

As auditorias devem ser planejadas e implementadas de forma a assegurar a abrangência de todos os elementos das diretrizes de garantia ambiental fixadas, podendo:

- Determinar se o SGA foi documentado e desenvolvido em conformidade com os requisitos especificados;
- Verificar, através de exame e avaliação de evidências objetivas, se o SGA está efetivamente implantado;
- Verificar se a organização atende a todos os requisitos ambientais legais, regulatórios e de políticas internas;
- Identificar não conformidades e propor ações corretivas, quando pertinente;
- Verificar a correção de deficiências no Manual de Gerenciamento Ambiental.

O Planejamento das auditorias deve ser verificado periodicamente e revisado sempre que necessário, para refletir a atualização do programa de atividades desenvolvido.

QUADRO 4.8 - EXEMPLO DE PLANO DE AUDITORIAS INTERNAS

Plano de Auditorias Internas						⇨	ANO		
Setor / Unidade	Grupo Auditor		Semanas 01	02	03	⇨	08	09	10
1. Comercial		P							
		R							
2. Suprimentos		P							
		R							
3. Produção		P							
		R							
4. Armazenamento		P							
		R							
5. Controle Ambiental		P							
		R							
6. Recursos Humanos		P							
		R							
7. Manutenção		P							
		R							
8. Engenharia		P				⇨			
		R							

Legenda:			**Convenção**		
AP	=	Auditoria Interna Parcial	**1**	=	Auditoria Programada
AC	=	Auditoria Interna Completa	2	=	Auditoria Realizada
AF	=	Auditoria Interna de Follow-up	**3**	=	Relatório Emitido
CC	=	Auditoria de Certificação Completa	**4**	=	Ações Corretivas Definidas
CP	=	Auditoria de Certificação Parcial	**5**	=	Ações Corretivas Implementadas
CF	=	Auditoria de Certificação de Follow-up	**0**	=	Auditoria Reprogramada
P	=	Previsto			
R	=	Realizado			

PROGRAMAÇÃO DAS AUDITORIAS

Para cada auditoria deve ser elaborada uma programação específica com a indicação do escopo, os requisitos, a composição da equipe de auditoria, o auditor líder, as atividades a serem auditadas, os setores a serem notificados, os documentos aplicáveis à ocasião, a duração, as listas de verificação, e outras informações julgadas convenientes.

ORGANIZAÇÃO DA EQUIPE DE AUDITORIA

O aspecto fundamental é a independência em relação aos setores a auditar, ou seja, as pessoas que tenham responsabilidades diretas nas áreas a serem auditadas ou que podem estar interessadas nos resultados, não devem ser selecionadas, nem envolvidas na seleção da equipe de auditoria, para não tendenciar a auditoria.

Os auditores devem ter suficiente autoridade e liberdade organizacional para tornar a auditoria significativa e efetiva. Deve ser indicado um auditor líder com a responsabilidade de instruir a equipe, coordenar a auditoria e estabelecer seu ritmo, assegurar as comunicações dentro da equipe e com o setor a ser auditado, participar da auditoria e coordenar a 'elaboração e emissão do relatório da auditoria. Os critérios para seleção de auditores devem incluir:

- Independência;
- Treinamento em técnicas de auditoria;
- Habilidade específica na área técnica envolvida;
- Experiência em participação de auditorias;
- Habilidade na comunicação oral e escrita;
- Capacidade para exame da documentação de referência.

DIFERENÇAS ENTRE AUDITOR E INSPETOR

INSPETOR: O inspetor é um técnico especializado, que trabalha no nível operacional com atribuições bem definidas, podendo interromper o trabalho da produção e interferir, quando necessário, no desenvolvimento da fabricação de produtos e na operação dos sistemas de controle da poluição.

AUDITOR: O Auditor é, em geral, uma pessoa experimentada, de alto nível, trabalhando "em staft", sem autoridade para interromper quaisquer atividades que esteja avaliando, não podendo dar ordens diretas ao pessoal de linha, mas comunicando tudo o que julgar fora dos padrões normais de serviço, mesmo que sejam fatos julgados - a primeira vista - sem importância.

Cada auditor deve estar suficientemente informado de forma a assegurar a execução ordenada da auditoria. Atenção particular deve ser dada para a compreensão das interfaces organizacionais e responsabilidades da organização/área a ser auditada.

DIMENSIONAMENTO DA EQUIPE DE AUDITORIA

Diversos autores mencionam que devem ser considerados vários aspectos para o dimensionamento da equipe, como por exemplo: os objetivos e a profundidade da auditoria, o número de atividades a verificar, a disponibilidade de especialistas e dos auditores, o número e o porte das instalações da empresa auditada, o tempo disponível para a auditoria, etc. Apresentamos a seguir um exemplo de dimensionamento da equipe.

Equação 9.7

$$HD = \frac{At}{T}$$

HD = Homens/Dia

A = Número de atividades a serem auditadas

t = Tempo médio para auditar uma atividade (horas)

T = Tempo útil para um dia de auditoria (horas)

Exemplo:

A= 16

t= 3 horas

T=6 horas

$$HD = \frac{16 \times 3}{8} = 8 \text{ homens/dia}$$

Se definirmos que a auditoria deve ser executada em quatro dias, teremos que utilizar uma equipe de 2 auditores.

PREPARAÇÃO DA AUDITORIA

Na preparação de uma auditoria, os seguintes passos devem ser dados:

- Estudo da documentação pertinente (procedimentos, especificações, normas instruções e relatórios de auditorias anteriores);
- Esclarecimentos (reunião) entre a equipe de auditoria;
- Estabelecimento de métodos e técnicas a serem empregadas;
- Divisão de. tarefas de acordo com as habilidades especificas dos auditores;
- Definição dos objetivos da auditoria;
- Providências administrativas.

NOTIFICAÇÃO DA AUDITORIA

O setor a ser auditado deve ser notificado sobre a auditoria com razoável antecedência. A notificação deve ser feita formalmente, por escrito, e incluir informações, tais como os objetivos e a programação da auditoria, os nomes dos auditores e do auditor líder.

Quando for preciso realizar auditorias não planejadas ou não notificadas com a devida antecedência, deve ser feito um entendimento prévio entre as partes envolvidas.

FASE II – EXECUÇÃO DA AUDITORIA

REUNIÃO INICIAL (DE PRÉ-AUDITORIA)

Deve ser realizada uma reunião com o chefe do setor a ser auditado, previamente à execução propriamente dita da auditoria, com o propósito básico de se confirmar os objetivos da auditoria, conhecer os participantes, discutir a seqüência e duração da auditoria, fixar a reunião pós-auditoria e estabelecer os canais de comunicação.

Durante a reunião deve ser acordada a programação detalhada para auditoria, incluindo datas, roteiros, horários, etc.

DESENVOLVIMENTO DA AUDITORIA

Quando julgado conveniente, deve ser feita uma visita inicial ás instalações do setor. A auditoria deve ser conduzida com a utilização de "check-lists" previamente elaborados para assegurar a profundidade e continuidade da auditoria, através de uma metodologia sistemática para a avaliação. As listas de verificação servem de guia, não devendo restringir a atuação dos auditores quando aparecerem outras questões não incluídas explicitamente nas referidas listas de verificação.

A técnica mais difundida para se desenvolver uma auditoria é o rastreamento ("*trace-back*" ou "*traceability*"). Basicamente, a seqüência é a seguinte:

- selecionada uma atividade, produto, efluente, componente, desenho, documento ou outro item adequado ao tipo de verificação que se deseje fazer e é seguido seu trajeto de volta, ou seja, é feito um rastreamento regressivo pelas várias operações a que o item selecionado foi submetido, verificando-se todos os registros e evidências objetivas de que foram seguidos os procedimentos, normas e especificações'aplicáveis.
- Deve-se sempre separar Os aspectos vitais - normalmente poucos- dos triviais, normalmente muitos. As evidências objetivas devem ser examinadas quanto ao atendimento dos requisitos especificados. Os auditores não podem decidir ou interromper qualquer trabalho; as deficiências encontradas devem ser comunicadas à gerência/chefia do setor auditado. O comportamento dos auditores deve obedecer a certos requisitos de procedimento, incluindo:

  - As avaliações devem ser realizadas, preferencialmente, nos locais onde os trabalhos são executados;
  - A comprovação pessoal das informações verbais recebidas;
  - A utilização de uma linguagem direta para a exposição das conclusões da auditoria;
  - Antes das conclusões, certificar-se dos fatos;
  - Polidez no tratamento interpessoal;
  - Organização no desenvolvimento das ações sob sua responsabilidade;
  - Dirigir-se sempre às pessoas responsáveis pelas atividades;
  - Seguir a orientação do auditor líder;
  - Não interromper ou mandar interromper os serviços que estão sendo executados;
  - As críticas, quando pertinentes, devem ser dirigidas aos fatos, nunca às pessoas.

- As informações sobre deficiências devem ser registradas pelos auditores na medida que forem sendo observadas, a fim de assegurar condições para que o resultado da auditoria possa ser apresentado com exatidão e detalhes suficientes.
- Constatações adversas (não conformidades) encontradas durante a auditoria, que requeiram pronta ação corretiva, devem ser comunicadas de imediato à gerência da organização (auditorias externas) ou ao chefe do setor que está sendo auditado (auditorias internas).

AVALIAÇÃO DOS RESULTADOS DA AUDITORIA

Os resultados encontrados na Auditoria serão consolidados pela equipe auditora, em reunião específica, de modo a preparar a reunião de encerramento e orientar a elaboração do relatório

REUNIÃO PÓS-AUDITORIA

Ao término da auditoria deve ser realizada uma reunião entre a equipe de auditores e o chefe do setor auditado, para a apresentação dos resultados e outros esclarecimentos necessários. É conveniente e desejável que nessa reunião se obtenha a concordância sobre as constatações da auditoria, principalmente quanto às deficiências detectadas. Sugere-se que seja elaborada uma ata de reunião, devidamente assinada pelos participantes.

FASE III – ELABORAÇÃO DO RELATÓRIO DA AUDITORIA E ACOMPANHAMENTO

ELABORAÇÃO DO RELATÓRIO DA AUDITORIA

Deve ser preparado um relatório, pela equipe de auditoria, que deve ser assinado pelo menos pelo auditor líder. O relatório de auditoria deve ser distribuído às gerências tanto do auditor, quanto do auditado, dentro de um prazo estabelecido pelo setor auditor.

O relatório de auditoria deve conter informações que permitam uma adequada avaliação das condições da área auditada, tais como:

- Objetivo da auditoria com uma descrição sucinta da abrangência e finalidade da auditoria;
- Relação de normas, instruções, procedimentos e outros documentos - utilizados como base (referência) para as avaliações;
- Relação dos membros da equipe da auditoria;
- Nomes de quaisquer outros observadores ou participantes;
- Relação das pessoas que compareceram às reuniões inicial e pós-auditoria, e daquelas que foram contatadas durante a auditoria;
- Uma descrição sucinta do resultado da auditoria, com indicação das conclusões, com ênfase para as deficiências detectadas. As deficiências similares devem ser apresentadas em

conjunto. Devem ser fornecidos detalhes suficientes para permitirem avaliação, ação corretiva e providências complementares pela organização/setor auditado;

- Sugestões ou recomendações para o aperfeiçoamento dos aspectos considerados e sobre o acompanhamento das ações corretivas propostas.

O relatório da auditoria deve ser preciso, conciso e objetivo.

ANÁLISE DO RELATÓRIO

A gerência do setor auditado deve acusar o recebimento do relatório da auditoria e confirmar sua concordância e seu compromisso em corrigir as não conformidades, e/ou indicar qualquer área de desacordo, se for o caso.

O setor auditado deve rever e investigar as constatações da auditoria para determinar e programar ações corretivas, devendo preparar uma resposta formal por escrito, dentro do prazo estabelecido no relatório de auditoria.

Quando a ação corretiva não puder ser concluída dentro do prazo estabelecido, o setor auditado deve incluir na resposta a data prevista para a conclusão da ação corretiva. O prazo estabelecido para o preparo da resposta não deve ser inpeditivo para a execução concomitante da ação corretiva pelo setor auditado.

ACOMPANHAMENTO

O setor auditado deve informar ao órgão responsável pela execução das auditorias sobre o andamento das ações corretivas, para tanto deve fazer um acompanhamento objetivando:

- Gerar a resposta escrita ao relatório da auditoria;
- Avaliaria resposta;
- Verificar se as ações corretivas foram realizadas conforme programadas.

O acompanhamento pode ser realizado através de comunicação escrita, nova auditoria e/ou outros meios apropriados.

FASE IV - ANÁLISE CRÍTICA DA EFICÁCIA DAS AUDITORIAS

A eficácia das auditorias de gestão ambiental deve ser objeto de avaliação visando o aperfeiçoamento dos procedimentos adotados. Como nas auditorias internas todas as partes envolvidas (auditores e auditados) trabalham para a mesma organização, podem surgir críticas e até mesmo irritações e outras reações ao processo das auditorias. Contudo, tais atitudes devem ser interpretadas como um desafio para o setor auditor, para demonstrar os benefícios gerais das auditorias e seus objetivos por natureza construtivos, visando basicamente colaborar com os diversos setores da organização ao invés de puni-los.

A avaliação é uma atividade natural de nossa existência como seres vivos. Talvez até sem percebermos, nosso organismo avalia continuamente a situação, mede resultados e retroalimenta vários órgãos para auto-regulação.

Apesar de natural, temos dificuldades em fazer avaliações (bem-feitas), em nossas atividades profissionais. Quer seja pela adoção de critérios corretos (e justos), quer seja pela periodicidade, ou ainda pelo tempo em se obter o resultado e implantar ações necessárias, as avaliações tornam-se pouco eficazes, na grande maioria dos casos.

Um conceito precisa ser bem assimilado:

A AVALIAÇÃO NUNCA DEVE SER UM FATO HISTÓRICO, PASSIVO, MAS SIM SER UMA REFERÊNCIA, LOCALIZANDO PONTOS POSITIVOS. PARA REALÇA-LOS, E IDENTIFICANDO OS NEGATIVOS, PARA BALIZAR AÇÕES QUE LEVEM A MELHORIAS FUTURAS.

No processo de Auditoria Ambiental, é imprescindível que haja avaliação do próprio processo produtivo, e de sua influência nas atividades ligadas ao gerenciamento ambiental da empresa. Consegue-se, assim, aperfeiçoá-lo constantemente, bem como justificar sua própria existência, em função dos resultados obtidos, que certamente estão ajudando a empresa a aumentar seu poder de competitividade.

Cada gerente em seu próprio ambiente deverá identificar parâmetros referentes que permitam acompanhar a evolução da empresa em função do processo de auditoria. E óbvio que a melhoria não depende exclusivamente das auditorias ambientais mas, do SGA da empresa. Se as auditorias contribuíram para a conscientização ambiental da qualidade, já cumpriram uma nobre missão.

Muitas vezes, os critérios não serão exatos, mas não devemos deixar de praticá-los por isso. Se esperarmos conseguir um critério exato, nunca começaremos a medir e, não medindo, não podemos afirmar se evoluímos ou regredimos.

AVALIAÇÃO DOS RELATÓRIOS DE AUDITORIA

Os relatórios de auditoria, via de regra, contém requisitos de ações corretivas expressas pelos auditores no curso de suas atividades. A avaliação destes relatórios tem por objetivo verificar a efetividade e clareza dos requisitos, bem como das melhorias e ações corretivas propostas.

AVALIAÇÃO DOS CLIENTES

O principal cliente das auditorias internas de gerenciamento ambiental é a Direção da organização responsável pelo SGA. Entretanto, cada gerente que se reporta a esta Direção é também um cliente das auditorias, na medida em que recebem também as informações ou dados gerados nas mesmas.

A determinação da satisfação destes clientes em relação as auditorias pode ser obtida contatando-os individualmente ou em reunião geral para esta finalidade.

Um exemplo de recurso a ser utilizado para determinação da satisfação dos clientes das auditorias internas é apresentado neste capítulo.

AVALIAÇÃO PELOS SETORES AUDITADOS

Da mesma forma que os gerentes, os supervisores diretos dos setores auditados podem avaliar o processo de auditoria, fornecendo dados para seu aperfeiçoamento.

O recurso de questionário de avaliação deve ser também utilizado neste caso pelo responsável do setor auditor.

Um exemplo de questionário para avaliação dos setores auditados é apresentado na página a seguir.

ACOMPANHAMENTO DAS AUDITORIAS

O responsável pelo programa de auditorias (gerente de. auditoria) deve periodicamente acompanhar a equipe auditora. Desta forma possível observar e avaliar as técnicas e a eficácia da equipe auditora tanto do auditor líder quanto de cada auditor individualmente, durante as auditorias.

O acompanhamento pode ser feito com o gerente de auditoria participando da auditoria, como auditor, auditor líder ou como observador.

Uma ferramenta útil para essa análise crítica é o planejamento das Auditorias em contraposição ao executado em termos de auditoria realizada, relatório emitido, ações corretivas e etc.

4.3.5- MEIO AMBIENTE NA ISO

A ISO – *International Organization for Standardization* é uma federação mundial, não governamental, com sede em Genebra, na Suíça, da qual participam cerca de 100 países. Fundada em 1947, tem por objetivo propor normas que representem o consenso dos diferentes países para homogeneizar métodos, medidas, materiais e seu uso, em todos os domínios de atividades, exceto no campo eletro-eletrônico, cuja responsabilidade é da IEC – *International Electrotechnical Comission.*

A ISO realiza seu trabalho por intermédio de comitês técnicos (TC), compostos por especialistas representantes dos diversos países membros, cada qual com responsabilidades específicas no âmbito de determinado tema a ser padronizado.

A rotina de funcionamento da ISO prevê os seguintes estágios de emissão de normas.

QUADRO 4.9 - PROCESSO DE EMISSÃO DAS NORMAS ISO

Estágio	Sigla	Significado
Preliminary Work Item	WI	Estágio preliminar, análise do tema.
New Work Item Proposal	NP	O tema é proposto e votado quanto à sua aceitação para ser objeto de uma norma internacional.
Working Draft	WD	Primeira minuta de trabalho a ser submetida à votação do comitê responsável pelo tema.
Committee Draft	CD	Minuta que obteve a aprovação do comitê responsável.
Draft of International Standard	DIS	Minuta que já pode ser considerada um projeto de norma internacional, com possibilidade de ser aplicada experimentalmente e ser objeto inclusive de certificação.
Final Draft of International Standard	FDIS	Minuta final, aprovada pelo comitê responsável, sujeita a pequenas alterações.
International Standard	IS	Versão final, aprovada e publicada pela ISO.

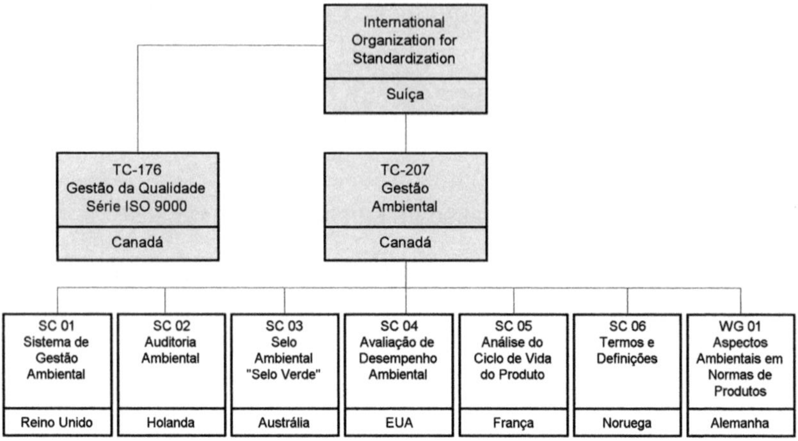

Figura 4.5 – Organização do Comitê ISO/TC-207 (Fonte ISO)

A Série ISO 14000 se divide em dois grupos de normas, em função do seu objetivo, conforme figura 4.6.

1° grupo – Normas voltadas para a avaliação do produto, que abordam os temas:

- Rotulagem ambiental;
- Ciclo de vida do produto;
- Aspectos ambientais em normas de produtos.

A adoção de uma norma de produto pode ser feita de maneira independente das normas de gestão, ou seja, nenhuma é pré-requisito da outra e todas são voluntárias.

A rotulagem ambiental (selo ecológico em produtos) é motivo de grande interesse por parte das empresas que querem se diferenciar dos concorrentes e atrair os consumidores que valorizem a proteção do meio ambiente. São considerados "ecológicos" os produtos que utilizam processos de menor impacto ambiental (exemplo: pilhas eletrolíticas, sem o uso do mercúrio, aparelhos de ar condicionado sem CFC, etc), ou cujo descarte final provoque um mínimo de impactos (embalagens biodegradável ou recicláveis, por exemplo).

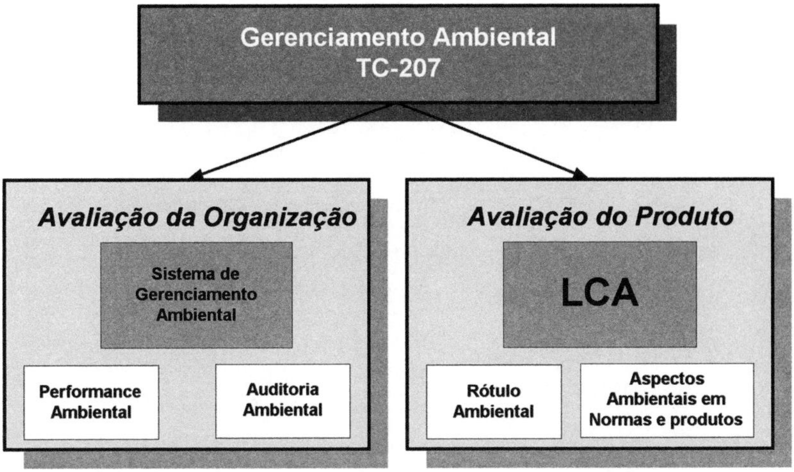

Figura 4.6 – Série ISO 14000 (Fonte: ISO)

2º grupo – Normas voltadas para a avaliação da organização, que abordam os temas:

- Sistema de gestão ambiental;
- Desempenho ambiental;
- Auditoria ambiental.

Da mesma forma que a Série ISO 9000 – Gestão Qualidade teve como base uma norma inglesa (BS-5750), a ISO 14001 – Sistema de Gestão Ambiental, baseou-se em um padrão britânico, a BS-7750 que, por sua vez, foi influenciada pela regulação ambiental da Comunidade Européia, a EMAS – Eco Management and Audit Scheme (Gerenciamento Ecológico e Plano de Auditoria).

Figura 4.7 – Macrofluxograma de Implantação do SGA. (Fonte: ISO)

Fonte: ISO

A auditoria é um poderoso instrumento de verificação e manutenção do sistema como um todo e constitui uma alavanca para as melhorias. Tal como visto existem diversos tipos de auditoria (processo, produto, passivo ambiental, etc), porém o requisito da Norma NBR ISO 14001:2004 se refere a auditoria de Sistema de Gestão Ambiental. Entende-se por auditoria interna, ou auditoria de primeira parte, aquela em que a própria empresa conduz o processo de auditoria. Denomina-se auditoria de segunda parte aquela feita por algum cliente da empresa, como conseqüência de cláusula contratual e a auditoria de terceira parte é feita por uma entidade independente, como, por exemplo, o organismo certificador. (ABNT)

Conforme estabelecido no requisito da Norma, os objetivos da auditoria interna são:

- determinar se o sistema está em conformidade com o planejamento da Gestão Ambiental, isto é, se o que foi estabelecido no manual, nos procedimentos e nas instruções de trabalho está sendo atendido na rotina organizacional (podemos traduzir isto por "conformidade do sistema");
- determinar se o sistema atende aos requisitos da Norma, ou seja, se tudo o que foi estabelecido nos referidos documentos atende ao que o modelo normativo exige (podemos traduzir isto por "adequação do sistema ao modelo normativo");
- determinar se o sistema foi devidamente implementado e mantido, ou seja, se os registros e as evidências objetivas podem comprovar o funcionamento do sistema;
- fornecer à administração informações sobre os resultados das auditorias, como principal subsídio à análise crítica do Sistema de Gestão Ambiental.

O entendimento dos conceitos de conformidade e adequação pode ser facilitado pela ilustração da figura.

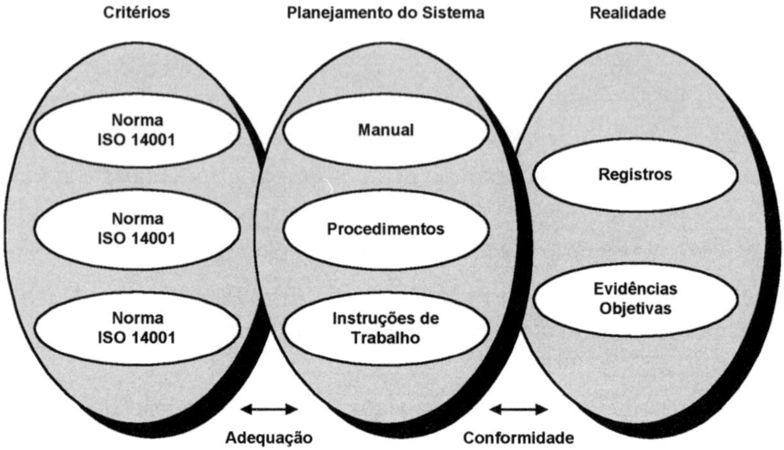

Figura 4.8 – Auditoria – Conceitos de adequação e conformidade (Fonte ABNT)

A atividade de auditoria pressupõe sempre uma comparação:

- entre os critérios (referências) adotados e o que foi estabelecido no planejamento do sistema, cujo resultado será o parecer sobre a adequação do sistema.
- Entre o que foi planejado no sistema e a realidade comprovável, cujo resultado será o parecer sobre a conformidade do sistema.

A Norma NBR – ISO 14010 – Diretrizes para auditoria ambiental, apresenta a seguinte definição:

Auditoria Ambiental é um processo sistemático e documentado de verificação, executado para obter e avaliar, de forma objetiva, evidências de auditoria para determinar se as atividades, eventos, sistemas de gestão e condições ambientais especificados, ou as informações relacionadas com estes estão em conformidade com os critérios de auditoria, a para comunicar os resultados deste processo ao cliente."

Entende-se por critérios de auditorias as referências utilizadas para verificar a adequação e a conformidade do sistema auditado, conforme ilustração anterior.

O cliente final da auditoria interna é a alta administração, pois os resultados serão principal subsídio à análise crítica do sistema como um todo.

As auditorias devem ter as características fundamentais de objetividade (baseadas em fatos e dados), profissionalismo (pessoal qualificado) e imparcialidade (independência). Auditores internos não devem atuar nas áreas em que tenham vínculo de subordinação ou qualquer tipo de influência indesejável.

Para as empresas que possuem o Sistema ISO 9000, as auditorias podem ser feitas de maneira integrada, auditando-se ambos os sistemas de uma só vez, desde que os auditores tenham sido devidamente capacitados. É aconselhável, entretanto, que a primeira auditoria seja em separado, em virtude de ser uma experiência nova na organização.

É conveniente que o procedimento estabeleça, como periodicidade, pelo menos duas auditorias por ano. Diversas são as maneiras de se planejar as auditorias do Sistema de Gestão Ambiental, variando-se escopo e abrangência, conforme tabela 4.3:

Tabela 4.3 – Tipos de planejamento de auditorias (Fonte: ABNT)

ESCOPO	ABRAGÊNCIA	OBSERVAÇÕES
Todos os requisitos da Norma NBR-ISO 14001	Todas as áreas da empresa	A mais recomendável, por ser mais simples de controlar. Mobiliza os auditores e a empresa de uma só vez a cada semestre.
Todos os resultados da Norma NBR-ISO 14001	Uma unidade ou grupo de departamento por vez.	Mais indicada para empresas de maior porte e distribuição geográfica variada dos departamentos ou unidades.
Cada um dos 6 grandes itens da Norma NBR-ISO 14001 por vez.	Toda a empresa.	A característica de integração, intrínseca a qualquer sistema, dificulta a análise itens isolados. Além disso, todo mês a empresa estaria envolvida na atividade de auditoria.

A programação de cada auditoria deve detalhar a distribuição do tempo e dos grupos de auditores para cada área da empresa e para cada requisito da Norma. Vale salientar que uma auditoria nunca consegue avaliar tudo em detalhes, mas técnicas de amostragem permitem que todos os requisitos do Sistema sejam devidamente auditados conforme estabelecido no planejamento. As áreas a serem auditadas devem ser informadas com antecedência sobre a programação da auditoria, garantindo tempo hábil para eventuais ajustes necessários.

QUADRO 4.10 – DEFINIÇÃO DE TERMOS APRESENTADA NA NBR ISO 14010.

Termo	Definição
Conclusão e auditoria	É o julgamento ou parecer
Critérios de auditoria	São os requisitos aos quais são comparadas as evidências da auditoria
Evidencias de auditoria	São as informações verificáveis, registros ou declarações
Constatações de auditoria	São os resultados da avaliação comparativa entre as evidencias e os critérios
Equipe de auditoria	É o grupo de auditores ou um único auditor
Auditado	É o que se submete a auditoria
Auditor ambiental	É o que realiza a auditoria
Cliente	É o que solicita a auditoria
Auditoria ambiental	Ver item 4.3.1 desta publicação
Auditor-líder ambiental	É a pessoa qualificada para gerenciar e executar auditorias ambientais. Exemplo de critérios de qualificação encontra-se na NBR ISO 14012.
Organização	É a empresa de qualquer tipo que tenha funções e estruturas administrativa próprias.
Objeto de auditoria	É a atividade, o evento, o sistema de gestão e as condições ambientais especificados e/ou informações relacionadas a este.
Especialista técnico	É o que subsidia tecnicamente a auditoria, mais não participa côo auditor.

Fonte: ABNT

QUADRO 4.11 – PRINCÍPIOS GERAIS DE AUDITORIA AMBIENTAL. APRESENTADOS PELA NBR ISO 14010.

PRINCÍPIOS GERAIS	
Tema	**Recomendação**
Definição dos objetivos e escopo da auditoria	Os objetivos da auditoria devem ser definidos pelos cliente e o escopo da auditoria pelo auditor-líder para atender aos objetivos do cliente. Os objetivos e escopo da auditoria devem ser comunicados ao auditado antes da realização da auditoria.
Objetividade, Independência e Competência	Os membros da equipe de auditoria devem ser livres de preconceitos e conflitos de interesse; independentes as atividades por eles auditadas; e devem ter conhecimento, habilidade e experiência para realizar a auditoria.
Profissionalismo	As relações auditor/cliente devem ser caracterizadas por confidencialidade e descrição. Salvo quando exigido por lei, é recomendado que informações, documentos e relatório final da auditoria não sejam divulgados sem autorização do cliente e, conforme o caso, sem autorização do auditado.
Procedimentos Sistemáticos	A realização da auditoria deve seguir diretrizes desenvolvidas para o tipo apropriado de auditoria ambiental. No caso da auditoria de SGA, a norma remete para a NBR ISO 14011.
Critérios, Evidencias e Constatações	Os critérios de auditoria devem ser definidos entre auditor e cliente, com posterior comunicação ao auditado; evidencias devem ser obtidas a partir da coleta, análise, interpretação e documentação de informações; e as evidencias obtidas devem permitir que auditores ambientais, trabalhando independentemente entre si, cheguem a constatações similares.
Confiabilidade das constatações e conclusões de auditoria	As constatações e conclusões da auditoria devem possuir níveis desejável de confiabilidade, devem ser deixadas claras as limitações/incertezas de evidencias coletadas.
Relatório de auditoria	O relatório de auditoria deve conter itens como: identificações; objetivos e escopo da auditoria; período e datas; equipe de auditoria; identificação dos entrevistados na auditoria; resumo do processo de auditoria, incluindo obstáculos encontrados; conclusões; declaração de confidencialidade; e identificação das pessoas que recebem o relatório. É recomendado que o auditor-líder, em acordo com o cliente, determine quais os tipos que constarão do relatório. Em nota, a norma indica que é responsabilidade do cliente ou do auditado a determinação de ações corretivas; entretanto, se previamente acordado com o cliente, o auditor pode apresentar recomendações no relatório.

Fonte: ISO

QUADRO 4.12 – OBJETIVOS, FUNÇÕES E RESPONSABILIDADES DA AUDITORIA DO SGA.

Tema	Recomendação
Auditoria	A auditoria deve ter seus objetivos definidos, tais como: • Determinar a conformidade ao SGA do auditado aos critérios de auditoria de SGA; • Determinar a adequação da implementação e manutenção do SGA; • Identificar áreas de potenciais melhores do SGA; avaliar a capacidade do processo interno de análise critica; e • Avaliar o SGA de uma empresa que vise o estabelecimento de relação contratual com outra empresa.
Auditor-Líder	O auditor-Líder tem como função assegurar a eficiente e eficaz execução e conclusão da auditoria. É de sua responsabilidade: • Definir juntos ao cliente e escopo da auditoria; • Obter informações fundamentais; • Determinar se os requisitos necessários para realização de uma auditoria foram atendidos; • Formar a equipe de auditoria; • Conduzir a auditoria de acordo com as normas NBR ISO 14010 e 14011; • Elaborar o plano de auditoria; • Comunicar o plano a todos os envolvidos; • Coordenar a preparação da documentação de trabalho e instruir a equipe; • Solucionar problemas surgidos; • Reconhecer objetivos inatingíveis e relatar as razões ao cliente e ao auditado; • Representar a equipe em discussões; • Notificar imediatamente o auditado casos de não-conformidades criticas; • Relatar os resultados da auditoria de forma clara, conclusiva e dentro do prazo acordado; e • Fazer recomendações para melhoria do SGA, se estiver no escopo da auditoria.
Auditor	O auditor deve ser objetivo, eficaz e eficiente para realizar a sua tarefa e tem como responsabilidades: • Seguir instruções do auditor-líder; • Apoiar o auditor líder; • Coletar e analisar evidencias de auditoria relevante e em quantidade suficiente para chegar às conclusões da auditoria; • Preparar documentos de trabalho; • Documentar cada constatação da auditoria; • Resguardar os documentos da auditoria; e • Auxiliar na redação do relatório de auditoria
Cliente	O cliente tem como responsabilidade: • Determinar a necessidade da realização de uma auditoria; • Contatar o auditado; • Definir os objetivos da auditoria; • Selecionar o auditor-líder ou a organização de auditoria e, se apropriado, avaliar os elementos da equipe de auditoria; • Prover recursos para a realização da auditoria; • Manter entendimento com o auditor-líder para definição do escopo da auditoria; • Avaliar os critérios de auditoria e o plano de auditoria; e • Receber o relatório de auditoria e definir sua distribuição.
Auditado	O auditado deve receber uma cópia do relatório de auditoria, salvo ser for excluído pelo cliente, e tem como responsabilidades: • Informar aos funcionários da organização sobre a auditoria; • Prover os recursos necessários para a realização da auditoria; • Designar funcionários para acompanhar como guias à equipe de auditoria; • Prover acesso às instalações, ao pessoal, às informação e aos registros; e • Cooperar com a equipe de auditoria para atingir os objetivos propostos.

Fonte: ISO

QUADRO 4.13 – ATIVIDADES DAS ETAPAS 1 E 2 DO PROCESSO DE AUDITORIA DO SISTEMA DE GESTÃO AMBIENTAL – INÍCIO E PREPARAÇÃO DA AUDITORIA.

Etapa	Atividade	Recomendação
1. início da auditoria	Definir o escopo da auditoria	• o auditor-líder e o cliente devem definir o escopo da auditoria (descrição da localização física e das atividades da organização); • o auditado deve ser consultado; e • os recursos necessários para atender o escopo devem ser suficientes.
	Realizar e analisar a critica preliminar da documentação	• a análise deve ser realizada pelo auditor-líder; e • devem ser solicitadas, se necessário, informações suplementares.
2. preparação da auditoria	Elaborar o plano de auditoria	• o plano de auditoria deve ser elaborado pelo auditor-líder; • o cliente deve avaliar o plano de auditoria; • o plano deve ser flexível para poder sofrer eventuais alterações; • o plano deve incluir:
	Elaborar o plano de auditoria	⇨ objetivos e escopo da auditoria; ⇨ critérios de auditorias; ⇨ identificação das unidades auditadas; identificação dos funcionários da unidade que tenham responsabilidade direta com o SGA; ⇨ identificação dos elementos do SGA proprietários; ⇨ procedimentos de auditoria; ⇨ identificação de idiomas, dos documentos de referência, da época e da duração previstas, das datas e dos locais e dos membros da equipe de auditoria; ⇨ programa de reuniões; ⇨ requisitos de confiabilidade; ⇨ conteúdo e formato do relatório de auditoria e data prevista de sua emissão; e ⇨ requisitos de retenção de documentos.
	Atribuir as funções/ atividades aos membros da equipe de auditoria	• a atribuição deve ser feita pelo auditor-líder, em atendimento com os membros da equipe; e • o auditor-líder deve fornecer instruções sobre o procedimento da auditoria.
	Preparar os Documentos de trabalho	• os documentos de trabalho podem consistir em formulários para documentar evidências e constatações da auditoria, listas de verificação para avaliar os elementos do SGA e atas de reuniões; • os documentos deve ser arquivados até o encerramento da auditoria; • os documentos com informações confidencias ou privativas devem ser adequadamente resguardadas pela equipe de auditoria.

Fonte: ISO

QUADRO 4.14 – ATIVIDADES DA ETAPA DO PROCESSO DE AUDITORIA DO SISTEMA DE GESTÃO AMBIENTAL – REALIZAÇÃO DA AUDITORIA.

Etapa	Atividade	Recomendação
3. Execução da auditoria	Realizar a reunião de abertura	• apresentação dos membros da equipe; revisão do escopo, dos objetivos e do plano de auditoria e ratificação do calendário de auditoria; apresentação do método de trabalho e dos procedimentos; estabelecimentos de canais formais de comunicação; confirmação da existência de condições para a realização da auditoria; confirmação da data e do horário da reunião de encerramento; promoção da participação efetiva do auditado; e revisão dos procedimentos de emergência e segurança para a equipe de auditoria;
	Coletar as evidências	• as evidências devem ser coletadas por meio de entrevistas, exames de documentos e observação de atividades e situações, em quantidade suficiente para se determinar a conformidade do SGA do auditado em relação aos critérios de auditoria. As não-conformidades devem ser registradas e as informações obtidas por meio de entrevistas devem ser verificadas, executando-se observações, registros e medições, sendo as declarações não-verificáveis identificadas.
	Analisar as Evidências	• as evidências devem ser analisadas criticamente em comparação aos critérios. O gerente responsável do auditado deve analisar as constatações de não-conformidade. As conformidades podem ser registradas com o devido cuidado para evitar qualquer implicação de garantia absoluta (SIC), se estiver incluso no escopo da auditoria.
	Reunião de Encerramento	• essa reunião deve acontecer antes da elaboração do relatório de auditoria. Nela é recomendado que participem: administração do auditado e responsáveis pelas funções auditadas. As constatações devem ser apresentadas e eventuais divergências devem ser resolvidas, sendo as decisões finais de responsabilidade do auditor-líder.

Fonte: ISO

QUADRO 4.15 – ATIVIDADES DA ETAPA DO PROCESSO DE AUDITORIA DO SISTEMA DE GESTÃO AMBIENTAL – RELATÓRIO DE AUDITORIA.

Etapa	Atividade	Recomendação
4. Relatório de auditoria	Preparar o relatório de auditoria	• os tópicos abordados no relatório devem ser os mesmos apresentados no plano de auditoria, sendo que qualquer alteração deve ser realizada de comum acordo entre auditor, auditado e cliente. Com referência ao conteúdo do relatório, que deve ser datado e assinado pelo auditor-líder, a norma recomenda que estejam registradas as constatações da auditoria ou um resumo delas, indicando-se as evidências que sustentam cada constatação. Os tópicos que podem constar do relatório são: ⇨ identificação da organização auditada e do cliente; ⇨ objetivos, escopo e plano de auditoria acordados; ⇨ critérios acordados, incluindo uma lista de documentos de referência segundo os quais a auditoria foi consuzida; ⇨ período da auditoria e a(s) em que a auditoria foi conduzida; ⇨ identificação dos representantes do auditado que participaram da auditoria; ⇨ identificação dos membros da equipe da auditoria; ⇨ declaração sobre a natureza confidencial do conteúdo; ⇨ lista de distribuição do relatório da auditoria; ⇨ sumário do processo de auditoria, incluindo quaisquer obstáculo encontrado; e ⇨ conclusões da auditoria, tais como a conformidade do SGA auditado em relação aos critérios da auditoria do SGA; se o SGA está implementado e mantido de forma adequada; e se a análise critica realizada pela administração é capaz de assegurar a melhoria contínua do SGA.
	Distribuir o relatório de auditoria	• o auditor-líder deve enviar o relatório ao cliente; • a relação de interessados que receberão o relatório deve ser definida pelo cliente, tendo sido registrada anteriormente no plano de auditoria; • o auditado deve receber uma cópia do relatório, a não ser que ele seja excluído pelo cliente • a distribuição para interessados externos á organização deve ser autorizada pelo auditado; • o caráter confidencial do relatório, que é de propriedade exclusiva do cliente, deve ser respeitado por todos seus destinatários; e • eventuais atrasos na entrega devem ser comunicados ao cliente e ao auditado, sendo indicada nova data de emissão.
	Reter ou descartar os documentos da auditoria (documentação de trabalho, minutas, relatórios, entre outros)	• a retenção ou o descarte de documentos deve ser realizada conforme acordado entre cliente, auditor-líder e auditado.

Fonte: ISO

QUADRO 4.16 – CRITÉRIOS DE QUALIFICAÇÃO DE AUDITORES AMBIENTAIS DE ACORDO COM A NBR ISO 14012.

Critério	Requisito
Educação	• a norma recomenda que o auditor deve ter, no mínimo, o 2° grau (educação secundária) completo.
Experiência profissional	• a experiência profissional apropriada deve permitir o desenvolvimento de habilidades e conhecimento em um ou mais dos seguintes tópicos técnicos e científicos: ciência e tecnologia ambientais; aspectos técnicos e ambientais das operações da instalação; leis e regulamentos aplicáveis; sistema de gestão ambiental; e procedimentos, processos e técnicas de auditoria; • no caso do auditor ter apenas o 2° grau, é recomendado que ele possua, no mínimo, 5 anos de experiência profissionais apropriada. Este mínimo pode ser reduzido se ele tiver realizado, após conclusão do secundário, um curso formal em pelo menos um dos tópicos técnicos e científicos citados. A quantidade de anos que pode ser reduzida não deve ser superior à quantidade de anos do curso realizado e não deve exceder a um ano; • no caso do auditor ter um diploma de 3° grau (universidade ou instituição similar), é recomendado que ele tenha, no mínimo, 4 anos de experiência profissional apropriada. Este mínimo pode ser reduzido se ele tiver realizado um curso formal em pelo menos um dos tópicos técnicos e científicos citados. A quantidade de anos que pode ser reduzida não deve ser superior à quantidade de anos do curso realizado e não deve exceder a 2 anos.
Treinamento	• além da educação (2° ou 3° graus) e da habilidade e conhecimento em tópicos específicos, o auditor deve realizar treinamentos tanto formal (teórico) como de campo, para realizar e desenvolver competência na execução de auditorias ambientais. O treinamento formal ou teórico deve abranger um ou mais de um dos tópicos técnicos e científicos citados anteriormente. Este critério (treinamento formal) pode ser dispensado se o auditor poder demonstrar sua competência por meio de exames reconhecidos ou qualificações profissionais pertinentes. A norma recomenda que o auditor tenha realizado treinamento de campo (equivalente a 20 dias de trabalho em auditoria ambiental), em pelo menos 4 auditorias ambientais, tendo-se envolvido em todo o processo de auditoria, sob orientação de um auditor-líder. O tempo de realização deste treinamento não deve exceder a 3 anos consecutivos.
Evidência Objetiva	• diplomas, certificados de cursos, trabalhos duplicados, livros escritos entre outros devem ser mantidos como evidências objetivas de educação, experiência e treinamento.

Fonte: ISO

Atributos e habilidades pessoais	• capacidade de expressar claramente conceitos e idéias, escrita e oralmente; • ter diplomacia, tato e capacidade de escutar; • ser independente, objetivo e organizado; • saber julgar de formal fundamentada; e • saber respeitar convenções e culturas diferentes da própria.
Específicos para auditor-líder	• ter participado em processos adicionais completos de auditorias, perfazendo adicionalmente 15 dias de trabalho em pelo menos 3 auditorias adicionais completas; e ter participado como auditor-líder, sob supervisão e orientação de outro auditor-líder, em pelo menos 1 das 3 auditorias citadas; ou • ter demonstrado atributos e habilidades para gestão do programa de auditoria ou outros, por meio de entrevistas, observações, referências e/ou avaliações do seu desempenho em auditorias ambientais feitas segundo programas de garantia da qualidade; e • o atendimento a estes critérios adicionais não deve exceder a 3 anos consecutivos.
Manutenção da competência	• os auditores devem proceder à atualização periódica de seus conhecimentos, sobre os tópicos e técnicos e científicos citados no item referente a educação e experiência profissional.
Profissionalismo	• a norma remete à NBR ISO 14010 (item referente ao profissionalismo) e recomenda, ainda, que os auditores sigam um código de ética apropriado.
Idioma	• quando o auditor não tiver capacidade de se comunicar com fluência no idioma necessário, deve obter um suporte, que pode ser um interprete, que seja independente para realizar seu trabalho de forma objetiva.

Fonte: ISO

4.3.6- LISTAGEM DE CONTROLE PARA AUDITORIA AMBIENTAL

POLÍTICA AMBIENTAL

Princípio 1: Comprometimento e Política	*"A política ambiental é o condutor para a implementação e melhoramento do Sistema de Gestão Ambiental da organização".*

A ALTA ADMINISTRAÇÃO DEFINIU A POLÍTICA AMBIENTAL DA ORGANIZAÇÃO?

0	1	2
A Alta Administração ainda não definiu uma política ambiental.	Uma política ambiental foi definida, mas não está claro se ela foi definida pela Alta Administração. A política ambiental não foi definida dentro do contexto da política ambiental mais ampla da corporação (se houver), da qual a organização é parte, e não recebeu o seu endosso (*ver Anexo A da Norma, A,4.2*).	A Alta Administração definiu a política ambiental da organização em um documento escrito e tornou-a pública. A política ambiental foi definida e documentada dentro do contexto da política ambiental mais ampla da corporação (por exemplo, a matriz ou outra organização geral, se houver) e recebeu o seu endosso (*ver Anexo A da Norma, A,4.2*).
Comentários: PONTUAÇÃO: ________________		

ESTA POLÍTICA AMBIENTAL É APROPRIADA À NATUREZA, ESCALA E IMPACTOS AMBIENTAIS DE SUAS ATIVIDADES, PRODUTOS OU SERVIÇOS?

0	1	2
A política ambiental não foi desenvolvida com uma visão da natureza, escala ou impactos das atividades, produtos ou serviços.	A organização tem uma política ambiental que reflete parcialmente a natureza, escala e impactos ambientais de suas atividades, produtos ou serviços.	A organização tem conscientemente examinado a natureza e a escala de suas atividades, produtos e serviços. A política é revista e revisada periodicamente para refletir as condições variáveis e a informação relativa à natureza, escala a impactos ambientais de suas atividades, produtos e serviços. As áreas de aplicação da política são claramente identificáveis (*ver Anexo A da Norma, A.4.2).*
Comentários: PONTUAÇÃO: ________________		

A POLÍTICA AMBIENTAL INCLUIU O COMPROMETIMENTO COM A MELHORIA CONTÍNUA E A PREVENÇÃO DA POLUIÇÃO?

0	1	2
A política ambiental não incluiu o comprometimento claro com a melhoria contínua e a prevenção da poluição.	A política ambiental não se compromete com a melhoria contínua e a prevenção da poluição, mas só com um destes.	A política ambiental contém um comprometimento claro para buscar a melhoria contínua no desempenho ambiental instalando um sistema de gestão ambiental eficaz. A política se compromete com a prevenção da poluição.
Comentários: PONTUAÇÃO: ________________		

A POLÍTICA AMBIENTAL INCLUIU O COMPROMETIMENTO COM O CUMPRIMENTO DOS REGULAMENTOS E LEGISLAÇÃO AMBIENTAL RELEVANTES, A OUTROS REQUERIMENTOS A QUE A ORGANIZAÇÃO SUBSCREVA?

0	1	2
A política ambiental não incluiu um comprometimento com o comprimento dos regulamentos e legislação ambiental relevantes e a outros requerimentos aos quais a organização subscreve.	A política ambiental inclui um comprometimento com o cumprimento dos regulamentos e legislação ambiental relevantes, mas não menciona nenhum comprometimento a quaisquer outros requerimentos ao qual a organização subscreve. A política inclui um comprometimento para respeitar ou obedecer a outros requerimentos aos quais a organização subscreve (por exemplo, "*responsible Care*"), mas não compromete a organização explicitamente a cumprir com a legislação pertinentes.	A política ambiental incluiu um comprometimento claro com o comprimento dos regulamentos e legislação ambiental relevantes, bem como a todos os requerimentos aos quais a organização subscreve (tal como o ICC *Business Charter For Sustainaible Development*, por exemplo).
Comentários: PONTUAÇÃO: ______________		

A POLÍTICA AMBIENTAL INCLUIU PROVÊ A ESTRUTURA PARA A DEFINIÇÃO E REVISÃO DOS OBJETIVOS E METAS AMBIENTAIS?

0	1	2
A política ambiental não é específica o suficiente para orientar a definição dos objetivos e metas ambientais. A política foi escrita de tal modo que pode deixar seus leitores confusos sobre suas metas e objetivos globais. A política não específica comprometimentos.	A política ambiental é especifica o suficiente para orientar a definição dos objetivos e metas ambientais em muitos dos aspectos ambientais de relevância para a organização. Entretanto, ela não provê orientação suficiente em relação a todos os principais aspectos ambientais. Do modo geral, a política ambiental é clara o suficiente sobre ser capaz de ser compreendida pela maior parte dos interessados, mas existem algumas partes que podem ser mal entendidas ou que causaram confusão.	A política ambiental é especifica bastante para orientar a definição dos objetivos e metas ambientais. A política é suficientemente clara para ser compreendida pelas partes interessadas, inclusive aquelas que são responsáveis pela revisão dos objetivos e metas ambientais.
Comentários: PONTUAÇÃO: ________________		

A POLÍTICA AMBIENTAL É DOCUMENTADA, IMPLEMENTADA E MANTIDA, E TAMBÉM COMUNICADA A TODOS OS FUNCIONÁRIOS?

0	1	2
A política ambiental não foi documentada (i.e., de forma escrita ou eletrônica) ou comunicada a todos os empregados. Nenhuma providência foi tomada pela administração para a manutenção ou implementação da política ambiental (por exemplo, a alta administração não designou um representante específico da administração com responsabilidade definida e autoridade para implementar o sistema de gestão ambiental do qual a política faz parte).	A política ambiental foi documentada, mais não foi comunicada a todos os empregados (por exemplo, não há nenhum procedimento para assegurar que novos empregados recebem uma cópia da política ambiental). Não há nenhum procedimento para assegurar que a política ambiental é regularmente revista e adaptada às diferentes circunstâncias e percepções (i.e., mantida).	A política ambiental foi documentada e é comunicada a todos os empregados. Todos os empregados novos recebem uma cópia da política ambiental. A política ambiental é regularmente revisada e adaptada às diferentes circunstâncias e percepções.
Comentários: PONTUAÇÃO: ______________		

A POLÍTICA AMBIENTAL ESTÁ DISPONÍVEL A PÚBLICO?

0	1	2
A política ambiental não foi disponibilizada ao público.	A política ambiental está disponível a uma parte do público (contanto que, por exemplo, o departamento legal ou de meio ambiente aprove sua difusão).	A política ambiental está disponível livremente a qualquer cidadão que a requeira. Quaisquer emendas ou modificações à política também são disponibilizadas ao público.
Comentários: PONTUAÇÃO: ____________		

PLANEJAMENTO

Princípio 1: Comprometimento e Política	*"A política ambiental é o condutor para a implementação e melhoramento do Sistema de Gestão Ambiental da organização".*

EXISTE UM PROCEDIMENTO PARA IDENTIFICAR OS ASPECTOS AMBIENTAIS DE SEU NEGÓCIO E SOBRE OS QUAIS SE TEM CONTROLE OU INFLUÊNCIA, E TAMBÉM PARA SE DETERMINAR OS ATUAIS OU POTENCIAIS IMPACTOS SIGNIFICATIVOS AO AMBIENTE?

0	1	2
Não há nenhum procedimento para identificar os aspectos ambientais do negócio.	Há um procedimento para identificação dos aspectos ambientais das atividades, produtos ou serviços sobre os quais a organização tem controle ou influência, mas não todos os três. Os procedimentos existentes são insuficientes para se determinar quais aspectos ambientais tem ou podem ter um impacto significativo no ambiente (Nota: a informação já desenvolvida para fins regulatórios ou outros fins pode usada neste processo). Se a organização não tem um sistema de gestão ambiental, ela não conduziu uma revisão para estabelecer sua posição atual em relação ao ambiente (*ver Anexo A da Norma, A,4.3.1)* A organização não mantém as informações referentes a seus aspectos ambientais atualizadas.	Há um procedimento para identificação dos aspectos ambientais significativos do negocio, inclusive as atividades, produtos e serviços, e foram determinados quais os aspectos ambientais do negocio tem ou podem ter um impacto significativo no ambiente. Se a organização não tem um sistema de gestão ambiental, seu primeiro passo neste processo foi estabelecer sua posição atual em relação ao ambiente por meios de uma revisão (*ver Anexo A da Norma, A,4.3.1).* O processo para identificação dos aspectos ambientais significativos leva em consideração o custo e o tempo para realização da análise e a disponibilidade de dados confiáveis (*ver Anexo A da Norma, A,4.3.1).* A análise dos aspectos ambientais significativos da organização leva em consideração as contribuições e produções associadas com suas atividades, produtos e serviços relevantes atuais e passados (*ver Anexo A da Norma, A,4.3.1).* A informação é mantida atualizada.
Comentários: PONTUAÇÃO: ________________		

OS ASPECTOS RELACIONADOS A ESTES IMPACTOS SIGNIFICATIVOS SÃO CONSIDERADOS NA DEFINIÇÃO DOS OBJETIVOS AMBIENTAIS?

0	1	2
O processo de definição dos objetivos ambientais não levou, ou não leva, em consideração os aspectos relacionados aos impactos ambientais significativos.	O processo de definição dos objetivos ambientais levou ou leva em consideração os aspectos relacionados aos impactos ambientais significativos para as atividades ou produtos ou serviços, mas não todos os três. (Nota: a organização pode levar em consideração o grau de controle prático que ela pode ter sobre os aspectos ambientais considerados).	O processo de definição dos objetivos ambientais leva ou levou em consideração os aspectos relacionados aos impactos ambientais significativos relacionados às suas atividades, produtos e serviços.
Comentários: PONTUAÇÃO: ________________		

A ORGANIZAÇÃO TEM UM PROCEDIMENTO PARA IDENTIFICAR E TER ACESSO OS REQUERIMENTOS LEGAIS APLICÁVEIS AOS ASPECTOS AMBIENTAIS DE SUAS ATIVIDADES, PRODUTOS OU SERVIÇOS?

0	1	2
Não há nenhuma documentação sobre regulamentos e legislação ambiental aplicáveis à organização, nem de outros requerimentos ambientais aos quais a organização subscreve. Nenhum procedimento existe para assegurar que a organização identificará e acessará todos os requerimentos legais novos e modificados ou outros requerimentos aplicáveis às atividades, produtos ou serviços.	Há um procedimento para identificar todos os requerimentos legais que são aplicáveis aos aspectos ambientais das atividades ou produtos ou serviços da organização, mas não todos os três. Existem procedimentos para identificar e acessar a maioria dos requerimentos legais e outros, mas não todos. Existem procedimentos para identificar, acessar e autorizar a informação relativa aos programas ambientais não regulatórios aos quais a organização subscreve, mas não os requerimentos legais.	Há um procedimento para identificar sistematicamente todos os novos requerimentos legais que se aplicam aos aspectos ambientais das atividades, produtos ou serviços da organização. O procedimento também identifica sistematicamente as modificações aos requerimentos legais e outros existentes. O procedimento assegura acesso a todos os requerimentos legais existentes, novos e modificados. O procedimento também assegura a identificação, acesso e atualização de outros requerimentos não regulatórios aos quais a organização subscreve.
Comentários: PONTUAÇÃO: ________________		

OS OBJETIVOS E METAS AMBIENTAIS FORAM ESTABELECIDOS E DOCUMENTADOS, E EXISTEM PROCEDIMENTOS PARA A MANUTENÇÃO DESTES DOCUMENTOS?

0	1	2
Nenhum objetivo e meta ambiental foram estabelecidos pela organização. Nenhuma política ambiental foi estabelecida.	Foram estabelecidos objetivos e metas ambientais pela organização, mas não foram documentadas. Os objetivos e metas ambientais não foram estabelecidos em consideração aos requerimentos legais ou outros, aos aspectos ambientais significativos, às opções tecnológicas ou às partes interessadas. Não existe nenhum procedimento para assegurar que estes objetivos e metas são revisados e mantidos regularmente. Os objetivos e metas ambientais foram estabelecidos e documentados, mas não cobrem cada e toda função e nível pertinente da organização. Os objetivos e metas levam em consideração as opções tecnológicas de fim de linha e o cumprimento dos requerimentos legais e outros, mas não refletem um compromisso com a prevenção da poluição. Os objetivos e objetivos levam em consideração os requerimentos financeiro, operacional e empresarial da organização, mas não as visões das partes interessadas.	Os objetivos e metas ambientais foram desenvolvidos para cada função e níveis pertinentes a organização. Os objetivos são específicos e as metas são mensuráveis sempre que possível. Os objetivos e metas são compatíveis com a política ambiental e reflete um comprometimento com a prevenção da poluição. Os objetivos e metas estão alinhados com os impactos ambientais significativos associados com as atividades, produtos ou serviços da organização. A organização levou em consideração, ao estabelecer (e revisar) seus objetivos, os requerimentos legais e outros, as opções tecnológicas, os requerimentos financeiro, operacional e empresarial, bem como as visões das partes interessadas. Existe um procedimento para assegurar que os objetivos e metas são revisados e atualizados regularmente.

Comentários:

PONTUAÇÃO: ________________

FOI ESTABELECIDO E É MANTIDO UM PROGRAMA DE GESTÃO AMBIENTAL PARA SE ALCANÇAR OS OBJETIVOS E METAS?

0	1	2
Nenhum programa de gestão ambiental foi desenvolvido.	Para alcançar os objetivos e metas ambientais, um programa de gestão ambiental foi desenvolvido, inclusive procedimentos de gestão para algumas funções e níveis relevantes da organização, mas não para todos. O programa de gestão ambiental não estipula os meios ou prazos para alcançar seus objetivos e metas. Um programa foi estabelecido, mas não tem mantido o ritmo com novos desenvolvimentos ou produtos na organização.	A organização estabeleceu um programa de gestão ambiental para alcançar seus objetivos e metas, que descreve como as metas da organização serão alcançadas (*ver Anexo A da Norma A.4.3.4).* O programa identifica o pessoal responsável pela implementação da política ambiental e quem é responsável por alcançar os objetivos e metas em cada função e nível relevante da organização. O programa incluiu os meios disponíveis (por exemplo, recursos financeiro, físico ou humano) pelos quais a organização deve alcançar seus objetivos e metas. O programa tem um prazo claro que identifica o que será feito ou alcançado, quando e como. O programa de gestão ambiental é corrigido quando pertinente para assegurar que a gestão ambiental será aplicada a novos desenvolvimentos e novas ou modificadas atividades, produtos ou serviços. O programa de gestão ambiental inclui revisões ambientais para novas atividades (*ver Anexo A da Norma A.4.3.4*).
Comentários: PONTUAÇÃO: ________________		

AS FUNÇÕES, RESPONSABILIDADES E AUTORIDADES FORAM DEFINIDAS, DOCUMENTADAS E COMUNICADAS?

0	1	2
A Alta Administração não nomeou nenhum responsável específico pela gestão ambiental.	A Alta Administração nomeou um responsável específico pela gestão ambiental, mas as funções, responsabilidades e autoridades deste indivíduo (estes indivíduos) não foram definidas ou documentadas. As funções, responsabilidades e autoridades de outras gerencias operacionais e de pessoal para a implementação dos vários elementos do sistema de gestão ambiental foram definidas, mas não foram documentados. As funções, responsabilidades e autoridades de outras gerencias operacionais e de pessoal não forma comunicadas ao pessoal.	A Alta Administração nomeou um responsável específico pela gestão ambiental. O responsável pela gestão ambiental tem uma função, responsabilidade e autoridade definida para assegurar que os requerimentos do sistema de gestão ambiental são estabelecidos, implementados e mantidos conforme a norma ISO 14001, e para informar o desempenho do SGA para a alta administração. As funções, responsabilidades e autoridades de outras gerencias operacionais e de pessoal para a implementação dos vários elementos do sistema de gestão ambiental foram definidas, documentadas e comunicadas ao pessoal para facilitar a gestão. O responsável pela gestão ambiental informa sobre o desempenho do sistema de gestão ambiental para a alta administração. Estes relatórios são usados pela alta administração para revisar os sistema de gestão ambiental e a base para sua melhoria.
Comentários: PONTUAÇÃO: ________________		

A ADMINISTRAÇÃO FORNECE OS RECURSOS ESSENCIAIS À IMPLEMENTAÇÃO E CONTROLE DO SISTEMA DE GESTÃO AMBIENTAL?

0	1	2
A administração não identificou os recursos essenciais à implementação e controle do sistema de gestão ambiental. Os recursos podem incluir recursos humanos, conhecimentos especializados, tecnologia, equipamento e recursos financeiros, mas faltam conhecimentos especializados.	A administração identificou alguns dos recursos essenciais à implementação e controle do sistema de gestão ambiental, mas falta qualificação especializada (i.e., tecnologia, equipamentos e recursos financeiros). A administração alocou alguns dos recursos essenciais, tais como os humanos, mas não os financeiros.	A administração identificou os recursos essenciais à implementação e controle do sistema de gestão ambiental. A administração fornece todos os recursos essenciais à implementação e controle do sistema de gestão ambiental.
Comentários: PONTUAÇÃO: ________________		

TODAS AS NECESSIDADES DE TREINAMENTO FORAM IDENTIFICADAS?

0	1	2
Não foram estabelecidos procedimentos para a identificação das necessidades de treinamento.	Foram estabelecidos procedimentos para a identificação das necessidades de treinamento. Ninguém ou só alguns do pessoal interessado recebeu treinamento. Não foram estabelecidos procedimentos para assegurar que os empreiteiros que trabalham em benefício da organização são capazes de demonstrar que os seus empregados tem o treinamento necessário.	Foram estabelecidos procedimentos para a identificação das necessidades de treinamento. Foram desenvolvidos procedimentos para assegurar que todo o pessoal, cujo trabalho possa criar um impacto significativo ao ambiente, recebeu treinamento ambiental apropriado. Os procedimentos também exigem que os empreiteiros que trabalham em benefícios da organização sejam capazes de demonstrar que o seus empregados tenham um treinamento necessário. Um sistema foi estabelecido para rever periodicamente os procedimentos usados para identificar as necessidades de treinamento e assegurar o treinamento apropriado seja oferecido.
Comentários: PONTUAÇÃO: ________________		

FORAM ESTABELECIDOS PROCEDIMENTOS PARA TORNAR OS EMPREGADOS, EM CADA FUNÇÃO E NÍVEL PERTINENTES, CIENTES DA QUESTÃO AMBIENTAL?

0	1	2
Nenhum procedimentos foi estabelecido para tornar o pessoal, em cada função e nível pertinentes, ciente da questão ambiental.	Não foram estabelecidos procedimentos para assegurar que todo o pessoal em cada função e nível pertinentes está ciente da questão ambiental. Somente o pessoal de certos departamentos foi conscientizado da questão ambiental. Somente o pessoal de certos departamentos foi conscientizado dos atuais ou potenciais impactos ambientais significativos das atividades de seu trabalho e os benefícios ambientais de um melhor desempenho dos funcionários. A uma consciência global das questões ambientais; porém, nem todo o pessoal é conscientizado das potenciais conseqüências dos desvios em relação aos procedimentos operacionais especificados. É oferecido treinamento pertinente, mas não existe um procedimento para assegurar que todos os empregados novos recebem o treinamento e a conscientização apropriados.	Existem procedimentos para assegurar que todo o pessoal pertinente recebe treinamento para aumentar a conscientização sobre a importância da conformidade com as exigências do sistema de gestão ambiental. Existem procedimentos para assegurar que todos os empregados são conscientizados dos atuais ou potenciais impactos ambientais significativos das atividades de seu trabalho e os benefícios ambientais de um melhor desempenho dos funcionários. Todos os empregados são conscientizados de suas funções e responsabilidades em atingir a conformidade com os procedimentos e política ambiental e co as exigências do sistema de gestão ambiental, inclusive os requerimentos de preparo e resposta à emergências. Todos os empregados são conscientizados das potenciais conseqüências dos desvios em relação aos procedimentos operacionais especificados.

Comentários:

PONTUAÇÃO: ________________

FOI ASSEGURADO QUE O PESSOAL QUE EXECUTA AS TAREFAS QUE PODEM CAUSAR IMPACTOS AMBIENTAIS SIGNIFICATIVOS É CAPAZ?

0	1	2
Não foram identificação as necessidades apropriadas de treinamento, educacionais ou de experiência.	A administração determinou o nível de experiência, competência e treinamento necessários para assegurar a capacidade do pessoal, especialmente aqueles que realizam as funções especializadas de gestão ambiental. Nem todo o pessoal que executa as tarefas relevantes atinge as necessidades mínimas educacionais/treinamento ou de experiência identificadas pela administração.	A administração determinou o nível de experiência, competência e treinamento necessários para assegurar a capacidade do pessoal, especialmente aqueles que realizam as funções especializadas de gestão ambiental. Foi assegurado que o pessoal que executa as tarefas que podem causar impactos ambientais significativos tem a competência necessária. O nível de competência exigido de tal pessoal foi determinado com base na educação, experiência e/ou treinamento apropriados.

Comentários:

PONTUAÇÃO: ____________________

FORAM ESTABELECIDOS PROCEDIMENTOS APROPRIADOS PARA A COMUNICAÇÃO INTERNA E EXTERNA RELATIVA AOS ASPECTOS AMBIENTAIS E AO SISTEMA DE GESTÃO AMBIENTAL?

0	1	2
Nenhum procedimento foi estabelecido para a comunicação interna nem externa relativo aos aspectos ambientais e o sistema de gestão ambiental.	Foram estabelecidos alguns procedimentos para a comunicação interna entre os vários níveis e funções da organização, mas não para a comunicação externa. Foram estabelecidos procedimentos para o recebimento de comunicações pertinentes de partes interessadas externas, mas não existe nenhum procedimento para documentar ou responder às comunicações com as partes externas. Não há nenhum procedimento para revisar periodicamente os procedimentos usados para comunicação interna e externa. Existem procedimentos quanto à recepção, documentação e respostas a fontes externas com relação ao sistema de gestão ambiental, mas sem considerar seus aspectos ambientais.	Foram estabelecidos os procedimentos para a comunicação interna entre os vários níveis e funções da organização, mas não para a comunicação externa. Foram estabelecidos procedimentos quanto à recepção, documentação e resposta a comunicações pertinentes de partes externas interessadas em seu sistema de gestão ambiental. A organização considerou os vários processos possíveis para a comunicação externa sobre seus aspectos ambientais significativos e registrou sua decisão a este respeito. Todos estes procedimentos saio revistos e adaptados a novas percepções e circunstâncias.
Comentários: PONTUAÇÃO: ______________		

EXISTE DOCUMENTAÇÃO QUE DESCREVE O SISTEMA DE GESTÃO AMBIENTAL?

0	1	2
Os elementos básicos do sistema de gestão ambiental não foram descritos e documentados.	Os elementos básicos do sistema de gestão ambiental foram identificados, descritos e documentados, mas as interações os relações entre os diferentes elementos não são documentadas. Esta documentação não fornece uma orientação sobre onde encontrar ou classificar a documentação ambiental correspondente.	Os elementos básicos do sistema de gestão ambiental foram identificados, descritos e documentados. As interações entre os elementos básicos do sistema de gestão ambiental foram descritas. Estas descrições foram documentadas em papel ou meio eletrônico. Esta documentação fornece uma orientação sobre onde encontrar ou classificar a documentação ambiental correspondente.
Comentários: PONTUAÇÃO: ____________________		

FORAM ESTABELECIDOS PROCEDIMENTOS ADEQUADOS PARA O CONTROLE DE DOCUMENTOS?

0	1	2
A administração não identificou os documentos que devem ser mantidos e controlados. Não há nenhum procedimentos para o controle e manutenção de documentos.	A administração identificou os documentos exigidos pela ISO 14001 que devem ser mantidos e encontrados. Alguns procedimentos de controle de documentos foram estabelecidos. Não foi determinado quem é autorizado ou responsável pela criação e modificação dos vários tipos de documentos. Não existe um sistema instalado para que os documentos sejam revistos e revisados periodicamente. Não existem procedimentos definidos para assegurar que as revisões atuais dos documentos pertinentes estejam disponíveis nos locais onde as operações essenciais ao funcionamento eficiente do sistema são executadas.	A administração estabeleceu e mantém procedimentos para controlar todos os documentos exigidos pela ISO 14001, de forma a assegurar que eles sejam localizados. Os procedimentos existem para assegurar que toda a documentação é periodicamente revista e revisada conforme necessário, e aprovada para adequação pelo pessoal autorizado. Os procedimentos existem para assegurar que as versões atuais e legíveis dos documentos pertinentes estejam disponíveis em todos os locais onde as operações essenciais ao funcionamento eficiente do sistema são executadas. Os procedimentos existem para assegurar que os documentos obsoletos sejam prontamente removidos de todos os pontos de circulação e de uso, ou para garantir contra o uso não intencionado. Os procedimentos existem para assegurar que quaisquer documentos obsoletos retidos para fins legais e /ou de preservação do conhecimento sejam adequadamente identificados.

Comentários:

PONTUAÇÃO: ____________________

TODOS OS DOCUMENTOS ESTÃO EM UM ESTADO E FORMA APROPRIADOS?

0	1	2
Os documentos disponíveis estão pouco legíveis (por exemplo, cópias de cópias, documentos de fax que estão obscuros, etc.). Os documentos disponíveis não estão (ou nem todos) estados indicando os originais ou revisões. Não foram estabelecidos procedimentos ou responsabilidades que gerenciem a criação ou revisão dos documentos do Sistema de Gestão Ambiental.	Toda a documentação está legível e prontamente identificável. Todos os documentos estão datados, com as datas da revisão. Existem formatos diferentes para documentos semelhantes; e, os documentos não estão prontamente identificáveis. Os documentos antigos e obsoletos não são descartados.	Toda a documentação está legível. Todos os documentos estão datados, com as datas da revisão. Todos os documentos estão prontamente identificáveis. Todos os documentos estão mantidos em uma forma organizada. Todos os documentos são mantidos por um período especificado nos documentos. São fornecidas instruções claras para a manutenção dos documentos, inclusive a atualização ou reposição com revisões, e o descarte apropriado dos documentos obsoletos.

Comentários:

PONTUAÇÃO: ________________

AS OPERAÇÕES E AS ATIVIDADES ASSOCIADAS COM OS ASPECTOS AMBIENTAIS SIGNIFICATIVOS FORAM IDENTIFICADAS?

0	1	2
A administração não identificou as operações e atividades que podem causar impactos ambientais significativos. A organização não definiu uma política ou objetivos e metas.	A administração identificou algumas ou todas as operações e atividades que podem causar impactos ambientais significativos, mas não documentou estas situações onde a ausência de procedimentos documentados poderia conduzir ao não cumprimento da política ou divergências com os objetivos e metas que não foram identificados.	As operações e atividades relacionadas aos aspectos ambientais significativos da organização foram identificadas e documentadas. As situações que requerem procedimentos documentados para assegurar o cumprimento da política e a realização dos objetivos e metas que foram identificados.

Comentários:

PONTUAÇÃO: ________________

TAIS OPERAÇÕES E ATIVIDADES FORAM PLANEJADAS DE TAL MODO A ASSEGURAR QUE ELAS SEJAM REALIZADAS SOB CONDIÇÕES ESPECIFICADAS?

0	1	2
Não foram estabelecidos procedimentos para quaisquer das operações e atividades associadas com os aspectos ambientais significativos identificados e alinhados com sua política, objetivos e metas.	Foram estabelecidos procedimentos para a melhoria, mas não todas as operações e atividades associadas com os aspectos ambientais significativos identificados e alinhados com sua política, objetivos e metas. Os procedimentos não são revisados periodicamente. Os procedimentos não são comunicados aos fornecedores e empreiteiros. Os critérios operacionais não são estipulados nos procedimentos.	Foram estabelecidos procedimentos documentados para todas as operações e atividades, inclusive manutenção. Os critérios operacionais foram estipulados nestes procedimentos (por exemplo, é permitido continuar as emissões atmosféricas de um processo de produção, se certo limites não forem exercidos). Foram estabelecidos procedimentos documentados para os bens e serviços usados pela organização, e que estão relacionados com os aspectos ambientais significativos. Os procedimentos pertinentes são comunicados aos fornecedores e empreiteiros todos os procedimentos sai revisados periodicamente e adaptados quando necessário.

Comentários:

PONTUAÇÃO: ____________________

FORAM ESTABELECIDOS PROCEDIMENTOS APROPRIADOS PARA IDENTIFICAR O POTENCIAL PARA E PARA A SITUAÇÕES DE ACIDENTES E EMERGÊNCIAS?

0	1	2
Não existem procedimentos instalados para identifica o potencial para e para responder a situações de acidentes e emergências.	Foram estabelecidos procedimentos para identificar o potencial para situações de incidentes, acidentes e emergência ambiental. Não foram definidos procedimentos para resposta à emergências em todas as potenciais situações identificadas. Não existe um sistema para rever e revisar periodicamente os procedimentos. Os procedimentos não foram definidos para evitar as emergências proativamente nas potenciais situações identificadas ou para mitigar os impactos ambientais associados como tais emergências (por exemplo, os procedimentos de resposta a incêndios não incluem procedimentos de prevenção ou controle de derramamentos).	Foram estabelecidos procedimentos para identificar o potencial e para responder a situações de incidentes, acidentes e emergência ambiental. Os procedimentos também focalizam a prevenção e mitigação dos impactos ambientais que podem estar associados às situações de acidentes ou emergências. Após a ocorrência de situações de acidentes ou emergências, os procedimentos ao revistos e, quando necessário, revisados para prevenir a recorrência. .

Comentários:

PONTUAÇÃO: ____________________

TAIS PROCEDIMENTOS SÃO PERIODICAMENTE TESTADOS E REVISTOS/REVISADOS APÓS OS TESTES OU APÓS SITUAÇÕES REAIS DE INCIDENTES?

0	1	2
Jamais algum teste foi realizado para os procedimentos de resposta a emergências.	Um ou dois testes de certos procedimentos foram realizados, mas os testes não são regulares (i.e., periódicos). Não existem procedimentos para investigar os acidentes ou incidentes com uma visão de aprimoramento dos procedimentos de resposta a emergências, conforme apropriado.	Os testes dos procedimentos de resposta a emergências são realizados regularmente (i.e., periodicamente). Foram estabelecidos e implementados procedimentos específicos para a revisão do desempenho de tais testes e sua eficiência nas situações para o qual eles são projetados. Existem e são implementados procedimentos específicos para a investigação sistemática de todos os acidentes e incidentes que impactam o ambiente e previsão dos passos para as medidas de revisão/correção apropriadas.
Comentários: PONTUAÇÃO: ________________		

FORAM ESTABELECIDOS PROCEDIMENTOS PARA O MONITORAMENTO E MEDIÇÃO, EM BASES REGULARES, DAS PRINCIPAIS CARACTERÍSTICAS DAS OPERAÇÕES E ATIVIDADES QUE PODEM TER UM IMPACTO AMBIENTAL SIGNIFICATIVO?

0	1	2
Não existem procedimentos para monitorar as características fundamentais (por exemplo, quantidade e características das descargas de efluentes, emissões atmosféricas, resíduos sólidos e perigosos; água, uso de energia; quantidade de resíduos por unidade de produto produzido, etc.) das operações e atividades que podem ter um impacto ambiental significativo. O equipamento de monitoramento requerido não é controlado de forma a assegurar uma calibração e manutenção apropriados. Não existem procedimentos para verificar o cumprimento dos regulamentos e legislação ambiental pertinentes.	Foram estabelecidos procedimentos para o monitoramento, em bases regulares, de algumas das características fundamentais das operações e atividades que podem ter um impacto ambiental significativo. Os procedimentos para ambos os casos não foram documentados. Não existe um sistema instalado para revisar periodicamente estes procedimentos. Os resultados de tal monitoramento não são documentados ou registrados.	Foram estabelecidos procedimentos para o monitoramento, em bases regulares, das características fundamentais das operações e atividades que podem ter um impacto ambiental significativo. Os procedimentos requerem o registro da informação para acompanhar o desempenho, os controle operacionais pertinentes e a conformidade com os objetivos e metas da organização. Estes procedimentos foram documentados e são revisados regularmente. O equipamento de monitoramento foi calibrado e sofre manutenção. Os registros destes processos são retidos de acordo com os procedimentos da organização.
Comentários: PONTUAÇÃO: ________________		

EXISTEM PROCEDIMENTOS DOCUMENTADOS PARA A AVALIAÇÃO PERIÓDICA DO CUMPRIMENTO DOS REGULAMENTOS E LEGISLAÇÃO AMBIENTAL?

0	1	2
Não existem procedimentos para avaliar o cumprimento legal.	Existem alguns procedimentos para a avaliação do cumprimento dos requerimentos legais pertinentes, mas eles: • não incluem uma avaliação detalhada de todos os requerimentos, ou • não cobrem todos os aspectos das atividades, produtos e serviços. Tais avaliações não são conduzidas regular ou periodicamente	Foram estabelecidos e são documentados os procedimentos específicos para a avaliação do cumprimento legal de todas as atividades, produtos ou serviços. Os procedimentos incluem medidas para identificar e documentar os requerimentos legais pertinentes, aos quais as atividades, produtos ou serviços devem cumprir. Os procedimentos estabelecem a periodicidade com que tais avaliações devem ser conduzidas. Os resultados de tais avaliações são documentados e informados à administração.
Comentários: PONTUAÇÃO: ________________		

FORAM ESTABELECIDOS PROCEDIMENTOS PARA A DEFINIÇÃO DE RESPONSABILIDADES E AUTORIDADES PARA O CONTROLE DAS NÃO-CONFORMIDADES E PARA A TOMADA DE AÇÕES PREVENTIVAS E CORRETIVAS?

0	1	2
A administração não estabeleceu procedimentos para definir responsabilidades e autoridades para controlar as potenciais não-conformidades e tomar ações corretivas. As incidências de não-conformidade não são investigadas para se determinar as ações preventivas ou corretivas.	Foram estabelecidos procedimentos para se definir responsabilidades e autoridades para controlar e investigar a não-conformidades e tomar as devidas ações corretivas. Estes procedimentos não são atualizados à luz da experiência com as atuais situações de não-conformidade. As ações corretivas ou preventivas freqüentemente são medidas "tapa-buracos" que não refletem completamente a magnitude do problema ou não são integralmente proporcionais ao impacto ambiental encontrado. Os procedimentos operacionais escritos não são atualizados de forma a registrar/refletir as "lições aprendidas" com previas não-conformidades	Foram estabelecidos e documentados os procedimentos para se definir responsabilidades e autoridades para controlar e investigar as incidências de não-conformidade. Foram estabelecidos e documentados os procedimentos para se definir responsabilidade e autoridades para agir para mitigar quaisquer impactos causados por não-conformidades, e para se iniciar e completar as ações preventivas e corretivas. As medidas corretivas ou preventivas tomadas para eliminar as causar das atual e potenciais não-conformidades são sempre apropriadas à magnitude dos problemas e proporcional ao impacto ambiental encontrado. Quaisquer mudanças nos procedimentos operacionais escritos, resultantes de ações preventivas e corretivas, foram implementadas e registradas.
Comentários: PONTUAÇÃO: ________________		

FORAM ESTABELECIDOS E SÃO MANTIDOS OS PROCEDIMENTOS PARA A IDENTIFICAÇÃO, MANUTENÇÃO E DISPOSIÇÃO DOS REGISTROS AMBIENTAIS?

0	1	2
Não existem procedimentos para a identificação, manutenção e/ou disposição dos registros ambientais.	Foram estabelecidos procedimentos para a identificação, manutenção e disposição de alguns registros ambientais. Certos registros ambientais são armazenados e mantidos de tal modo que são prontamente recuperáveis e protegidos contra danos, deterioração ou perda. O tempo de retenção nem sempre é estabelecido ou registrado. Nem todos os registros relativos a conformidade co este padrão são mantidos.	Foram estabelecidos e são mantidos os procedimentos para a identificação, manutenção e disposição dos registros ambientais. Os registros ambientais e outros, inclusive os registros de treinamento e os resultados de auditorias e revisões, bem como a extensão a qual os objetivos e metas planejados foram atingidos (*ver Anexo A da Norma A.5.3).* Estes registros ambientais são legíveis, identificáveis e rastreáveis para a atividade, produto ou serviço envolvido. Os registros ambientais são armazenados e mantidos de tal modo que são prontamente recuperáveis e protegidos contra danos, deterioração ou perda. O tempo de retenção dos vários registros ambientais é estabelecido e registrado. São mantidos todos os registros exigidos para demonstrar conformidade a este padrão (inclusive o cumprimento legal).

Comentários:

PONTUAÇÃO: ____________________

A ORGANIZAÇÃO TEM UM PROGRAMA E PROCEDIMENTOS PARA AUDITORIA PERIÓDICA DO SISTEMA DE GESTÃO AMBIENTAL?

0	1	2
Nenhum procedimento de auditoria foi estabelecido. Os procedimentos de auditoria não incluem uma avaliação do sistema de gestão ambiental (por exemplo, as auditorias se concentram somente no cumprimento dos requerimentos legais).	Foram estabelecidos um programa e procedimentos para auditorias periódicas do sistema de gestão ambiental. As auditorias são voltadas a determinar se o sistema de gestão ambiental foi corretamente implementado e mantido e se ele se conforma à estrutura planejada. Entretanto, a periodicidade destas auditorias ou programa de auditoria não reflete a potencial importância ambiental relacionada com as atividades em questão, ou não leva em consideração as auditorias previas (se houver). Os procedimentos de auditoria não são abrangentes (por exemplo, eles não cobrem o seguinte: extensão, freqüência e metodologias, responsabilidades e exigências para se conduzir as auditorias e informar os resultados). Os procedimentos não asseguram que as informações sobre os resultados das auditorias são fornecidas à administração.	Foram estabelecidos um programa e procedimentos para auditorias periódicas da gestão ambiental. O programa de auditoria é voltado a determinar se o sistema de gestão ambiental se conforma à estrutura planejada para a gestão ambiental e se ele foi corretamente implementado e mantido. Os procedimentos asseguram que as informações sobre os resultados das auditorias são fornecidos à administração. O programa de auditoria, inclusive a freqüência das auditorias, é baseado na importância ambiental das atividades relacionadas e nos resultados de auditorias previas. Os procedimentos de auditoria cobrem o escopo da auditoria, a freqüência e as metodologias, a competência exigida ao auditor, bem como as responsabilidades associadas à administração e condução das auditorias, e as exigências para se conduzir as auditorias e informar os resultados.
Comentários: PONTUAÇÃO: ________________		

A ALTA ADMINISTRAÇÃO REVISOU O SISTEMA DE GESTÃO AMBIENTAL?

0	1	2
Não existem esquemas para assegurar que a alta administração revisa o sistema de gestão ambiental para garantir a conveniência, adequação e eficácia contínuas.	A alta administração tem planos e esquemas para revisar os sistema de gestão ambiental para assegurar uma conveniência, adequação e eficácia contínuas. Tais revisões não são documentadas. Não existe uma programação para a revisão periódica do sistema de gestão ambiental. O processo de revisão da gestão não é adequado para assegurar que a informação necessária seja coletada permitindo a realização da avaliação. A revisão da gestão enfoca os elementos necessários para a implementação do sistema de gestão ambiental e os procedimentos associaram com sua implementação mas não enfoca as possíveis necessidades para modificar a política ou seus objetivos e metas.	A alta administração revisou o sistema de gestão ambiental para assegurar uma conveniência, adequação e eficácia contínua. Como parte do processo de revisão, a informação necessária é identificada e coletada permitindo que a administração realize esta avaliação. A alta administração determinou os intervalos nos quais revisará os sistema de gestão ambiental. A revisão da gestão enfoca as circunstâncias variáveis que podem exigir mudanças na política, objetivos e outros elementos do sistema de gestão ambiental, à luz dos resultados da auditoria do sistema de gestão ambiental, das circunstâncias variáveis e do compromisso com a melhoria contínua. A revisão da gestão é documentada. A revisão da política, objetivos e procedimentos é realizada pelo nível da administração que os definiu (*ver Anexo A da Norma, A.6*).

Comentários:

PONTUAÇÃO: ________________

4.4 - AUDITORIA PARA IDENTIFICAÇÃO DE ASPECTOS AMBIENTAIS IMOBILIÁRIOS

O Fluxograma para Avaliação Ambiental de um Imóvel, apresentado a seguir, mostra as etapas básicas para a avaliação do potencial de contaminação de um imóvel e indica as ações que devem ser tomadas para evitar quaisquer problemas ambientais e legais em caso de indícios de contaminação do solo ou da água subterrânea. Cada etapa será explicada nos itens descritos. (CETESB)

FIGURA 4.9 - FLUXOGRAMA PARA AVALIAÇÃO AMBIENTAL DE UM IMÓVEL

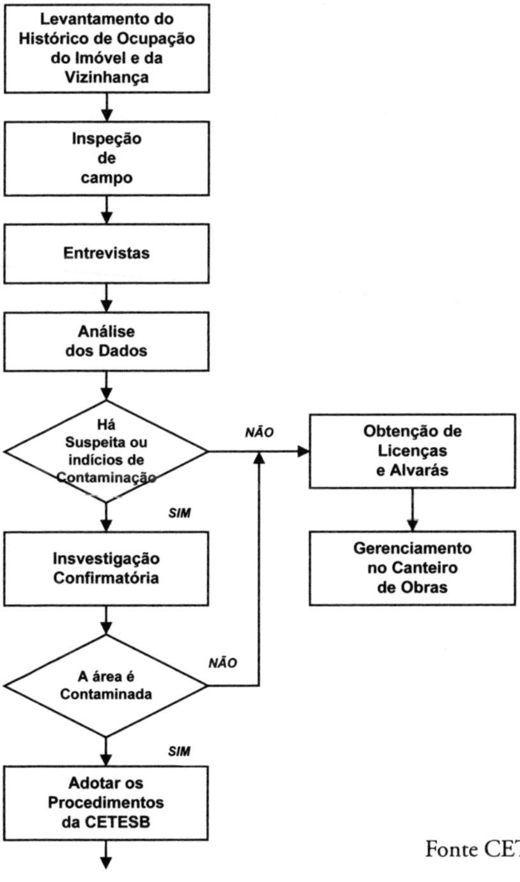

Fonte CETESB: 2004

4.4.1- O LEVANTAMENTO DO HISTÓRICO DE OCUPAÇÃO DO IMÓVEL E DA VIZINHANÇA

O histórico de ocupação do imóvel deve ser recuperado pelo levantamento de documentos existentes, inspeção de campo e entrevistas. Com a finalidade de auxiliar a coleta de dados e a avaliação das informações obtidas, utiliza-se um questionário para avaliação das condições ambientais do imóvel. (CETESB)

O levantamento de informações contidas em documentos preexistentes visa identificar os usos e as ocupações anteriores do imóvel investigado e dos imóveis situados no seu entorno. Dentre os imóveis situados no entorno, deve-se obrigatoriamente incluir os imóveis vizinhos, mas poderá levar em consideração outros imóveis na pesquisa, caso encontre evidências de que em algum deles possa ter sido realizada ou estar sendo realizada alguma atividade potencialmente contaminadora.

As fontes de informações são muito variadas, devendo ser pesquisados arquivos de órgãos públicos e outras entidades. Mapas topográficos e fotografias aéreas retratam o uso do solo no momento em que foram produzidos e são muito úteis. No quadro apresentado a seguir encontram-se relacionados os documentos e as informações que podem ser úteis e estão disponíveis nos diversos órgãos e entidades. (CETESB)

Recomenda-se que o usuário verifique a existência de informações sobre o imóvel investigado e os imóveis do entorno pelo menos nas seguintes fontes:

- Prefeituras municipais;
- Secretaria de Estado do Meio Ambiente e órgãos, estaduais de Meio Ambiente;
- Cartórios de registro de imóveis, juntas comerciais e outras fontes similares;
- Mapas e fotografias aéreas.

A investigação deve buscar identificar todos os usos anteriores do imóvel e dos imóveis do entrono, objetivando conhecer os respectivos potenciais de contaminação.

TABELA 4.4 - ÓRGÃOS OU ENTIDADES QUE PODEM DISPOR DE INFORMAÇÕES

Documento/Informação	Órgão/Entidade (Exemplos)
Licença Ambiental (previa, Instalação e Operação)	Órgãos Ambientais Integrantes do Sistema
Alvará de Funcionamento	Prefeitura Municipal
Outorga de Captação de Água	DAEE
Cadastro de Estabelecimentos de Serviços de Saúde	DAEE
Licenças de Loteamento	Prefeitura
Alvará e Auto de Vistoria	Corpo de Bombeiros
Autorização para Alteração na Vegetação	DEPRN e Prefeitura
Informações sobre Áreas com Ocorrências de Deslizamentos, Erosões e Uso e Ocupação do Solo	Defesa Civil
Alvará de Licença Metropolitana/APM	OEMA/OMMA
Cadastro de Atividade Industrial/CAI	Delegacias do Ministério do Trabalho
Plano de Prevenção de Riscos PPRA	Delegacias do Ministério do Trabalho
Autorização para Estocagem de Combustíveis	Agência Nacional do Petróleo
Cadastro Nacional de Pessoa Jurídica CNPJ	Junta Comercial, Receita Federal ou Posto Fiscal
Fotos Aéreas, Imagens e Mapas	Prefeituras, Embrapa, Inpe
Cadastro de AP, AS e AC e Depósitos de Resíduos	Prefeitura e OEMA
Restrições para área	DEPRN, DUSM, Prefeituras e OEMA
Averbação de Reservas	Cartórios de Registros de Imóveis
Histórico de Fornecimento de Energia Elétrica	Concessionária de Energia Elétrica
Verificação em Catálogos Telefônicos	Companhia Telefônica
Manipulação de Produtos Radioativos	Comissão Nacional de Energia Nuclear (CNEN)

Fonte CETESB 2004

INFORMAÇÕES DE PREFEITURAS MUNICIPAIS

Quando pesquisar informações nas prefeituras municipais, é importante saber o que se quer, onde procurar, como e o que pedir. Assim, quando há interesse por um terreno ou prédio, é imprescindível saber como a prefeitura do município em que se insere o referido imóvel está organizada, como funciona e quais informações estão disponíveis. Tais cuidados evitam que requerimento de uma informação específica percorra diversos departamentos do órgão municipal, sem a devida resposta.

Não existe uma regra tácita para a organização administrativa dos municípios, mas há setores básicos de competência que podem ser encontrados. Os departamentos de controle do uso e ocupação do solo, de limpeza pública e de vigilância sanitária são grandes fontes de informações. Além desses, mais recentemente, muitos municípios constituíram órgãos de gestão ambiental, que são fontes importantes, mas que, normalmente, não trazem em sua estrutura o histórico da ocupação.

Desta forma, a consulta à prefeitura não se restringe, na maioria das vezes, a um único departamento, nem mesmo a identificar somente as possíveis fontes de poluição, mas também os bens a proteger, como unidades de conservação, áreas de lazer, redes de infra-estrutura, bens de interesse histórico ou ambiental, entre outros. Como toda empresa comercial ou industrial deve ter sua Inscrição Municipal, isto possibilita a pesquisa nas prefeituras sobre este aspecto.

Os seguintes passos são recomendados:

- A consulta realizada ao cadastro mobiliário é de extrema importância para verificar se houve em determinado imóvel o registro de sua utilização por alguma atividade potencialmente poluidora;
- A consulta no departamento de vigilância sanitária para verificar a existência de registros de ocorrências envolvendo procedimentos inadequados estabelecimentos de serviços de saúde como laboratórios, clínicas e hospitais, pode ser útil

quando há envolvimento de atividades desta natureza no rol do histórico de uso;

- A consulta nos departamentos de limpeza pública é de grande valia no sentido de se apurar a existência de registros de ocorrências envolvendo deposição irregular ou clandestina de resíduos;
- A consulta nos departamentos de meio ambiente ou de planejamento urbano ou de obras é importante por dois aspectos:
    - levantar os bens a proteger, caso constate indícios de contaminação;
    - levantar as atividades ou procedimentos potencialmente poluidores ou áreas suspeitas de contaminação ou contaminadas.

Cabe ressaltar que nas prefeituras também podem ser encontradas outras informações úteis ao histórico, como levantamentos cartográficos, fotos aéreas e imagens de satélite. (CETESB)

INFORMAÇÕES DA SECRETARIA DE ESTADO DO MEIO AMBIENTE/ SECRETARIA MUNICIPAL DE MEIO AMBIENTE

A pesquisa de informações na Secretaria de Estado do Meio Ambiente pode ser feita da seguinte forma:

- Departamento de Avaliação de Impacto Ambiental

A relação de empreendimentos cujos projetos foram aprovados, reprovados ou encontram-se em fase de análise, dentro da competência destes departamentos, pode ser obtida por município, região administrativa, ou por Unidade de Gerenciamento dos Recursos Hídricos, sendo para tanto necessário o encaminhamento de um ofício a este departamento.

Detalhes a respeito desses empreendimentos, caso haja interesse em conhecer os projetos, poderão ser obtidos por meio de consulta aos processos. Para isto deve ser solicitado no departamento pertinente vistas ao processo, conforme Resolução, que dispõe sobre o acesso público a informações ambientais.

- Departamento de Uso do Solo Metropolitano

Informações sobre empreendimentos localizados em APM - Área de Proteção a Mananciais podem ser obtidas em departamento de uso do solo metropolitano a partir do logradouro e por meio das coordenadas geográficas.

Detalhes a respeito desses empreendimentos podem ser obtidos conforme Resolução, que dispõe sobre o acesso público a informações Ambientais. (CETESB)

INFORMAÇÕES DE ÓRGÃO ESTADUAL DE MEIO AMBIENTE (OEMA)

Por meio de página na Internet os OEMAs, dispõem de informações a respeito das áreas contaminadas sob investigação que se encontram cadastradas. O fato de um determinado local não constar do citado cadastro não significa que a área está livre da suspeita de ser contaminada.

Informações sobre um local específico podem também ser obtidas nesta mesma página, sendo necessário para isto o nome do logradouro, o número e o CEP. Caso existam processos administrativos, poderá ser solicitada consulta. (CETESB)

As informações cadastrais são referentes a empreendimentos cujas atividades foram licenciadas a partir de 1986, ou oriundas das ações corretivas, ou que foram incluídas em alguns dos programas de controle da poluição, tais como: controle de material particulado, controle de óxidos de enxofre, programa de controle de resíduos, dentre outros.

É importante esclarecer que são mantidos atualizados os dados dos empreendimentos que continuam em atendimento pelas OEMAs.

Portanto, para consultar este cadastro, o interessado deve verificar se o nome do logradouro foi alterado ou não. Caso isto tenha ocorrido, a pesquisa deverá incluir os nomes anteriores do referido logradouro.

Nas agências ambientais, situadas em Região Metropolitana, podem ser consultados mapas sobre o zoneamento industrial.

INFORMAÇÕES DE DIVERSAS FONTES

Toda atividade econômica exercida legalmente no Brasil deve ser devidamente registrada e cadastrada, para que sejam feitos o recolhimento de seus impostos e preservados os seus direitos. Desta maneira, toda empresa comercial ou industrial deve ter sua Inscrição Municipal, Inscrição na Fazenda Estadual, Inscrição na Receita Federal, Registro na Junta Comercial, Alvará de Corpo de Bombeiros e outros tipos de licenças ou alvarás, dependendo de sua atividade. Outras entidades, como Sindicatos e Associações, também podem manter cadastros de empresas. (CETESB)

A consulta a estes órgãos é importante para verificar se houve em determinado local o registro de sua utilização por alguma atividade potencialmente poluidora. Este expediente deve ser utilizado para confirmação de informações ou até mesmo como fonte inicial, quando não há outros elementos preliminares de verificação do histórico, como cadastros no OEMA ou em órgãos municipais (OMMA).

Outras fontes que podem ser consultadas para obtenção de informações históricas são: Delegacias do Ministério do Trabalho, Agência Nacional do Petróleo (ANP), empresas concessionárias de energia elétrica, companhias telefônicas, Comissão Nacional de Energia Nuclear (CNEN) e entidades como o Centro das Indústrias do Estado e Associações Comerciais e Industriais do município ou região, pois podem possuir informações históricas do lugar.

Nos Cartórios de Registro de Imóveis são anotadas as transmissões de propriedade e as servidões administrativas, que se constituem em bons documentos para investigação de uso de determinada área.

MAPAS E FOTOGRAFIAS AÉREAS

A interpretação de fotografias aéreas, de imagens de satélites e a utilização de mapas de uma determinada região de interesse permite a identificação e localização de áreas potencialmente contaminadas, tais como áreas de indústrias, de armazenamento de produtos, de tratamento e de disposição de resíduos e de antigos depósitos de resíduos.

No caso especifico de áreas que foram previamente ocupadas por indústrias ou por depósito de resíduos, a avaliação pode ser realizada por meio de fotografias aéreas ou mapas topográficos de diferentes períodos. (CETESB)

No que se refere a locais de deposição de resíduos, a interpretação de fotografias aéreas e imagens pode trazer contribuições para determinar as condições da área antes e após a deposição. Podem ser obtidas informações quanto à localização e à extensão dos depósitos, além de resgatar a ordem cronológica das mudanças ocorridas nesses locais.

O uso de mapas e fotografias aéreas para estes estudos apresenta como principal vantagem a possibilidade de obter dados históricos de locais que não podem mais ser resgatados devido à ausência de registros, ou que não podem ser obtidos por meio de entrevistas, ou ainda, que não deixaram registro em documentações.

Os mapas topográficos, embora atualizados com menor freqüência que as fotos aéreas, também podem fornecer informações importantes, a partir da comparação de datas diferentes. Locais com relevo alterado podem estar indicados como "movimento de terra" ou podem estar mapeadas feições como taludes de corte ou aterro, ou ainda cavas de mineração, que nos mapas atuais podem não existir. Alguns mapas podem apresentar informações sobre o uso do solo como culturas, mata, edificações, entre outros. (CETESB)

4.4.2- INSPEÇÃO DE CAMPO

A inspeção de campo deve ser feita com a finalidade de verificar indícios de possíveis focos de contaminação. Cabe ressaltar que devem ser também verificados os imóveis no entorno, pois esses podem se constituir em possíveis fontes de contaminação que podem afetar o imóvel em questão.

A norma americana ASTM 1527, um guia muito usado internacionalmente para avaliações ambientais de imóveis, fornece uma série de recomendações para as inspeções de campo que podem ser adaptadas para cada caso. Por outro lado, a Ficha Cadastral de Áreas Contaminadas da CETESB, integrante do Manual de Gerenciamento de Áreas Contaminadas, apresenta uma série de itens que devem ser verificados em inspeções de campo. (CETESB)

O roteiro básico pode ser adotado na inspeção de campo acoplado a entrevistas:

ROTEIRO BÁSICO DE ATIVIDADES DESENVOLVIDAS NO IMÓVEL

1. Há uma indústria instalada no imóvel?

☐ sim – qual?
☐ não

2. A atividade industrial atual está relacionada com as atividades potencialmente contaminadoras?

☐ sim – qual?
☐ não

3. Já existiu alguma indústria neste imóvel?

☐ sim – qual?
☐ não
☐ não sei

4. A atividade industrial que existiu neste imóvel está relacionada com as atividades potencialmente contaminadoras?

☐ sim – qual?
☐ não
☐ não sei

5. Existe alguma indústria vizinha ao imóvel?

- ☐ sim – qual/quais?
- ☐ não

6. Existe alguma indústria vizinha ao imóvel?

- ☐ sim – qual/quais?
- ☐ não
- ☐ não sei

7.O imóvel é usado como:

- ☐ posto de gasolina
- ☐ oficina mecânica
- ☐ galvanoplastia
- ☐ gráfica
- ☐ lavanderia/tinturaria
- ☐ bota-fora
- ☐ lixão
- ☐ ferro-velho
- ☐ recebimento e armazenamento de resíduos domésticos e de entulhos
- ☐ reciclagem de resíduos domésticos, indústrias e de entulhos
- ☐ não

8. O imóvel já foi usado como:

- ☐ posto de gasolina
- ☐ oficina mecânica
- ☐ galvanoplastia
- ☐ gráfica
- ☐ lavanderia/tinturaria
- ☐ bota-fora
- ☐ lixão
- ☐ ferro-velho

- [ ] recebimento e armazenamento de resíduos domésticos e de entulhos
- [ ] reciclagem de resíduos domésticos, indústrias e de entulhos
- [ ] não
- [ ] não sei

9. Alguns dos imóveis vizinhos é usado como:

- [ ] posto de gasolina
- [ ] oficina mecânica
- [ ] galvanoplastia
- [ ] gráfica
- [ ] lavanderia/tinturaria
- [ ] bota-fora
- [ ] lixão
- [ ] ferro-velho
- [ ] recebimento e armazenamento de resíduos domésticos e de entulhos
- [ ] reciclagem de resíduos domésticos, indústrias e de entulhos
- [ ] não
- [ ] não sei

10. Algum dos imóveis vizinhos já foi usado como:

- [ ] posto de gasolina
- [ ] oficina mecânica
- [ ] galvanoplastia
- [ ] gráfica
- [ ] lavanderia/tinturaria
- [ ] bota-fora
- [ ] lixão
- [ ] ferro-velho
- [ ] recebimento e armazenamento de resíduos domésticos e de entulhos

☐ reciclagem de resíduos domésticos, indústrias e de entulhos
☐ não
☐ não sei

- Geração, Deposição e Armazenamento de Substâncias Potencialmente Poluidoras

11. São ou foram gerados efluentes líquidos no imóvel?

☐ sim – onde?
☐ não
☐ não sei

12. São ou eram descartados efluentes líquidos diretamente no solo?

☐ sim – onde?
☐ não
☐ não sei

13. São ou eram descartados efluentes líquidos em sistemas de drenagem de águas pluviais ou em rede de esgotos? (não incluinde efluentes sanitários e águas de chuva)

☐ sim – onde?
☐ não
☐ não sei

14. São utilizados ou armazenados no interior do imóvel?

☐ baterias automotivas ou industriais usadas
☐ derivados de petróleo
☐ pesticidas, herbicidas ou outros biocidas
☐ pneus
☐ tintas ou vernizes
☐ resíduos

☐ outros produtos químicos em recipientes individuais de mais de 20 litros ou a granel
☐ qual/quais?
☐ não
☐ não sei

15. Foram armazenadas ou utilizadas no interior do imóvel?
☐ baterias automotivas ou industriais usadas
☐ derivados de petróleo
☐ pesticidas, herbicidas ou outros biocidas
☐ pneus
☐ tintas ou vernizes
☐ resíduos
☐ outros produtos químicos em recipientes individuais de mais de 20 litros ou a granel
☐ qual/quais?
☐ não
☐ não sei

16. Existem bombonas, tambores ou sacos de produtos químicos no imóvel ou nas suas instalações?
☐ sim – qual?
☐ não

17. Existem no imóvel bombonas, tambores ou sacos de produtos quimicos?
☐ sim – qual?
☐ não

18. Existem no imóvel transformadores, capacitores ou quaisquer equipamentos elétricos?
☐ sim – qual?
☐ não

19. Existem no imóvel transformadores, capacitores ou quaisquer equipamentos elétricos?

☐ sim – qual?
☐ não
☐ não sei

20. Foi depositado resíduo industrial dentro do imóvel?

☐ sim – qual?
☐ não
☐ não sei

21. Existem atualmente no imóvel tanques de armazenamento de combustível e/ou produtos químicos?

☐ sim
( ) na superfície
( ) subsolo
☐ não

22. Existiram no imóvel tanques de armazenamento de combustível e/ou produtos químicos?

☐ sim
( ) na superfície
( ) subsolo
☐ não
☐ não sei

23. Existem respiros, bocais de enchimento ou tubulações saindo do solo?

☐ sim – onde?
☐ não

24. Existiram no imóvel respiros, bocais de enchimento ou tubulações saindo do solo?

☐ sim – onde?
☐ não
☐ não sei

25. Existe dentro do imóvel algum poço, lagoa ou lago?

☐ sim – onde?
☐ não

26. Existiu dentro do imóvel algum poço, lagoa ou lago?

☐ sim – onde?
☐ não
☐ não sei

Vestígios de Contaminação

27. Existem ou existiram no interior do imóvel manchas localizadas em:

☐ sim
localização:
cor:
dimensão:
( ) solo
( ) drenos
( ) telhados
( ) pisos
( ) paredes
☐ não

28. Existem ou existiram alterações anômalas na vegetação no interior do imóvel?

☐ sim – onde?
☐ não
☐ não sei

29. Você já observou animais mortos no interior do imóvel?

☐ sim – onde?
☐ não

30. Ocorreu alguma explosão ou incêndio no imóvel?

☐ sim – onde?
Quando?
☐ não

31. Existe ou existiu algum poço, nascente ou mina d´água para abastecimento na propriedade?

☐ sim – onde?
☐ não

32. A água apresenta gosto/cheiro estranho ou causou algum pro blema de saúde?

☐ sim – qual?
☐ não
☐ não sei

33. A água apresentou gosto/cheiro estranho ou causou algum problema de saúde?

☐ sim – qual?
☐ não
☐ não sei

34. A água foi considerada contaminada por algum órgão ambiental ou de saúde?
   - ☐ sim – qual?
   - ☐ não
   - ☐ não sei

Ações Governamentais no Imóvel

35. Existe qualquer pendência jurídica ou administrativa, ligada a um vazamento ou possibilidade de vazamento de substancias tóxicas ou de produtos de petróleo, envolvendo os proprietários ou ocupantes do imóvel?
   - ☐ sim – qual?
   - ☐ não
   - ☐ não sei

36. Existem ou existiram notificações e infrações ambientais relacionadas ao imóvel ou a qualquer uma de suas instalações?
   - ☐ sim – qual?
   - ☐ não
   - ☐ não sei

37. Ocorreram infrações ambientais no imóvel?
   - ☐ sim – qual?
   - ☐ não
   - ☐ não sei

38. Foi realizada qualquer avaliação ambiental no imóvel que tenha indicado a presença de substancias tóxicas ou derivados de petróleo?
   - ☐ sim – qual?
   - ☐ não
   - ☐ não sei

39. Existe na vizinhança do imóvel qualquer empreendimento listado no Cadastro de Áreas Contaminadas do OEMA e/ ou OMMA?

☐ sim – a que distancia?
☐ não
☐ não sei

Observações referentes a cada uma das questões do questionário:

ATIVIDADES DESENVOLVIDAS NO IMÓVEL

QUESTÃO 1

As atividades industriais constituem-se em fonte significativa de contaminação do ar, solo, água superficial e subterrânea. Dessa forma, o cuidado para o desenvolvimento imobiliário nessas áreas deve ser redobrado, devendo ser adotadas várias medidas antes do início de qualquer obra. Deve ser ressaltado que não existe correspondência entre o porte da atividade industrial e a possibilidade de ocorrência de passivos. Pequenas e médias indústrias podem produzir grandes passivos ambientais.

QUESTÃO 2

Nem toda atividade industrial é potencialmente poluidora. No Manual de Gerenciamento de Áreas Contaminadas, a CETESB apresenta as atividades industriais com maior potencial poluidor.

QUESTÃO 3

Valem os comentários da Questão 1, devendo ser ressaltado que, em áreas onde a atividade industrial já não é mais exercida, podem não estar presentes os elementos mais significativos na identificação dessas áreas (prédios, galpões, chaminés). Deve, portanto, ser realizada uma pesquisa histórica para verificação da utilização prévia do terreno.

QUESTÃO 4

Valem os comentários para as Questões 2 e 3.

QUESTÃO 5

Em virtude da possibilidade de migração de contaminantes no ar, no solo e nas águas subterrâneas deve ser dada atenção à existência de atividades industriais desenvolvidas nas propriedades vizinhas ao imóvel.

QUESTÃO 6

Valem os comentários das Questões 3 e 5.

QUESTÃO 7

Algumas atividades comerciais e industriais de pequeno e médio porte também são potencialmente poluidoras. Nesta questão, estão listadas algumas das atividades mais comuns que podem vir a se constituir em fontes de contaminação.

QUESTÃO 8

Valem os comentários da Questão 7, devendo ser ressaltado que, em áreas onde a atividade comercial ou industrial já não é mais exercida, podem não estar presentes os elementos mais significativos na identificação dessas áreas (placas, tanques enterrados, galpões). Deve, portanto, ser realizada uma pesquisa histórica para verificação da utilização prévia do terreno.

QUESTÃO 9

Em virtude da possibilidade de migração contaminantes no solo e nas águas subterrâneas, deve ser dada atenção à existência de qualquer uma dessas atividades comerciais e industriais desenvolvidas nas propriedades vizinhas do imóvel.

QUESTÃO 10

Valem os comentários das Questões 8 e 9.

Geração, Deposição e Armazenamento de Substâncias Potencialmente Poluidoras

QUESTÃO 11

A geração de efluentes líquidos pode se tornar uma fonte de contaminação. Deve ser verificada a existência de manilhas, tubulações e galerias no interior da propriedade.

QUESTÃO 12

Era prática comum no passado o descarte desses efluentes diretamente no solo, para infiltração. Deve ser verificada a existência de tubulações ou poços onde esses efluentes poderiam ter sido infiltrados.

QUESTÃO 13

Em alguns casos, a rede de drenagem ou de esgotos pode carregar também efluentes industriais. Deve ser verificada a existência de manilhas, tubulações e galerias no interior da propriedade.

QUESTÃO 14

Os itens listados nessa questão são produtos e peças que podem causar ou estarem associados a possíveis contaminações do solo e das águas subterrâneas. A análise da presença desses elementos devera ser feita com critério, levando-se em conta o volume e a extensão da área ocupada por eles.

QUESTÃO 15

A presença pretérita desses elementos pode ser um indicativo de possível contaminação. Deve ser ressaltado que, com o passar do tempo, elementos dispostos na superfície podem ser aterrados, dificultando a sua identificação imediata.

QUESTÃO 16

Os itens listados nessa questão são produtos que podem causar ou estarem associados a possíveis contaminações. A análise da presença desses elementos deverá ser feita com critério, levando-se em conta o volume e a extensão da sua área ocupada por eles.

QUESTÃO 17

Valem os comentários da Questão 15.

QUESTÃO 18

Os itens listados nessa questão são peças e equipamentos que podem causar ou estarem associados a possíveis contaminações, principalmente devido a presença de PCB's (bifenilas policloradas, ascarel e outros).

QUESTÃO 19

A presença pretérita dessas peças e equipamentos pode ser um indicativo de possível contaminação, principalmente por PCB's. Em unidades industriais desativadas, é muito comum o sucateamento desses equipamentos.

QUESTÃO 20

A deposição inadequada de resíduos industriais em áreas urbanas é uma fonte significativa de contaminação. Essa deposição é geralmente realizada ao longo de vias menos movimentadas de acesso não controlado. Pode ser identificada pela presença de pilhas, geralmente com um ou dois metros de altura de materiais com odor coloração característicos. Deve-se evitar confundir esses materiais com entulho de construção.

QUESTÃO 21

O armazenamento de substancias químicas em tanques aéreos (acima da superfície} e subterrâneos também pode se constituir em fonte de contaminação

QUESTÃO 22

A existência pretérita desses equipamentos pode se constituir em fonte de contaminação. Devem ser verificados, no caso dos tanques abandonados e inutilizados, os produtos armazenados e as razões de desativação.

QUESTÃO 23

Esses elementos no solo do imóvel auxiliam a identificação de equipamentos subterrâneos. Deve ser dada atenção à existência de tubulações, caixas de passagem e tampas de tanques (bocais de enchimento). Esses últimos podem ser identificados por suas formas (circular), dimensões padrão (nove polegadas de diâmetro) e pela presença eventual de logotipos de empresas de petróleo.

QUESTÃO 24

Valem os comentários sobre a questão 23.

QUESTÃO 25

À existência de poços, lagos e lagoas permite a coleta e análise de amostras de água, podendo ser verificada a existência de problemas ambientais no imóvel ou nas proximidades.

QUESTÃO 26

O aterramento de corpos d'água superficiais ou poços pode ser indicativo de tentativas de ocultamento de contaminações ou da inadequação das águas desses locais para consumo humano. Deve ser dada atenção especial às lagoas de tratamento de efluentes aterradas.

Vestígios de Contaminação

QUESTÃO 27

A presença de manchas localizadas no interior da área do imóvel pode se indicativa de fontes de contaminação. Deve ser dada atenção especial à coloração, persistência e dimensões das manchas.

QUESTÃO 28

Mudanças abruptas ou anômalas no crescimento ou na coloração da vegetação podem ser indicativas de presença de contaminação no solo.

QUESTÃO 29

Deve ser levantada a ocorrência de mortes repentinas e significativas de animais no interior da propriedade. Esses eventos podem estar associados à presença de substancias tóxicas no local. A presença de animais mortos não deve ser considerada como significativa sem a devida investigação.

QUESTÃO 30

A ocorrência de incêndios ou explosões no interior do imóvel pode está associada à presença de substâncias ou materiais inflamáveis no interior da propriedade. Devem ser levadas em conta as datas , dimensões e durações desses incêndios.

QUESTÃO 31

A existência de poços de abastecimento de água para consumo humano no interior da propriedade deve ser levantada para verificação da sua qualidade.

QUESTÃO 32

Algumas substâncias poluidoras podem apresentar gosto ou odor característico. Em caso de respostas afirmativas, recomenda-se a realização de análises para verificação da sua qualidade de acordo com a Portaria 1469/2000 do Ministério da Saúde.

QUESTÃO 33

Valem os comentários para a Questão 32.

QUESTÃO.34

Deve ser levantada a documentação nos órgão ambiental e de saúde para verificação das causas da contaminação. Esta pode estar relacionada a fontes de contaminação dentro ou fora do imóvel.

Ações Governamentais Desenvolvidas no Imóvel

QUESTÃO 35

A existência de pendências jurídicas envolvendo os proprietários do imóvel pode ser indicativa de problemas ambientais no mesmo.

QUESTÃO 36

Notificações e infrações ambientais relacionadas ao imóvel podem indicar a existência de problemas ambientais. Devera ser verificada a natureza dos fatos geradores dessas medidas administrativas. Essa informação deverá ser obtida nos órgãos ambientais competentes.

QUESTÃO 37

Infrações ambientais relacionadas ao imóvel indicam a existência de problemas ambientais. Deverá ser-verificada a natureza do fato gerador da infração. Essa informação deverá ser obtida nos órgãos ambientais competentes.

QUESTÃO 38

Deve ser verificada a existência previa de avaliações ambientais que já tenham sido realizadas na área do imóvel. Caso elas existam, os resultados devem ser devidamente avaliados.

QUESTÃO 39

Os OEMA/OMMA costumam ter disponível em seus sites na Internet uma lista com as áreas contaminadas já identificadas no Estado. Deve ser levantada a distância entre essas áreas e o imóvel.

4.4.3- ENTREVISTAS

As entrevistas, quando conduzidas de forma apropriada e dentro de um clima de confiança e respeito, são importantes fontes de informação. Antigos proprietários e vizinhos, assim como antigos funcionários de empresas, podem fornecer informações claras e objetivas sobre o imóvel em questão. (CETESB)

É recomendado que, no curso do levantamento de dados, seja entrevistada pelo menos uma pessoa de cada um dos seguintes grupos:

- o proprietário do imóvel, isto é, o próprio, no caso de pessoa física, ou o representante legal, no caso de pessoa jurídica;
- um ocupante do imóvel, como o representante legal do locatário, em caso de pessoa jurídica, ou antigos trabalhadores;
- os vizinhos.

4.4.4- AVALIAÇÃO DE IMPACTO AMBIENTAL

A partir da caracterização e análise dos processos originais e sua alteração provável pelas atividades do empreendimento, em suas diversas fases, pode-se propor instrumentos práticos de gestão ambiental. Em face da perspectiva de abordagem ambiental integrada em empreendimentos habitacionais, contemplam-se a Avaliação de Impacto Ambiental – AIA, estabelecida por normas legais (instrumento aplicado especialmente ao planejamento, mas que se estende às fases de construção e ocupação), e, relacionados a normas técnicas, o Sistema de Gestão Ambiental – SGA (instrumento aplicado especialmente às fases de construção e ocupação, mas que deve ser previsto desde o planejamento) e a Auditoria Ambiental – AA (instrumento aplicado especialmente às fases de construção e ocupação). Esses instrumentos são aplicados por meio de programas, os quais podem, também, ser estabelecidos e integrados em planejamentos de gestão ambiental mais simplificados.

Quadro 4.17 – Alguns exemplos de alterações ambientais decorrentes de empreendimento habitacional, segundo o segmento considerado.

QUADRO 4.17

Segmentos do Meio Ambiente	Alteração de Processos
Meio Físico	- aceleração do processo erosivo; - ocorrência de escorregamentos (solo e rocha); - aumento de áreas inundáveis ou de alagamento; - ocorrência de subsidência do solo; - diminuição da infiltração de água no solo; - contaminação do solo e das águas superficiais e subterrâneas; - aumento da quantidade de partículas sólidas e gases na atmosfera; - aumento da propagação de ondas sonoras.
Meio Biótico	- supressão da vegetação; - degradação da vegetação pelo efeito de borda; - degradação da vegetação pela deposição de partículas sólidas; - danos à fauna; - incômodos à fauna.
Meio Antrópico	- aumento pela demanda por serviços públicos (coleta de lixo, correios) e demais questões de infra-estrutura; - aumento de consumo de água e energia; - aumento de operação/transações comerciais; - aumento da arrecadação de impostos; - aumento da oferta de emprego; - aumento do trafego; - alteração na percepção ambiental; e - modificação de referencias culturais.

Fonte IPT 2003

Um empreendimento habitacional pode ser dividido em três fases distintas: planejamento, construção e ocupação, as quais estão subdivididas em etapas, conforme apresentado no Quadro 4.18).

QUADRO 4.18 – FASES E ETAPAS DE UM EMPREENDIMENTO HABITACIONAL

Fases	Etapas
Planejamento	Identificação da demanda
	Projeto
	Terraplanagem
Construção	Edificação e demais obras
	Bota-fora
	Paisagismo
Ocupação	Uso
	Ampliação

Fonte IPT 2003

As conseqüências ambientais da identificação inadequada da demanda correspondem a impactos negativos ao segmento antrópico relativo ao morador. Para evitar problemas futuros, recomendam-se os seguintes procedimentos nessa etapa:

- avaliar as necessidades dos futuros moradores, considerando a sua origem, composição familiar e localização de suas atividades de trabalho e educação; e
- criar mecanismos de participação dos usuários nas outras etapas do planejamento.

IDENTIFICAÇÃO DE PROBLEMAS AMBIENTAIS NO LOCAL E ARREDORES

Vazios urbanos, já dotados de infra-estrutura, são relegados ante o seu espaço disponível, nem sempre condizente com a prática estabelecida de conjuntos habitacionais de grande porte. Argumentando-se da necessidade de busca de supostas economias de escala nos empreendimentos, os conjuntos estão geralmente situados na periferia urbana, nos quais o custo para o estabelecimento da infra-estrutura necessária, relativamente muito alto, não é contabilizado, em seu orçamento.

Tem-se tornado cada vez mais necessária a investigação da ocupação anterior da área, ou seja, o levantamento de seu passivo ambiental. Caso o terreno tenha sido utilizado para disposição de resíduos, ou mesmo, tenha sido ocupado por indústria, com possibilidades de contaminação do solo e das águas superficiais e subterrâneas, a situação requer uma investigação prévia. (IPT)

A Avaliação do Passivo Ambiental subsidia e orienta os levantamentos dos níveis de contaminação presentes, cujos resultados servirão para indicar medidas corretivas, se necessárias, ou mesmo inviabilizar economicamente o local. Caso contrário, as conseqüências do problema atingirão os futuros usuários, bem como os responsáveis pelo empreendimento.

No diagnóstico de localização em áreas próximas a fontes notáveis de problemas ambientais, é necessária a verificação da ocupação circunvizinha, tais como lixões, aeroportos, ferrovias, minerações e indústrias poluentes. Outros problemas, menos conhecidos ou divulgados, passam hoje também a se incorporar paulatinamente às preocupações na localização de habitações. É caso de efeitos de campos magnéticos gerados por linhas de transmissão de energia elétrica e de telefonia, que têm sido associados a disfunções orgânicas em seres vivos. Além desses, destacam-se processos de meio físicos deflagrados em áreas vizinhas e com possibilidade de afetar a área do empreendimento, tais como erosões, assoreamentos e instabilizações em taludes. (IPT)

Os locais com problemas apresentam diferentes graus de contaminação ou raios de influência, cuja aferição usualmente remete a peregrinações por diversos órgãos e instituições, sendo que alguns podem ser neutralizados com expedientes economicamente aceitáveis, outros não. No que diz respeito a fontes de poluição do ar, as condições de clima local podem fazer com que até mesmo fontes relativamente distantes exerçam influência ambientalmente negativa sobre o conjunto.

Para identificar situações de risco ou fontes de problemas que contra-indiquem a implantação do conjunto na área ou que necessitem de tratamento prévio, sugerem-se os seguintes procedimentos:

- pesquisar a região destinada à implementação do conjunto, identificando eventuais fontes próximas de problemas ambientais e levantar o passivo ambiental da área destinada ao empreendimento;
- investigar as situações de risco, analisando a suscetibilidade a processos do meio físico, da área escolhida para o empreendimento, utilizando informações e dados básicos, tais como, geologia, solos, declividades, pluviometria e histórico de eventos;
- realizar mapa de risco potencial, considerando a inserção do empreendimento na área;
- analisar ventos dominantes e verificar se estes não tendem a trazer emissões atmosféricas provenientes de lixões, indústrias, lagoas de tratamento de esgotos, dentre outros, mesmo os relativamente distantes;
- identificar a possibilidade e custo de eliminação das fontes próximas ou dos níveis de contaminação da área do empreendimento, mediante expedientes de reconhecida eficácia técnica;
- no caso de impossibilidade técnica ou econômica de eliminação de risco na área destinada ao empreendimento, ou de atenuação aceitável de seus efeitos, contra-indicar a implantação do conjunto no local; e
- no caso de fontes neutralizáveis, providenciar e documentar compromisso com a eliminação, ou de atenuação de seus efeitos, identificando os níveis a obter, os prazos e os responsáveis pela execução e fiscalização.

AVALIAÇÃO DA COMPATIBILIDADE AMBIENTAL COM OUTROS USOS

Deve-se considerar conflitos que podem ocorrer com a implementação do empreendimento:

1. A potencialidade da área para outros usos.
2. Os reflexos da urbanização em ocupações já consolidadas, tais como reservatório para abastecimento d`água ou geração de energia elétrica, unidades de conservação, olericulturas ou "cinturões verdes" de abastecimento horticola.

A área objeto de estudo para o empreendimento habitacional pode também englobar reservas minerais de grande importância socioeconômica para o município ou para a região. Essas reservas teriam seu aproveitamento impossibilitado na medida em que, uma vez implementado o empreendimento, não seria mais possível o desenvolvimento de uma atividade de mineração. Por este motivo, e para evitar conflitos, inclusive de natureza jurídica, convém que se analise, também, a eventual oneração da área em estudo com relação aos títulos minerários. Pelo fato de o minerais serem bens da União, distintos da propriedade do solo, a oneração da área ocorre em outra instancia (Departamento Nacional da Produção Mineral-DNPM), e não nos cartórios de registros de imóveis. (IPT)

Para assegurar que os usos do solo previstos para a região propiciem interações de forma a não afetar a qualidade ambiental e a dinâmica do conjunto, recomendam-se os seguintes procedimentos:

- estudar documentação referente ao planejamento da área/região, contemplando:
    - plano diretor do município;
    - planos de desenvolvimento específicos para a área/região; e
    - potencialidade mineral, com análise de eventual oneração da área em relação aos títulos minerários nos órgãos competentes (requerimentos de pesquisa e lavra);

- pesquisar em órgãos do Poder Público local a necessidade / possibilidade de introdução, na legislação urbana, de mecanismos que favoreçam a diversificação de funções na área / região e ao mesmo tempo impeçam a implementação de fontes de problemas ambientais; e

  - desenvolver programas de interação dos moradores do empreendimento com os usos existentes na circunvizinhaça.

IDENTIFICAÇÃO DA DISPONIBILIDADE DE INFRA-ESTRUTURA URBANA OU COMPROMISSO DE SUA IMPLANTAÇÃO

A) SISTEMA VIÁRIO

Para assegurar condições adequadas de acesso e deslocamentos dos moradores ao centro da cidade (ou a subcentro), sugerem-se os seguintes procedimentos:

- verificar a existência de vias de acesso adequadas, tanto em relação ao porte como à pavimentação, a partir do centro da cidade (ou de subcentro) até a área do empreendimento;
- na região do conjunto, verificar o porte das vias de acesso, que deve se coadunar com o tamanho do empreendimento. Como referência, para pequenos conjuntos (com até cerca de 100 unidades habitacionais), pode-se tolerar o acesso por simples vias locais, desde que haja proximidade a uma via principal (que deve estar, preferencialmente, num raio de cerca de 500 m do local). A partir daí, torna-se progressivamente desejável o acesso através de uma via principal, podendo fazer-se necessária, conforme o porte e a situação do conjunto, até mesmo uma via arterial;
- avaliar situações de fluxo nos horários de pico; e
- no caso de inadequação de acessos, obter compromisso com sua melhoria (documentado) nos órgãos competentes.

B) TRANSPORTE COLETIVO

Para assegurar a disponibilidade de transporte da população do conjunto para o centro da cidade ou para sub-centros já atendidos por linhas de transporte coletivo, recomendam-se os seguintes procedimentos:

- exigir documentação, em órgãos da administração pública e empresas de ônibus, que assegure o transporte coletivo para o conjunto, a partir de sua entrada em funcionamento;
- verificar a disponibilidade de linhas de metrô ou trens suburbanos, ou a previsão de sua implementação, em regiões metropolitanas; e
- acompanhar o cumprimento de metas e prazos estabelecidos para a implementação de novas linhas de ônibus e/ou observar a manutenção/incremento do serviço de transporte coletivo existente.

C) ABASTECIMENTO DE ÁGUA

As águas superficiais são bens da União ou do Estado, enquanto que as águas subterrâneas são bens do Estado; em ambos os casos, o seu uso depende de outorga prévia e de normas específicas estabelecidas pelos organismos gestores (federais e estaduais). Para assegurar o abastecimento aos moradores, além da eventual necessidade de reserva de água para incêndio, sugerem-se os seguintes procedimentos:

- consultar o Poder Público municipal sobre as possibilidades e condições para o abastecimento público de água nas áreas objeto de estudo para o empreendimento habitacional;
- fazer análise técnica preliminar da possibilidades de abastecimento e das soluções tecnológicas decorrentes no âmbito do sistema público e do sistema predial de abastecimento, segundo as condições oferecidas e/ou negociadas pelo ou com o Poder Público municipal;

- caso a solução vislumbrada implique em execução de obra pelo próprio empreendedor, obter e observar rigorosamente as condicionantes técnicas e procedimentos processuais estabelecidos pelo órgão municipal prestador do serviço de abastecimento (departamento, autarquia, companhia mista ou empresa privada);
- obter aprovação e compromisso formal do Poder Público municipal para garantir o abastecimento segundo o sistema definido e aprovado para o empreendimento. Esse compromisso deve explicitar os termos exatos das responsabilidades das partes;
- caso o empreendedor seja responsável pela implementação da infra-estrutura essencial (abastecimento de água, esgotamento sanitário, drenagem de águas pluviais e sistema viário), estabelecer a total integração dos sistemas implantados aos sistemas existentes;
- no caso do sistema integralmente local de abastecimento, obter outorga prévia dos organismos competentes (federais e estaduais) para se realizada a captação na quantidade necessária; e
- caso seja necessária reserva de água para incêndio, seguir os procedimentos de acordo com normas técnicas, como a NBR 13714 (ABNT, 2000), além de eventuais decretos estaduais, relativos ao Corpo de Bombeiros.

D) ESGOTAMENTO SANITÁRIO

Para assegurar o esgotamento sanitário adequado, recomendam-se os seguintes procedimentos:

- consultar o Poder Público municipal sobre as possibilidades e condições para o esgotamento sanitário nas áreas objeto de estudo para o empreendimento habitacional,

- análise técnica preliminar das possibilidades de esgotamento sanitário e das soluções decorrentes no âmbito do sistema público e privado de esgotamento sanitário, segundo as condições oferecidas e/ou negociadas pelo ou com o Poder Público municipal;
- caso a solução vislumbrada implique em execução de obra pelo próprio empreendedor, obter e observar rigorosamente as condicionantes técnicas e procedimentos processuais estabelecidos pelo órgão municipal prestador do serviço de esgotamento (departamento, autarquia, companhia mista ou empresa privada);
- obter aprovação e compromisso formal do Poder Público municipal para garantir o esgotamento segundo o sistema definido e aprovado para o empreendimento. Esse compromisso deve explicitar os termos exatos das responsabilidades das partes;
- nos centros urbanos onde o empreendedor é responsável pela implantação das unidades habitacionais e da infra-estrutura essencial (abastecimento de água, esgotamento sanitário,. drenagem de águas pluviais e sistema viário), é particularmente importante a total integração dos sistemas implantados aos sistemas existentes;
- no caso de sistema integralmente local de esgotamento isto é, estruturas que envolvem coleta, afastamento, tratamento e disposição final, deverá ser obtida licença prévia dos organismos competentes (federais e estaduais) para ser realizada a disposição final. O documento oficial que licencia o sistema que dispõe efluentes tratados estará fundado na Resolução Conama 20 (BRASIL, 1992b), com eventuais exigências adicionais da legislação estadual e municipal; e
- caso seja inviável a implementação de um sistema de esgotamento sanitário baseado em rede urbana, pode ser utilizado sistema individualizado ou comunitário do tipo fossa séptica, seguido de filtro anaeróbio, projetado e construído de acordo com a norma técnica NBR 7229 (ABNT, 1993).

E) COLETA MUNICIPAL DE LIXO

Para garantir a coleta periódica do lixo pelo serviço público municipal, evitando-se a criação de depósitos de lixo irregulares nas proximidades, sugerem-se os seguintes procedimentos:

- verificar a possibilidade de extensão e o funcionamento da coleta municipal de lixo no município;
- obter, na Prefeitura Municipal (e, se for o caso, nas empresas terceirizadas), documentos que garantam que o serviço municipal de coleta de lixo será estendido até o local da instalação do conjunto habitacional, no prazo e freqüência requeridos; e
- obter orientações para construção dos pontos de armazenamento e de apresentação do lixo à coleta.

F) FORNECIMENTO DE ENERGIA ELÉTRICA E PREVISÃO DE ILUMINAÇÃO PÚBLICA

Para assegurar o fornecimento de energia elétrica adequado ao número de unidades habitacionais que será construído, assim como a instalação de iluminação pública, devem-se adotar os seguintes procedimentos:

- exigir documentação, a ser obtida junto à concessionária, que assegure o fornecimento adequado de energia elétrica para o conjunto;
- conseguir compromisso de iluminação de áreas que tendem a permanecer vagas, no aguardo da construção de equipamentos públicos, comunitários e de comércio; e
- acompanhar o cumprimento de metas e prazos estabelecidos para o fornecimento de energia elétrica e instalação de iluminação pública, condicionando a entrega de unidades habitacionais à entrada em funcionamento do sistema.

G) TELEFONIA

Para assegurar a possibilidade de comunicação à distância a todos os moradores, recomendam-se os seguintes procedimentos:

- exigir documentação, a ser obtida junto à concessionária, que assegure a instalação de telefones públicos e de linhas particulares para o conjunto; e
- acompanhar o cumprimento de metas e prazos.

H) EQUIPAMENTOS COMUNITÁRIOS, EQUIPAMENTOS PÚBLICOS E ESTABELECIMENTOS COMERCIAIS

Para analisar a disponibilidade, na região da área selecionada, de equipamentos públicos e comunitários, assim como de estabelecimentos comerciais, recomendam-se os seguintes procedimentos:

- dimensionar as demandas por equipamentos comunitários, públicos e comerciais;
- exigir documentação mostrando a localização dos equipamentos públicos e comunitários na região da área selecionada;
- exigir documentação de compromisso de construção de novos equipamentos, quando for o caso; e
- acompanhar o cumprimento de metas e prazos estabelecidos para a implementação de novos equipamentos públicos e comunitários, verificando a manutenção de níveis satisfatórios de atendimento de saúde e de educação.

ELABORAÇÃO DE PLANO DE DESENVOLVIMENTO INTEGRADO

Para assegurar melhores condições de gestão ambiental dos empreendimentos habitacionais, apontam-se a seguir as questões que devem ser tratadas em um plano de desenvolvimento integrado:

A) ELEVAÇÃO DO PADRÃO DE HABITABILIDADE

Integrar o empreendimento no desenvolvimento urbanístico da cidade, com medidas para a instalação de infra-estrutura e serviços públicos, seu monitoramento e avaliações posteriores, em um processo contínuo de gestão, estabelecendo-se responsabilidade;

B) ADEQUAR O PROJETO DE DRENAGEM INTERNA AO CONJUNTO

Com terminações do sistema de drenagem e sua conexão com redes do entorno ou sistemas localizados de lançamento, assegurando a preservação de terrenos vizinhos. A especificação de cuidados na implantação do sistema de drenagem deve permitir que este, ao término das obras, esteja totalmente livre, desobstruído e desassoreado.

C) LOCALIZAÇÃO DE EQUIPAMENTOS PÚBLICOS, COMUNITÁRIOS E DE ÁREAS COMERCIAIS

Recomendam-se, a seguir, requisitos que tratem da localização dos equipamentos públicos, comunitários e de áreas comerciais como um dos recursos na elaboração do projeto, propiciando melhores condições ambientais do empreendimento:

- observar se o projeto atende a centralidade, no conjunto, das áreas necessárias para equipamentos públicos e comunitários e áreas comerciais. Somente tolerar localização periférica de tais áreas quando junto a trechos tipicamente urbanos, já ocupados e consolidados no entorno, de caráter publico, possibilitando compartilhamento com os moradores do entorno e maior possibilidade de pressão pela manutenção adequada; e
- sempre que possível, utilizar, nas áreas de lazer, massas de vegetação com fisionomia florestal semelhante às matas nativas da região, respeitando o espaço e as características naturais do local.

D) PLANEJAMENTO DO PROJETO DE INFRA-ESTRUTURA INTERNA

Requisitos relativos à verificação da infra-estrutura interna, como um dos passos necessários na elaboração do projeto, propiciando melhores condições ambientais do empreendimento:

- adotar redes de água, de esgotos, de eletricidade e de iluminação pública, internas ao conjunto, assegurando-se o atendimento adequado a todas as unidades;
- adotar a disposição do posteamento, assegurando-se sua não interferência em acessos a unidades/condomínios;
- adotar a iluminação pública nos arruamentos e áreas públicas previstas (incluindo sistemas de lazer, áreas destinadas a equipamentos públicos, comunitários e comércio), assegurando-se sua suficiência;
- verificar as possibilidades de circulação viária interna e de acesso à malha urbana, estabelecendo sua correção;
- identificar a existência de redes locais de drenagem publica e verificar sua capacidade em receber os novos fluxos de água concentrados que terão origem no conjunto.
- Observar a localização de pontos mais favoráveis de lançamento, que deverão ser contemplados no projeto do conjunto. Caso a rede não esteja adequada a recebimento dos novos fluxos, obter compromisso documentado de sua adequação em tempo hábil;
- no caso de inexistência de rede publica de drenagem local e de não haver previsão para sua construção, identificar pontos mais favoráveis de concentração e lançamento, que deverão ser considerados no projeto básico. Observar, também, a necessidade de previsão de obras de extremidade no sistema de drenagem, como dissipadores de velocidade de escoamento e vertedouros; e

- atrelar a entrega de unidades à implantação completa do sistema de drenagem do conjunto, destacando a execução de obras de destinação, no entorno, das águas captadas.

E) PLANEJAMENTO DA DISPOSIÇÃO E DESTINAÇÃO DO LIXO DOMICILIAR

Sugerem-se, a seguir, requisitos relativos ao lixo domiciliar, como um dos recursos na elaboração do projeto, propiciando melhores condições ambientais do empreendimento:

- calcular as dimensões das lixeiras destinadas ao lixo comum de acordo com o número previsto de moradores e a periodicidade da coleta pública;
- projetar a localização das lixeiras em local de fácil acesso pelos moradores e que sejam também adequadas à retirada pelas empresas coletoras; e
- prever espaços para colocação de coletores para recicláveis nos andares dos prédios de apartamentos e para seu depósito e armazenamento nas áreas comuns.

F) ADEQUAÇÃO ÀS CARACTERÍSTICAS DO CLIMA LOCAL

Sugere-se, requisito que trate do clima como um dos recursos na elaboração do projeto, para propiciar melhores condições ambientais do empreendimento:

- adequar ao clima local as características das unidades habitacionais típicas de sua forma de implementação no conjunto, visando otimizar o desempenho quanto ao conforto ambiental.

G) ADAPTAÇÃO CULTURAL

Sugere-se, requisito que trate a questão cultural como um dos recursos na elaboração do projeto, para propiciar melhores condições ambientais do empreendimento:

- verificar a ocorrência de traços culturais diferenciados na região e, constatadas particularidades relevantes, procurar sua efetiva incorporação ao projeto.

QUADRO 419 – RECOMENDAÇÕES NA FASE DE PLANEJAMENTO, CONSIDERANDO AS ALTERAÇÕES PREVISTAS NOS PROCESSOS AMBIENTAIS

Etapas	Atividades	Alterações Ambientais	Ações e Medidas Recomendadas
IDENTIFICAÇÃO DA DEMANDA	Adequação às necessidades dos futuros usuários	• meio antrópico: relacionadas à qualidade de vida dos futuros usuários.	• avaliar as necessidades dos futuros moradores considerando a composição familiar e a localização de suas atividades de trabalho e educação; e • criar mecanismos de participação dos usuários nas outras etapas de planejamento.
SELEÇÃO DE ÁREAS	Identificação de problemas ambientais no local e entorno	• meio físico: deflagradas em áreas vizinhas e com possibi-lidade de atingir a área do empreendimento; e • meio antrópico: relacionadas com a qualidade de vida dos usuários advindas de fontes notáveis de problemas ambientais em áreas próximas.	• pesquisar a região destinada ao empreendimento, identificando eventuais fontes próximas de problemas ambientais e levantando o passivo ambiental da área; • investigar as situações de risco, analisando a suscetibilidade a processos do meio físico, utilizando informações e dados básicos, tais como geologia, solos, declividades, pluviometria e histórico de eventos; • realizar mapa de risco potencial, considerando a inserção do empreendimento na área; • analisar ventos dominantes e verificar se estes não tendem a trazer emissões atmosféricas provenientes de lixões, indústrias e lagoas de tratamento de esgotos; • identificar a possibilidade e o custo de eliminação de risco da área do empreendimento; • no caso de impossibilidade técnica ou econômica de eliminação da fonte e/ou descontaminação da área destinada ao empreendimento (o de atenuação aceitável de seus efeitos), contra-indicar a área; • no caso de fontes neutralizáveis, providenciar e documentar compromisso com a eliminação ou de atenuação aceitável de seus efeitos, identificando os níveis a obter, os prazos e os responsáveis pela execução e fiscalização; e • desenvolver programas interagindo os moradores com o entorno.
	Identificação da disponibilidade de infra-estrutura	• nos três segmentos do meio ambiente: relacionadas à necessidade de construção do sistema viário, transporte coletivo, abas-tecimento de água, esgotamento sanitário, coleta de lixo, redes locais de drenagens, fornecimentos de energia elétrica, tele-fonia, equipamentos públicos e comunitários, assim como estabelecimentos comerciais.	Verificar a disponibilidade de infra-estrutura ou assegurar sua implementação, obtendo o compromisso com os órgãos competentes, estabelecendo metas, prazos e monitoramento.

Fonte IPT 2003

(continua)

QUADRO 4.19 – RECOMENDAÇÕES NA FASE DE PLANEJAMENTO, CONSIDERANDO AS ALTERAÇÕES PREVISTAS NOS PROCESSOS AMBIENTAIS. *(CONTINUAÇÃO)*

Etapas	Atividades	Alterações Ambientais	Ações e Medidas Recomendadas
SELEÇÃO DE ÁREAS	Avaliação da compatibilidade ambiental com outros usos	• meio antrópico: relacionadas a conflitos com outros usos do solo previstos para a mesma área ou a incorporar no planeja-mento do município, tais como mineração, atividades agrícolas, reservatórios e unidades de conservação.	• estudar a documentação referente ao planejamento da área/região, contemplando: - plano diretor do município; - planos de desenvolvimento específicos para a área, região; - potencialidade mineral, com análise de eventual orien-tação da área em relação aos títulos minerários junto aos órgãos competentes (reque-rimento de pesquisa e lavra). • pesquisar junto ao Poder Públi-co local a necessidade / possibi-lidade de introdução, na legis-lação urbana, de mecanismos de diversificação de funções na área/região e ao mesmo tempo impeçam a implementação de fontes de problemas ambien-tais.
PROJETO	Elaboração de plano de desenvolvimento integrado	• nos três segmentos do meio ambiente, particularmente no meio antrópico.	• recomendar a elevação do pa-drão de habitabilidade integran-do o empreendimento no desen-volvimento urbanístico da cidade, com medidas para a instalação de infra-estrutura e serviços públicos, seu monito-ramento e avaliações posterio-res, em um processo contínuo de gestão, estabelecendo-se responsabilidades; • possibilitar o aumento do poder aquisitivo dos moradores, com um programa de desenvolvi-mento sustentável, com medi-das como reestruturação tari-fária e de financiamento; • corrigir problemas jurídicos de propriedade da terra em situa-ções irregulares, tal como na construção de conjuntos para relocação de população de fa-velas, além de revisão de nor-mas técnicas relativas a infra-estrutura e sistemas construti-vos; e • promover a organização e o envolvimento da comunidade no processo de urbanização, principalmente na integração com a vizinhança e no trato dos espaços coletivos e públicos.
	Adequação as características geométricas do terreno	• meio físico: em conseqüência de tipologias de projeto inade-quadas ao terreno, exigindo ex-tensas terraplenagens e induzin-do a ocorrência de instabilida-des; • meio biótico: devido ao desma-tamento e faixa de projeto pai-sagístico; e	• buscar novas tipologias, capa-zes de inverter práticas comuns de adaptação das características do terreno ao projeto, compati-bilizando-as com o relevo, os processos do meio físico pré-sentes ou potenciais e os parâ-metros geotécnicos dos solos;

Fonte IPT 2003

(continua)

QUADRO 4.19 – RECOMENDAÇÕES NA FASE DE PLANEJAMENTO, CONSIDERANDO AS ALTERAÇÕES PREVISTAS NOS PROCESSOS AMBIENTAIS. *(CONTINUAÇÃO)*

Etapas	Atividades	Alterações Ambientais	Ações e Medidas Recomendadas
PROJETO	Adequação às características geométricas do terreno	• meio antrópico: devido às alte-rações dos processos do meio físico e biótico, elevando signi-ficativamente o custo do empreendimento e reduzindo a quantidade devida dos usuários	especificar procedimento de proteção do sistema viário contra processos erosivos; • elaborar e adequar o projeto de movimentos de terra, cuidando da especificação de proteção superficial e/ou de estruturas de contenção para taludes; • tratar, no projeto, de áreas que ficarão expostas a processos de meio físico, tais como erosões, assoreamentos, inundações e escorregamentos, devendo-se evitar que obras de contenção necessárias fiquem a cargo dos futuros moradores; e • elaborar e adequar o projeto de drenagem interna ao conjunto, com terminações do sistema de drenagem e sua conexão com redes do entorno ou sistemas localizados de lançamento, assegurando a preservação de terrenos vizinhos. A especifi-cação de cuidados na implan-tação do sistema de drenagem deve permitir que este, ao ter-mino das obras, esteja total-mente livre, desobstruído e desassoreado.
	Localização de equipamentos públicos comunitários e de áreas comerciais	• meio físico: pelo uso inadequado do terreno previsto para equipamentos públicos e comunitários, causando contaminação ao solo e da água, e instabilizações de vertentes; • meio biótico: pelo abandono de áreas destinadas a parques e jardins; • meio antrópico: pela redução da qualidade devida dos usuários, na falta de equipamentos públicos, comunitérios e áreas comerciais.	• tolerar localização periférica dessas áreas somente quando junto a trechos tipicamente urbanos, já ocupados e consolidados no entorno; e • utilizar, nas áreas de lazer, massas de vegetação com fisionomia florestal semelhante às matas nativas da região, respeitando o espaço e as características naturais do local.
	Adequação as características do clima local	• • meio antrópico: reduzindo a qualidade de vida dos usuários com desconforto térmico e exigindo compensações com maior consumo de energia.	• adequar ao clima local as características das unidades habitacionais típicas e de suas formas de implementação no conjunto, visando otimizar o desempenho quanto ao conforto ambiental.
	Planejamento do projeto de infra-estrutura interna	• meio antrópico: pela redução da qualidade de vida dos usuários, na falta de infra-estrutura interna	• adotar redes de água, esgoto, eletricidade e iluminação pública, internas ao conjunto, assegurando-se o atendimento adequado a todas as unidades; • adotar a disposição do postea-mento, assegurando-se sua não interferência em acessos a unidades/condomínios;

Fonte IPT 2003

(continua)

QUADRO 4.19 – RECOMENDAÇÕES NA FASE DE PLANEJAMENTO, CONSIDERANDO AS ALTERAÇÕES PREVISTAS NOS PROCESSOS AMBIENTAIS. *(CONTINUAÇÃO)*

Etapas	Atividades	Alterações Ambientais	Ações e Medidas Recomendadas
PROJETO	Planejamento do projeto de infra-estrutura interna	• meio antrópico: pela redução da qualidade de vida dos usuários, na falta de infra-estrutura interna.	• adotar a iluminação pública nos arruamentos e áreas públi-cas previstas (incluindo siste-mas de lazer, áreas destinadas a equipamentos públicos, comu-nitários e comércio), assegu-rando-se sua suficiência; • verificar as possibilidades de circulação viária interna e de acesso à malha urbana, estabelecendo sua correção; • identificar a existência de redes locais de drenagem publica e verificar sua capacidade em receber os novos fluxos de água concentrados que terão origem no conjunto. • Caso a rede não esteja adequa-da ao recebimento dos novos fluxo, obter compromisso documentado de sua adequação em tempo hábil; • no caso de inexistência de rede pública de drenagem na região e de haver previsão de constru-ção no local, obter documen-tação de compromisso de implementação. Se não houver previsão para sua construção, identificar pontos mais favorá-veis de concentração e lança-mento. Observar, também, a necessidade de previsão de obras de extremidade no siste-ma de drenagem, como dissipa-dores de velocidade de escoamento e vertedouros; e • atrelar a entrega de unidades à implantação completa do siste-ma de drenagem do conjunto, destacando a execução de obras de destinação, no entorno, das águas captadas.
	Planejamento da disposição e encaminhamento do lixo domiciliar	• meio antrópico: pela redução da qualidade de vida dos usuários e, eventualmente, no custo de adaptações futuras ou receitas de recicláveis.	• calcular as dimensões das lixei-ras destinadas ao lixo comum de acordo com o número pré-visto de moradores e a periodi-cidade da coleta pública; • projetar a localização das lixeiras em local de fácil acesso pelos moradores e que sejam também adequadas à retirada pelas empresas coletoras; e • prever espaços de coletores para recicláveis nos andares dos prédios de apartamentos e para seu depósito e armazenamento nas áreas comuns.
	Adaptação cultural	• meio antrópico: em relação à preservação de valores culturais específicos e importantes de cada região.	• verificar a ocorrência de traços culturais diferenciados na re-gião e, constatadas particulari-dades relevantes, procurar sua efetiva incorporação ao projeto.

Fonte IPT 2003

(continua)

QUADRO 4.19 – RECOMENDAÇÕES NA FASE DE PLANEJAMENTO, CONSIDERANDO AS ALTERAÇÕES PREVISTAS NOS PROCESSOS AMBIENTAIS. *(CONTINUAÇÃO)*

Etapas	Atividades	Alterações Ambientais	Ações e Medidas Recomendadas
PROJETO	Cuidados com a privacidade	• meio antrópico: relacionadas à qualidade de vida dos usuários.	• verificar se o projeto assegura privacidade visual adequada aos moradores, no interior das moradias; e • verificar se não há circulações publicas junto a janelas de unidades.
	Escolha dos componentes construtivos e modulação	• meio físico: relacionadas à geração de entulhos na obra; e • meio antrópico: relacionadas ao custo da obra e geração de empregos	• verificar a adequação do projeto à modulação dos componentes construtivos a empregar, ponderando dentre os tipos disponíveis no mercado, de forma a reduzir perdas; • observar se o sistema construtivo privilegia a utilização de materiais e componentes construtivos de produção local ou regional, e se tem risco ambiental potencial, em razão da incorporação de resíduos industriais, ou se tem desempenho potencial satisfatório, fundamentalmente sua durabilidade; • buscar informações que permitam analisar o desempenho ambiental dos componentes construtivos durante todo o seu ciclo de vida; e • observar se o sistema construtivo adapta-se às características da mão-de-obra e de recursos técnicos locais.

Fonte IPT 2003

H) ENTULHOS E BOTA-FORA

Considerando as atividades tratadas na etapa de bota-fora, relacionadas com a disposição dos resíduos sólidos excedentes das escavações e entulhos gerados pelas obras, recomendam-se os seguintes procedimentos que propiciem uma abordagem ambiental integrada:

- reduzir a geração de resíduos e, se possível, tratá-los para diminuir seu volume e atenuar sua periculosidade;
- procurar reutilizar o resíduo sólido in natura ou reciclado;
- segregar os resíduos de acordo com a NBR 10004 (ABNT, 1987). Para os que não puderem ser reaproveitados, encaminhar os da classe I para aterro de resíduos industriais perigosos, os da classe II para aterros sanitários e os da classe III para aterros de resíduos inertes; e
- dar utilização compatível à área de bota-fora, caso esta seja interna ao empreendimento ou externa, porém de responsabilidade do empreendedor.

QUADRO 4.20– TIPOS DE ENTULHOS GERADOS DURANTE A FASE DE CONSTRUÇÃO

Atividades/Materiais	Principais Resíduos
Demolições retiradas e remoções	Areia, argamassa, azulejos, barras de ferro, bloco cerâmicos maciços ou furados, blocos de concreto, blocos de concreto celular, brita, cal, carpetes, cerâmica, concreto (simples, armado ou ciclópico), cortiça, esmalte, esquadrias metálicas, gesso, janelas, ladrilhos, lambris, madeiras, material asfáltico, material vinílico, óleo, paralelepípedos, peças de encaixes e metálicas, pedras, perfis metálicos, pisos poliméricos, portas, pré-moldados de concreto, tábuas, telhas cerâmicas, de fibrocimento, têmpera.
Limpeza do terreno	Resíduos vegetais, solo, rocha.
Instalações provisórias	Argamassa, blocos, madeira, material rochoso, pranchões, pregos, solo, tábuas, telhas.
Movimento em terra e rocha	Material rochoso, solo.
Carga, descarga e transporte	Azulejos, blocos, ladrilhos, cimentos, materiais a granel, telhas.
Drenagem de terrenos	Areia, brita, concreto, juntas de tubos cerâmicos e de concreto, pranchas de madeira, rejeitos rochosos, solos.
Preparo de argamassa	Areia, cal, cimento, cimento branco, cimento colante, pedregulhos, pedrisco, pó de mármore, saibro.
Infra-estrutura	Areia, argamassa, brita, cal, cimento, concreto, pedras, pranchas de madeira, rocha, sobras de aço, solo, tijolos.
Superestrutura	Arame, areia, blocos cerâmicos, blocos sílico-calcários, brita, cal, chapas de madeira, chapas metálicas, cimento, concreto, laminados, blocos de vidro, saibro, sobras de aço, tabuas, tijolos cerâmicos furados, tijolos comuns e sílicos calcários, vemiculita.
Vedação	Elementos de juntamento, elementos vazados de concreto, painéis pré-fabricados, placas de granilite ou de mármore, vidro fixo.
Esquadrias de madeira	Aparas de madeiras, argamassa, peças de fixação.
Esquadrias metálicas	Alumínio, aparas metálicas, argamassas, batentes de ferro, juntas, lascas de madeiras, peças de fixação, pregos.
Cobertura de madeira	Aço, acrílico, aparas de chapas de aço e de madeira, aparas metálicas de alumínio, domos de fibra de vidro e de fibrocimento, peças de fixação, restos de telhas cerâmicas e PVC.
Instalações hidráulicas	Aço galvanizado, alvenaria, aparas de tubulações (PVC e fibrocimento), argamassa de arremate, tubulação de concreto simples ou armado, de cobre e de ferro fundido, material de rejuntamento, material de vedação e tubulação, peças defeituosas, pedaços de concreto e de tubos cerâmicos.
Instalações elétricas	Aparas de eletrodutos (ferro e PVC), aparas de fios e cabos, argamassas de arremate, material de conexão, material de junção, peças defeituosas.

Fonte IPT 2003 *(continua)*

QUADRO 4.20 – TIPOS DE ENTULHOS GERADOS DURANTE A FASE DE CONSTRUÇÃO *(CONTINUAÇÃO)*

Atividades/Materiais	Principais Resíduos
Forros	Argila expandida, cortiça, elastômeros, emulsões asfálticas, lajotas pré-moldadas de concreto, mantas de fibra de vidro, pedra britata solta, placas de concreto celular, poliestireno, PVC extrudado, tijolos cerâmicos furados.
Impermeabilização e Isolamento térmico	Argila expandida, cortiça, elastômeros, emulsões asfálticas, lajotas pré-moldadas de concreto, mantas de fibra de vidro, pedra britata solta, placas de concreto celular, poliestireno, PVC, extrudado, tijolos cerâmicos furados.
Pisos Internos	Argamassa, caibros, concreto, lascas cerâmicas e de lajotões, lascas de peças empregadas, material de fixação, parquetes, pedaços de vigas, restos de tacos.
Revestimento de Forros e paredes	Areias quartzosas, arenito, argamassas ou colas, azulejos, borrachas, cerâmicas, chapas vinílicas, cimentos, cortes de fibras de madeira e de papel de parede, fibrocimento, forração têxtil, granilite, lascas de alumínio, lascas de cerâmicas, lascas de mármore, lascas de vidro, pastilhas, pedra, tiras vinílicas.
Vidros	Gaxetas, lascas de vidros, massas de fixação.
Pinturas	Blocos de concreto, placas de concreto pré-fabricadas, sobras de material de pintura, tela de arame galvanizado.
Serviços complementares	Areia, britas, concreto, cortes vegetais, ladrilhos hidráulicos, paralelepípedos, placas de arenito.

Fonte: IPT 2003

QUADRO 4.21 – RECOMENDAÇÕES NA FASE DE CONSTRUÇÃO, CONSIDERANDO AS ALTERAÇÕES PREVISTAS NOS PROCESSO S AMBIENTAIS.

Etapas	Atividades	Alterações Ambientais	Ações e Medidas Recomendadas
TERRAPLENAGEM	Movimentos de terra para construção da rede de infra-estrutura e edificação Exploração do material de empréstimo	• meio físico: pela modificação do relevo, retirada da proteção vegetal, impermeabilização do solo e modificação da drenagem, causando aumento da erosão, escorregamento, assoreamento e inundação; • meio biótico: pelo desmatamento; e • meio antrópico: circunvizinho (resultante de incômodos por ruídos, vibrações e poeira; risco de acidentes; danificação de construções) e para os futuros usuários (por falta de correção adequada de problemas nessa etapa).	• reduzir a exposição do solo, evitando terraplenage simultânea em toda a área e com proteção superfi (vegetal e de drenagem), de acordo com as características geotécnicas do terreno; • estabelecer um programa de terraplenagem que considere incômodos por ruído, vibrações e poeira, além de risco de acidente e danificação de construções circunvizinhas; e • prever, em áreas de empréstimo, a recuperação e, eventualmente, a reabilitação do local.
EDIFICAÇÃO E DEMAIS OBRAS	Execução das obras de edificação, contenção e construção da rede de infra-estrutura	• meio físico: pela impermeabilização do solo e modificação da drenagem; e • meio antrópico: circunvizinho (resultante de incômodos por ruídos, vibrações e poeira; risco de acidentes; danificação de construções) e para os futuros usuários (por falta de correção adequada de problemas nessa etapa).	• estabelecer um programa de obras que considere incômodos por ruídos, vibrações e poeiras, além de risco de acidentes e danificação de construções circunvizinhas; • monitorar a execução correta das obras, reduzind a geração de ruídos sólidos, fiscalizando a qualida do material utiliza-do e implementando todas as obras de contenção e drenagem necessárias; e • no caso de auto-construção, fazer o parcelamento atrelado ao projeto, com acompanha-mento especializado.
BOTA-FORA	Disposição de resíduos sólidos	• meio físico: pela modificação do relevo, retirada da proteção vegetal, impermeabilização do solo e modificação da drenagem, causando contaminação do solo e da água e alterando o fluxo da água superficial; • meio biótico: pelo desmatamento; e	• reduzir a geração de resíduos e, se possível, tratá-los para diminuir seu volume e atenuar sua periculosidade; • procurar reutilizar o resíduo sólido *in natura* ou reciclado; • segregar os resíduos de acordo com a NBR 10004 da ABNT;

Fonte IPT 2003

(continua)

QUADRO 4.21 – RECOMENDAÇÕES NA FASE DE CONSTRUÇÃO, CONSIDERANDO AS ALTERAÇÕES PREVISTAS NOS PROCESSO S AMBIENTAIS. *(CONTINUAÇÃO)*

Etapas	Atividades	Alterações Ambientais	Ações e Medidas Recomendadas
BOTA-FORA	Disposição de resíduos sólidos	• meio antrópico: pelo aumento de custo devido à necessidade de área de tratamento, disposição e/ou retirada de entulhos.	• encaminhar os da classe I para aterro de resíduos industriais perigosos, os da classe II para aterros sanitários e os da classe III para aterros de resíduos inertes; e • reutilizar a área de aterro, caso esta seja interna ao empreendimento ou externa, porém de responsabilidade do empreendedor
PAISAGISMO	Cobertura vegetal	• nos três segmentos do meio ambiente: relacionadas à integração do projeto paisagístico com o contexto regional da paisagem, com a engenharia da obra e com a qualidade de vida dos usuários.	• recompor a vegetação, cumprindo necessidades do usuário para melhoria de sua qualidade de vida, integrando o empreendimento no contexto geral da paisagem, servindo também de atrativo notadamente á avifau-na, além de participar da engenharia da obra

Fonte IPT 2003

I) OCUPAÇÃO E AMPLIAÇÃO

Considerando as atividades tratadas na etapa de uso, indicam-se os seguintes procedimentos gerais que atendam a uma abordagem ambiental integrada:

- conscientizar os moradores da importância de sua participação comunitária permanente, estabelecendo normas e responsabilidades, envolvendo, sempre que necessário, também instituições governamentais e não-governamentais;
- obter as informações dos agentes intervenientes no processo produtivo da edificação, principalmente aquelas relacionadas às especificações do projeto construtivo, permitindo avaliação do desempenho do ambiente construído e tomada de medidas para sua manutenção ou eventuais correções;

- identificar os fatores técnicos, funcionais, econômicos, estéticos e comportamentais do ambiente em uso, pertinentes à especificidade de cada empreendimento;
- registrar e organizar as informações coletadas;
- corrigir os problemas detectados, por meio de sistema de gestão ambiental, estabelecido por programas de manutenção do empreendimento;
- acompanhar junto aos órgãos competentes a implementação de serviços e infra-estruturas compromissadas nas fases anteriores do empreendimento, assegurando seu atendimento, e/ou obter o compromisso de novas medidas e ações necessárias, detectadas durante o uso do empreendimento; e
- estabelecer padrões e normas de manutenção do empreendimento estruturados em programas e, se possível, desenvolver manuais que sirvam tanto para maior comunicação com os moradores como para aprimoramento futuro em novos empreendimentos.

As ampliações devem estar previstas desde a fase de planejamento do empreendimento, onde seu projeto deve ter considerado também a adequação da rede de infra-estrutura. Portanto, para a abordagem ambiental integrada da ampliação, indicam-se:

- estabelecer programas de orientação a reformas domiciliares, considerando a necessidade de gestão de resíduos, reorganização do projeto paisagístico, medidas contra incômodos (ruídos, vibrações e poeira), além de risco de acidentes e danificação de construções anteriores do empreendimento;
- implementar a ampliação das redes de infra-estrutura, se preciso;
- examinar a condição de risco, caso haja necessidade de cortes e aterros em áreas de relevo acentuado, com indicação e instalação de obras de contenção adequadas e com acompanhamento especializado; e
- integrar os novos moradores ao convívio no empreendimento.

QUADRO 4.22 – RECOMENDAÇÕES NA FASE DE OCUPAÇÃO, CONSIDERANDO AS ALTERAÇÕES PREVISTAS NOS PROCESSOS AMBIENTAIS.

s	Atividades	Alterações Ambientais	Ações e Medidas Recomendadas
	Utilização das edificações, serviços, redes de infra-estrutura e demais equipamentos.	• meio antrópico: relacio-nadas com as condições das instalações para atender aos usuários; e • meio físico: relacionadas com a possibilidade de que haja impactos ambientais negativos no local e entorno decorrentes dessa atividade.	• conscientizar os moradores da importância de sua participação comunitária permanente, estabelecendo normas e res-ponsabilidades, envolvendo também, quando necessário, instituições governamentais e não-governamentais; • obter as informações dos agentes intervenientes no processo produtivo da edificação, principalmente aquelas relacio-nadas às especificações do projeto construtivo, permitindo avaliação do desempenho do ambiente construído e tomada de medidas para sua manutenção ou eventuais correções; • identificar os fatores técnicos, funcionais, econômicos, estéticos e comportamentais do ambiente em uso, pertinentes à especificidade de cada empreendimento; • registrar e organizar as informações coletadas; • corrigir os problemas detectados, por meio de sistema de gestão ambiental, estabelecido por programas de manutenção do empreendimento; • acompanhar junto aos órgãos competentes a implementação de serviços e infra-estruturas compromissadas nas fases anteriores do empreendimento, assegurando seu atendimento, e/ou obter o compromisso de novas medidas e ações necessárias, detectadas durante o uso da ocupação; e • estabelecer padrões e normas de manutenção do empreendimento estruturados em programas e, se possível, desenvolver manuais que sirvam tanto para maior comunicação com os moradores como para aprimoramento futuro em novos empreendimentos.
	Geração de resíduos		
	Manutenção e gerenciamento de risco		
	Tratamento de questões ligadas com comportamento e satisfação dos usuários.	• Meio antrópico: relaciona-das com as condições de atendimento aos usuários.	
	Atividades semelhantes às da fase de construção, porém com menor intensidade.	• nos três segmentos do meio ambiente: seme-lhantes às da fase de construção, porém com menor intensidade.	• estabelecer programas de orientação a reformas domiciliares, considerando a necessidade de ampliação da rede de Infra-estrutura, gestão de resíduos, reorganização do projeto paisagístico, medidas contra incômodos (ruídos, vibrações e poeira), além de risco de acidentes e danificação de outras construções do empreendimento; • examinar a condição de risco, caso sejam necessários cortes e aterros, com indicação e instalação de obras de controle adequadas e com acompanhamento especializado; e • integrar os novos moradores ao convívio do empreendimento.

Fonte IPT 2003

QUADRO 4.23 – RELAÇÕES POTENCIAIS ENTRE FASES DO EMPREENDIMENTO, ESTUDOS DE ENGENHARIA, INSTRUMENTOS APLICÁVEIS, ESTUDOS AMBIENTAIS E FASES DO LICENCIAMENTO AMBIENTAL.

Fase do empre-endimento	Estudos de engenharia	Instrumentos e Procedimentos aplicáveis	Estudos ambientais e documentos técnicos de referência	Fase do licenci-amento ambiental
PLANEJAMENTO	Projeto conceitual ou Anteprojeto	- IPA; - AIA (análise inicial, revi-são de EIA/Rima, inspe-ção de campo, consulta publica e tomada de decisão).	- Relatório da IPA; - ElA/Rima e eventuais complementações, incluindo PGA preliminar.	Emissão de LP ou equivalen
	Projeto Básico	- AIA e AA (acompanha-mento pós-aprovado); - Implementação de resul-tados da fase de LP e sua inclusão no projeto básico; - AA para emissão de LI	- ElA/Rima e eventuais comple-mentações, incluindo PGA preliminar; - Pareceres e relatórios (análises, recomendações e exigências) resultantes da fase de emissão de LP; - Relatórios de AA.	Emissão de LI ou equivalen
CONSTRUÇÃO	Projeto executivo	- AIA e AA (acompanha-mento pós-aprovação); - Inicio da transição AIA/SGA; - Implementação de resul-tados das fases de LP e LI e sua inclusão no projeto executivo.	-ElA/Rima e eventuais complementações, incluindo PGA preliminar; - Pareceres e relatórios (análises, recomendações e exigências) resultantes das fases de emissão de LP e LI; - Relatórios de AA.	Emissão de LI ou equivalen
		- AIA e AA (acompanha-mento pós-aprovação); - RAD; - AA para emissão de LO.	- ElA/Rima e eventuais comple-mentações, incluindo PGA preliminar; - Pareceres e relatórios (análises, recomendações e exigências) resultantes das fases de emissão de LP e LI; - Relatórios de AA; - PGA e programas ambientais.	Emissão de LO ou equivalen
OCUPAÇÃO	Projetos de manutenção e de eventuais reformas e ampliações	- SGA e AA. - RAD.	- PGA incorporando conteúdo do ElA/Rima e eventuais comple-mentações, pareceres e relatórios (análises, recomendações e exigências) resultantes das fases de emissão de LP, LI e LO e relatórios de AA; - Manual do SGA; - Relatórios de AA.	Vigência e renovação contínua de LO ou equivalent

NOTA: AIA – Avaliação de Impacto Ambiental; **EIA/Rima** – Estudo de Impacto Ambiental/Relatório de Impacto Ambiental; **LP** – Licença Previa; **LI** – Licença de Instalação; **LO** – Licença de Operação; **SGA** – Sistema de Gestão Ambiental; **A** – Auditoria Ambiental; **PGA** – Plano de Gestão Ambiental; **IPA** – Investigação de Passivo Ambiental; **RAD** - Recuperação de Áreas Degradadas.

Fonte IPT 2003

IDENTIFICAÇÃO DAS PROVÁVEIS ALTERAÇÕES AMBIENTAIS

Considerando os processos ou fatores ambientais algumas das alterações ambientais que podem ser identificadas, na análise de cada operação das fases de construção e ocupação de um projeto habitacional são:

A) MEIO FÍSICO:

1. Aceleração do processo erosivo em superfície, pela intensificação do escoamento das águas pluviais em superfície, em detrimento da infiltração, decorrente da retirada da vegetação e da movimentação de solo (particularmente na canalização da drenagem). Poderá, ainda, ocorrer erosão em pontos específicos quando da impermeabilização de superfícies (bordas das superfícies revestidas) ou da inserção de obstáculos ao escoamento das águas pluviais (pontos onde a água retida escoa).
2. Aceleração do processo erosivo em sub-superfície, decorrente de eventuais vazamentos ao longo de tubulações de água e esgoto.
3. Ocorrência de escorregamentos, pela eventual intervenção em taludes e em área de empréstimo (caso seja necessária a obtenção de solo em locais externos ao empreendimento). Poderão ocorrer, também, escorregamentos, em corpos de bota-fora, caso haja necessidade de descarte de solo ou rocha alterada.
4. Diminuição da quantidade de água que se infiltra no solo, a partir da retirada da vegetação, da movimentação de solo e do revestimento e impermeabilização superficial.
5. Introdução de substância contaminante, no solo e nas águas superficiais e subterrâneas, a partir do vazamento de óleos dos equipamentos utilizados em diversas operações; de resíduos sólidos e líquidos dispostos sobre o solo sem revestimento; de eventuais acidentes com derramamento de produtos contaminantes (por exemplo, óleo, graxa, tintas, solventes e vernizes) no solo;

de vazamento em rede de esgotos; da disposição transitória de resíduos sólidos sobre a superfície do solo sem revestimento.

6. Aumento da quantidade de partículas sólidas e gases na atmosfera, a partir do funcionamento de motores movidos a combustível, utilizados nas diversas operações, além do fluxo de veículos e do rolamento de equipamentos sobre superfícies não-pavimentadas.
7. Aumento da propagação de ondas sonoras, a partir do funcionamento de equipamentos e veículos, bem como de eventual emprego de explosivos.

B) MEIO BIÓTICO:

8. Supressão da vegetação de forma irreversível ao longo dos acessos e de locais edificáveis.
9. Degradação da vegetação pelo efeito de borda nos fragmentos de vegetação que eventualmente serão mantidos no empreendimento.
10. Degradação da vegetação pela deposição de partículas sólidas sobre folhas e troncos, decorrente do rolamento de equipamentos sobre superfícies não-pavimentadas.
11. Danos à fauna, a partir da supressão da vegetação e de eventual caça realizada por funcionários trabalhando nas obras ou, ainda, por atropelamentos.
12. Incômodos à fauna, que utiliza o local como passagem ou hábitat, em decorrência de ruídos, da movimentação de pessoas, do tráfego e da emissão de partículas sólidas e gases para atmosfera.

C) MEIO ANTRÓPICO:

13. Redução do déficit habitacional do município, considerando a identificação da demanda de moradias e o atendimento previsto.

14. Aumento pela demanda por infra-estrutura, especificamente em relação aos serviços de abastecimento de água, energia e telefonia; coleta, tratamento e disposição de esgoto; coleta, tratamento e disposição de resíduos sólidos; e à manutenção desses serviços e das vias de acesso (ruas, estradas).
15. Aumento do consumo de água e energia no uso do empreendimento.
16. Aumento de transações comerciais no município, pela comercialização de materiais de construção (tais como agregados, materiais elétricos e de revestimento).
17. Aumento da arrecadação de impostos, devido ao incremento das transações comerciais (bens e serviços).
18. Aumento da oferta de emprego de mão-de-obra qualificada e não-qualificada, nas fases de construção e de ocupação do empreendimento.
19. Aumento do tráfego nas vias de acesso e nas proximidades do empreendimento.
20. Alteração na percepção ambiental devido às edificações, pela presença do esqueleto das construções e das edificações finais.
21. Alteração da percepção ambiental pela disposição de resíduos sólidos de forma inadequada.

AUTO-AVALIAÇÃO

QUESTIONÁRIO DE AUTO-AVALIAÇÃO

1 - Razão social: ______________________________

2 - Endereço: ______________________________

3 - Cidade: ______________ 4 – UF: ☐ ☐ 5 – CEP: ☐☐☐☐☐☐☐

6 - Número de moradores: ☐ 0-9 ☐ acima de 10

7 - Número de unidades habitacionais: ______________

8 - Ano de início de atividades: ☐ ☐ ☐ ☐

9 - Capital: ☐ Municipal: ☐ Misto: ☐

10 - Cargo do responsável pelo preenchimento: ______________

Cada uma das questões apresentadas contém duas afirmativas. As afirmativas expressam situações extremas com relação ao tema a ser avaliado.

Assinalar:

— 1 se a afirmativa da esquerda reflete plenamente a situação do conjunto habitacional.
— 5 se a afirmativa da direita não reflete plenamente a situação do conjunto habitacional.
— 2 ou 4 se a situação do conjunto habitacional está mais próxima da afirmativa da esquerda ou da direita, respectivamente.
— 3 se o conjunto habitacional está numa situação intermediaria.
— Se nenhuma das duas afirmativas correspondem totalmente à situação do empreendimento, assinalar N A (não aplicável).

1. POLÍTICA DE MEIO AMBIENTE

O empreendimento habitacional não tem política de meio ambiente. Ainda não se pensou nisso, nem na sua importância.	1 ☐ 2 ☐ 3 ☐ 4 ☐ 5 ☐ NA ☐	A política de meio ambiente expressa o comprometimento com a melhoria contínua do desempenho ambiental, e está claramente definida, documentada e divulgada pela associação dos moradores.

2. ASPECTOS AMBIENTAIS

O empreendimento habitacional não acredita ser necessário identificar se suas atividades causam impactos sobre o meio ambiente.	1 ☐ 2 ☐ 3 ☐ 4 ☐ 5 ☐ NA ☐	Como parte do processo de identificação dos aspectos ambientais, a associação dos moradores já identificou suas atividades, produtos e serviços considerados críticos por poderem causar impactos ambientais adversos ao meio ambiente da região onde opera.

3. REQUISITOS LEGAIS

O empreendimento habitacional não identificou a Legislação Ambiental aplicável. Quando necessita de informações a respeito, são feitas consultas específicas aos órgãos competentes.	1 ☐ 2 ☐ 3 ☐ 4 ☐ 5 ☐ NA ☐	Leis, decretos, resoluções e portarias federais, estaduais e municipais, assim como códigos e práticas setoriais relativos à qualidade ambiental, estão documentados, são periodicamente atualizados e divulgados em todo o empreendimento habitacional.

4. OBJETIVOS E METAS

No planejamento do empreendimento habitacional para os próximos anos, não estão previstas implementações de ações relativas ao meio ambiente.	1 ☐ 2 ☐ 3 ☐ 4 ☐ 5 ☐ NA ☐	Baseando-se na política de meio ambiente e nos seus aspectos ambientais considerados críticos, a associação dos moradores estabeleceu seus objetivos e metas ambientais.

5. GESTÃO DA QUALIDADE DO AR

O empreendimento habitacional ainda não exerce o controle de suas emissões para a atmosfera.	1 ☐ 2 ☐ 3 ☐ 4 ☐ 5 ☐ NA ☐	O empreendimento habitacional implementou programa de gestão da qualidade do ar com instrumentos de monitoramento na sua área de influência.

6. GESTÃO DA QUALIDADE DA ÁGUA

O empreendimento habitacional não controla a qualidade de água que é lançada no corpo receptor da região.	1 ☐ 2 ☐ 3 ☐ 4 ☐ 5 ☐ NA ☐	O empreendimento habitacional realiza a gestão da qualidade da água. Os monitoramentos periódicos dos efluentes líquidos e do corpo receptor apresentam resultados compatíveis com os padrões legais.

7. GESTÃO DO CONSUMO DE ÁGUA E ENERGIA

O empreendimento habitacional não realiza gestão do consumo de água e energia, visto que estes recursos são abundantes na região.	1 ☐ 2 ☐ 3 ☐ 4 ☐ 5 ☐ NA ☐	O empreendimento habitacional implementou um processo de racionalização do consumo de água e energia.

8. GESTÃO DE RESÍDUOS

O empreendimento habitacional entende que é possível produzir sem gerar lixo. Todo o lixo gerado é mandado para aterros	1 ☐ 2 ☐ 3 ☐ 4 ☐ 5 ☐ NA ☐	O empreendimento habitacional mantém um inventário atualizado de todos os seus resíduos. Sua meta é reduzir continuamente a geração de resíduos; reutilizá-los e/ou reciclá-los, sempre que possível.

9. GESTÃO DE PRODUTOS PERIGOSOS

O empreendimento habitacional ainda não realiza a gestão destes produtos utilizados como insumo nas suas atividades.	1 ☐ 2 ☐ 3 ☐ 4 ☐ 5 ☐ NA ☐	O inventario de produtos perigosos é periodicamente atualizado e o seu manuseio, armazenamento e transporte ocorrem em conformidade com os requisitos legais específicos. Os envolvidos são treinados para esta tarefa.

10. ALOCAÇÃO DE RECURSOS

O empreendimento habitacional não tem disponibilidade de recursos financeiros e/ou humanos para investir em meio ambiente.	1 ☐ 2 ☐ 3 ☐ 4 ☐ 5 ☐ NA ☐	O empreendimento habitacional vem periodicamente alocando recursos financeiros, e/ou físicos e/ou humanos para investir na melhoria de seu desempenho habitacional.

11. ATRIBUIÇÕES E RESPONSABILIDADES

O empreendimento habitacional vem operando com um quadro de empregados muito reduzido. Não há como atribuir responsabilidades ambientais à associação de moradores e aos empregados.	1 ☐ 2 ☐ 3 ☐ 4 ☐ 5 ☐ NA ☐	O empreendimento habitacional atribui responsabilidades ambientais à associação de moradores e aos seus empregados. A avaliação de desempenho do sindico e zelador inclui requisito da qualidade ambiental.

12. CONSCIENTIZAÇÃO E TREINAMENTO

No momento, o empreendimento habitacional não dispõe de recursos para treinamento.	1 ☐ 2 ☐ 3 ☐ 4 ☐ 5 ☐ NA ☐	O empreendimento habitacional investe continuamente em programas de treinamento e no processo de conscientização dos moradores e de empregados.

13. COMUNICAÇÃO INTERNA

Não há um sistema formalizado de comunicação interna para dar ciência aos seus empregados e/ou aos moradores dos fatos, relativos às questões ambientais no empreendimento habitacional.	1 ☐ 2 ☐ 3 ☐ 4 ☐ 5 ☐ NA ☐	O empreendimento habitacional tem um sistema de comunicação interna.A política de meio ambiente , os objetivos e metas ambientais e os planos da empresa são conhecidos por todos os empregados e moradores.

14. COMUNICAÇÃO EXTERNA

O empreendimento habitacional não divulga informações sobre as questões ambientais.	1 ☐ 2 ☐ 3 ☐ 4 ☐ 5 ☐ NA ☐	Há procedimento interno especifico que regulamenta o processo de comunicação da associação de moradores com a comunidade, fornecedores e órgãos do governo, no se refere aos seus assuntos de meio ambiente.

15. DOCUMENTAÇÃO

O empreendimento habitacional não possui um sistema de documentação, registros ou cadastros relativos ao meio ambiente.	1 ☐ 2 ☐ 3 ☐ 4 ☐ 5 ☐ NA ☐	O empreendimento habitacional mantém um sistema de informações atualizado, inclusive um manual de Gestão Ambiental. Cada morador tem acesso a uma cópia atualizada desse Manual.

16. CONTROLE OPERACIONAL

O controle operacional das atividades e/ou processos do empreendimento habitacional está voltado exclusivamente às questões locais de problemas condominiais.	1 ☐ 2 ☐ 3 ☐ 4 ☐ 5 ☐ NA ☐	Existem procedimentos e instruções de trabalho específicos para todos os processos, atividades e tarefas caracterizadas como ambientalmente críticos no empreendimento habitacional.

17. AÇÕES DE EMERGÊNCIA

Caso venha a ocorrer um acidente grave no empreendimento habitacional, deve-se acionar o Corpo de Bombeiros e/ou Pronto Socorro mais próximo, e/ou Delegacia de Policia da região. Na história da empresa não há registro de acidentes graves.	1 ☐ 2 ☐ 3 ☐ 4 ☐ 5 ☐ NA ☐	O plano de ação de emergência existente no empreendimento habitacional abrange ações para prevenir e minimizar os impactos ambientais adversos. Os moradores e/ou empregados são periodicamente treinados para agir ante as situações de emergência.

18. MEDIÇÕES

O empreendimento habitacional só realiza medições e monitoramento se exigidos pelo órgão ambiental competente.	1 ☐ 2 ☐ 3 ☐ 4 ☐ 5 ☐ NA ☐	O empreendimento habitacional realiza medições e monitoramento periódicos do seu desempenho habitacional, para implementar as ações corretivas e preventivas que se façam necessárias e melhorar continuamente seus resultados.

19. AVALIAÇÕES AMBIENTAIS

O empreendimento habitacional ainda não realiza avaliações do seu desempenho ambiental.	1 ☐ 2 ☐ 3 ☐ 4 ☐ 5 ☐ NA ☐	O empreendimento habitacional realiza avaliações periódicas, documentadas, do seu desempenho ambiental.

20. MELHORIA CONTÍNUA

O empreendimento habitacional não tem uma sistemática que lhe permita avaliar a existência de sua política, de seus objetivos de metas e/ou de suas ações, com relação aos requisitos legais, e/ou aos requisitos e tendências de mercado.	1 ☐ 2 ☐ 3 ☐ 4 ☐ 5 ☐ NA ☐	O empreendimento habitacional revisa periodicamente sua política, objetivos e metas ambientais, a partir dos resultados das medições, monitoramento e das avaliações ambientais.

Para tabulação das respostas, somar todos os valores atribuídos a cada um dos itens do questionário e anotar o resultado. Caso o questionário tenha sido aplicado a mais de um morador, faça a seguinte tabulação, exemplificada no Quadro 4.24:

a) analisar todos os itens do questionário;
b) marcar o valor atribuído a cada questão na coluna "Valores atribuídos";
c) marcar o número de respostas atribuídas a cada valor na coluna "Número de respostas";
d) multiplicar cada valor pelo número de respostas e anotar o resultado na coluna "Ponderação";

e) para cada uma das questões, somar os resultados das multiplicações e anotar um "Total";
f) anotar o número de questionário aplicados no espaço correspondente;
g) dividir o resultado "Total" de cada questão pelo número de questionários, anotando o valor em "Média da Questão"; e
h) aproximar o valor para o número inteiro mais próximo.

Aplicar o mesmo procedimento para todas as demais questões.

QUADRO 4.24 – EXEMPLO DE PONDERAÇÃO DAS RESPOSTAS

Questão nº	Valores Atribuídos	Nº de Respostas	Ponderação	Total	Nº de Questionários	Média da questão
1	1 2 3 4	3 1 2 2	1x3=3 2x1=2 3x2=6 4x2=8	19	10	19:10=1,9

Para visualizar melhor os resultados obtidos pelo empreendimento habitacional, anotar o valor atribuído a cada questão (no caso de apenas um questionário ter sido respondido), ou o valor aproximado da média (no caso de mais de um questionário ter sido respondido), no Quadro 4.25.

Caso alguma das questões não tenha sido respondida por conter afirmativas não aplicáveis ao empreendimento habitacional, assinalar a linha "NA" correspondente à questão especifica. Exemplo: se o empreendimento habitacional ainda não definiu sua política de meio ambiente e seu objetivos e metas ambientais, a questão 20 deve ser entendida como "Não Aplicável" à situação do empreendimento habitacional.

A partir do "Perfil dos resultados Ambientais do Empreendimento Habitacional" (Quadro 4.25), pode-se fazer algumas considerações sobre o desempenho ambiental atual:

a) se a maioria dos valores atribuídos às questões está entre 1 e 2, ou NA, provavelmente o empreendimento habitacional deve estar diante de um importante desafio: identificar e integrar os requisitos da gestão ambiental aos requisitos de qualidade do empreendimento, eliminando, assim, a vulnerabilidade característica deste desempenho;

b) se a maioria dos valores atribuídos às questões foi 3, provavelmente o empreendimento habitacional vem realizando um "esforço heróico" para sustentar o seu atual desempenho ambiental;

c) se a maioria dos valores atribuídos às questões foi 4, é muito provável que o desempenho é apenas satisfatório, precisando de melhoria; e

d) se a maioria dos valores atribuídos às questões foi 5, é muito provável que o desempenho ambiental do empreendimento habitacional seja muito bom. Reavaliar os instrumentos de gestão para assegurar a melhoria contínua desse desempenho.

QUADRO 4.25 – PERFIL DOS RESULTADOS AMBIENTAIS

ITENS DO QUESTIONÁRIO		VALORES ATRIBUÍDOS					
		1	2	3	4	5	NA
1.	Política de meio ambiente	□	□	□	□	□	□
2.	Aspectos ambientais	□	□	□	□	□	□
3.	Requisitos legais	□	□	□	□	□	□
4.	Objetivos e metas	□	□	□	□	□	□
5.	Gestão da qualidade do ar	□	□	□	□	□	□
6.	Gestão da qualidade da água	□	□	□	□	□	□
7.	Gestão do consumo de água/energia	□	□	□	□	□	□
8.	Gestão de resíduos	□	□	□	□	□	□
9.	Gestão de produtos perigosos	□	□	□	□	□	□
10.	Alocação de recursos	□	□	□	□	□	□
11.	Atribuições e responsabilidades	□	□	□	□	□	□
12.	Conscientização e treinamento	□	□	□	□	□	□
13.	Comunicação interna	□	□	□	□	□	□
14.	Comunicação externa	□	□	□	□	□	□
15.	Documentação	□	□	□	□	□	□
16.	Controle operacional	□	□	□	□	□	□
17.	Ações de emergência	□	□	□	□	□	□
18.	Medições	□	□	□	□	□	□
19.	Avaliações ambientais	□	□	□	□	□	□
20.	Melhoria contínua	□	□	□	□	□	□

AUDITORIA AMBIENTAL IMOBILIÁRIA

O Protocolo da Auditoria Ambiental Imobiliária compreende alternativas de 0 até 5 (conforme o Quadro) para preenchimento do questionário a seguir.

0:	Não se aplica à realidade deste empreendimento habitacional.
1:	Não, este empreendimento habitacional ainda não realizou nenhuma ação neste sentido.
2:	Não, mas pretende implementar.
3:	Sim, mas esta situação não está ainda formalizada.
4:	Sim, está em fase de implementação formal.
5:	Sim, esta situação corresponde totalmente à realidade deste empreendimento.

PRINCÍPIO 1 – Comprometimento e Política		
1.0 POLÍTICA DE MEIO AMBIENTE		
1.1	Existe uma política de meio ambiente claramente definida e divulgada?	☐
1.2	Existe um comprometimento dos moradores para com a política?	☐
1.3	A política de meio ambiente está integrada a outras áreas como qualidade, saúde e segurança?	☐
1.4	A política de meio ambiente reflete ou está relacionada com algum dos códigos de liderança do setor habitacional ou de outros setores?	☐
1.5	A política de meio ambiente reflete um comportamento produtivo e de responsabilidade socioambiental do empreendimento e seu entrono?	☐
1.6	A política de meio ambiente reflete o compromisso com a melhoria contínua do desempenho ambiental do empreendimento?	☐
	Total 1.0	☐ ☐
PRINCÍPIO 2 - Procedimentos		
2.0 REQUISITOS LEGAIS E CORPORATIVOS		
2.1	Existe um procedimento para obter/acessar ou desenvolver informações acerca dos requisitos legais e corporativos?	☐
2.2	Existe um comprometimento da associação dos moradores para com a política?	☐
2.3	O empreendimento habitacional mantém uma documentação sistemática bem como sua atualização?	☐
2.4	Há um procedimento que assegure a comunicação dos requisitos legais/corporativos aos moradores?	☐
2.5	A documentação referente aos requisitos legais/corporativos, entre outros, está acessível a todos com atribuições e responsabilidades na área?	☐
2.6	A política de meio ambiente reflete o compromisso com a melhoria contínua do desempenho ambiental do empreendimento habitacional?	☐
	Total 2.0	☐ ☐
3.0 ASPECTOS AMBIENTAIS ESPECÍFICOS		
3.1	O empreendimento habitacional possui métodos de identificação e priorização dos aspectos ambientais significantes?	☐
3.2	O empreendimento habitacional analisa e avalia os seguintes impactos referentes a aspectos ambientais?	☐
	Emissões atmosféricas – qualidade do ar	☐
	Efluentes líquidos – qualidade da água	☐
	Resíduos sólidos e perigosos – qualidade do solo	☐
	Água subterrânea – qualidade da água subterrânea	☐
	Produtos perigosos – manuseio, armazenamento e transporte de produtos químicos e emissões, derramamentos, vazamentos, qualidade do ar, da água, do solo e da água subterrânea.	☐
	Conforto – qualidade do ambiente de moradia, proteção do usuário.	☐
	Total 3.0	☐ ☐

4.0 OBJETIVOS E METAS

4.1	Os objetivos e as metas ambientais do empreendimento habitacional foram estabelecidos com base na política de meio ambiente definida?	☐
4.2	Os objetivos e as metas ambientais do empreendimento habitacional refletem os aspectos ambientais identificados e os seus impactos significativos associados?	☐
4.3	Os objetivos e as metas ambientais do empreendimento habitacional refletem os requisitos atuais da moradia assim como sua tendência para o futuro?	☐
4.4	Foram estabelecidos objetivos e metas ambientais setoriais?	☐
	Total 4.0	☐ ☐

5.0 PROGRAMA DE GESTÃO AMBIENTAL

5.1	O empreendimento habitacional elaborou um programa de gestão ambiental baseado nos objetivos e metas estabelecidos a partir de sua política de meio ambiente?	☐
5.2	A situação legal ou licenciamento ambiental do empreendimento habitacional está totalmente regularizada?	☐
5.3	O empreendimento habitacional define e aloca recursos financeiros e humanos para a exeqüibilidade do programa de gestão ambiental?	☐
5.4	O programa contempla a análise inicial de novos projetos, processos e produtos?	☐
5.5	O programa estende esta análise aos serviços?	☐
5.6	O programa incorpora no planejamento as situações contigenciais, os riscos ambientais e respectivos planos de emergências?	☐
5.7	O programa prevê a possibilidade de auditoria ambiental no caso de ampliação e/ou venda de propriedade?	☐
5.8	Existem procedimentos definidos no programa para as verificações e avaliações das ações?	☐
5.9	Foram estabelecidos requisitos ambientais do empreendimento habitacional que definam critérios internos de desempenho?	☐
5.10	Existem procedimentos operacionais padrões, elaborados pelos moradores e revistos pela sua associação?	☐
	Total 5.0	☐ ☐

PRINCÍPIO 3 - Implementação

6.0 ESTRUTURA ORGANIZACIONAL E RESPONSABILIDADE

6.1	O programa de gestão ambiental atribui responsabilidade, integrando as funções dos integrantes da associação de moradores (descrição de cargos), e estabelece um padrão e desempenho para cada função considerando a questão ambiental?	☐
6.2	O empreendimento habitacional tem um processo definido para avaliação da qualificação, e experiência para aqueles profissionais alocados nas funções, e com respectivas responsabilidades ambientais?	☐
6.3	A estrutura organizacional e suas inter-relações são bem definidas e comunicadas a todos os moradores?	☐
6.4	Existe um profissional ou profissionais no empreendimento ao(s) qual(is) tenha(m) sido atribuído(s) responsabilidade, autoridade, competência e recursos necessários à implementação do SGA?	☐
	Total 6.0	☐ ☐

7.0 CONSCIENTIZAÇÃO E TREINAMENTO		
7.1	O programa de gestão ambiental provê a atuação na conscientização dos moradores?	☐
7.2	O programa de treinamento é cumprido e avaliado?	☐
7.3	Existe registro desse treinamento?	☐
7.4	O empreendimento habitacional identifica a necessidade e prevê treinamento de qualificação para os moradores e integrantes da associação com novas atribuições na área ambiental (operação, conformidade, auditoria, riscos)?	☐
7.5	Existe um treinamento em meio ambiente integrado com as áreas de qualidade, saúde e segurança?	☐
7.6	O empreendimento habitacional tem programa de intenção das questões de meio ambiente com outras organizações e entidades governamentais e não-governamentais, incluindo prestadores de atendimento ao empreendimento (como coleta de lixo e saneamento)?	☐
	Total 7.0	☐ ☐
8.0 COMUNICAÇÃO		
8.1	O empreendimento habitacional possui um plano de comunicação (de "duas mãos ") com os moradores e entidades externas (órgãos ambientais e outros) de forma objetiva e transparente ?	☐
8.2	A comunicação é documentada?	☐
8.3	Existe um relatório anual do meio ambiente?	☐
	Total 8.0	☐ ☐
9.0 DOCUMENTAÇÃO DO SISTEMA DE GESTÃO AMBIENTAL		
9.1	O SGA está documento por manual?	☐
9.2	Os requisitos ambientais corporativos (ou do empreendimento habitacional) estão inseridos no manual?	☐
9.3	Os procedimentos operacionais padrões estão documentados e atualizados?	☐
9.4	Existe uma documentação: registro do monitoramento da qualidade ambiental; licenciamento ambiental: plantas, *layouts* e projetos ambientais; registros de inspeções de órgãos de controle: mapeamento e inspeção de tanques subterrâneos; mapeamento do amianto; mapeamento dos transformadores; mapeamento dos poços de água subterrânea; registro de incidentes ambientais; registro de acidentes ambientais; registro da comunicação com a comunidade local; registro dos aspectos ambientais e dos impactos significantes associados?	☐
	Total 9.0	☐ ☐

10.0 CONTROLE DE DOCUMENTAÇÃO

10.1	Existem procedimentos estabelecidos para o controle de toda a informação ambiental?	☐
10.2	Os documentos são todos controlados e assinados pelos responsáveis?	☐
10.3	A documentação é de fácil acesso e está freqüentemente disponível?	☐
10.4	Existe copia da documentação relevante, em caso de incêndio, inundação, extravio ou destruição de documentos?	☐
10.5	A política de meio ambiente reflete o compromisso com a melhoria contínua do desempenho ambiental do empreendimento habitacional?	☐
	Total 10.0	☐ ☐

11.0 CONTROLE OPERACIONAL

11.1	Existe um fluxograma de atividades definido os aspectos e impactos ambientais pertinentes?	☐
11.2	Existem procedimentos operacionais revisados e atualizados para o controle de todos os processos envolvendo aspectos ambientais críticos?	☐
11.3	Existe um procedimento para inspeções, manutenções e calibrações dos equipamentos e serviços relacionados ao controle dos aspectos ambientais críticos?	☐
	Total 11.0	☐ ☐

12.0 SITUAÇÕES DE EMERGÊNCIAS

12.1	Existem procedimentos para identificar, prevenir, investigar e responder a situações de emergência?	☐
12.2	Existem planos e programas de prevenção e de atuação mitigadora ou minimizadora das conseqüências em situações de emergência?	☐
12.3	Esses planos são previstos periodicamente?	☐
12.4	Os moradores são treinados para atender às situações de emergência?	☐
12.5	Existe um mapeamento dos riscos ambientais do empreendimento habitacional?	☐
12.6	O mapa de riscos está afixado em todas as áreas?	☐
	Total 12.0	☐ ☐

13.0 MONITORAMENTO E AVALIAÇÃO

13.1	Existe um programa de monitoramento do desempenho ambiental do empreendimento habitacional, abrangendo todos os aspectos ambientais críticos?	☐
13.2	Existem procedimentos definidos para inspeção, manutenção e calibração dos equipamentos de monitoramento?	☐
13.3	Existe um tratamento dos dados de monitoramento para verificar a sua significância, definindo-se a distribuição das amostragens e freqüência das coletas?	☐
13.4	Existe documentação sobre os métodos de amostragem e de analises laboratoriais?	☐
13.5	Tais métodos são normalizados e aceitos pelos órgãos de controle?	☐
13.6	Existe uma lista de laboratórios credenciados para análise de amostras?	☐
	Total 13.0	☐ ☐

14.0 AÇÕES PREVENTIVAS E CORRETIVAS

14.1	Existem procedimentos escritos de identificação, investigação, decisão e correção de não-conformidades, em relação ao sistema de gestão e ao desempenho ambiental?	□
14.2	Estão definidos os responsáveis pela observação, documentação, comunicação e correção das não-conformidades?	□
14.3	São avaliados os impactos, custos e riscos associados às não-conformidades?	□
14.4	No procedimento de investigação das causas de não-conformidade, são analisadas as causas principais e processadas essas informações para correção?	□
14.5	Existem procedimentos para identificação de causas potenciais de não-conformidades?	□
14.6	A partir da identificação de causas potenciais são implementadas ações preventivas?	□
14.7	Existem procedimentos que garantem a efetividade das ações corretivas implementadas?	□
	Total 14.0	□ □

15.0 AUDITORIAS DO SGA

15.1	As auditorias do SGA contemplam a conformidade e a gestão?	□
15.2	As auditorias do SGA abrangem registros legais e a boas práticas de gestão ambiental?	□
15.3	O resultado das auditorias é documentado e comunicado aos moradores?	□
15.4	Existe um plano de ações corretivas elaboradas a partir dos resultados das auditorias do SGA?	□
	Total 15.0	□ □

PRICÍPIOS 5 – Revisão Melhoria

16.0 REVISAO DO SISTEMA DE GESTÂO AMBIENTAL

16.1	Após as auditorias do SGA, o programa de gestão ambiental é revisado?	□
16.2	Outros fatores indutores são considerados para a revisão do programa, tais como os requisitos de mercado, tendências dos requisitos legais e/ou corporativos, pressões de moradores, fornecedores entre outros?	□
	Total 16.0	□ □

Terminada a avaliação, transportar o total de pontos obtidos de cada requisito do questionário e anotá-lo na primeira coluna da tabela de Tabulação. Depois, somando-se estes pontos, tem-se o resultado obtido por princípio (segunda coluna). Para cada princípio, a pontuação obtida (PO) deve ser dividida pela pontuação máxima (PM) por princípio (já indicada na terceira coluna). Colocar o resultado desta divisão na quarta coluna (o resultado será entre 0 e 1). Somar então os pontos obtidos na quarta coluna e comparar o resultado final (entre 0 e 5) com o gabarito a seguir:

a) Entre 0 e 1,9 pontos: a gestão ambiental do empreendimento habitacional não tem equilíbrio adequado (é vulnerável); alguns requisitos podem ser desenvolvidos enquanto outros são frágeis.
b) Entre 2 e 3,9 pontos: o empreendimento habitacional está no caminho certo para a certificação do SGA, mas ainda tem um longo percurso a percorrer.
c) Entre 4 e 5 pontos: o empreendimento habitacional tem um Sistema de Gestão Ambiental que pode estar próximo da conformidade em relação aos requisitos da NBR ISO 14001 e, conseqüentemente, da certificação ambiental do sistema.

<table>
<tr><th colspan="4">QUADRO 4.26 - PROTOCOLO DE AUDITORIA AMBIENTAL</th></tr>
<tr><td colspan="4">PARTE 1 – IDENTIFICAÇÃO</td></tr>
<tr><td colspan="4">EMPREENDIMENTO</td></tr>
<tr><td colspan="4">LOCALIZAÇÃO</td></tr>
<tr><td>DATA</td><td>PERÍODO</td><td>Início:</td><td>Fim:</td></tr>
<tr><td colspan="4">AUDITOR-CHEFE:</td></tr>
<tr><td colspan="4">EQUIPE:</td></tr>
</table>

1. Descrição do empreendimento	
Características gerais do empreendimento	**Infra-estrutura**
(a) Tipo de loteamento:	(l) Empresa de abastecimento de água
(b) Número de quadras:	(m) Empresa que realiza a manutenção da rede de água:
(c) Número de lotes:	(n) Empresa de coleta e tratamento de esgoto:
(d) Número de lotes ocupados:	(o) Empresa que realiza a manutenção da rede de esgoto:
(e) Número de lotes com residências em construção:	(p) Coleta e tratamento de lixo:
(f) Área total:	(q) Varrição de ruas:
Características do meio biótico	(r) Manutenção das áreas verdes:
(g) Área com cobertura vegetal:	(s) Implantação e manutenção da vegetação em acessos:
(h) Tipo de cobertura vegetal:	(t) Tipo de transporte predominante utilizado pelos moradores:
Características do meio físico	**Equipamentos disponíveis**
(i) Tipos de solo:	(u) Guaritas:
(j) Declividades:	(v) Centro comercial:
(k) Cursos d´água:	(w) Escolas:
	(x) Centro de saúde:
	(y) Sede social:
	(z) Cuadra poliesportiva:
	(aa) Playground:

PARTE 2 – SITUAÇÃO LEGAL	
Perguntas	Verificações
2.1 O empreendimento possui licença ambiental? SIM NÃO 2.2 Em caso afirmativo, qual? R: 2.3 em caso negativo, por quê? R: 2.4 Em caso afirmativo, é possível vê-la? SIM NÃO	2.5 Caso seja possível ver a licença ambiental, onde ela estava guardada? R: 2.6 caso não seja possível ver a licença ambiental, por quê? R:
PARTE 3 - ENTREVISTADOS	
3.1 Relacionar os entrevistados e identificar a função de cada um deles.	
PARTE 4 – OBSERVAÇÕES GERAIS	
PARTE 5 – PERGUNTAS E VERIFICAÇÕES POR OPERAÇÃO	
5.1 Abastecimento de água	
Perguntas	Verificações
5.1.1 Qual o volume de água, fornecida pela empresa responsável, consumido no empreendimento? R:	5.1.10 Caso existam registros referentes ao consumo de água, verificar se eles estão guardados de forma organizada e de fácil localização. R:
5.1.2 É feito o controle do consumo de água? SIM NÃO	5.1.11 Caso seja feita campanha para redução de consumo de água, verificar se os registros indicam a eficácia ou não da campanha. R:
5.1.3 Em caso afirmativo, como e onde são guardados os registros de controle do consumo? R:	5.1.12 Caso seja feita campanha para redução de consumo de água, verificar, se possível, se algum morador tem conhecimento dela. R:
5.1.4 É feito o monitoramento para identificação de eventuais vazamentos? SIM NÃO 5.1.5 Em caso afirmativo, como? R:	5.1.13 Caso exista captação subterrânea, verificar se a abertura do poço está fechada de forma adequada e se o poço possui mínima proteção sanitária satisfatória (abertura a 50 cm do solo e laje de proteção com 15 cm de espessura, mínimo de 1 m^2 a inclinação para fora do poço). R:

5.1.6 Existe campanha para redução do consumo de água? SIM NÃO	5.1.14 Caso exista reservatório exclusivo para abastecimento do loteamento, verificar se ele encontra-se disposto de forma adequada (protegido do meio externo). R:
5.1.7 Em caso afirmativo, como ela é feita? R:	
5.1.8 Existe poço de captação de água subterrânea? (em caso afirmativo, plotar em planta). R:	
5.1.9 Existe reservatório exclusivo para o empreendimento? (em caso afirmativo, plotar em mapa). SIM NÃO	
Observações:	

PARTE 5 – PERGUNTAS E VERIFICAÇÕES POR OPERAÇÃO	
5.2 Manutenção da rede de abastecimento de água	
Perguntas	Verificações
5.2.1 Qual a freqüência e dimensão dos reparos pela empresa responsável pelo abastecimento de água? R:	5.2.8 É feito o monitoramento para identificação de vazamentos não perceptíveis superficialmente? SIM NÃO
5.2.2 Existe controle para identificação das causas de vazamentos? SIM NÃO	5.2.9 Em caso afirmativo, como? R:
5.2.3 Em caso afirmativo, como é feito? R:	5.2.10 O reparo do pavimento é prontamente realizado e existe controle da qualidade desse serviço? R:
5.2.4 É feito o monitoramento para identificação de eventuais vazamentos? SIM NÃO	5.2.11 Caso existam registros da freqüência de manutenção, verificar se esse registro auxilia na identificação das causas. R:
5.2.5 Em caso afirmativo, como? R:	5.2.12 Verificar se algum reparo está sendo feito, bem como os últimos reparos e sua qualidade. R:
5.2.6 A manutenção interrompe o abastecimento? SIM NÃO	5.2.13 Verificar se existem vazamentos superficiais. R
5.2.7 Em caso afirmativo, com que freqüência? R:	
Observações:	

PARTE 5 – PERGUNTAS E VERIFICAÇÕES POR OPERAÇÃO			
5.3 Fornecimento de energia			
Perguntas		Verificações	
5.3.1	É feito o controle do consumo de energia? SIM NÃO	5.3.9	Existe um controle das cargas a instalar nas unidades autônomas a construir visando a compatibilidade com o fornecimento? SIM NÃO
5.3.2 R:	Em caso afirmativo, como são guardados os registros?	5.3.10 R:	Em caso afirmativo, como ele é feito?
5.3.3 R:	O fornecimento de energia pata o loteamento é através de uma subestação exclusiva ou atende outros bairros?	5.3.11 R:	Caso existam registros referentes ao consumo de energia, verificar se eles estão guardados de forma organizada e com fácil localização.
5.3.4 R:	Caso seja uma subestação exclusiva, qual a sua capacidade e onde ela se localiza? (plotar em mapa).	5.3.12 R:	Caso seja feita campanha para redução do consumo de energia, verificar se os registros indicam a eficácia ou não da campanha.
5.3.5	É feito o monitoramento para identificar possíveis causas de perda de energia? SIM NÃO	5.3.13 R:	Caso seja feita campanha para redução do consumo de energia, verificar se algum morador tem conhecimento dela.
5.3.6 R:	Caso afirmativo, como é realizado?	5.3.14 R:	Caso o monitoramento seja realizado, verificar se os registros estão atualizados e são guardados de forma organizada e de fácil localização.
5.3.7	Existe campanha para redução de consumo de energia? SIM NÃO		
5.3.8 R:	Em caso afirmativo, como ele é feito?		
Observações:			

<table>
<tr><td colspan="2">PARTE 5 – PERGUNTAS E VERIFICAÇÕES POR OPERAÇÃO</td></tr>
<tr><td colspan="2">5.4 Manutenção da rede de energia</td></tr>
<tr><td>Perguntas</td><td>Verificações</td></tr>
<tr><td>5.4.1 Qual a freqüência dos reparos realizados pela concessionária?
R:

5.4.2 Existe controle para identificar a causa da necessidade de reparos?
SIM NÃO

5.4.3 Em caso afirmativo, como é feito?
R:

5.4.4 Em média, qual é a duração da realização de reparos?
R:

5.4.5 Existe controle para os eventuais aumentos de carga das unidades após a ocupação que podem acarretar sobrecarga na rede?
SIM NÃO</td><td>5.4.6 Em caso afirmativo, como é realizado?
R:

5.4.7 Caso exista controle para identificação de causas de necessidades de reparos, verificar se existem registros e se estão atualizados.
R:

5.4.8 Caso exista controle para eventuais aumentos de carga, verificar se existem registros e se estão atualizados.
R:</td></tr>
<tr><td colspan="2">Observações:</td></tr>
</table>

<table>
<tr><td colspan="2">PARTE 5 – PERGUNTAS E VERIFICAÇÕES POR OPERAÇÃO</td></tr>
<tr><td colspan="2">5.5 Disposição transitória de resíduos sólidos domésticos</td></tr>
<tr><td>Perguntas</td><td>Verificações</td></tr>
<tr><td>5.5.1 Qual o volume de lixo gerado por dia por unidade habitacional?
R:

5.5.2 Existe regulamento para acondicionamento de lixo e disposição?
SIM NÃO

5.5.3 Em caso afirmativo, qual o regulamento?
R:

5.5.4 Existe algum equipamento específico para disposição de lixo no passeio?
SIM NÃO

5.5.5 Em caso afirmativo, qual?
R:</td><td>5.5.6 Existe algum regulamento quanto a dias e horários de disposição de lixo no passeio?
SIM NÃO

5.5.7 Em caso afirmativo, qual o regulamento?
R:

5.5.8 Qual o percentual da população que tem seguido as regulamentações quanto ao acondicionamento e disposição (forma e horário)?
R:

5.5.9 Verificar os passeios quanto à disposição de lixo para coleta da limpeza pública.
R:</td></tr>
<tr><td colspan="2">Observações:</td></tr>
</table>

PARTE 5 – PERGUNTAS E VERIFICAÇÕES POR OPERAÇÃO			
5.6 Coleta, tratamento e disposição de resíduos sólidos			
Perguntas		Verificações	
5.6.1	Existe organização interna ao empreendimento para seleção e comercialização de materiais. Recicláveis? SIM NÃO	5.6.4 R:	Caso haja coleta seletiva realizada pela prefeitura, a população está bem informada? Como ela é informada?
5.6.2 R:	Em caso afirmativo, como é feita a seleção e a comercialização de materiais recicláveis?	5.6.5 R:	Existe monitoramento da coleta para verificar a distribuição do volume coletado?
5.6.3 R:	Qual a periodicidade da coleta pública?	5.6.6 R:	Em caso de haver seleção interna de materiais recicláveis para comercialização, verificar o local de seleção quanto à organização e limpeza.
Observações:			

PARTE 5 – PERGUNTAS E VERIFICAÇÕES POR OPERAÇÃO			
5.7 Varrição de ruas			
Perguntas		Verificações	
5.7.1 R:	Qual a periodicidade da varrição de ruas?	5.7.4 R:	Em caso afirmativo, como é feita?
5.7.2 R:	Como são dispostos, tratados ou descartados os resíduos da varrição de ruas?	5.7.5 R:	Os resíduos da varrição de ruas são selecionados?
5.7.3	Existe campanha educativa para diminuição do lixo na rua? SIM NÃO	5.7.6 R:	Em caso afirmativo, como é feita a seleção?
		5.7.7 R:	Caso haja campanha educativa, verificar se os registros indicam a eficácia da campanha.
Observações:			

PARTE 5 – PERGUNTAS E VERIFICAÇÕES POR OPERAÇÃO	
5.8 Manutenção da cobertura vegetal	
Perguntas	Verificações
5.8.1 A área com mata é cercada? SIM NÃO	5.8.7 Onde estão os acessos Pa mata? Em caso de acidentem eles permitem fácil localização e acesso? R:
5.8.2 Em caso afirmativo, como? R:	5.8.8 Há campanha educativa para preservação da mata envolvendo, inclusive, funcionários? R:
5.8.3 Há registros ou levantamento das espécies animais e vegetais e suas quantidades? SIM NÃO R:	5.8.9 Em caso afirmativo, como ela é feita? R:
5.8.4 Em caso afirmativo, como foi feito? É possível ceder uma cópia da relação de espécies animais e vegetais e suas quantidades? R:	5.8.10 Caso haja campanha educativa, verificar se os moradores e funcionários conhecem e aplicam. R:
5.8.5 Existe corredor de fauna? SIM NÃO	5.8.11 Verificar se há registros de acidentes ou incêndios ocorridos, que afetaram a vegetação. R:
5.8.6 Em caso afirmativo, quais são os dispositivos de proteção à fauna? R:	
Observações:	

PARTE 5 – PERGUNTAS E VERIFICAÇÕES POR OPERAÇÃO	
5.9 Implantação e manutenção de vegetação nos acessos	
Perguntas	Verificações
5.9.1 Como foi implantada a vegetação nos acessos e como ela é mantida? R:	5.9.4 Como é feito o controle de plantação de espécies vegetais? R:
5.9.2 Quem é responsável pelo projeto e manutenção? R:	5.9.5 Verificar se as espécies escolhidas requerem muita manutenção e se atraem insetos. R:
5.9.3 Como é controlado o uso de agroquímicos? Qual o tipo de controle? R:	5.9.6 Verificar se para evitar contaminação é usado outro método para extinção/controle de pragas (ciclos ecológicos etc) R:
Observações:	

PARTE 5 – PERGUNTAS E VERIFICAÇÕES POR OPERAÇÃO			
5.10 Coleta, tratamento e disposição de resíduos líquidos sanitários			
Perguntas		Verificações	
5.10.1 R:	Quantas redes compõem o sistema e quantas unidades ele atende?	5.10.5 R:	Caso existem problemas na rede de esgoto, verificar como são provocados.
5.10.2 R:	Quais os pontos de interligação com a rede pública?	5.10.6 R:	Caso existam lançamentos fora da rede pública, verificar como ocorrem.
5.10.3 R:	Quais os problemas da rede de esgoto (vazamento, mau cheiro e refluxos)?	5.10.7 R:	Verificar se há interligação entre a rede de esgoto e a rede de drenagem das águas pluviais.
5.10.4 R:	Qual o material empregado na montagem do sistema (tubulação de ferro/manilha)?		
Observações:			

PARTE 5 – PERGUNTAS E VERIFICAÇÕES POR OPERAÇÃO			
5.11 Manutenção da rede de esgoto no interior do empreendiemnto			
Perguntas		Verificações	
5.11.1 R:	Existe manutenção preventiva da rede? SIM NÃO	5.11.5 R:	Qual o percentual de moradias que tinham fossas instaladas?
5.11.2 R:	Como é feita a manutenção?	5.11.6 R:	Após a instalação da rede de coleta publica, como se processou a desativação das fossas?
5.11.3 R:	Em caso de sinistro, qual o prazo de atendimento pela empresa responsável?	5.11.7 R:	Em locais onde já houve sinistro, verificar a situação atual de funcionamento.
5.11.4 R:	Quais são os procedimentos, em caso de sinistro, pela administração do loteamento? O atendimento é feito pela empresa responsável?		
		5.11.8	Verificar a situação atual das fossas desativadas?
Observação:			

<table>
<tr><td colspan="4">PARTE 5 – PERGUNTAS E VERIFICAÇÕES POR OPERAÇÃO</td></tr>
<tr><td colspan="4">5.12 Manutenção do sistema de drenagem das águas pluviais</td></tr>
<tr><td colspan="2">Perguntas</td><td colspan="2">Verificações</td></tr>
<tr><td>5.12.1
R:</td><td>Nos espaços públicos existem problemas de drenagem (alagamentos)? Em caso afirmativo, onde ocorrem? (plotar em mapa).</td><td>5.12.6
R:</td><td>Verificar o estado de conservação (integridade física e limpeza) dos componentes da drenagem urbana pública, com especial atenção para as canaletas no meio fio, tampa de bueiros e bocas de lobo.</td></tr>
<tr><td>5.12.2
R:</td><td>Como é feita a manutenção do sistema de drenagem?</td><td>5.12.7
R:</td><td>Identificar os pontos de lançamento das águas pluviais captadas no loteamento e descrever as condições de lançamento.</td></tr>
<tr><td>5.12.3
R:</td><td>O que é feito com os resíduos da limpeza do sistema de drenagem?</td><td>5.12.8
R:</td><td>Em caso de problemas de drenagem, verificar como os procedimentos corretivos são adotados.</td></tr>
<tr><td>5.12.4
R:</td><td>Como é feita a remoção dos resíduos sólidos provenientes da quebra de pavimentos e de substituição de elementos da rede?</td><td>5.12.9
R:</td><td>Verificar a existência de taludes sem proteção superficial e se há evidências de erosão.</td></tr>
<tr><td>5.12.5
R:</td><td>O que é feito com os resíduos sólidos provenientes da quebra de pavimentos e de substituição de elementos da rede?</td><td>5.12.10
R:</td><td>Verificar o local de descarte dos resíduos sólidos provenientes da manutenção do sistema de drenagem (limpeza e quebra de pavimentos/substituição de elementos).</td></tr>
<tr><td colspan="4">Observação:</td></tr>
</table>

<table>
<tr><td colspan="4">PARTE 5 – PERGUNTAS E VERIFICAÇÕES POR OPERAÇÃO</td></tr>
<tr><td colspan="4">5.13 Centro comercial</td></tr>
<tr><td colspan="2">Perguntas</td><td colspan="2">Verificações</td></tr>
<tr><td>5.13.1
R:</td><td>Quais são os resíduos sólidos, líquidos e gasosos do centro comercial?</td><td>5.13.3
R:</td><td>Verificar como são controlados os itens relativos às perguntas.</td></tr>
<tr><td>5.13.2
R:</td><td>Há controle de entrada e circulação das pessoas que trabalham no centro comercial? Em caso afirmativo, como?</td><td></td><td></td></tr>
<tr><td colspan="4">Observações:</td></tr>
</table>

PARTE 5 – PERGUNTAS E VERIFICAÇÕES POR OPERAÇÃO			
5.14 Transporte dos moradores			
Perguntas		Verificações	
5.14.1 R:	Quantos veículos circulam por dia no loteamento?	5.14.11 R:	Verificar se o sistema viário é adequado para o condomínio.
5.14.2 R:	Existe horário de pico? Em caso afirmativo, qual é?	5.14.12 R:	Verificar se as dimensões das ruas são proporcionais ao fluxo de veículos.
5.14.3 R:	Existem pontos de alagamento nas ruas?	5.14.13 R:	Verificar se a declividade das ruas influência na emissão de gases e ruídos dos veículos.
5.14.4	As ruas do loteamento servem de passagem para bairros vizinhos?	5.14.14 R:	Verificar se a qualidade do asfalto é própria para transporte pesado.
5.14.5 R:	Existe uma velocidade mínima dentro do loteamento?	5.14.15 R:	Verificar se existe vegetação atrapalhando a visão dos motoristas e pedestres.
5.14.6 R:	Existe sinalização nas vias e redutores de velocidade?	5.14.16 R:	Caso haja pontos de alongamentos, verificar se o sistema de escoamento é adequado.
5.14.7 R:	As crianças utilizam as ruas para lazer?	5.14.17 R:	Verificar se há afundamento no pavimento.
5.14.8 R:	Existem linhas de ônibus urbanos que passam pelo loteamento?	5.14.18 R:	Verificar se o fluxo externo atrapalha os moradores do loteamento.
5.14.9 R:	Existem linhas de ônibus e lotação internas?	5.14.19 R:	Caso exista sinalização, verificar se ela é respeitada.
5.14.10 R:	Existem pontos de ônibus dentro do loteamento?	5.14.20 R:	Caso não exista redutores e sinalização, verificar se atende às necessidades do condômino.
		5.14.21 R:	Caso crianças utilizem a ruas para lazer, verificar se a sinalização propicia esse convívio e se existe um ptograma educacional.
Observações:			

PARTE 5 – PERGUNTAS E VERIFICAÇÕES POR OPERAÇÃO			
5.15 Construção de novas residencias			
Perguntas		Verificações	
5.15.1 R:	As novas edificações são feitas de acordo com a legislação local?	5.15.5 R:	O loteamento oferece infra-estrutura básica para os novos condomínios?
5.15.2 R:	Existe um padrão de edificação interna no loteamento?	5.15.6 R:	Existe regulamento interno para execução de obras?
5.15.3 R:	Existe preocupação com a vegetação existente nos lotes?	5.15.7 R:	O condomínio oferece a retirada dos entulhos das obras? Qual a sua destinação?
5.15.4 R:	Existe preocupação quanto à impermeabilização do lote?	5.15.8 R:	Verificar se as residências seguem os regulamentos do condômino.
		5.15.9 R:	Verificar se as residências seguem o padrão do condomínio.

PARTE 5 – PERGUNTAS E VERIFICAÇÕES POR OPERAÇÃO			
5.16 Vendas de lotes			
Perguntas		Verificações	
5.16.1 R:	Existe critério para venda de lotes?	5.16.4 R:	Existe restrição na compra quanto ao número de lotes?
5.16.2 R:	Existe regulamento de horário para visitar os lotes?	5.16.5 R:	Verificar se os critérios para vendas de lotes são atendidos.
5.16.3 R:	Existe corretor dentro do condomínio?	5.16.6 R:	Verificar se a presença do corretor atrapalha os condôminos.
Observações:			

4.5- AUDITORIA DE ROTULAGEM (QUALIDADE) AMBIENTAL

4.5.1- ROTULAGEM E DECLARAÇÃO AMBIENTAL

O modelo adotado pelo Brasil segue a Norma ISO 14024- Rótulos e Declarações Ambiental, Rotulagem Ambiental Tipo I - Princípios e Procedimentos. (ABNT)

Em nível mundial a Gestão Ambiental encontra no Comitê Técnico 207 da ISO - o denominado TC-207 -, com os seus Subcomitês, o seu maior referencial, nos quais se reúnem os países e especialistas, preocupados com o desenvolvimento sustentável.

Por exemplo, o Subcomitê 3, de Rotulagem Ambiental (Selo Verde) - Norma 14024 -, tem sede na Austrália. A utilização de símbolos para a certificação de produtos com padrões ambientais começa a tornar-se realidade em países como a Alemanha, Canadá, França, Japão, Austrália e agora o Brasil, entre outros (Figura - Símbolos de Rotulagem Ambiental).

Outro Subcomitê; o de número 5, com sede na França, cuida da Análise do Ciclo de Vida (Norma 14040). O conceito de Análise de Ciclo de Vida está embutido nos programas de controle ambiental desde 1992, proporcionando às empresas não apenas a verificação da qualidade e da produtividade, mas a análise do produto desde a matéria-prima, até o seu descarte. (ABNT)

Mediante a Análise do Ciclo de Vida de um produto, sabe-se, de antemão, se é ou não reciclável, ou quais as indicações, nesse sentido, deveriam constar no rótulo. Por exemplo, as pilhas de telefones celulares ainda se constituem em risco ambiental, porque nem todos os seus componentes são reaproveitáveis, causando problemas ao meio ambiente na hora de sua disposição. (ABNT)

Em 1993, o Governo brasileiro, através do Ministério das Relações Exteriores, tomou a decisão de apoiar a ABNT no desenvolvimento do Programa de Qualidade Ambiental. Porém, a ABNT atua desde 1950 na área de certificação voluntária e compulsória, sendo também a representante da International Organization for Standardization - ISO, organismo criado em 1946. Com sede na Suíça, a ISO, com 180 Comitês, reúne 118 países. (ABNT)

Nos últimos cinco anos de estudos para a implementação dos conceitos da Rotulagem Ambiental no Brasil, centenas de reuniões ocorreram, delas participando representantes do Itamarati (Ministério das Relações Exteriores), Ministério do Meio Ambiente, da Agricultura, da Saúde, da Indústria do Comércio e Turismo, a Empresa Brasileira de Pesquisas Agropecuárias - Embrapa, além dos órgãos de certificação, como o Instituto Nacional de Metrologia, Normalização e Qualidade Industrial - Inmetro e a própria ABNT.

Diversas associações, sindicatos e federações do setor privado também participam das reuniões, distribuídas em dois grupos: um para trabalhar na estruturação da certificação ambiental e outro com a finalidade de acompanhar os trabalhos da ISO/TC 207 (Gestão Ambiental).

Ao contrário daqueles que vêem na Rotulagem Ambiental (Selo Verde) uma barreira ou um entrave à comercialização de produtos brasileiros em mercados externos, frisa-se o que está em jogo mesmo em muitos países, quando fazem exigências, é o intuito de preservar o meio ambiente. Em raros casos, admitiu-se, a intenção da exigência poderá significar a vontade desse país em proteger o seu produto, praticando com isso reserva de mercado. (ABNT)

Em 1997, no Rio, a Rodada de Negócios reuniu empresários portugueses e brasileiros, as exigências da Comunidade Européiade que Portugal é a principal porta dos produtos brasileiros, ficaram claras quanto à tecnologia e à qualificação da produção e a sua relação com o meio ambiente. (ABNT)

Para o Eurocentro - um dos braços do Centro Internacional de Negócios - CIN da Firjan, "muitos empresários, ainda não sé deram conta do que ocorre no exterior, ao contrário dos europeus, que vêem na rotulagem ambiental um nicho de mercado para seus produtos. É importante que nossos empresários se conscientizem da necessidade de se tornarem competitivos". No âmbito do Mercosul - mercado que reúne o Brasil, Argentina, Paraguai e Uruguai - o tema da Rotulagem Ambiental é ainda pouco abordado.

Rodas de Negócio, idas ao exterior e seminários são, no entanto, organizados com freqüência pela Firjan com esse intuito de alertar para os novos tempos da globalização e de competição. O Canadá é, atualmente, o país mais exigente de produtos ecologicamente produzidos.

Além do couro e da madeira, encontram-se na pauta do Programa de Rotulagem Ambiental (Selo Verde) da ABNT outros produtos, tais como: eletrodomésticos, cosméticos, aerosóis livres de CFC - os produtos com Cloro Flúor Carbono contribuem para a destruição da camada de ozônio -, baterias de automóveis, detergentes, lâmpadas e embalagens.

Questão das mais complexas, a certificação é meticulosa, demandando detidas avaliações do ciclo de vida do produto. No caso do couro e do calçado, por exemplo, instituiu-se o Comitê de Certificações número 3, em 1995.

O Comitê elaborou as matrizes ambientais da categoria de produtos de couro e calçados, as quais relacionam o ciclo de vida de cada material envolvido (plástico, borracha, têxteis, etc.) com os impactos ambientais sobre o ar, água e solo, e a utilização de recursos naturais.

Com relação aos produtos de base florestal - papel, móveis de madeira, etc) -, a ABNT, dentro do Programa de Certificação e Qualidade Ambiental, mantém o Comitê Técnico de Certificação de Florestas, o chamado CTC 05, para certificar com o rótulo.

Os estudos dessa categoria, por enquanto, visam a rotulagem dos produtos extraídos das florestas plantadas e não da floresta natural. Nesse caso, o trabalho do Comitê visa estabelecer os critérios ambientais para certificação de origem da madeira.

O PROCESSO DE CERTIFICAÇÃO INCLUI AS SEGUINTES ETAPAAS:

- Solicitação - O processo de certificação começa quando a empresa faz solicitação oficial e documentada à ABNT para a rotulagem de produto para o qual já existem critérios aprovados. Essa solicitação deve ser acompanhada por documentos, tais como: informações gerais sobre a empresa, catálogos, brochuras e outros materiais informativo sobre o produto.
- Auditoria e testes - A Gerência de Certificação da ABNT faz a análise da documentação e realiza visita preliminar as instalações do solicitante. Quando todas as dúvidas estão elucidadas, a Gerência de Certificação executa auditoria inicial para:

  a) Verificar a conformidade do produto com os critérios ambientais e

  b) Realizar procedimentos de amostragem.

  Os tipos de testes e métodos de verificação irão depender da categoria do produto em questão. Este é um aspecto definido nos Regulamentos Específicos estabelecidos pelo Comitê Técnico de Certificação durante à fase de desenvolvimento dos critérios.

- Concessão do Rótulo ABNT – Qualidade Ambiental - A Gerência de Certificação emite um relatório com os resultados das auditorias e testes e o submete ao Comitê Técnico de Certificação respectivo, que é o responsável ou não do rótulo. Á concessão do rótulo ocorrerá apenas para produtos que estiverem em.conformidade com os critérios estabelecidos.

- Manutenção do rótulo - Após a concessão do rótulo, a Gerência de Certificação realizará testes e auditorias periódicas para garantir que o produto ainda apresenta conformidade com os critérios de qualidade ambiental.

4.5.2- AS IMPLICAÇÕES DE UMA POLÍTICA DE QUALIDADE E DE ORIGEM DOS PRODUTOS ALIMENTARES

Ante a globalização dos mercados, pode-se indagar sobre o futuro dos produtos de qualidade e de origem em face da potência das agroindústrias e dos avanços da biotecnologia. Em uma sociedade em que a predominância das tecnologias de ponta se impõe, constata-se que estas não conseguem se estabelecer em zona rural. Os produtos de qualidade e de origem geram o essencial das atividades de numerosas regiões rurais européias.

A maioria dos consumidores considera que o sabor ocupa um lugar importante no ato da compra, mas que quase todos os produtos alimentares estão cada vez menos saborosos. Nesse sentido, uma política de qualidade e de origem dos alimentos respeita as aspirações dos consumidores.

Os procedimentos de qualidade e de origem têm um efeito estruturante sobre a produção e sobre os mercados, pois sua implantação permite que se engrene uma política segmentar. Eles enraízam as produções em um território, defendendo assim o poder econômico dos produtores e constituindo um segmento de mercado.

As diversas crises alimentares que atingiram a Europa mostraram que os produtos alimentares de qualidade e de origem, além de resistirem ao marasmo dos mercados e à pressão dos preços, continuaram a assegurar aos produtores uma mais-valia real.

Nesse contexto, a União Européia dotou-se de meios que favorecem a diversificação de produtos agrícolas e alimentares e o reconhecimento de algumas de suas características ligadas à origem e ao modo de produção. Trata-se de regulamentos referentes às Denominações de Origem Protegidas (Appelations d'Origine Protégées - AOP), às Indicações Geográficas Protegidas (Indications Géographiques Protégées - IGP), às Atestações de Especificidade (STG) e à Agricultura Biológica (AB).

Na França, esses sinais foram definidos na lei de orientação agrícola de 1999. São em número de cinco:

- a denominação de origem controlada;
- o selo vermelho;
- o certificado de conformidade;
- o certificado do modo de produção biológico;
- a denominação "montanha".

A União Européia definiu quatro sinais de qualidade:

- Denominação de Origem Protegida (AOP - Appelation d'Origine Protégée);
- Indicação Geográfica Protegida (IGP - Indication Géographique Protégée);
- Especialidade Tradicional Garantida (STG - Spécialité Traditionnelle Garantie);
- O modo de produção biológico.

Para a Comissão Européia, trata-se de reconhecer e proteger o conjunto de procedimentos de valorização da qualidade e da origem existentes nos Estados membros. Existem várias equivalências entre os sinais franceses e os europeus:

- apenas os AOC poderão ser registrados como AOP;
- apenas os produtos com selo ou com certificação de conformidade poderão solicitar registro como IGP;
- o registro de uma atestação de especificidade é reservado

para os produtos que tiverem um selo ou um certificado de conformidade. Em última análise, o dispositivo, tanto francês como europeu, está centrado em três abordagens:

- territorial, com a AOC, a IGP e a denominação "montanha";
- qualitativa, com o Selo Vermelho e a certificação de conformidade;
- modo de produção, seja biológico ou tradicional, com a atestação de especificidade.

4.5.3- ABORDAGEM TERRITORIAL DOS SINAIS DE QUALIDADE

Na **Denominação de Origem Controlada** (AOC), o nome geográfico de um país, de uma região ou de uma localidade é utilizado para designar um produto originário desse local e cuja qualidade ou características devem-se exclusiva ou essencialmente ao meio geográfico com seus fatores naturais e humanos. Ela implica em uma estreita ligação entre o produto, o lugar específico (*o terroir*) e o talento do homem, mais a noção de não reprodutibilidade em outro lugar.

A AOP segue a mesma filosofia; um produto único, em que todo o processo de produção e de elaboração se faz em uma única e mesma zona.

Os dossiês de solicitação de AOC devem ser redigidos por um sindicato de defesa encarregado de defender, promover e estabelecer as condições de produção. O dossiê é então apresentado ao comitê nacional competente do Instituto Nacional das Denominações de Origem (Institut National des Appellations d'Origine - INAO), que, depois de tomar conhecimento das conclusões de uma comissão de enquete, decide pelo reconhecimento ou não de uma nova AOC. Em caso de parecer positivo, o dossiê é transmitido ao Ministério da Agricultura, para reconhecimento oficial por decreto no Diário Oficial.

Os resultados econômicos das AOC são importantes: 80% do valor da produção francesa de vinho, 22% das compras de queijos; para os outros produtos os resultados variam (por exemplo, 16% para os azeites).

Há na França exemplos de produtos AOC ou AOP muito conhecidos, como os vinhos de Médoc ou os queijos de Comté e Salers; mas também produtos vegetais menos conhecidos, como a batata da ilha de Ré, a pimenta de Espelette (Pyrénées) ou a azeitona preta do vale de Baux-de-Provence (Provence). Em Portugal há AOP como o presunto de Barrancos, além de muitos méis (Barroso, Alentejo, Açores etc). Numerosos queijos italianos também têm AOP: o "parmigiano Reggiano", o "grana Padano", o "Mozzarella di bufala Campana" são exemplos famosos.

Na **Indicação Geográfica Protegida** (IGP), o nome de uma região, de um lugar ou excepcionalmente de um país é utilizado para designar um produto agrícola ou um gênero alimentício. Uma qualidade específica, uma reputação ou outra característica pode ser atribuída a essa origem geográfica. A produção e/ou a transformação e/ou a elaboração ocorrem nessa área geográfica determinada. Como foi dito acima, essa noção deve estar ligada a um selo ou a um certificado de conformidade, o que conjuga qualidade e origem.

Na França, as IGP mais conhecidas são as sidras de Bretagne e de Normandie, o presunto de Bayonne, o arroz de Camargue ou ainda o ganso de *foie gras* do Sudoeste; em Portugal, o presunto de Barroso, o salpicão de Vinhais. Também há muitos azeites gregos e cervejas alemãs com IGP.

A **denominação "Montanha"** ("*Mantagne*") também é protegida pela lei de orientação agrícola de 1999. As etapas de produção, elaboração e acondicionamento devem ocorrer em zona montanhosa. A autorização administrativa para uso do termo "montanha" é concedida a uma pessoa física ou jurídica após parecer da Comissão Nacional de Selos e Certificações (Commission Nationale des Labels et des Certifications - CNLC).

O caso particular dos **nomes genéricos** abrange certos produtos alimentares que, inicialmente produzidos em uma região delimita a, tornaram-se às vezes nomes comuns e são produzido, em volume significativo, fora da zona de origem. É o caso do camembert, do emmenthal, da mostarda de Dijon.

4.5.4- ABORDAGEM QUALITATIVA

O **Selo** (*Label*) atesta que um gênero alimentício ou um produto agrícola - alimentar ou não - possui um conjunto de características específicas previamente definidas e que estabelecem um nível e qualidade superior, que o distingue dos produtos similares. Na França é o Selo Vermelho (*Label Rauge*), do nome da marca coletiva de propriedade do Ministério da Agricultura francês. Existem também seis selos regionais: Ardennes, Franche-Comté, Lorraine, Nord Pas-de-Calais, Midi Pyrénées e Savoie. Um produto *Label Rouge* deve apresentar uma diferença significativa, perceptível pelo consumidor, tanto em termos de paladar como da imagem veiculada. Todo Selo Vermelho é controlado por uma estrutura coletiva, também chamada de grupamento qualidade, que se encarrega de Implantar, gerenciar, acompanhar e promover os procedimentos "label". Esse grupamento é proprietário do laudo de especificações e da marca coletiva. Para que o logotipo *Label Rouge* possa ser aposto à etiquetagem, o laudo de especificações deve ser homologado por portaria interministerial, a etiquetagem validada de acordo com um livro de normas e o organismo certificador autorizado pela CNLC e credenciado pelo COFRAC (COmité FRançais d' ACcréditation - Comitê Francês de Credenciamento), o que lhe confere reconhecimento internacional.

Os Selos Vermelhos desenvolveram-se muito bem no setor de aves nestes últimos 40 anos. Os segmentos charcutaria e carne também obtêm bons resultados econômicos, assim como as frutas e legumes (lentilha verde de Puy, ameixa mirabela de Lorraine e kiwi da região do Adour).

O **certificado de conformidade** atesta que um gênero alimentício ou um produto agrícola não alimentar e não transformado está de acordo com características específicas ou regras previamente estabelecidas referentes a fabricação, transformação, acondicionamento ou mesmo origem. As características do produto baseiam-se em um documento de especificação de tipo normativo, elaborado por um operador individual ou por uma estrutura coletiva, definindo critérios objetivos, mensuráveis, rastreáveis e significativos. Esse laudo de especificações deve ser validado pela CNLC antes de sua utilização. A etiquetagem pode comportar o logotipo "Diferencial Qualidade Certificado" ("*Atout Qualité Certifié*") ou outros logotipos privados pertencentes às estruturas que possuem o laudo de especificações (Carrefour, presunto de Bayonne etc). Na certificação de conformidade estão em primeiro lugar as aves, com um desenvolvimento excepcional do *foie gras* do Sudoeste (também IGP). A carne bovina certificada soube inspirar confiança nos consumidores e teve grande crescimento.

4.5.5- ABORDAGEM MODO DE PRODUÇÃO

O **modo de produção biológico** proíbe o uso de pesticidas e de fertilizantes químicos. O emprego da menção "agricultura biológica" é regido por dois regulamentos da Comunidade Européia, de 1991 para os produtos vegetais e de 1999 para a produção animal. Para fazer referência à agricultura biológica na etiqueta de seu produto, o operador deve notificar sua atividade ao Ministério da Agricultura, comprometer-se a respeitar as regras de produção definidas pela França e/ou pela Comunidade Européia e submeter o produto a inspeção e certificação por um organismo autorizado pelos poderes públicos franceses. Apenas os produtos contendo mais de 95% de ingredientes de origem agrícola "bio" têm direito à menção "agricultura biológica: sistema de controle CEE". Entre 95% e 70% de ingredientes agrícolas biológicos, os produtos podem indicar a porcentagem desses ingredientes. O logotipo francês "*Agriculture Biologique*" (AB) é propriedade do Ministério da Agricultura; é aposto aos produtos de origem francesa e também aos provenientes da União Européia e de países terceiros que tenham um regime de equivalência (Argentina, Austrália, Hungria, Israel e Suíça). Cabe à CNCL (seção de agricultura biológica) homologar os laudos de especificações de produção.

O **modo de produção tradicional** reconhecido pela atestação de especificidade é a identificação de um produto ou de um gênero alimentício obtido a partir de matérias-primas tradicionais (emmenthal de leite cru), ou que apresente uma composição tradicional (geléia à antiga), ou ainda um modo tradicional de produção (porco da fazenda) e/ou de transformação (quiche Lorraine). O regulamento "atestação de especificidade" permite registrar e portanto proteger menções valorizantes que expressem o cunho tradicional do produto (vitelo de leite, flor de sal etc). A atestação de especificidade exige dos operadores que respeitem o laudo de especificações e se submetam a inspeção. Ela protege uma receita, mas o produto pode ser elaborado em toda a União Européia. A aposição ao produto da menção "Especialidade Tradicional Garantida" ("Spécialité Traditionnelle Garantie" - STG) e do símbolo comunitário permite que os consumidores reconheçam os fabricantes que respeitam a receita tradicional e aceitam inspeção.

4.5.6- PRINCÍPIOS FUNDAMENTAIS DOS SINAIS DA QUALIDADE E DA ORIGEM

A política de qualidade descrita deve satisfazer os consumidores; portanto, baseia-se em três princípios fundamentais que interessam diretamente a eles:

- qualidade reconhecível,
- rastreabilidade,
- confiança.

O engajamento do Estado visa a enquadrar e apoiar a política de qualidade e de origem. Realiza-se em três níveis:

- Em primeiro lugar, o Estada "assina" os produtos através dos logotipos de que é proprietário (*Label Rouge, Agriculture Biologique e Montagne*),
- Em segundo lugar, trabalha para que a política empreendida em nível francês ou europeu seja reconhecida e protegida em nível internacional,
- E por fim, através das instâncias encarregadas dessa política (INAO e CNLC), o Estado assegura uma parceria efetiva entre os diversos atores da cadeia agroalimentar.

O engajamento do segmento é necessário para a construção do procedimento qualidade ou origem, seja através de sindicato de defesa das AOC ou de grupamento qualidade para os selos, ou ainda de organismo gestionário para a agricultura biológica.

A observância do laudo de especificações é uma base primordial dessas políticas de qualidade e de origem. Esse documento pode ter diferentes formas: elementos do decreto para as AOC, referencial técnico para o selo, anexos do regulamento europeu para a agricultura biológica. Geralmente ele é submetido a uma consulta pública antes de ser homologado (selos).

O controle por organismos independentes garante a observância do laudo de especificações. Para as AOC é o INAO que se encarrega dessa função, enquanto para os selos e a agricultura biológica são organismos certificadores privados.

Esses organismos devem ser autorizados de acordo com as disposições da norma EN 45011. O organismo deve comprovar sua independência, imparcialidade, qualificações e eficiência.

Essa autorização é complementada por um credenciamento do COFRAC, reconhecido internacionalmente. Uma informação confiável e acessível, transmitida pela etiquetagem dos produtos, é uma meta fundamental dos operadores. A etiquetagem deve comportar, além do sinal distintivo da certificação outorgado pelo organismo certificador (*Label Rouge*, AB, AQC, AOC etc), o nome e as coordenadas desse organismo. Para os selos e os certificados de conformidade as etiquetagens devem ser validadas pela CNLC.

4.6 - AUDITORIA DE SEGURO AMBIENTAL

4.6.1 - CONDIÇÕES GERAIS PARA O SEGURO DE RESPONSABILIDADE CIVIL DE POLUIÇÃO AMBIENTAL

(1) OBJETO DO SEGURO

O seguro tem por objetivo reembolsar o segurado das quantias pelas quais vier a ser responsável civilmente, relativas a reparações por danos pessoais ou materiais, involuntariamente causados a terceiros em decorrência de poluição ambiental provocada pelas operações do(s) estabelecimento(s) especificado(s) na apólice.

- Observadas as limitações previstas no contrato, a cobertura descrita só prevalece caso sejam verificadas, simultaneamente, as seguintes condições:

a) a)o fato gerador do dano reclamado não seja anterior a "data-limite para ocorrências" prevista na apólice;
b) os danos tenham sido causados a bens ou pessoas quando no território brasileiro; e
c) as reclamações por tais danos sejam apresentadas pelos terceiros prejudicados ao segurado na vigência do contrato ou durante os prazos suplementares a que se refere a cláusula 7, quando prevalecerem.

- Dentro do limite de importância segurada, a seguradora responderá também:

a) pelas custas judiciais do foro civil e pelos honorários de advogados nomeados de acordo com ela; e
b) pelas despesas feitas pelo segurado visando a neutralizar ou limitar as conseqüências de um sinistro coberto pelo

presente contrato. Tal cobertura, porém, fica limitada ao valor equivalente a 20% (vinte por cento) da importância segurada.

- Ainda dentro do limite da importância segurada, e seguradora poderá indenizar as despesas com a defesa do segurado na esfera criminal, sempre que tal defesa possa influir em ação cível da qual advenha responsabilidade amparada pelo contrato.

(2) DEFINIÇÕES

Para efeito do seguro, entende-se por:

a) dano pessoal:

- a doença, a lesão corporal, a invalidez ou a morte. Exclui-se do contrato o pagamento por reparações que eventualmente venham a ser devidas pelo segurado por dano moral,

b) dano material:

- o dano físico à propriedade tangível, inclusive todas as perdas financeiras relacionadas com o uso dessa propriedade;

c) poluição ambiental:

- a emissão, dispersão ou depósito de substância ou produto que venha prejudicar as condições existentes da atmosfera, das águas e do solo, tais como se apresentavam antes do fato poluente; e/ou

- a produção de odores, ruídos. vibrações, ondas, radiações, emanações ou variações de temperatura que ultrapassem os limites de tolerância legalmente admitidos, excluídos, contudo, os danos relacionados com radiações ionizantes ou com energia nuclear.

d) terceiro:

- qualquer pessoa física ou jurídica, exceto:

I) o segurado, seu cônjuge, ascendestes, descendentes ou pessoa. dele dependentes economicamente;
II) os empregados ou prepostos do segurado quando a seu serviço;
III) o sócio, diretor ou administrador da empresa segurada;
IV) a pessoa física ou jurídica controlada ou controladora da empresa segurada, bem como os seus sócios, diretores ou administradores.

(3) RISCOS EXCLUÍDOS

Além das exclusões previstas no contrato,o seguro não cobre reclamações por:

a) danos decorrentes de guerra, terremotos ou sabotagem;
b) danos a bens em poder do segurado, para guarda ou custódia, transporte, uso, manipulação ou execução de quaisquer trabalhos;
c) responsabilidades assumidas pelo segurado por contratos ou convenções, que não sejam decorrentes de obrigações civis legais;
d) danos conseqüentes do inadimplemento de obrigações por força exclusiva de contratos e/ou convenções;
e) danos resultantes de dolo ou de atos praticados em estado de insanidade mental, de embriaguez ou sob efeito

de substancias tóxicas em se tratando de segurado pessoa jurídica, esta exclusão aplica-se apenas aos atos praticados pelos sócios controladores da empresa segurada, seus diretores e administradores;

f) multas de quaisquer natureza imposta ao segurado;

g) danos decorrentes da circulação de veículos fora do(s) estabelecimento(s) especificado(s) na apólice, tendo em vista que tais riscos devem ser objeto de apólice especifica;

h) danos causados por produtos fabricados, vendidos, negociados ou distribuídos pelo segurado, depois de entregues a terceiros, definitiva ou provisoriamente, e fora dos locais ocupados ou controlados pelo segurado; e

i) danos resultantes do mau estado de conservação ou da insuficiente manutenção dos equipamentos destinados a prevenção de acidentes, caso fique comprovado que tais fatores de agravação eram conhecidos ou não poderiam ser ignorados pelo segurado ou seus dirigentes.

(4) PARTICIPAÇÃO OBRIGATÓRIA DO SEGURADO

Fica estabelecida uma participação obrigatória do segurado, equivalente a 20% (vinte por cento) de todas as indenizações de despesas, por sinistro, ficando esta participação condicionada aos limites mínimo e máximo especificados na apólice. Para efeito deste contrato, todas as reclamações provenientes de um só evento serão consideradas como um único sinistro.

(5) LIMITE DE RESPONSABILIDADE

A importância segurada constante do contrato representa o limite máximo de responsabilidade da seguradora por sinistro, assim como o total máximo indenizável por este contrato em todos os sinistros.

(6) PRAZOS SUPLEMENTARES PARA APRESENTAÇÃO DAS RECLAMAÇÕES

6.1 - Caso não haja renovação do contrato, ou se na renovação for concedida cobertura retroativa de ocorrências, fica convencionado que estarão automaticamente cobertas as reclamações de terceiros prejudicados apresentadas nos seguintes prazo:

a) sessenta dias contados do término de vigência deste contrato; e
b) cinco anos contados do término de vigência deste contrato, desde que a respectiva ocorrência tenha sido notificada a Seguradora no prazo previsto na alínea "a" deste subitem.

6.2 - Fica convencionado, ainda, que mediante pagamento de prêmio adicional e adoção de Cláusula Especial, será concedido, pelo presente contrato, em substituição ao prazo previsto na alínea "b" do subitem 6.1, um prazo suplementar de cobertura para reclamações de terceiros apresentadas no período compreendido entre o término do prazo de sessenta dias previsto na alínea "a", do subitem 6.1, e o vencimento dos respectivos prazos prescricionais, independentemente da data de notificação das respectivas ocorrências a seguradora.

6.3 - No tocante á extensão de cobertura prevista no subitem 6.2, fica entendido e acordado que:

a) a mesma só será concedida. se solicitada até sessenta dias após o término da vigência deste contrato;
b) O prêmio adicional correspondente não excederá a 200% (duzentos por cento) do prêmio anual deste contrato; e

c) prevalecerá uma importância segurada em separado, equivalente a importância segurada disponível no ultimo dia da vigência deste contrato, que será determinada considerando apenas as indenizações já pagas.

6.4 - As disposições desta cláusula não alteram o período de vigência deste contrato, aplicando-se apenas as reclamações por danos ocorridos entre a "data-limite para ocorrências" previsto na apólice e o término de vigência deste contrato.

(7) OBRIGAÇÕES DO SEGURADO

O Segurado se obriga a:

a) dar imediato aviso á seguradora por carta registrada ou protocolada. da ocorrência de qualquer fato de que possa advir responsabilidade civil, nos termos deste contrato;
b) comunicar a seguradora no prazo de cinco dias da data do seu recebimento, qualquer citação, carta ou documento que se relacione com sinistro coberto por este contrato, inclusive para efeito do disposto na alínea "c" da cláusula 10 deste contrato;
c) zelar e manter em bom estado de conservação, segurança e funcionamento os bens de sua propriedade e posse, que sejam capazes de causar danos cuja responsabilidade lhe possa ser atribuída, comunicando à seguradora, por escrito, aquelas alterações ou mudanças que possam agravar os riscos cobertos;
d) desenvolver e manter em condições ótimas programas de gerenciamento de resíduos de gerenciamento de riscos e de gerenciamento/monitoramento ambiental; e
e) dar ciência á Seguradora da contratação ou da rescisão de qualquer outro seguro referente aos mesmos riscos previstos neste contrato.

(8) INSPEÇÕES TÉCNICAS

8.1 A seguradora terá, a qualquer momento, o direito de inspecionar as instalações do segurado, mediante aviso prévio, obrigando-se este a fornece todos os dados e documentos necessários àquela inspeção.

8.1.1 A seguradora, por seu turno, estará obrigada a produzir relatórios trimestrais, relativos às inspeções realizadas.

8.2 Se for detectado algum defeito nessas instalações, que já tenha causado ou que possa vir a causar danos, o segurado se obriga, dentro de prazo compatível com a situação, a tomar as providências necessárias para remediar o defeito, sob pena de aplicação do disposto no artigo 1454 do Código Civil.

(9) PAGAMENTO DO PRÊMIO

9.1 Fica entendido e ajustado que qualquer indenização por força do presente contrato somente passa a ser devida depois que o pagamento do prêmio houver sido realizado pelo segurado, o que deve ser feito, no máximo, até a data limite prevista para este fim, na nota de seguro.

9.2 A data limite para pagamento do prêmio não poderá ultrapassar o trigésimo dia da emissão da apólice, da fatura ou da conta mensal do aditivo de renovação, dos aditivos ou endossos dos quais resulte aumento do prêmio.

9.3 Quando a data limite cair em dia em que não haja expediente bancário, o pagamento do prêmio poderá ser efetuado no primeiro dia útil em que houver expediente bancário.

9.4 Fica, ainda, entendido e ajustado que se o sinistro ocorrer dentro do prazo de pagamento do prêmio, sem que ele se ache efetuado, o direito à indenização não ficará prejudicado, se o prêmio respectivo for pago ainda naquele prazo.

9.5 Decorridos os prazos referidos nos itens anteriores, sem que tenha sido quitada a respectiva nota de seguro, o contrato ou aditamento a ela referente ficará automaticamente e de pleno direito cancelado, independente de qualquer interpelação judicial ou extrajudicial.

9.6 A presente cláusula prevalece sobre quaisquer outras condições que dispuserem em contrario.

(10) LIQUIDAÇÃO DE SINISTROS

A liquidação de sinistro coberto por este contrato, processar-se-á segundo as seguintes regras:

a) Apurada a responsabilidade civil do seguro, nos termos da cláusula 1 (objeto do seguro), a seguradora efetuará o reembolso da reparação pecuniária que este tenha sido obrigado a pagar;

b) A seguradora indenizará o montante dos prejuízos regularmente apurados, observando o limite de responsabilidade deste contrato;

c) Qualquer acordo judicial ou extrajudicial, com o terceiro prejudicado, seus beneficiários e herdeiros, só será reconhecido pela seguradora se tiver sua anuência tácita ou expressa. Na hipótese de recusado segurado em aceitar o acordo recomendado pela seguradora e aceito pelo terceiro prejudicado, fica desde já acordado que a seguradora não responderá por quaisquer quantias acima daquela pela qual seria o sinistro liquidado por aquele acordo;

d) Proposta qualquer ação civil, o segurado dará imediato aviso a seguradora, nomeando, de acordo com ela, os advogados de defesa;

e) Fixada a indenização devida, seja por sentença transmitida em julgado, o por acordo na forma da alínea "C" anterior, a seguradora efetuará o reembolso nos limites a que se obrigou por este contrato, no prazo de 15 dias, a contar da apresentação dos respectivos recibos de pagamento; e

f) Se a reparação pecuniária devida pelo segurado compreender pagamento em dinheiro e prestação de renda ou pensão, a seguradora, dentro do limite de responsabilidade previsto na cláusula 5, pagará preferencialmente a parte em dinheiro. Quando a seguradora, ainda dentro daquele limite, tiver que contribuir também para o capital assegurador da renda ou pensão, poderá fazê-lo mediante o fornecimento ou a aquisição de títulos em seu próprio nome, cujas rendas serão inscritas em nome da(s) pessoa(s) com direito a recebê-las, com cláusula estabelecendo que, cessada a obrigação, tais títulos reverterão ao patrimônio da seguradora.

(11) CONTRIBUIÇÃO PROPORCIONAL

Quando na data da ocorrência em um sinistro, existem outros seguros garantindo os mesmos riscos previstos neste contrato, a seguradora contribuirá, apenas, com a quota das indenizações e despesas, na proporção existente entre a importância segurada deste contrato e a totabilidade das importâncias seguradas garantida por todas as apólices em vigor naquela data.

(12) VIGÊNCIA E CANCELAMENTO DO CONTRATO

Salvo estipulação em contrario, o presente contrato vigorará pelo prazo de um ano e somente poderá ser cancelado ou rescindido, total ou parcialmente, executados os casos previstos em lei:

a) por acordo entre as partes contratantes;
b) por falta de pagamento do prêmio, na forma prevista no subitem 9.5 da cláusula 9 – Pagamento do Prêmio – destas condições; e

c) quando a soma das indenizações e despesas atingir a importância segurada, conforme estabelecido na cláusula 5 – Limite de Responsabilidade destas condições.

12.1 Nas hipóteses "a" e "b" acima, o prêmio a ser retido pela seguradora será calculado na base "*pro rata temporis*"

(13) PERDA DE DIREITO

Além dos casos previstos em lei, a seguradora ficará isenta de qualquer obrigação decorrente deste contrato se:

a) O segurado não fizer declarações verdadeiras e completas ou omitir circunstâncias de seu conhecimento que pudessem ter influído na aceitação da proposta e na fixação do prêmio:
b) O segurado, por qualquer meio, procurar obter benefícios ilícitos do seguro a que se refere este contrato; ou se
c) O segurado deixar de cumprir as obrigações convencionadas nesta apólice.

(14) RENOVAÇÃO

Este contrato não é objeto de renovação automática, conseqüentemente sua renovação estará sujeita à anuência da seguradora e do segurado, ficando desde já estabelecido que a renovação estará condicionada a correta conservação e manutenção dos equipamentos destinados à prevenção de acidentes, o que constituirá requisito necessário, mas não suficiente, para a renovação.

CLÁUSULA ESPECIAL
PRAZO SUPLEMENTAR PARA RECLAMAÇÕES

1. Fica entendido e acordado que, tendo sido pago adicional correspondente:

    a) este contrato se estende a cobrir as reclamações de terceiros apresentadas no período compreendido entre o termino do prazo estabelecido na alínea "a", do subitem 6.1 das Condições Gerais e o vencimento dos competentes prazos prescricionais, independente da data de notificação das respectivas ocorrências à seguradora;
    b) fica sem efeito a alínea "b" do subitem 6.1 das Condições gerais ; e
    c) prevalecerá uma importância segurada em separado de (indicar o valor determinado com base na alínea "c" do subitem 6.3 da Condições Gerais), que é o limite máximo indenizável por reclamação e pelo conjunto das reclamações abrangidos por esta cláusula.

2. As disposições desta cláusula não alteram o período de vigência deste contrato, aplicando-se apenas às reclamações por danos ocorridos entre a "data-limite para ocorrências" prevista na apólice e o término de vigência deste contrato.

Nota para os taxadores de risco: Esta cláusula aplica-se exclusivamente à hipótese prevista na cláusula 6 das Condições Gerais do Seguro de RC Poluição Ambiental.

4.6.2 -QUESTIONÁRIO COMPLEMENTAR A PROPOSTA DE SEGURO DE RESPONSABILIDADE CIVIL - POLUIÇÃO AMBIENTAL

1. Denominação a sede do proponente
1.1 Denominação ou Razão Social:
Endereço:
Cidade: .... UF: .... CEP: ....
CGC: ....

1.2. Localização do Estabelecimento a segurar: (caso se trate de estabelecimentos de natureza diversa ou localizados em zonas diferentes, pede-se preencher um questionário por estabelecimento).

Endereço Completo Natureza

....
....
....

2. Dados do Técnico Informante
Nome: .... Cargo: ....
Telefone: ....

3. Tipo da Atividade do Estabelecimento
3.1. Descrição:
....
....
....

3.2 Código da Atividade: ....
3.3 Produtos Principais:
....
....
....

3.4 Faturamento Anual (em US$ - Indicar a taxa e data de conversão):
Penúltimo exercício: ....
Último: ....
Atual (estimativa): ....

3.5 Número de Empregados: ....

3.6 Trata-se de atividade definida como de alto risco de acordo com a legislação vigente?
3.7 De acordo com a legislação vigente, o estabelecimento é classificado como indústria insalubre? Em caso afirmativo, indicar o grau de insalubridade:
....
....
....

3.8 Existem programas de gerenciamento de resíduos, de gerenciamento de riscos e de gerenciamento / monitoramento ambiental?
....
....
....

4. CARACTERÍSTICAS GERAIS DO ESTABELECIMENTO: (ANEXAR PLANTA DO ESTABELECIMENTO E DA REGIÃO EM QUE ESTÁ LOCALIZADO).

4.1 Descrição dos ciclos produtivos e/ou linhas de produção:
....
....
....

Instalações e equipamentos auxiliares:
( ) Transformadores de energia elétrica
( ) Caldeira de produção de água quente ou vapor
( ) Caldeira a óleo diatérmico
( ) Circuito frigorífico a freon
( ) Circuito frigorífico a amônia
( ) Circuitos fechados ( ) Abertos ( ) De refrigeração

Especificar o fluido utilizado:
....

( ) Equipamentos contra incêndio (descrever)
....
....

( ) Outros equipamentos:

4.2 Existem equipamentos sob pressão (vapor, ar comprimido, etc.)? Descrevê-los:
....
....

4.3 Pressão utilizada (*): ( ) até 5 atm ( ) 5/10 atm ( ) acima

4.4 Há equipamento que só operem com altas temperaturas? Descrevê-los:
....
....

4.5 Temperatura utilizada (*)
( ) até 200°C ( ) 200/500°C ( ) acima
4.6 Idade dos Equipamentos (*)
( ) até 5 anos ( ) 5 /10 anos ( ) acima
4.7 Funcionam (*)
( ) até 5 dias p/semana ( ) 6 dias ( ) 7 dias

4.8 Funcionam (*)

( ) até 8 h/dia ( ) até 16 h/dia ( ) até 24 h/dia

(*) Nos quesitos 4.3, 4.5, 4.6, 4.7 e 4.8, assinalar mais de uma alternativa, se for o caso.

4.9 Existem procedimentos específicos de controle do local e dos equipamentos?

Especificar os procedimentos e a sua periodicidade:

....

....

4.10 Há sistema automático de bloqueio e/ou alarme em relação aos eventuais pontos críticos desses equipamentos?

( ) sim ( ) em parte

( ) não

4.11 Existe brigada própria ou contratada para pronta intervenção, em caso de acidente que possa causar poluição? ....

4.12 Principais substancias ou produtos perigosos existentes no local:

	Denominação	Movimento anual (ton)	Quant. Máx. no local (ton)
a)	....	....	....
b)	....	....	....
c)	....	....	....
d)	....	....	....
e)	....	....	....
f)	....	....	....
g)	....	....	....

Sob forma de: (indicar ao lado a letra correspondente à substância acima mencionada).

( ) Matéria prima

( ) Matéria intermediaria / auxiliar

( ) Produto final
( ) Subproduto
( ) Resíduo

4.13 Existe possibilidade de que tais substâncias perigosas venham a produzir uma reação acidental? Caso afirmativo, indicar as reações:

....

....

4.14..

Combustíveis utilizados:

h) gasosos (metano e similares);

i) destilados leves;

j) destilados pesados;

l) sólidos (antracito, linhito, etc).

4.15 Tipo e condições de estocagem das substâncias e combustíveis, (indicar à direita a letra correspondente ao tipo respectivo):

Líquido

( ) reservatório a superfície: ....

( ) reservatório enterrado: ....

( ) outros: ....

Gases (inclusive liquefeito)

( ) gasômetro: ....

( ) reservatório sob pressão: ....

( ) reservatório criogênico: ....

( ) outros: ....

Sólidos

( ) depósito a descoberto: ....

( ) depósito coberto: ....

( ) silos: ....

( ) outros: ....

4.16 Recipientes de contenção para tais reservatórios (identificar à direita o tipo das substâncias ou produtos guardados):

( ) Não existente

( ) Existente, porém sem controle do fundo, sem drenos ou válvulas de escape

( ) Existente, sem controle do fundo, com drenos ou válvulas de escape

( ) existente, com controle do fundo, drenos ou válvulas de escape como requer o tratamento

4.17 A área por onde se movimentam as substancias é pavimentada?

....

4.18 São conhecidas as características geológicas da área (tipo de terreno e profundidade do lençol freático)? Caso afirmativo, indicar a natureza do terreno:

( ) pouco permeável: p.e., argiloso

( ) medianamente permeável: p.e., rochoso

( ) muito permeável: p.e., arenoso

- Lençol a profundidade de: ( ) até 10 m ( ) até 30 m ( ) mais de 30 m

- É fonte de água potável? ....

4.19 Em relação às substâncias / produtos em estado gasoso ou vapor, existe equipamento ou válvula que possa ser acionada imediatamente para evitar o escapamento indevido para a atmosfera?

....

....

5 Efluentes Líquidos

5.1 Tipos

( ) água de chuva do telhado e de área não sujeita à poluição;

( ) água de chuva da área sujeita à poluição súbita por causa das operações de carga/descarga, estocagem, movimentação, expurgo ou lavagem das substâncias;
( ) refulgos líquidos provenientes do ciclo produtivo;
( ) água servida (banheiros, restaurantes, etc.)

5.2 A rede de esgoto é única? .... Caso positivo, especificar, identificando à direita os respectivos efluentes:

Rede 1: ....
Rede 2: ....
Rede 3: ....

5.3 Os efluentes sofrem tratamento/ .... Caso especificar, identificando à direita os respectivos efluentes:
( ) decantação ....
( ) aeração ....
( ) tratamento físico-químico ....
( ) tratamento biológico ....
( ) centrifugação ....
( ) estocagem ....
( ) incineração ....
( ) outros – especificar ....

5.4 Captação dos resíduos (indicar à direita a respectiva rede de esgoto para a qual eles confluem):
( ) fossa .... ( ) lago ....
( ) rio ou canal .... ( ) mar ....
( ) rede pública ....

5.5 Destino ou utilização dos elementos captores acima:

( ) fonte de água potável ( ) irrigação
( ) âmbito portuário ( ) balneário
( ) tratamento depurativo ( ) desconhecido
( ) remoção

4.6 Há reservatório de água destinada ao combate de incêndio?

....

6 Efluentes Gasosos

6.1 Tipos de emissão:

a) fumaça de combustão de centrais térmicas e /ou de fornos de escape indireto
b) fumaça de forno de escape direto
c) fumaça de incineradores
d) poeira derivada da estocagem ou manipulação de materiais
e) vapores de condensadores, reatores, banhos quentes
f) vapores de válvulas de segurança, discos de rupturas, aparelhos, reservatórios e/ou circuitos sob pressão
g) saídas e chaminés para higiene do local de trabalho
h) outros: ....

6.2 Existem quantas chaminés? ....

( ) até 10m de altura ( ) 10 a 15 m ( ) mais de 15 m

6.3 É feito tratamento das emissões antes de sua liberação para a atmosfera?

6.4 Em caso afirmativo, indicar à direita a letra correspondente ao tipo de emissão:

( ) filtro seco: ....
( ) filtro úmido: ....
( ) ciclone: ....

( ) borbulhamento: ....
( ) eletrofiltro: ....
( ) câmara de combustão: ....
( ) extração a vácuo: ....
( ) outros: ....

6.5 Tipos de estabelecimentos de terceiros na vizinhança no raio de 30 metros:

( ) agrícola ( ) industrial
( ) residencial
( ) comercial ( ) turístico
( ) outros:

6.6 Existe propriedade de terceiros a menos de 50 metros dos limites do estabelecimento a segurar? Em caso afirmativo, especificar:

6.7 Concentração de propriedades de terceiros no raio de 300 metros:
( ) elevada ( ) média ( ) esparsa

6.8 Freqüência dos ventos:
( ) elevada ( ) média ( ) baixa

6.9 Pluviosidade:
( ) elevada ( ) média ( ) baixa

7 Efluentes Sólidos

7.1 Tipos:

a) resíduos sólidos urbanos ou similares, tais como:

....

b) resíduos tóxicos e/ou nocivos, tais como:

....

c) resíduos não tóxicos, nem nocivos, tais como:

....

7.2 ....

Modos de estocagem (identificar o resíduo pela letra correspondente em 7.1):

( ) sem recipiente próprio: ....

( ) em containers: ....

( ) em recipiente fixo: ....

( ) outros – especificar: ....

7.3 As áreas de estocagem provisórias estão de acordo com as determinações legais e/ou das autoridades competentes?

São as mesmas:

( ) não pavimentadas

( ) pavimentadas

( ) pavimentadas e dotadas com poços de drenagem

8. Local de estocagem provisória e/ou de eliminação dos resíduos

8.1 O proponente é:

( ) administrador do estabelecimento a segurar

( ) proprietário do mesmo

8.2 Local de descarga

Área: ______ m^2 Capacidade total: ______ ton Duração até ___/___/___

Trata-se de projeto: ( ) novo ( ) melhoria ( ) ampliação

Data de início das operações: ___/___/___

8.3 Estocagem provisória dos resíduos. Tipologia:

( ) resíduos sólidos urbanos

( ) tóxicos ou nocivos

( ) não tóxicos nem nocivos

( ) outros: ....

Área: m2

8.4 Compostagem:
Funcionamento (dias/ano): ....
Capacidade (tonelada/ano): ....

8.5...
Incineradores de:

( ) resíduos urbanos sólidos
( ) resíduos tóxicos ou nocivos
( ) resíduos não tóxicos, nem nocivos
( ) outros: ....

Funcionamento (dias/ano): ....
Capacidade (tonelada/dia):...

8.6 Redes de esgoto:

Capacidade (m3/dia)

Tipo de resíduos tratados: ( ) urbano ( ) industrial ( ) outros

8.7 Outros sistemas de tratamento / eliminação de resíduos: ....
....
....

9. Informações sobre sinistros e outros seguros:

9.1 O proponente tem conhecimento de qualquer fato que possa advir alguma reclamação contra a empresa? Caso afirmativo, forneça detalhes.
....
....

9.2 O proponente tem conhecimento de alguma reclamação contra si ou contra qualquer de seus sócios e/ou diretores, nos últimos cinco anos? Em caso positivo, indicar a data; o valor da causa de cada reclamação, ainda que não tenha havido seguro no período.
....
....

9.3 Alguma Seguradora recusou proposta de seguro semelhante feita pelo proponente, estabeleceu condições agravadas para sua aceitação. ou recusou a renovação de algum seguro seu? Em caso afirmativo, esclareça os motivos alegados pela Seguradora

....

....

9.4 No caso de o proponente possuir ou já ter possuído seguro para garantir quaisquer dos riscos propostos, indique a seguradora.

....

....

9.5 Existe alguma previsão para ampliação das atividades do proponente no período de vigência do seguro proposto? Caso positivo, fornecer detalhes.

....

....

9.6 Importância Segurada pretendida:

....

....

10 Declaração ao Proponente

Declara, sob pena de aplicação das sanções previstas no art 1444 do Código Civil brasileiro, que as informações contidas no questionário são completas e verdadeiras.

4.6.3 ROTEIRO BÁSICO PARA INSPEÇÃO DO RISCO - SEGURO DE RESPONSABILIDADE CIVIL (POLUIÇÃO AMBIENTAL)

O relatório de inspeção deve restringir-se a cada unidade industrial ou comercial do proponente. Em se tratando, porém, de unidades contíguas, com operações da mesma natureza, o relatório poderá englobar tais unidades que passarão a ser consideradas como um único risco.

I. GERAIS

1. Nome do proponente.
2. Endereço da unidade industrial e/ou comercial inspecionada.
3. Início de atividade da unidade industrial e/ou comercial. Datas e descrição de reformas e/ou expansões.
4. Número de empregados e jornada de trabalho:
   4.1. Análise sobre o nível de qualidade técnica do pessoal de operação.
5. Principais formas e vias de acesso à unidade industrial e/ou comercial.

II. PROCESSO INDUSTRIAL

1. Fluxograma resumido do processamento industrial.
2. Identificação de pontos críticos:

   a) operações perigosas:
   b) substâncias perigosas:
   c) produtos perigosos:
   d) outros - especificar:

3. Em relação aos pontos críticos, indicar:

   a) capacidade nominal e nível de produção e/ou de consumo e/ou de estoque:
   b) meios de transporte interno:

4. Descrever os processos automatizados, indicando os níveis atuais e pretendidos, de automatização.
5. Análise do risco (parecer sobre a possibilidade de danos ambientais em função do processo industrial e de conformidade com a legislação aplicada).

III. SEGURANÇA OPERACIONAL

(Descrição resumida e parecer sobre o seu grau de eficácia):

1. Controle da seqüência operacional.
2. Controles das variáveis de processo.
3. Procedimentos de controle ambientar.
4. Programa de manutenção dos equipamentos anti-poluentes, tais como: filtros, precipitadores eletrostáticos, etc...
5. Programa de manutenção de máquinas, motores e instalações.
6. Existência de sistemas alternativos de fornecimento de energia, água ou de outros insumos que possam atenuar as condições de risco do local.

III. SEGURANÇA OPERACIONAL

(Descrição resumida e parecer sobre o seu grau de eficácia):

1. Controle da seqüência operacional.
2. Controles das variáveis de processo.
3. Procedimentos de controle ambientar.
4. Programa de manutenção dos equipamentos anti-poluentes, tais como: filtros, precipitadores eletrostáticos, etc...
5. Programa de manutenção de máquinas, motores e instalações.
6. Existência de sistemas alternativos de fornecimento de energia, água ou de outros insumos que possam atenuar as condições de risco do local.

IV. SEGURANÇA PATRIMONIAL

(Descrição resumida e parecer sobre o seu grau de eficácia):

1. Pára-raios e malha de aterramento.
2. Vigilância.
3. Barreiras perimetrais circundando a área da empresa
4. Controle de acesso de pessoas, veículos e cargas: restrições e cuidados especiais durante a permanência.
5. Comunicações externas e internas.

V. SISTEMAS DE PREVENÇÃO E COMBATE

1. Informar sobre a existência e opinar sobre a eficácia de planos de contingência ou de pré-emergência, de atuação interna e de atuação externa, para casos de acidentes de qualquer natureza, inclusive contaminação de meio-ambiente.
2. Informar se existem alternativas de condições de acesso e utilização de meios de transporte não usuais, em caso de acidente.
3. Descrever e opinar sobre a eficácia e grau de manutenção dos sistemas de prevenção e combate a incêndio, destacando:

    a) sistemas fixos de proteção e detecção (hidrantes, detetores, CO_2, Sprinklers, etc);
    b) os sistemas móveis de proteção (extintores, carretas, veículos especiais, carro-pipa, etc,);
    c) dispositivos de apoio (caixas de mangueiras, apetrechos, etc.);
    d) alarme;
    e) brigada de incêndio (pessoal, turnos e treinamento);
    f) fontes de abastecimento e reserva de água;
    g) Corpo de Bombeiros mais próximo e planos de auxílio mútuo.

VI. LEGISLAÇÃO AMBIENTAL

1. Verificar se os procedimentos adotados pelo proponente nas especificações do projeto, fabricação, armazenagem, transporte interno e aplicação de produtos são adequados e compatíveis com as determinações dos órgãos competentes, com as normas brasileiras e/ou de países industrialmente desenvolvidos.
2. Informar qual o órgão do meio ambiente que expediu o alvará de licença de funcionamento, período de renovação e suas restrições ou recomendações.
3. Verificar o registro de irregularidade e possível incidência de multas, indicando o período e o motivo das ocorrências.
4. Verificar se as autoridades de controle e fiscalização aprovaram o processo industrial, inclusive os órgãos dos países importadores.
5. Verificar se as instruções para a manipulação, armazenagem e transporte interno, que acompanham os produtos utilizados pelo proponente, são adequadas tanto do ponto de vista técnico como da forma de apresentação.
6. Verificar se as embalagens das substâncias, dos produtos, das matérias-primas e dos insumos existentes no local são adequadas, inclusive sob o aspecto da qualidade e inviolabilidade.

VII. FATORES AMBIENTAIS INTERNOS

(Descrição resumida e parecer sobre grau de eficácia dos controles do proponente):

1 AR:

a) inventário das emissões
b) monitoramento

2 ÁGUA:

a) recursos de suprimento e qualidade
b) reutilização da água

c) amostragem
d) captação e descarga
e) alagamento
f) monitoramento, especialmente na fase de captação e descarga

3. TERRA:

a) estocagem
b) depósito de resíduos (ver gerenciamento de resíduos)
c) medição de controle de vazamento de resíduos
d) conhecimento prévio de terra contaminada
e) monitoramento

4. RUÍDO:

a) medição
b) controle
c) doenças decorrentes
d) proteções (utilização de sistemas para redução de ruídos)
e) monitoramento

5. GERENCIAMENTO DE RESÍDUOS:

a) recursos
b) métodos disponíveis
c) na indústria
d) disponíveis fora da indústrias / reclamações
e) tratamento e/ou estocagem
f) análises / monitoramento (inspeção do lençol d'água)

6. ORGANIZAÇÃO - GERENCIAMENTO DE RISCOS:

a) política / responsabilidade
b) comunicação
c) registros
d) treinamento

e) eficácia / conhecimento (subjetivo)
f) proteção da planta
g) nível hierárquico na empresa, dos setores de segurança e gerenciamento de risco

7. GERENCIAMENTO/MONITORAMENTO DE RISCOS AMBIENTAIS:

a) política / responsabilidade
b) recursos
c) métodos disponíveis
d) registros
e) eficácia / conhecimento
f) proteção da planta

VIII. FATORES AMBIENTAIS EXTERNOS

1. Tipo e natureza do terreno.
2. Proximidades de acidentes geográficos (distância planimétricas e altimétricas).
3. Proximidade de cortes, aterros e taludes.
4. Sistema de drenagem
5. Informar sobre a direção predominante e a maior intensidade dos ventos, e sobre a possibilidade de condições atmosféricas excepcionais que impeçam a dispersão.
6. Informar a intensidade pluviométrica e queda de raios na região.
7. Informar sobre a existência de cursos d'água que possam receber escoamentos da empresa, ainda que de forma acidental. Esclarecer se servem ao abastecimento de núcleos populacionais. Informar se existem sistemas de contenção dos agentes poluentes da empresa e de outras entidades.
8. Caracterização ambiental e do uso e ocupação do solo no entorno da planta industrial, identificando e quantificando os efeitos prováveis diretos e indiretos, a terceiros e ao ambiente.

IX. HISTÓRICO

1. Apresentar relação dos acidentes ou fatos relevantes ocorridos nos últimos cinco anos, informando datas, causas, conseqüências, prejuízos e medidas adotadas para sanar o problema, mesmo que não tenham tido amparo de seguro.
2. Verificar a incidência de doenças ou acidentes de trabalho, provocados por condições precárias de trabalho ou pela não observância às normas de segurança indicadas em Legislação Ambiental pertinente.
3. Verificar a incidência de doenças e/ou a existência de reclamações das populações de entorno.
4. Anotar nomes e funções dos responsáveis pelas informações.

X. CONCLUSÃO

1. Aspectos gerais:
2. Fatores positivos e negativos.
3. Recomendações quanto à aceitação e taxação do risco.
4. Recomendações quanto à melhoria dos sistemas do proponente, inclusive custos estimados:

    a) prioridade 1
    b) prioridade 2
    c) prioridade 3
    d) gerais

5. Outros fatores ou aspectos do risco que o vistoriador considere relevantes.
6. Data, assinatura e número de registro do engenheiro vistoriador e anotação de responsabilidade técnica (ART).

4.6.4- SEGURO DE RESPONSABILIDADE CIVIL POLUIÇÃO AMBIENTAL (QUESTIONÁRIO COMPLEMENTAR A PROPOSTA DE SEGURO)

1 Denominação e sede do proponente:

1.1 Denominação ou razão social:

____

Endereço: ______________________________

Cidade: UF: CEP: CGC:

1.2 Localização do estabelecimento a segurar: (caso se trate de estabelecimentos de naturezas diversas ou localizados em zonas diferentes, pede-se preencher um questionário por estabelecimento):

Endereço completo Natureza

____

____

____

2 Dados do técnico informante:

Nome : ______________________________

Cargo Tel.:

3 Tipo da atividade do estabelecimento:

3.1 Descrição:

____

____

____

3.2 Código da atividade: ____________________

3.3 Produtos principais: ____________________

____

____

____

3.4 Faturamento anual (em US$ -indicar a taxa e data de conversão):

Penúltimo exercício ____________________

Último ______________________________

Atual (estimativa) _______________________

3.5 N° de empregados ____________________

3.6 Trata-se de atividade definida como de alto risco de acordo com a legislação vigente?

____

3.7 De acordo com a legislação vigente, o estabelecimento é classificado como indústria insalubre? Em caso afirmativo, indicar o grau de insalubridade:

____

3.8 Existem programas de gerenciamento de resíduos, de gerenciamento de risco e de gerenciamento / monitoramento ambiental?

____

4 Características gerais do estabelecimento (**anexar planta do estabelecimento e da região em que está localizado**):

4.1 Descrição dos ciclos produtivos e/ou linhas de produção:

____

____

____

Instalações e equipamentos auxiliares:

( ) Transformadores de energia elétrica

( ) Caldeira de produção de água quente ou vapor

( ) Caldeira a óleo diatérmico

( ) Circuito frigorífico a freon

( ) Circuito frigorífico a amônia

( ) Circuitos fechados ( ) abertos ( ) de refrigeração

Especificar o fluido utilizado:

( ) Equipamentos contra incêndio (descrever):

____

____

( ) Outros equipamentos:

____

____

4.2 Existem equipamentos sob pressão (vapor, ar comprimido, etc.)? Descrevê-los

____

____

4.3 Pressão utilizada (*): ( ) até 5 atm ( ) 5/10 atm ( ) acima

4.4 Há equipamentos que só operem com altas temperaturas? Descrevê-los:

____

____

4.5 Temperatura utilizada: (*):

( ) até 200°C ( ) 200/500°C ( ) acima

4.6 Idade dos equipamentos (*):

( ) até 5 anos ( ) 5/10 anos ( ) acima

4.7 Funcionam (*):

( ) até 5 dias p/semana ( ) 6 dias ( ) 7 dias

4.8 Funcionam (*):

( ) até 8h/dia ( ) até 16h/dia ( ) até 24h/dia (*)

Nos quesitos 4.3, 4.5, 4.6, 4.7 e 4.8, assinalar mais de uma alternativa, se for o caso.

4.9 Existem procedimentos específicos de controle do local e dos equipamentos? Especificar os procedimentos e sua periodicidade:

____

____

4.10 Há sistemas automático de bloqueio e/ou alarme em relação aos eventuais pontos críticos desses equipamentos?

( ) sim ( ) em parte ( ) não

4.11 Existe brigada própria ou contratada para pronta intervenção, em caso de acidente que possa causar poluição?

4.12 Principais substâncias ou produtos perigosos existentes no local:

Denominação	Movimento anual *(ton)*	Quant. Máx. no local *(ton)*
a) ________	________	________

b) ______________ ________________ ________________
c) ______________ ________________ ________________
d) ______________ ________________ ________________
e) ______________ ________________ ________________

Sob forma de (indicar ao lado a letra correspondente à substância acima mencionada):
( ) matéria prima
( ) matéria intermediária / auxiliar
( ) produto final
( ) subproduto
( ) resíduo

4.13 Existe possibilidade de que tais substâncias perigosas venham a produzir uma reação acidental? Caso afirmativo, indicar as reações:

4.14 Combustíveis utilizados:
h) Gasosos (metano e similares);
i) Destilados leves;
j) Destilados pesados;
i) Sólidos (antracito, linhito, etc).

4.15 Tipo e condições de estocagem de substâncias e combustíveis, (indicar à direita a letra correspondente ao tipo respectivo):

LíQUIDOS:
( ) reservatório à superfície
( ) reservatório enterrado
( ) outros
GASES (inclusive liquefeito):
( ) gasômetro
( ) reservatório sob pressão
( ) reservatório criogênico
( ) outros

SÓLIDOS:
( ) depósito a descoberto
( ) depósito coberto
( ) silos
( ) outros

4.16 Recipientes de contenção para tais reservatórios (identificar à direita o tipo das substâncias ou produtos guardados):
( ) não existente
( ) existente, porém sem controle do fundo, sem drenos ou válvulas de escape
( ) existente, sem controle do fundo, com drenos ou válvulas de escape
( ) existente, com controle do fundo, drenos ou válvulas de escape como requer o tratamento.

4.17 A área por onde se movimentam as substâncias é pavimentada?

4.18 São conhecidas as características geológicas da área (tipo de terreno e profundidade do lençol freático)? Caso afirmativo, indicar a natureza do terreno:
( ) pouco permeável: p.e., argiloso
( ) medianamente permeável: p. e. rochoso
( ) muito permeável: p.e., arenoso
Lençol à profundidade de: ( ) até 10m ( ) até 30m ( ) mais de 30m
É fonte de água potável?

4.19 Em relação às substâncias / produtos em estado gasoso ou vapor, existe equipamento ou válvula que possa ser acionada imediatamente para evitar o escapamento indevido para a atmosfera?

5 Efluente Líquidos
5.1 Tipos
( ) Água de chuva do telhado e de área não sujeita à poluição

( ) Água de chuva da área sujeita à poluição súbita por causa das operações de carga / descarga, estocagem, movimentação, expurgo ou lavagem das substâncias
( ) Refugos líquidos provenientes do ciclo produtivo
( ) Água servida (banheiros, restaurantes, etc.)

5.2 A rede de esgoto é única? ______ Caso negativo, identificar abaixo cada rede independente e os respectivos efluentes:
Rede 1: ______________________________
Rede 2: ______________________________
Rede 3: ______________________________

5.3 Os efluentes sofrem tratamento? ____ Caso positivo, especificar, identificando à direita os respectivos efluentes:
( ) decantação ______________________________
( ) aeração ______________________________
( ) tratamento físico-químico ______________________________
( ) tratamento biológico ______________________________
( ) centrifugação ______________________________
( ) estocagem ______________________________
( ) incineração ______________________________
( ) outros -especificar: ______________________________

5.4 Capacitação dos resíduos (indicar à direita a respectiva rede de esgoto para a qual eles confluem):
( ) fossa ______________________________
( ) lago ______________________________
( ) rio ou canal ______________________________
( ) mar ______________________________
( ) rede pública ______________________________

5.5 Destino ou utilização dos elementos captores acima:
( ) fonte de água potável
( ) irrigação

( ) âmbito portuário
( ) balneário
( ) tratamento depurativo
( ) desconhecido
( ) remoção

5.6 Há reservatório de água destinada ao combate de incêndio?

6 Efluentes Gasosos:

6.1 Tipos de emissão:

a) Fumaça de combustão de centrais térmicas e/ou de fornos de escape indireto
b) Fumaça de forno de escape direto
c) Fumaça de incineradores
d) Poeira derivada da estocagem ou manipulação de materiais
e) Vapores de condensadores, reatores, banhos quentes
f) Vapores de válvulas de segurança, discos de ruptura, aparelhos, reservatórios e/ou circuitos sob pressão
g) Saídas e chaminés para higiene do local de trabalho
h) Outros

6.2 Existem quantas chaminés? _____

( ) até 10m de altura
( ) 10 a 15m
( ) mais de 15m

6.3 É feito tratamento das emissões antes de sua liberação para a atmosfera?

6.4 Em caso afirmativo, indicar à direita a letra correspondente ao tipo de emissão:

( ) filtro seco
( ) filtro úmido
( ) ciclone

( ) borbulhamento
( ) eletrofiltro
( ) câmara de combustão
( ) extração à vácuo
( ) outros

6.5 Tipos de estabelecimentos de terceiros na vizinhança no raio de 300 metros:

( ) agrícola
( ) industrial
( ) residencial
( ) comercial
( ) turístico
( ) outros

6.6 Existe propriedade de terceiros a menos de 50 metros dos limites do estabelecimento a segurar? Em caso afirmativo, especificar:

6.7 Concentração de propriedades de terceiros no raio de 300 metros:

( ) elevada ( ) média ( ) esparsa

6.8 Freqüência dos ventos;

( ) elevada ( ) média ( ) baixa

6.9 Pluviosidade:

( ) elevada ( ) média ( ) baixa

7 Efluentes Sólidos

7.1 Tipos:

a) Resíduos sólidos urbanos ou similares, tais como:
b) Resíduos tóxicos e/ou nocivos, tais como:
c) Resíduos não tóxicos, nem nocivos, tais como:

7.2 Modos de estocagem (identificar o resíduo pela qual pela letra correspondente em 7.1):

( ) sem recipiente próprio
( ) em containers
( ) em recipiente fixo
( ) outros -especificar

7.3 As áreas de estocagem provisórias estão de acordo com as determinações legais e/ou das autoridades competentes?
São as mesmas:

( ) não pavimentadas
( ) pavimentadas
( ) pavimentadas e dotadas com poços de drenagem

8 Local de estocagem provisória e/ou de eliminação dos resíduos

8.1 O proponente é:

( ) administrador do estabelecimento a segurar
( ) proprietário do mesmo

8.2 Local de descarga
Área: ______ m^2 Capacidade total: ______ ton Duração até ___/___/___
Trata-se de projeto:

( ) novo ( ) melhoria ( ) ampliação

Data de início das operações: ___/___/___

8.3 Estocagem provisória dos resíduos. Tipologia:

( ) resíduos sólidos urbanos
( ) tóxicos ou nocivos
( ) não tóxicos nem nocivos
( ) outros
Área: ______ m^2

8.4 Compostagem:
Funcionamento (dias/ano): ____________ Capacidade (tonelada/ano): ________________

8.5 Incineradores de:
( ) resíduos urbanos sólidos
( ) resíduos tóxicos ou nocivos
( ) resíduos não tóxicos, nem nocivos
( ) outros
Funcionamento (dias/ano): ____________ Capacidade (tonelada/dia): ________________

8.6 Redes de esgoto:
Capacidade (m3/dia)
Tipo de resíduos tratados:
( ) urbano ( ) industrial ( ) outros

8.6.1 Outros sistemas de tratamento / eliminação de resíduos:
____
____
____

9 Informações sobre sinistros e outros seguros:

9.1 O proponente tem conhecimento de qualquer fato que possa advir alguma reclamação contra a empresa? Caso afirmativo, forneça detalhes.
____
____
____

9.2 O proponente tem conhecimento de alguma reclamação contra si ou contra qualquer de seus sócios e/ou diretores, nos últimos cinco anos? Em caso positivo, indicar a data; o valor q a causa de cada reclamação, ainda que não tenha havido seguro no período.
____
____
____

9.3 Alguma Seguradora recusou proposta de seguro semelhante feita pelo proponente, estabeleceu condições agravadas para sua aceitação, ou recusou a renovação de algum seguro seu? Em caso afirmativo, esclareça os motivos alegados pela Seguradora.

____

____

____

9.4 No caso de o proponente possuir ou já ter possuído seguro para garantir quaisquer dos riscos propostos, indique a Seguradora.

____

____

____

9.5 Existe alguma previsão para ampliação das atividades do proponente no período de vigência do seguro proposto? Caso positivo, fornecer detalhes.

____

____

____

9.6 Importância Segurada pretendida: ____________________

10 EIA e RIMA

10.1 Anexar o EIA – Estudo de Impacto Ambiental e o RIMA – Relatório de Impacto Ambiental da Empresa.

11 Declaração do Proponente

Declara, sob pena de aplicação das sanções previstas no art. 1444 do Código Civil Brasileiro, que as informações contidas no questionário são completas e verdadeiras.

4.6.5- QUESTIONÁRIO SOCIOAMBIENTAL - PARA EMPRESAS COM FATURAMENTO ANUAL *ACIMA DE* R$ 20 MILHÕES

Ciente do seu papel com cidadão corporativo no Brasil, o Banco está implementando uma política socioambiental dirigida às suas operações internas, seus fornecedores e seus clientes. Dentre desta linha, solicitamos aos nossos clientes que preencham este questionário. As respostas serão mantidas como confidências.

Nome da Empresa: ______________________________
CNPJ: ______________________________
Cidade/Estado: ______________________________
Ramo de Atividade: ______________________________
Número de Funcionários: _______ Data de preenchimento: ___/___/___

ASPECTOS AMBIENTAIS

1- A empresa possui um funcionário cuja principal atribuição é meio ambiente?

...........SIM ....NÃO

Se positivo, favor informar:
Nome: ______________________________
Cargo: ______________________________
Desde quando este cargo existe? Ano: ______________
Nome do Superior: ______________________________
Cargo do Superior: ______________________________

2- A empresa tem um plano para reduzir o consumo de água ou de energia?

...........SIM ....NÃO

Se positivo, indicar as metas:
____

3- a empresa tem um plano para reduzir a sua geração de lixo ou reciclar o seu lixo?

...........SIM ....NÃO

Se positivo, indicar as metas:

4- A empresa tem um plano para melhorar o descarte do lixo ou o tamanho da água que sai da fabrica?

...........SIM ....NÃO ....NÃO SE APLICA

Se positivo, indicar as metas:

5- A empresa certificou alguma unidade pela norma ISO 14001?

- NÃO
- NÃO, MAS TEM PLANOS

Favor indicar qual unidade e data prevista: ____________________

- SIM, PARA ALGUMAS UNIDADES

Favor indicar quais: ____________________

- SIM, PARA TODAS

6- A sua empresa possui uma licença ambiental do governo? (Pode responder marcando mais do que um campo)

- NÃO (Favor marcar aqui mesmo se a sua atividade não requer uma licença ambiental)
- SIM, PARA ALGUMAS INSTALAÇÕES

Favor indicar quais instalações: ____________________

Favor citar qual órgão do governo: ____________________

- SIM, PARA TODAS AS INSTALAÇÕES

Favor citar qual o órgão do governo:

- JÁ DEMOS ENTRADA PARA PEDIR UMA LICENÇA OPERACIONAL

Favor indicar para quais instalações:

Data de entrada da documentação ___/___/___ Órgão do governo:

7- Na opinião da empresa, o que falta a ser feito para:
(a) reduzir o seu atual impacto ambiental?

____

____

(b) limpar áreas que foram prejudicadas no passado?

____

____

8- Nos últimos dois anos, a empresa recebeu alguma autuação por um órgão governamental que cuida de meio ambiente? (Ex.: Cetesb, Ibama, Feam, etc.)?
(Favor responder mesmo se a empresa recorreu na justiça)
...........SIM ....NÃO
Se positivo, informar o motivo, data e valor. Informar também as medidas que foram tomadas posterior à multa.

____

____

____

ASPECTOS SOCIAIS

9- Nos últimos dois anos, houve greve ou operações tartaruga na sua empresa?
...........SIM ....NÃO
Se positivo, favor indicar a(s) data(s) e duração.

____

10- Nos últimos dois anos, quantos acidentes de trabalho ocorreram? Favor responder usando a tabela abaixo.

Ano	**Acidentes sem afastamento de funcionário**	**Acidentes com afastamento de funcionário**
200__		
200__		

11- No relacionamento com os fornecedores, aspectos sócio-ambientais...

- NÃO FAZEM PARTE DA SELEÇÃO DE FIRMAS
- SÃO SUGRIDOS AOS FORNECEDORES

Favor indicar quais aspectos: ______________________________

- SÃO EXIGIDOS DOS FORNECEDORES

Favor indicar quais aspectos: ______________________________

4.6.6 - QUESTIONÁRIO SOCIOAMBIENTAL - PARA EMPRESAS COM FATURAMENTO ANUAL *ATÉ* R$ 20 MILHÕES

*Ciente do seu papel com cidadão corporativo no Brasil, o Banco está implementando uma política socioambiental dirigida às suas operações internas, seus fornecedores e seus clientes. Dentre desta linha, solicitamos aos nossos clientes que preencham este questionário. As respostas serão mantidas como confidê*ncias.

Nome da Empresa: ______________________________

CNPJ: ______________________________

Cidade/Estado: ______________________________

Ramo de Atividade: ______________________________

Número de Funcionários: ________ Data de preenchimento: ___/___/___

1- A empresa respeita integralmente a legislação nacional que proíbe o trabalho antes dos 16 anos?

...........SIM ....NÃO

2- Nos últimos dois anos, quantos acidentes de trabalho ocorreram? Favor responder usando a tabela abaixo:

Ano	Acidentes sem afastamento de funcionário	Acidentes com afastamento de funcionário
200__		
200__		

3- Na opinião da empresa, quais são os principais impactos ambientais da sua atividade?

4- O que a empresa está fazendo para minimizar os impactos ambientais da sua atividade?

- Reduzir o consumo de energia
- Reduzir o consumo de água
- Melhorar a qualidade de água que sai da empresa
- Achar local adequado para levar o lixo da empresa
- Reduzir a fumaça ou poeira em torno da empresa
- Nenhuma das opções citadas acima
- Estas medidas não se aplicam à empresa

5- A sua empresa possui uma licença ambiental do governo? (Pode responder marcando mais do que um campo)
- NÃO (Favor marcar aqui mesmo se a sua atividade não requer uma licença ambiental)
- SIM, PARA ALGUMAS INSTALAÇÕES

Favor indicar quais instalações:

Favor citar qual órgão do governo:

- SIM, PARA TODAS AS INSTALAÇÕES

Favor citar qual o órgão do governo:

- JÁ DEMOS ENTRADA PARA PEDIR UMA LICENÇA OPERACIONAL

Favor indicar para quais instalações:

Data de entrada da documentação ___/___/___

Órgão do governo: ______________________________

6- Nos últimos dois anos, a empresa recebeu alguma autuação por um órgão governamental que cuida de meio ambiente? (Ex.: Cetesb, Ibama, Feam, etc.)?

(Favor responder mesmo se a empresa recorreu na justiça)

...........SIM ....NÃO

Se positivo, informar o motivo, data e valor. Informar também as medidas que foram tomadas posterior à multa.

____

____

4.7 - AUDITORIA DE CONFORMIDADE LEGAL

Auditoria ambiental é o procedimento de exame e avaliação periódica ou ocasional do comportamento de uma empresa em relação ao meio ambiente. A auditoria ambiental pode ser pública ou privada, conforme seja determinada e/ou realizada pelo Poder Público ou pela própria empresa. (Lins et al. 2004)

Além disso, na fusão de sociedades ou na venda de empresas, inclusive estatais, atualmente, passou-se a auditar ambientalmente para a constatação de possível passivo ambiental.

A Diretiva 1.836/93 da Comunidade Econômica Européia define auditoria ambiental como o "instrumento de gestão que inclui a avaliação sistemática, documentada, periódica e objetiva do funcionamento da organização do sistema de gestão e dos processos de proteção do meio ambiente".

A Carta Empresarial para o Desenvolvimento Sustentável da Câmara do Comércio Internacional, divulgada durante a II Conferência Mundial da Indústria sobre a Gestão do Ambiente (WICEM II, Paris. 1991), em seu Princípio I reconhece que a gestão do meio ambiente na empresa é um fator determinante do desenvolvimento sustentável e assinala outro princípio fundamental – "Cumprimento da regulamentação e informação: aferir o desempenho das ações sobre o ambiente, proceder regularmente a auditorias ambientais e avaliar o cumprimento das exigências internas da empresa, dos requisitos legais e destes princípios; e, periodicamente, fornece as informações pertinentes ao conselho de administração, aos acionistas, ao pessoal, às autoridades e ao público".

No Estado do Rio de Janeiro devem realizar auditorias ambientais anuais: "I – as refinarias, oleodutos e terminais de petróleo e seus derivados; II – as instalações portuárias; III – as instalações destinadas a estocagem de substancias tóxicas e perigosas; IV – as instalações de processamento e de disposição final de resíduos tóxicos e perigosos; V – as unidades de geração de energia elétrica a partir de fontes térmicas e radioativas; VI – as instalações de tratamento e os sistemas de disposição final de esgotos domésticos; VII – as indústrias petroquímicas e siderúrgicas; VIII – as indústrias químicas e metalúrgicas" (art. 5º da Lei 1.898, de 26.11.1991.

O Estado do Espírito Santo, pela Lei 4.802, de 2.8.1993, publicada no DOE de 16.8.1993, tem as exigências dos incs. I a VIII da Lei do Estado do Rio de Janeiro, acrescentando mais três: "IX – indústrias de celulose e papel; X – lixo hospitalar; e XI – mineração".

A lei do Estado do Rio de Janeiro insere na sua tutela as medidas de reparação ao meio ambiente e à saúde humana, independentemente de qualquer ação judicial exigindo essa reparação. A auditoria ambiental irá constatar o que se faz efetivamente para sanar os dados, inevitáveis ou não, causados à saúde humana e ao meio ambiente, lembrando-se de que vigora o princípio de responsabilidade civil independente de culpa.

A Lei 4.802, do Estado do Espírito Santo, de 2.8.1993, persegue os mesmos objetivos da lei fluminense, acrescentando finalidades que cumpre destacar (art. 2º): "I – estimar a qualidade do desempenho das funções do gerenciamento ambiental, os sistemas e os equipamentos utilizados por empresa ou entidade; ...IV – verificar o encaminhamento que está sendo dado as às diretrizes e aos padrões da empresa ou entidade, objetivando preservar o meio ambiente e a vida; ... VI – propor soluções que permitam minimizar a possibilidade de exposição de operadores e do público a riscos provenientes de acidentes hipotéticos, mas prováveis, e de emissão contínuas que possam afetar direta ou indiretamente sua saúde ou segurança".

A Lei 11.520/2000 – Código Estadual do Meio Ambiente do Estado do Rio Grande do Sul, em seu capítulo XII – Das Auditorias Ambientais, em seu art. 98, prescreve que, entre os aspectos a serem abordados na auditoria ambiental, seja uma comparação com os impactos ambientais previstos no EIA/RIMA e os efetivamente constatados, sejam avaliados os impactos ambientais não previstos no EIA/RIMA e seja apresentado cronograma de ações corretivas e preventivas.

A Lei 13.448 de 11.01.2002, do Estado do Paraná, determina que devam ser avaliados os riscos de acidentes e planos de contingências, para a evacuação e proteção dos trabalhadores e da população situada na área de influência; quando necessário; a avaliação dos efeitos dos poluentes sobre os trabalhadores e a população lindeira, como também a análise de alternativas disponíveis, de processos, sistemas e tratamento e monitoramento, para a redução dos níveis de emissão de poluentes.

A Resolução de 1836/93 da então Comunidade Européia – CE (hoje União Européia) de 29.06.1993, propõe como temas a serem abrangidos na auditoria ambiental:

1. avaliação, controle e redução dos impactos da atividade em questão sobre os diferentes setores do ambiente;
2. gestão, economia e seleção da energia;
3. gestão, economia, seleção e transporte de matérias-primas; gestão e economia da água;
4. redução, reciclagem, reutilização, transporte e eliminação de resíduos;
5. avaliação, controle e redução de resíduos dentro e fora das instalações;
6. seleção dos novos métodos de produção e alteração dos métodos existentes;
7. planejamento dos produtos (concepção, embalagem, transporte, utilização e eliminação);
8. comportamento ambiental e práticas dos contratantes, subcontratantes e fornecedores;
9. prevenção e limitação dos acidentes de meio ambiente;
10. processos de emergências em caso de acidentes de meio ambiente;
11. informação e formação do pessoal em questões ambientais;
12. informações externas sobre questões ambientais.

No Brasil, temos dois tipos de Estudo de Impacto Ambiental-EIA: aquele que é prévio à instalação de atividade ou de obra e o estudo exigido antes da autorização e/ou licença de funcionamento ou de operação.

A auditoria ambiental será sempre posterior ao Estudo Prévio de Impacto Ambiental-EPIA exigido constitucionalmente para instalação de obra ou atividade potencialmente causadora de significativa degradação do meio ambiente (art. 225, § 1o, IV, da CF). A auditoria deverá avaliar se as orientações contidas no estudo estão sendo observadas e se os métodos de controle ambiental estão sendo eficazes.

Diferente é a situação do EIA para a concessão de nova autorização e/ou licença de funcionamento. Nesse caso, a auditoria ambiental poderá anteceder o EIA/RIMA e lastrear algumas de suas considerações.

Os dois institutos jurídicos-ambientais guardam semelhanças, pois os mesmos serão realizados às expensas da empresa e/ou do empreendedor.

Para a Licença de Instalação e/ou para a Autorização de Instalação, a fase de auditoria será posterior ao licenciamento. Contudo, para a concessão de Licença de Operação e/ou Autorização de Operação, a auditoria ambiental poderá anteceder essa fase, como também será de grande importância na renovação do licenciamento.

No caso da Licença de Instalação e/ou Autorização de Instalação, a auditoria que for empreendida *a posteriori* deverá verificar o cumprimento das condições constantes do licenciamento.

O monitoramento é um procedimento de medição das emissões e do lançamento dos efluentes, registrando-se continuadamente ou em períodos predeterminados. A elaboração do registro é indispensável para a informação da própria empresa e do órgão público ambiental, como também para o procedimento da auditoria.

A auditoria ambiental não pode dispensar o monitoramento ambiental, pois sem os seus dados dificulta-se a tal ponto uma idônea avaliação ambiental, que a auditoria transforma-se numa inspeção ambiental, isto é, avaliará condições presentes, sem abranger o período anterior.

A inspeção ambiental caracteriza-se pela sua não periodicidade e por não estar ainda submetida a uma programação vinculante para o órgão público ambiental. Sem a inspeção ambiental fica o Poder Público sem possibilidade de acompanhar e verificar o licenciamento.

A inspeção utilizará os dados do monitoramento ambiental, mas, inexistindo esses, procurará levantar dados, ainda que com vistas à realidade do meio ambiente atual, isto é, da época de sua realização.

A auditoria ambiental, ao contrário, dependerá do exame e da avaliação de dados coligidos e documentados ao longo do tempo, isto é, abrangendo um determinado período anterior, como, também, a realidade atual do meio ambiente.

A auditoria não exime o Poder Público de inspecionar, e ser constatar que sua omissão ou inércia fiscalizadora tenha concorrido para a criação de situação de perigo para a incolumidade humana, vegetal ou animal, ou tenha concorrido para causar dano irreversível à fauna, flora e ao meio ambiente, os servidores públicos responderão inclusive criminalmente, como torna claro o art. 15, § 2º, da Lei 6.938/81, com a alteração dada pela Lei 7.804/89.

No caso das auditorias obrigatórias, à semelhança do que ocorre com os Estudos de Impacto Ambiental, o órgão público ambiental poderá elaborar um "termo de referência", contendo orientações a serem seguidas em casos concretos ou genericamente no procedimento.

A responsabilidade civil ambiental é objetiva ou independente de culpa, como prevê o art. 14 da Lei 6.938/81. Essa a responsabilidade do empreendedor ou da empresa, que dela não se isenta pelo fato de submeter-se a uma auditoria.

O empreendedor ou a empresa auditada poderá, porém, voltar-se regressivamente contra os auditores independentes que a tenham aconselhado com negligência, imperícia, imprudência e/ou dolo. A responsabilidade dos auditores independentes inscreve-se no sistema de responsabilidade subjetiva ou com culpa e, portanto, caberá aos autores da ação judicial (empreendedor ou empresa auditada) o ônus de provar a culpa.

A Lei 1.898/91 do Estado do Rio de Janeiro, em seu art. 5°, caput, estabelece, para as atividades ali previstas, obrigatoriedade de audiência anual. A Lei 848, de 10.4.1992, do Município de São Sebastião/SP, estabelece auditorias ambientais a cada dois anos (art. 3°, § 7°). A lei municipal de Vitória (Lei 3.968, de 15.9.1993) prevê o prazo máximo de dois anos entre as auditorias, sendo que a Lei 4.802/93, do Estado do Espírito Santo, preceitua o prazo máximo de três anos (a lei do Município de Vitória está plenamente dentro da autonomia constitucional do Município). A Lei 13.448 de 11.1.2002, do Estado do Paraná diz que as auditorias ambientais compulsórias devem ter o intervalo máximo de 4 anos (art. 4°).

4.8 - AUDITORIA DE PROJETOS MDL

Avaliar as condições legais de um Projeto de MDL significa fazer um exercício de verificação de sua consonância com os requisitos essenciais exigidos para sua implementação, como também com a forma do MDL, no que diz respeito às suas modalidades e procedimentos. Nesse sentido, o Protocolo de Kyoto estabelece que as Partes não incluídas no Anexo I, ou seja, os países em desenvolvimento, como o Brasil, podem beneficiar-se de atividades de projetos que resultem em certificados de emissões reduzidas (CER). As Partes incluídas no Anexo I, por sua vez, podem utilizar-se de CER para cumprir parte de seus compromissos de redução de emissões. (MCT)

Os requisitos de elegibilidade definidos no Protocolo de Kyoto para projetos de MDL estão estabelecidos em seu artigo 12, 5. São eles a presença comprovada de:

a) participação voluntária aprovada por cada Parte envolvida;
b) benefícios reais, mensuráveis e de longo prazo, relacionados com a mitigação do clima;
c) reduções de emissões que sejam adicionais às que ocorreriam ausência da atividade certificada de projeto.

Todos estes requisitos são imprescindíveis para que o projeto esteja em conformidade legal (*compliance*). A terminologia *compliance*, da língua inglesa, é a usualmente utilizada para exprimir a qualidade do projeto que está em conformidade com os requisitos previstos como regra nos instrumentos jurídicos que informam suas condições de legalidade. Nesse sentido, um projeto de MDL está em compliance com o sistema jurídico da UNFCCC desde que obedeça aos pressupostos de existência e validade estabelecidos no âmbito da Convenção-Quadro, portanto em todos os instrumentos jurídicos a ela correlacionados e pertinentes ao MDL. (MCT)

BENEFÍCIOS REAIS, MENSURADOS E DE LONGO PRAZO, RELACIONADOS COM A MITIGAÇÃO DO CLIMA.

Nesse sentido, a constatação e mensuração das reduções de emissões devem-se dar por meio de certificação efetuada por entidade operacional designada pelo órgão supremo da Convenção (UNFCCC), que é a Conferência das Partes (COP). Por sua vez, a entidade operacional designada deve prestar contas à COP por intermédio do Conselho Executivo do MDL (*Executive Board*), conforme previsto na Decisão 17/CP7 - Anexo, E, 26, nos Acordos de Marrakesh, sendo ela responsável por validar as atividades de projeto de MDL propostas, bem como verificar e certificar as reduções de emissões antrópicas de GEE.

A verificação e conseguinte certificação são procedimentos que comprovam o cumprimento dos requisitos constantes da letra b ora tratada. Com elas (verificação e certificação), fica demonstrado que a atividade desenvolvida no projeto atingiu quantidade certa, expressa em toneladas (MtC[1]) de redução de emissões de GEE. Nesta letra *b*, para haver cumprimento total dos requisitos há a necessidade de os benefícios trazidos pelo projeto durarem por um lapso significativo. O que poderia ser considerado significativo, ou melhor, de longo prazo? Para ser considerado de longo prazo, um Projeto de MDL precisa ter duração considerável. Juridicamente falando, como não há previsão de quão longo seja esse prazo, trata-se de um conceito indeterminado, que necessita, portanto, de interpretação adequada às condições específicas do caso concreto (indica-se em média 25 anos).

Outra questão condicionada ao fator *tempo* é a previsão de um primeiro período de compromisso de limitação e/ou redução de emissões, compreendendo o período entre 2008 e 2012, conforme prevê o artigo 3°, 7, do Protocolo de Kyoto. Ainda, os certificados de emissões reduzidas obtidos entre 2000 e 2008 podem ser utilizados para auxiliar os Países do Anexo I no cumprimento de seus compromissos (artigo 12, 10, também do Protocolo).

---

[1] Milhões de toneladas de carbono.

REDUÇÕES DE EMISSÕES QUE SEJAM ADICIONAIS ÀS QUE OCORRERIAM NA AUSÊNCIA DA ATIVIDADE CERTIFICADA DE PROJETO.

Exemplo sucinto deste cenário de referência, pode ser dado por um aterro sanitário que emite, por causa da decomposição de matéria orgânica ali depositada, metano (CH_4), um dos gases de efeito estufa. Com a instalação de tecnologia que permita o aproveitamento desse gás por meio da queima, para geração de energia, evita-se que o metano seja lançado na atmosfera. Com isso, o gás, que originalmente seria lançado na atmosfera na ausência de atividade desenvolvida pelo projeto de MDL, passa a ser aproveitado para geração de energia. (MCT)

Dessa maneira, a adicionalidade está presente. Essa tecnologia não teria sido implantada - ela não era utilizada no passado; passou a sê-lo apenas recentemente - se não houvesse sido propulsionada, nesse caso, em especial, pela possibilidade de implementação de projetos de MDL, cuja atração de recursos financeiros fomenta a competitividade de mercado, estimulando a demanda por produção menos poluente. Eis a visualização do conceito de adicionalidade, que, nos termos do Protocolo, consiste em "reduções de emissões que sejam adicionais às que ocorreriam na ausência da atividade certificada de projeto".

Para finalizar o assunto "requisitos de implementação", conclui-se que, para haver plena conformidade legal, é imprescindível o cumprimento de todos os requisitos. Os constantes do artigo 12, 5, do Protocolo de Kyoto, bem como outros estabelecidos em instrumentos jurídicos subseqüentes ao Protocolo do Kyoto, sobretudo os Acordos de Marrakesh; e o requisito IRREFUTÁVEL, INCONTESTÁVEL, INDISPENSÁVEL, por corresponder a um dos dois objetivos essenciais do MDL: o de contribuir para o desenvolvimento sustentável das Partes não-incluídas no Anexo I que, por ser um dos objetivos do mecanismo, deve ser buscado com a implementação do Projeto, sob pena de não estar em conformidade com as exigências legais estabelecidas pelo Protocolo de Kyoto para o MDL. (MCT)

4.8.1- MODALIDADES E PROCEDIMENTOS PARA O MDL (ACORDOS DE MARRAKESH)

Após muitas negociações acerca do funcionamento do mecanismo *in casu*, a Conferência das Partes, em sua última reunião (COP-7), na cidade de Marrakesh (Marrocos), entre os dias 29 de outubro e 10 de novembro de 2001, ao estabelecer modalidades e procedimentos para o MDL, realizou o esperado no artigo 12, 7, do Protocolo de Kyoto:

> *"A Conferência das Partes, na qualidade de reunião das Partes deste Protocolo, deve, em sua primeira sessão, elaborar modalidades e procedimentos com o objetivo de assegurar transparência, eficiência e prestação de contas das atividades de projetos por meio de auditorias e verificações independentes."*

Do intitulado "Acordos de Marrakesh", a Decisão 17/CP.7, destinada a regulamentar o funcionamento do MDL, inicia-se com os seguintes considerandos:

a) Ponto I

Lembra a necessidade de atentar para os objetivos do MDL estabelecidos no artigo 12, 2, do Protocolo de Kyoto, em virtude da importância de não se desviar de sua finalidade:

> *"prestar assistência às Partes não-incluídas no Anexo I da Convenção, para que atinjam o desenvolvimento sustentável e contribuam com o objetivo final da Convenção, e prestar assistência às Partes incluídas no Anexo I para que cumpram seus compromissos quantificados de limitação e redução de emissões no âmbito do Artigo 3 do Protocolo de Kyoto."*

b) Ponto 2 e 3
Faz referência à decisão 5/CP.6, que contém os Acordos de Bonn sobre a implementação do Plano de Buenos Aires, e expressa reconhecimento especial a outras decisões contidas nos Acordos de Marrakesh.

c) Ponto 4
Afirma que é prerrogativa da Parte anfitriã aprovar projetos de MDL, devendo, ao fazê-lo, confirmar que a atividade desenvolvida no projeto contribui para o desenvolvimento sustentável do País.

d) Ponto 5
Reconhece:

> *"que as Partes incluídas no Anexo I devem abster-se de utilizar as reduções certificadas de emissões geradas a partir de instalações nucleares para atender a seus compromissos no âmbito do Artigo 3, parágrafo 1".*

Preceitua, nesse aspecto, que devem abster-se de utilizar tais certificados no cumprimento de suas obrigações de reduções de emissões, não afirmando, porém, estar excluída a possibilidade de geração de CER com base em projeto de MDL implementado em usina nuclear.

e) Ponto 6
Atenta para a necessidade de promover a distribuição geográfica eqüitativa das atividades de projeto de MDL, tanto por regiões - regiões das Partes não-incluídas no Anexo I: África, Ásia e Pacífico; América Latina e Caribe - quanto por sub-regiões. Em se tratando de um mecanismo financeiro, as regras de mercado inevitavelmente influenciarão a definição desse quadro distributivo

- comparando padrões de qualidade dos CER gerados em países distintos, como garantias e transparência, enquanto indicadores de segurança jurídica.

f) Ponto 7

Esclarece que o MDL não é forma de quitação dos deveres dos Países do Anexo I em cooperar financeiramente com os países desenvolvidos, enfatizando:

"que o financiamento público para Projetos de MDL das Partes do Anexo I não deve ocasionar o desvio da assistência oficial para o desenvolvimento e deve ser distinto e não contar como parte das obrigações financeiras das Partes incluídas no Anexo I".

Notemos que a UNFCCC determinou responsabilidade de cooperação financeira das Partes desenvolvidas para com as Partes em desenvolvimento.

g) Ponto 8

A Decisão 17/CP.7 vincula as atividades de projeto de MDL à transferência de tecnologia e *know-how* ambientalmente seguros e saudáveis à efetivação de compromissos em conjunto (Partes Anexo I e Não-Anexo I), bem como outras previsões sobre implementação do Protocolo de Kyoto.

h) Ponto 9

Reconhece a necessidade de orientar os participantes de projeto e as entidades operacionais designadas para que adotem posturas seguras no exercício de atividades de projeto de MDL.

Após essa explicação sucinta dos elementos do preâmbulo, observa-se que a Decisão 17/CP.7 decidiu agilizar o processo de implementação do MDL, determinando um método obrigatório para seu funcionamento. Para que esse método pudesse ser compreendido e aplicado aos intentos da COP/MOP a Decisão 17/CP.7 esclareceu uma série de conceitos, competências e condições específicas de implementação do MDL. Os mais importantes são:

a) o MDL deve ter início imediato facilitado;
b) a COP/MOP assume novas funções de acompanhamento da implementação do MDL;
c) as nomeações de membros para comporem o Conselho Executivo são solicitadas atentando a possibilidade de substituição de qualquer membro de país que não seja Parte do Protocolo de Kyoto;
d) limita a elegibilidade de projetos de MDL a atividades de uso da terra, mudança no uso da terra e florestas, ao florestamento e reflorestamento[2]; e restringe a capacidade de os respectivos CER produzirem efeito jurídico de quitação de obrigação de Parte do Anexo I na proporção máxima de 1% das emissões do ano-base por cada Parte, multiplicado por cinco;

O agente superior é a Conferência das Partes, pois é o órgão supremo da UNFCCC, que no contexto do MDL é a fonte máxima de determinações e orientações na sedimentação e gestão do MDL. Com esse poder de emanação de orientações e regras, a COP/MOP adota decisões relativas ao exercício das competências dos demais agentes e seus efeitos.

---

[2] O tratamento das atividades mencionadas (de uso da terra, mudança no uso da terra e florestas) entra como ponto de discussão na pauta das negociações sobre o segundo período de compromisso, em continuidade ao primeiro, previsto no artigo 3º do Protocolo de Kyoto. Logo, a elegibilidade de atividades de projeto de conservação das florestas nativas deve voltar a ser o fulcro das discussões sobre uso da terra, mudança no uso da terra e florestas nas sessões da Conferência das Partes.

O agente central, consultivo e deliberativo é o Conselho Executivo, pois é o responsável por supervisionar o MDL que:

(i) recomenda ao agente superior metodologias de aplicação do Processo do MDL e
(ii) decide sobre a legitimação dos agentes executores, sua operacionalização, e cada projeto de MDL, no que diz respeito à aceitação formal de sua existência e à aprovação de emissões de CER deles provenientes.

Os agentes executores são as entidades operacionais, pois realizam os atos de avaliação da adequação do projeto de MDL com os procedimentos estabelecidos pelo agente superior, após consulta ao órgão central do MDI. As entidades operacionais são designadas pelo agente central para a realização de funções necessárias ao surgimento de projetos de MDL. (MCT)

A interação completa desses agentes ocorre em face da pretensão de haver Projeto de MDL. A pretensão de Projeto de MDL é das pessoas participantes do projeto. Os participantes são:

(i) quanto à natureza, pessoas de direito público (entidades públicas) e/ou pessoas de direito privado (entidades privadas); e
(ii) quanto aos efeitos da origem, ou estão sob o regime jurídico do Anexo I ou do Não-Anexo I.

Na expectativa de usufruir dos direitos relacionados ao MDL, os participantes do projeto recorrem ao agente executor, que, verificando a viabilidade da proposta de projeto candidato a ser Projeto de MDL, instaura o início efetivo do Processo do MDL (até esse início, a pretensão de haver projeto de MDL não passava de intenções negociais manifestadas intrapartes, participantes e eventuais apoiadores). (MCT)

A Fase Preliminar do Projeto de MDL (isto é, preparatória ao início do Processo do MDL, na qual os participantes do projeto concebem-no a fim de submetê-lo aos agentes competentes para elevá-lo à categoria de Projeto de MDL), é seguida da Fase Intermediara do Projeto de MDL (do inicio do Processo ao MDL ao nascimento jurídico do Projeto de MDL, com a aceitação formal, pelo agente central, de sua existência) e da Fase de Retorno (isto é, de aproveitamento dos bens auferidos em virtude do Projeto de MDL - fase que se inicia após a Emissão de CER e termina com a confirmação de cumprimento das obrigações dos Países-Partes do Anexo I de redução de GEE via Projeto de MDL). Tais fases envolvem os procedimentos anteriormente citados:

- validação (para haver registro);
- verificação (com base geralmente no Monitoramento, que garante a mensuração da redução de emissões para obter Certificação); e
- emissão de CER.

As fases se encaixam de modo a compor o Processo do MDL em um ciclo. Os procedimentos que levam à geração de CER correspondem a processos específicos. O primeiro deles é o processo de avaliação de uma atividade de projeto - procedimento de VALIDAÇÃO. Tal avaliação é efetuada por uma certificadora independente, a entidade operacional designada. Os objetos de investigação na avaliação são os requisitos do MDL[3], a metodologia instituída no anexo da Decisão 17/CP.7 e demais decisões pertinentes. Para essa investigação, a entidade analisa o documento de concepção do projeto, o chamado *Project Design Document* (PDD), cujo propósito é descrever detalhadamente as atividades a serem desenvolvidas no projeto.

O conteúdo exigido para instruir o PDD está definido no apêndice B da Decisão 17/CP.7. Nele, devem constar basicamente:

[3] Requisitos do MDL constantes do Protocolo de Kyoto.

a) a descrição do projeto, com o objetivo do projeto; a descrição técnica do projeto; a descrição e justificativa do limite do projeto;
b) a metodologia da linha de base proposta, com a demonstração de emprego de metodologia aprovada no geral, ou de nova metodologia especificamente aprovada; e outras considerações quanto ao cenário de referência adotado para o estabelecimento da linha de base que comprovem segurança em termos de transparência e prudência;
c) declaração da duração estimada do projeto, com o tempo de vida útil operacional e o período selecionado para obtenção de créditos;
d) comprovação da adicionalidade, com a descrição do modo de redução das emissões de GEE em nível inferior ao que teria ocorrido na ausência da atividade registrada de projeto de MDL;
e) análise dos impactos ambientais, com a avaliação de impacto ambiental e eventuais licenças ambientais exigidas;
f) declaração negativa de desvio de assistência oficial ao desenvolvimento e negativa de inclusão de obrigações financeiras das Partes incluídas no Anexo I;
g) comentários emitidos pelos atores a respeito do projeto, com breve descrição do processo de apoio; sumário dos comentários recebidos; relatório de aproveitamento das considerações recebidas ao projeto;
h) plano de monitoramento, com os dados essenciais relacionados na Decisão 17/CP.7, anexo H, 53, alíneas "a" a "g"; e
i) descrição dos cálculos, com as fórmulas de cálculo e estimativa de emissões de GEE pelo projeto, das possíveis fugas, e a soma dos valores que representam as emissões da atividade do Projeto de MDL; idem relativamente às emissões da linha de base e as diferenças das somas encontradas que representam as reduções de emissões da atividade do Projeto de MDL.

Tal encaminhamento é feito por escrito (Relatório de Certificação), pela entidade operacional designada, ao Conselho Executivo, contendo uma requisição de emissão de CER. É o último procedimento que leva à geração de CER: o processo de Emissão de CER. Com a realização do último ato desse processo, dá-se o inicio da Fase de Retorno, a fase de aproveitamento dos bens auferidos em virtude do projeto de MDL e que vai culminar na quitação de parcela das obrigações de redução dos Paises-Partes do Anexo I. A mencionada requisição de emissão de CER configura o ato inicial do procedimento de emissão de CER. Diante dele, o Conselho Executivo tem o prazo de quinze dias para processar o pedido de emissão de CER e emiti-los.

A Decisão 17/CP.7, anexo J-65, concede às Partes envolvidas na atividade de projeto e aos membros do Conselho Executivo (em número mínimo de três) o direito de requisitarem uma revisão da emissão de CER proposta. Nesse caso, seus argumentos devem limitar-se a questões de fraude, mau procedimento ou alegações de incompetência das entidades operacionais designadas. A forma a ser seguida para o exercício desse direito está definida nas alíneas "a" a "c" do citado dispositivo, deste modo:

"Com o recebimento da requisição para processamento de revisão pelo Conselho Executivo, esse agente central:

- *Posiciona-se na reunião seguinte sobre o curso da demanda, decidindo-se pela revisão no caso de procedência do mérito da requisição;*
- *Havendo revisão, tem o prazo de trinta dias para realizá-la; e*
- *Ao término da revisão, informa aos participantes do Projeto de MDL o resultado da revisão e torna pública sua decisão com a respectiva motivação."*

4.8.2- APRESENTAÇÃO DE PROJETOS (DESINGN) / PREVISÃO LEGAL

APÊNDICE B -DOCUMENTO DE APRESENTAÇÃO DO PROJETO.

Em primeiro lugar, deve-se ressaltar que todas as disposições devem ser interpretadas de acordo com o estabelecido sobre modalidades e procedimentos para um projeto de MDL. O documento de apresentação deverá incluir os seguintes pontos:

1. O projeto descrito de forma completa, com seus objetivos, descrições dos aspectos técnicos, meios de transferência de tecnologia e justificativa de limite do projeto.
2. Metodologia da linha de base proposta, conforme os procedimentos e modalidades de MDL, a qual deverá incluir, se for o caso de metodologia aperfeiçoada:
   2.1. declaração de qual metodologia aprovada foi selecionada
   2.2. descrição do emprego da referida metodologia no contexto do projeto.
3. Todavia, se for o caso de nova metodologia, deverá incluir o seguinte:
   3.1. Descrição da metodologia da linha de base, contendo a justificativa da escolha destacando os pontos fracos e fortes daquela;
   3.2. Descrição dos parâmetros-chave, fontes de dados e suposições utilizadas na estimativa e avaliação das incertezas;
   3.3. Projeções das emissões da linha de base;
   3.4. Meios de como a metodologia da linha de base trata das fugas potenciais.
4. O projeto deverá conter, também, uma declaração do tempo de sua vida útil operacional, com estimativa do período para se obter os créditos.

5.. A descrição de como ocorre a redução de emissão de gases de efeito estufa, caso não houvesse o projeto de MDL sido implantado.
6. Deverá incluir a descrição dos impactos ambientais, com a documentação e descrição deles, com os transfronteiriços, inclusive. Ainda, quanto aos impactos, caso os impactos sejam considerados significativos pelos participantes do projeto ou pela Parte anfitriã: as conclusões e todas as referências de apoio, a documentação, de uma avaliação de impacto ambiental que tenha sido realizada de acordo com os procedimentos exigidos pela Parte anfitriã.
7. As informações sobre as fontes de financiamento público para a atividade de projeto das Partes incluídas no Anexo I, as quais deverão fornecer uma declaração de que tal financiamento não constitui desvio de suas regulares determinações legais e que não contam como parte das obrigações financeiras dessas partes.
8. Também estarão incluídos os comentários dos atores com descrição do projeto, sumário dos comentários recebidos e relatório de como foram recebidos os comentários.
9. O documento de apresentação conterá um relatório de monitoramento, identificando a necessidade de dados e qualidade desses com relação à precisão, comparabilidade, abrangência e validade; metodologia para coleta e monitoramento dos dados; quando houver nova metodologia de monitoramento, fornecer descrição desta, incluindo seus pontos positivos e negativos e o êxito de seu emprego em outros lugares, caso haja ocorrido.
10. Conterá quanto aos cálculos:
    - descrição das fórmulas para mensurar e estimar as emissões antrópicas de GEE;
    - descrição das fórmulas usadas para calcular as fugas (mudança líquida das emissões antrópicas atribuíveis ao projeto do MDL);

- a soma dos tópicos acima mencionados que resultam nas emissões da atividade do projeto de MDL;
- descrição das fórmulas utilizadas para calcular e projetar as emissões por fontes da linha de base;
- descrição das fórmulas para calcular e projetar as fugas;
- a soma destes dois últimos tópicos, totalizando as emissões da linha de base;
- e, por último, as diferenças entre as emissões do projeto em si e emissões por fontes da linha de base, que representam as reduções de emissões da atividade de projeto do MDL.

FINALIDADE JURÍDICA

No apêndice estão escritas todas as informações que devem constar do documento de apresentação do projeto, de modo que haja uma descrição completa da atividade do projeto, seguindo todas as exigências sobre modalidades e procedimentos, seja no tocante à validação e registro quanto ao monitoramento.

APRESENTAÇÃO DE DOCUMENTOS

Etapa de concepção do projeto, registrada nos documentos mencionados, O PCF indica os seguintes documentos:

1. Proponentes do projeto
   1.1. Nome da organização
   1.2. Categoria;
   1.3. Endereço;
   1.4. Contatos;
   1.5. Telefone/Fax;
   1.6. E-mail;

1.7. Função dos proponentes do projeto
1.8. Participante responsável pela implementação do projeto

2. Tipo de projeto
   2.1. GEE, cuja emissão se pretende reduzida com o projeto (no caso, CO2);
   2.2. Tipo de atividade (no caso, abatimento, por emissão evitada e pelo não-uso de carvão mineral; seqüestro de carbono na floresta no período de duração do projeto);
   2.3. Áreas de atividade (no caso, energia renovável e energia alternativa).

3. Localização do projeto
   3.1. Região (no caso, América Latina e Caribe);
   3.2. País (o caso, Brasil);
   3.3. Cidade;
   3.4. Breve descrição da localização.

4. Cronograma
   4.1. Data de início do projeto;
   4.2. Estágio atual (preparação avançada. Projeto já discutido com o governo);
   4.3. Previsão de início das operações;
   4.4. Duração do projeto.

5. Total estimado para o projeto (em dólar)
   5.1. Custo total;
   5.2. Financiamento do PCF
   (Obs.: O PCF apenas financia os componentes adicionais de um projeto, que o tornam ambientalmente corretos e que não ocorreriam na ausência de sua contribuição);
   5.3. Cronograma de financiamento do PCF;
   5.4. Breve descrição do acordo financeiro atual.

6. Resumo técnico do projeto
   6.1. Objetivo;
   6.2. Breve descrição do projeto;
   6.3. Tecnologia a ser empregada;
   6.4. Breve descrição da tecnologia

7. Benefícios ambientais esperados
   7.1. Estimativa de redução de GEE/CO2 seqüestrado (em toneladas de carbono equivalente);
      7.1.1. Antes de 2008
      7.1.2. Durante 2008-2012
      7.1.3. Durante o tempo de duração do projeto.
   7.2. Linha de base (cenário de referência);
   7.3. Benefícios ambientais globais e locais esperados;
   7.4. Prioridades ambientais e socioeconômicas relevantes para o país hospedeiro.

O *PROJECT DESIGN DOCUMENT* - PDD INDICA OS SEGUINTES DADOS:

1. Sumário do projeto
2. Entidades participantes do projeto
3. Histórico do projeto
4. Descrição do projeto
5. Benefícios ambientais globais
   5.1. Linha de base do projeto e adicionalidade ambiental
   5.2. Monitoramento
   5.3. Projeções de reduções de emissões
6. Benefícios ambientais e socioeconômicos locais
7. PCF *due Diligence* e Requisitos esperados do processo do MDL. Estimativa de redução de GEE/CO_2 seqüestrado (em toneladas de carbono equivalente).

FASES DO PROJETO

Fases de projetos de MDL: PCF

- FASE PRELIMINAR: é a fase preparatória ao início do Processo do MDL, na qual os participantes do projeto o concebem para submetê-lo aos agentes competentes, a fim de elevá-lo à categoria de Projeto de MDL.
- Nessa Fase Preliminar, apresenta-se o PCF o *Project Design Document* - PDD, com os quais demonstrou a viabilidade de implementação de projeto de MDL capaz de gerar créditos de carbono.
- FASE INTERMEDIÁRIA: ocorre do início do Processo do MDL ao nascimento jurídico do Projeto de MDL, com a aceitação formal de sua existência pelo agente central.
- FASE, DE RETORNO: inicia-se após a Emissão de CER e termina com a confirmação de cumprimento das obrigações dos Países-Partes do Anexo I de redução de GEE via Projeto de MDL, com aproveitamento dos bens auferidos em virtude do projeto de MDL.

O objetivo do contrato de venda e compra de CER é o estabelecimento de relação jurídica entre um interessado em adquirir CER e outro em transferir ao primeiro o direito de propriedade sobre esses. Nesse âmbito, pergunta-se: a que regime os contratantes têm que se submeter? É certo que se deve contemplar todos os requisitos e procedimentos previstos e exigidos pela UNFCCC, seu Protocolo de Kyoto e demais instrumentos jurídicos relacionados ao MDL, em especial a Decisão 17/CP.7 sobre as modalidades e procedimentos adotados para o MDL pela COP/MOP nos Acordos de Marrakesh.

No entanto, o próprio quadro regulatório da UNFCCC e do Protocolo de Kyoto atinente à propriedade e transferência de CER está ainda em formação. Em conseqüência dessa conjuntura, a celebração de contratos de venda e compra de CER deve ser feita de modo muito cauteloso, para que se evitem as dúvidas no que diz respeito à aplicação das regras que, ainda em formação, possam acarretar desconformidade legal.

Diante desse paradoxo existente entre a necessidade de liberdade para que o negócio jurídico seja celebrado e a necessidade de cumprimento de regras ainda não sabidas, o contrato de venda e compra de CER deve cuidar de amoldar-se às orientações, modalidades e procedimentos do quadro regulatório. Assim sendo, o contrato de compra e venda de CER deve ser elaborado de maneira suficientemente flexível a permitir adaptações, justamente para poder buscar a conformidade legal, na medida em que novas regras forem sendo definidas. (MCT)

O parâmetro maior é sempre aquele correspondente aos objetivos da UNFCCC e do MDL, sem que, com isso, olvidem-se outras normas estabelecidas nos sistemas jurídicos nacionais, já que tanto a legislação internacional sobre mudanças climáticas quanto a legislação nacional devem ser aplicadas. (MCT)

Obedecidas essas regras básicas, no restante o caminho é livre para as partes contratarem o que lhes convier. A liberdade é, sim, a alavanca de toda negociação no contrato de venda e compra de CER. Está ela, porém, e para melhor, envolta por uma cápsula desenhada pelo sistema das normas jurídicas da UNFCCC, do Protocolo de Kyoto e decisões das COPs, que protege as relações jurídicas com base na segurança da conformidade com os fins do MDL.

Mas quais são, afinal, os assuntos sobre os quais as partes livremente, sem ofender as regras limitadoras destinadas à segurança jurídica, contratam? Elementos básicos de cláusulas contratuais.

ELEMENTOS BÁSICOS DE CLÁUSULAS CONTRATUAIS

Um contrato é formado de várias cláusulas. As cláusulas do contrato de venda e compra de CER devem corresponder e atentar principalmente aos seguintes elementos:

1. Partes (e respectivas edentificações)
   1.1. Participantes do projeto.
   1.2. Outros que venham a ter responsabilidades essenciais, relacionadas ao projeto (*verbi gratia*, país hospedeiro).

2. Objetivo
   2.1. Resumo de intenções.
   2.2. Outras questões pertinentes ao contrato.
   Observação: é fundamental declarar a intenção de incluir o projeto na categoria de Projeto de MDL.

3. Definições
   3.1. Do bem transacionado.
   3.2. Da natureza e escopo dos direitos acordados.
   Observação: nesse ponto, devem ser incluídos dados sobre a linha de base, GEE evitados ou seqüestrados e normas supervenientes do MDL.

4. Venda e compra
   4.1 Delimitação da quantidade de créditos gerados pelo projeto.
   4.2 Consignação dos direitos sobre os CER.

5. Tradição
   5.1 Aquisição e transferência de propriedade legítima de CER.
   5.2 Recomendável prever acordos de garantia de tradição dos CER.

6.. Validade dos CER contratados
   6.1 Comprovação da validade dos CER mediante apresentação de documentos de suporte.
   6.2 Mensuração da linha de base.

6.3 Verificação.
6.4 Certificação.
6.5 Atualização dos parâmetros científicos e tecnológicos de quantificação (necessidade de adoção de procedimento de atualização das estimativas de redução de emissões).

7. Estratégias de mitigação de riscos
7.1 Contrato de seguro.

8. Preço e condições de pagamento
8.1 Opções de pagamento
8.2 Atribuição dos custos de transação (impostos e taxas)

9. Responsabilidades e garantias
9.1 Exigência de eventuais indenizações

10. Rescisão contratual
10.1 Possibilidade de extinção do contrato em caso de inadimplemento (falta relacionada à tradição, pagamento, cumprimento das obrigações de validação e verificação, cláusula contratual, aprovação do País hospedeiro, satisfação de outros requisitos legais para projetos de MDL).

11. Previsão de auditoria
11.1 Direito de verificação de conformidade do projeto, até mesmo por terceiros.
11.2 Acordo de confidencialidade.
11.3 Definição das conseqüências da superveniência de eventos de força maior, como, por exemplo, impossibilidade de tradição por motivo de força maior.
11.4 Formas de solução de controvérsias.
11.5 Forma de cumprimento da obrigação prevista no artigo 12,8, do Protocolo de Kyoto.

Por fim, deve-se ressaltar a necessidade de os contratos de venda e compra de CER respeitarem os Princípios Gerais do Direito, fundamentais para a efetividade de qualquer contrato, para que o contrato seja eqüitativo e praticável; justo e razoável; transparente na distribuição de obrigações entre as partes; e estabeleça termos inequívocos.

4.8.3- DEFINIÇÃO DO REGIME JURÍDICO DO MDL, GARANTIA DE VIABILIZAÇÃO JURÍDICA DO MDL NO BRASIL

Seguir as coordenadas e respeitar os limites colocados pela legislação nacional e internacional atinente ao MDL é a melhor forma de proporcionar segurança jurídica ao Processo do MDL. (MCT)

Pelo enfoque ambiental, tais coordenadas e limites revelam como obter a concretização de um modelo ideal de MDL. No Brasil, isso significa absorver na prática o regime jurídico do MDL, seja constituindo projetos de MDL sobre as bases da política nacional apropriada à implementação do MDL, seja superando controvérsias com base no exercício de funções jurídicas proporcionadoras do controle de sua legalidade.

4.8.3.1- ROTEIRO DE AUDITORIA

(A) Conformidade Legal

Indagação 1:

I. As exigências legais internacionais foram observadas?

- ☐ **Convenção das Nações Unidas sobre Mudanças Climáticas (UNFCCC)**

II. Todos os artigos relacionados ao MDL foram verificados?

- ☐ Em concordância com os Princípios Gerais (previstos no artigo 3° da UNFCCC)
- ☐ Obrigações (previstos no artigo 4° da UNFCCC)
- ☐ Decisões COP/MOP (últimas decisões - veja www.unfccc.int)
- ☐ Recomendações do Conselho Executivo do MDL (recomendações -veja www.unfccc.int)
- ☐ **Protocolo de Kyoto**

III. As necessárias exigências para um projeto de MDL, abaixo listadas, foram observadas?

- ☐ Participação Voluntária
  (de acordo com o artigo 12,5. a) do Protocolo)
- ☐ Benefícios reais (de acordo com o artigo 12, 5. b) do Protocolo)
- ☐ Benefícios Mensuráveis (de acordo com o artigo 12,5. b) do Protocolo)
- ☐ Benefícios de Longo Prazo (de acordo com o artigo 12, 5. b) do Protocolo)
- ☐ Adicionalidade
  (de acordo com o artigo 12, 5. c) do Protocolo)
  Observe se o Protocolo de Kyoto já está ratificado, observando que os projetos de MDL podem ser gerados a partir de projetos implementados desde 1° de janeiro de 2000 e são, portanto, creditáveis. Para verificar o status de ratificação do Protocolo de Kyoto veja www.infccc.int.
- ☐ **Outros Acordos Internacionais**
  (se for o caso, II)

II. Outros Acordos Internacionais se aplicam ao contrato em questão?

- ☐ Convenção de Viena sobre Direito dos Contratos
- ☐ Outros
- ☐ Código Internacional, Convenções ou Regras aplicadas por analogia
  (se for o caso, III)

III. Especifique:

____

____

____

Indagação 2

I. Há alguma exigência doméstica legal?

- ☐ Exigências domésticas legais existentes
  (se for o caso, IV)

IV. Quais são elas?

- ☐ Diretrizes Nacionais para a Implementação do Processo de MDL.
  (processo definitivo ou em andamento?)
- ☐ Critério de Elegibilidade para Atividades de Projetos de MDL
  (estabelecido por lei ou em discussão?)
- ☐ Transação de CER
  (procedimento próprio estabelecido em lei?)
  (se houver previsão legal, V)
- ☐ Outros direitos legislativos existentes
  (se for o caso, V)

V. Especificar:

- ☐ Nenhuma Exigência Doméstica Legal
  (se for o caso, VI)
- ☐ Direitos Contratuais
  (se for o caso, VI)

VI. Especifique: Benefícios provenientes de

Exemplo: No Brasil há uma nova Lei N° 10.438, de 26 de abril de 2002, que cria o Programa de Incentivo às Fontes Alternativas de Energia Elétrica (Proinfa).

B) Participantes do Projeto

Indagação 1:

I. Quem são e como estão as partes envolvidas?

Partes Principais (posição do comprador e do vendedor). Para qualificar as pessoas do comprador e do vendedor, respectivamente, dê as características solicitadas em II e III.

II Qualificação do Comprador

☐ Nome
(denominação completa)

☐ Categoria da Entidade
(identifique a categoria das entidades inseridas nas opções fornecidas em IV)

☐ Papel do Participante
(classifique de acordo com suas atribuições e responsabilidades)

III. Qualificação do Vendedor

☐ Nome
(identificação completa)

☐ Categoria da Entidade
(identifique a categoria das entidades inseridas nas opções fornecidas em IV)

☐ Papel do Participante
(classifique de acordo com suas atribuições e responsabilidades)

- Atividades de Projeto de MDL de Grande e Média Escala
- Capital Estrangeiro
- Capital Nacional
- Atividades de Projeto de MDL de Pequena Escala
- Benefícios

IV. Possibilidades de status jurídico

Natureza da pessoa

- ☐ Entidade pública
- ☐ Governo
- ☐ D Parte do Anexo I
- ☐ Parte Não-Anexo I
- ☐ Entidade privada
- ☐ Companhia privada
- ☐ Companhia paraestatal (propriedade governamental)
- ☐ Companhia de economia mista
- ☐ Organização intergovernamental
- ☐ Organizações não-governamentais

Tipo de companhia

- ☐ S.A.
- ☐ por cota de ações
- ☐ outras

Terceiros (3as. Partes)

(Outros que tenham obrigações ou responsabilidades-chave em relação ao projeto, V)

V. Terceiros (3as. partes) envolvidas em contratos de venda e compra de CER

VI. Especifique: ____________________

____

____

c) Direitos - natureza e escopo

Indagação 1:

I. O que está sendo comprado ou vendido?

- ☐ CER sob Mecanismo de Desenvolvimento Limpo do Protocolo de Kyoto

(se for o caso, responda as perguntas abaixo em II, m e IV)
☐ UER sob Implementação Conjunta (*Joint Implementation*)
☐ Comércio de Emissão (*Emissions Trading*)

II. Qual é o status corrente dos CERs sob as leis relevantes?

____

____

II. Está estabelecida a propriedade dos CERs pelo vendedor?

____

____

III. Quais os mecanismos para capacitar a entrega efetiva dos CERs?

____

____

IV. Qual os mecanismos para capacitar a entrega efetiva dos CERs?

____

____

Indagação 2:

I. Qual é o Sistema de Transação de créditos de carbono?

____

____

Indagação 3:

I. Quais são as alocações de direitos dos CER?
☐ **Direitos**
☐ Direitos internacionalmente reconhecidos
(se for o caso, II)

II. Especifique: ______________________________

____

____

- ☐ Exigências para a transferência de propriedade legal de CER
- ☐ Direitos provenientes de uma atividade de redução de emissões
- ☐ separáveis
- ☐ intercambiáveis
- ☐ Outros direitos existentes (se for o caso, III)

III. Especifique: ______________________________

____

____

- ☐ Direitos contratuais (os direitos contratuais podem ser criados observando os itens mencionados em IV)

IV. Descrevendo os direitos
Direitos dos Compradores sobre CER futuros:

____

____

Direitos dos Vendedores sobre CER futuros:

____

____

Outros benefícios ambientais:

____

____

Valores resultantes do projeto:

____

____

V. Como tais direitos deverão ser tratados?

____

____

D) RISCOS

Indagação 1:

I. Quais são as alocações dos riscos do projeto?

Observação: A aceitação do risco resultante do projeto de MDL é uma questão comercial a ser determinada entre as partes contratantes. Uma vez que a alocação dos riscos usualmente refletem no preço, será importante para os compradores e vendedores de CER identificarem todos os riscos e, cuidadosa e claramente, aloca-los entre as partes envolvidas para evitar controvércias.

- ☐ **Riscos Regulatórios e de Soberania**
- ☐ Limitação de transferência dos CER (internacional)
- ☐ Comprador
- ☐ Vendedor

- ☐ Ocorrência de impostos adicionais
- ☐ Comprador
- ☐ Vendedor

- ☐ **Outros Riscos Possíveis**
- ☐ Risco de desvalorização dos CER
- ☐ Comprador
- ☐ Vendedor

☐ Outras perdas
(se for o caso, III)

II. Especifique: ____

☐ Comprador
☐ Vendedor

☐ **Incerteza de reconhecimento jurídico dos CER**
☐ Valor sob sistemas legais futuros
☐ Impostos adicionais de base puramente especulativa

☐ **Outros Riscos Possíveis**
☐ expropriação de direitos de propriedade por governo do país-hospedeiro
☐ Outras perdas
(se for o caso, IV)

III. Especifique: ____

Atribuídas:

☐ Comprador
☐ Vendedor

Compradores
Definições amplas do que está sendo comprado (redução de risco de não-entrega -preferível)

Vendedores
Definição mais específica do que está sendo comprado (redução do risco de obrigações onerosas - incerteza jurídica).
Observação: considerando transações efetivadas antes da entrada em vigor do Protocolo de Kyoto.

e) Estratégia de Mitigação

Seguro Ambiental
(cobertura da modalidade pelo mercado segurador)

Risco de Soberania
(definição jurídico-legal do produto – CER)

4.8.3.2- Validação e Legismo de Projetos

A solicitação do registro será submetida ao Conselho Executivo, quando este determinar que a atividade é válida e a Parte anfitriã aprovar o projeto por escrito. Dentro de 8 (oito) semanas, a contar da data da solicitação formal do registro, este será considerado final, a menos que a atividade tenha seus pressupostos revisados por solicitação da Parte anfitriã ou por três membros do Conselho Executivo.

41: a revisão poderá se relacionar com os requisitos de validação e deverá ser finalizada na segunda reunião após a solicitação de revisão. Obviamente, deverá conter as razões fundadoras da decisão.

4.8.3.3 - Monitoramento de projetos
Previsão legal

Artigo 53
Artigo 54
Artigo 55 até 60.

O plano de monitoramento que, obrigatoriamente, deve ser obedecido pelos participantes deverá conter:

- Coleta de todos os dados relevantes necessários para estimativa das emissões por fontes que estejam dentro dos limites do projeto durante a fase de obtenção de créditos;
- Coleta e armazenamento de dados necessários para determinar as linhas de base;
- Identificar fontes potenciais, coleta, arquivamento de dados sobre aumento de emissões por fontes, mesmo que fora dos limites do projeto mas que contribuam de alguma maneira;
- Procedimentos de garantia e controle de qualidade para o processo de monitoramento;
- A metodologia de monitoramento deve ser aprovada previamente ou, em caso de nova metodologia, ser determinada pela entidade operacional designada e ter obtido sucesso antes; e deve refletir boa prática de monitoramento de forma adequada ao tipo de atividade executada.

Artigo 58: a implementação de plano de monitoramento registrado deve ser uma condição para a verificação, certificação e emissão de CERs. Os participantes deverão encaminhar relatório de monitoramento de acordo com o plano de monitoramento registrado para fins de verificação e certificação, como ensina o já citado artigo 53.

FINALIDADE JURÍDICA

O monitoramento tem uma razão de ser: a fiscalização do plano de atividade desde o seu início até a verificação do atendimento das metas as quais se propôs o projeto a alcançar. O monitoramento acaba, ainda, possibilitando uma crescente implementação e melhoria tecnológica das atividades, uma vez que as monitora e supervisiona seu atendimento às condições de "*reasonable development*". (MCT)

4.8.3.4- VERIFICAÇÃO E CERTIFICAÇÃO
Previsão legal

Artigo 61

Verificação é revisão independente periódica e a resolução *ex post*, produzidas pela entidade operacional designada, das reduções monitoradas das emissões antrópicas de gases de efeito estufa que ocorreram por conta de uma atividade de projeto de MDL, durante a fase de certificação.

A certificação é a garantia, por escrito, da entidade operacional designada de que, durante um período de tempo especificado, uma atividade de projeto de MDL atingiu as reduções esperadas. A entidade operacional designada, contratada pelos participantes do projeto para a verificação, deverá disponibilizar o relatório de monitoramento e deve:

- Determinar se a documentação está adequada aos requisitos do projeto;
- Realizar inspeções locais, desde os registros de desempenho até entrevistas com os participantes do projeto, atores locais, até testes de precisão dos equipamentos de monitoramento;
- Verificar se as metodologias de monitoramento foram obedecidas e empregadas corretamente e se a documentação está completa e transparente;
- Se necessário, fazer recomendações aos participantes do projeto referentes às mudanças na metodologia do monitoramento para períodos futuros de obtenção de créditos.
- Determinar as reduções das emissões antrópicas de gases de efeito estufa por fontes que não ocorreriam se não houvesse a implantação da atividade de projeto de MDL utilizando procedimentos de cálculo coerentes com os contidos no do-

cumento registrado de apresentação do projeto e no plano de monitoramento.

- Quaisquer preocupações sobre a própria atividade e sua operação, que estiverem de acordo com o documento registrado de apresentação do projeto, poderão ser identificadas e informadas aos participantes.
- As entidades operacionais designadas deverão, ainda, apresentar relatório de verificação aos participantes do projeto, às partes envolvidas e ao Conselho Executivo. Este relatório deverá ser disponibilizado ao público.
- Com base no relatório emitido por ela própria, a entidade operacional deverá certificar que, durante certo período de tempo especificado, a atividade atendeu às exigências de redução das emissões antrópicas de gases de efeito estufa.

FINALIDADE JURÍDICA

Fiscalizar se os objetivos do MDL estão sendo alcançados e verificar as metodologias cf. estabelecido nas decisões pertinentes. As entidades operacionais agem de forma a preceder alguns atos fiscalizadores de CE, suprindo algumas atribuições que dele poderiam advir.

4.8.3.5- Emissão de CER

Previsão legal

Artigo 64
Artigos 65 e 66

O relatório de certificação deve conter solicitação ao CE de emissão de CER equivalentes á quantidade de reduções de emissões antrópicas de gases de efeito estufa por fontes.

- Será considerada final a emissão 15 dias após a data de recebimento da solicitação de emissão, a menos que a Parte esteja envolvida na atividade de projeto ou pelo menos três membros do Conselho Executivo solicitem uma revisão da emissão de CER proposta.

A mencionada revisão estará adstrita aos casos de fraude, mau procedimento, incompetência das entidades operacionais, e será conduzida da seguinte forma:

- mediante solicitação de uma revisão, o Conselho Executivo deve decidir sobre seu curso na ação. Caso ele decida que a solicitação tem mérito, realizará uma revisão e pedido sobre se a emissão de CER deve ser aprovada.
- o Conselho Executivo deve finalizar sua decisão em prazo máximo de 30 dias após decisão de realizá-la.
- o Conselho Executivo deve informar aos participantes do projeto o resultado da revisão e disponibilizar ao público sua decisão acerca da aprovação da emissão de CER, com as razões embasadoras de sua decisão.

Quando o Conselho Executivo instruir o administrador do registro de CER para atividade de projeto de MDL, aquele deverá emitir de pronto a quantidade especificada de CER para a conta pendente do Conselho Executivo no registro do MDL, como disciplina o Apêndice D, mencionado em espaço próprio. Depois de emitido o CER, o administrador do registro deverá fazer o seguinte:

- agir como determina o artigo 12, § 8°, encaminhando a quantidade de CER correspondente à parcela de recursos para cobrir as despesas administrativas e auxiliar a cobrir os custos de administração.

- Encaminhar as CER restantes às contas das Partes no registro e aos do projeto envolvidos, de acordo com sua solicitação.

O mencionado relatório de certificação deve conter uma solicitação ao Conselho Executivo de emissão de CER equivalentes à quantidade verificada de reduções de emissões antrópicas de gases de efeito estufa por fontes. A emissão deve ser considerada final dias depois da data de recebimento da solicitação de emissão, a não ser que a Parte envolvida na atividade do projeto ou pelo menos três membros do Conselho Executivo solicitem uma revisão da emissão de CER proposta, conforme falado no item sobre emissão de CER.

4.9 - AUDITORIA DE RISCO DE CRÉDITO

A introdução de risco ambiental na avaliação do risco financeiro é tema em voga atualmente. Segundo Carvalho (2002), hoje em dia, instituições financeiras importantes como *International Finance Corporation* (IFC) e ABN Amro Real, já estão requerendo dos seus clientes o respeito às questões ambientais. (Lins et al. 2004)

O sistema descrito oferece aos Bancos (Comerciais ou de Desenvolvimento) flexibilidade para integrar fatores econômico-financeiros e ambientais na avaliação risco de crédito em projetos de investimentos. Projetos potencialmente agressivos ao meio ambiente poderão ser rejeitados ou penalizados, através da elevação da taxa de juros do financiamento, a menos que sejam tomadas as medidas mitigadoras cabíveis quanto aos impactos ambientais. (BNDES)

4.9.1- MODELOS DE AVALIAÇÃO DE RISCO

A mensuração do risco ambiental pela sistemática usual envolve o uso de um ou mais critérios de análise para se obter um escore ou uma classificação de risco ambiental para a empresa ou para o setor industrial, dependendo do atendimento desses critérios. Setores da comunidade de negócios buscam avaliar o desempenho ambiental em geral - e o risco ambiental em particular - como algo que possa ser sintetizado ou resumido em um simples símbolo, como os utilizados na classificação de risco usada para avaliar o risco de crédito. (BNDES)

As variáveis a serem consideradas pelos sistemas de avaliação de risco ambiental podem ser agregadas em duas questões: a mensuração do montante de custos e de passivos ambientais da empresa; e a avaliação de sua efetiva capacitação em administrá-los gerencial e financeiramente. Com base nesses fatores, identificam-se cinco níveis de análise variando do mais simples ao mais complexo e abrangente:

- nível 1: caso simples de reparação ou mitigação de danos ambientais, como, por exemplo, dimensionamento do custo de limpeza de terra contaminada;
- nível 2: avaliação de passivo ambiental;
- nível 3: mensuração da ecoeficiência;
- nível 4: dimensionamento de potenciais capacidades estratégicas; e
- nível 5: todas as dimensões mencionadas vistas sob o aspecto ético-ambiental.

Essa avaliação pode ser realizada com a utilização de três abordagens: Sistemas para a Avaliação de Risco Ambiental (*Environmental Risk Rating*), Sistemas de Ordenação ou de Ranqueamento de Risco Ambiental (*Environmental Ranking Systems*) e Sistemas de Classificação de Risco Ambiental (*Environmental Rating Systems*).

A Avaliação de Risco Ambiental (*Environmental Risk Rating*) tem um caráter abrangente por considerar o impacto ambiental no risco global das empresas e deve ser diferenciada dos outros dois, que resultam em uma análise restrita dos impactos ambientais observados de forma estanque e segregada da análise dos demais fatores que afetam ou possam afetar o risco global da empresa. (BNDES)

Os Sistemas de Ordenação de Risco Ambiental (*Environmental Ranking Systems*) envolvem listagens de empresas em ordem relativa e de acordo com os escores que teriam atingido com relação a um ou mais critérios específicos de avaliação. A abordagem dos métodos de ordenação, ou de ranking, abrangem desde escalas numéricas simples, com atribuição de notas entre -5 e 5, onde zero equivale ao nível de *compliance* (conformidade com a legislação ambiental); a comentários descritivos; sistemas de "passa/não passa"; e sistemas paralelos ao de classificação de risco de crédito, com atribuição de níveis de risco entre AAA e C.

Os Sistemas de Classificação de Risco Ambiental (*Environmental Rating Systems*) levam em conta parâmetros ambientais sem uma óbvia ligação direta com o risco global da empresa, oscilando entre a revisão restrita realizada por tradicionais consultores independentes, com base em informação disponível publicamente, as investigações detalhadas envolvendo entrevistas com a administração, a investigação em campo e as informações específicas obtidas em consultas a especialistas. A abordagem comum aos dois últimos sistemas é a obtenção de uma classificação de risco ambiental baseada em informações sobre a empresa coletada através de questionários de pesquisas. (BNDES)

Estudo de Skillius e Wennberg, conforme UNCTAD (1998) identificou apenas cinco sistemas ao estilo de classificação de risco de crédito - portanto, dentro do conceito abrangente de avaliação de risco ambiental, elaborada de forma integrada aos demais fatores de risco - dentre os 33 sistemas considerados pela Agência Ambiental Européia (*European Environment Agency* -EEA), os quais estão em diversos níveis de complexidade, de acordo com a escala apresentada anteriormente.

Em síntese, algumas metodologias de classificação de risco ambiental foram desenvolvidas no passado recente, mas nenhuma delas, aparentemente, foi aceita por não atender às necessidades de informações envolvendo o nível de risco global das empresas. (BNDES)

4.9.2- MODELO DE AVALIAÇÃO DE RISCO AMBIENTAL

A concessão de crédito tradicional geralmente envolve modelos estatísticos e regressões, para a avaliação do potencial de inadimplemento de um dado cliente, empresa ou projeto. Tais modelos são diferenciados visando adaptar o instrumental analítico a dimensões extremamente diversificadas: desde o crédito pessoal, passando por créditos a pequenas empresas, chegando a avaliações de grandes empresas exploradoras de petróleo ou mineradoras, de porte mundial. (BNDES)

Um modelo para avaliação de risco de crédito de empresas considera, em geral, os indicadores extraídos das demonstrações contábeis, ou seja, estuda os dados advindos do balanço patrimonial e outras declarações contábeis, buscando extrair indicadores que tenham alto poder explicativo e elevado grau preditivo em termos de endividamento, lucratividade e outras dimensões. Outro importante dado que compõe o modelo é o comportamento histórico da empresa, em outros empréstimos que possa ter solicitado. (BNDES)

Em geral um modelo de avaliação de risco de crédito e de concessão de financiamento envolve três etapas:

(1) Pontuação: consiste em gerar a partir dos indicadores, do histórico e de outros dados, uma determinada pontuação indicativa da situação/evolução do desempenho da empresa analisada com relação a parâmetros representativos do desempenho médio de uma amostra de empresas setorial ou global;
(2) Classificação ou *rating*: consiste em, através de uma tabela de intervalos de pontos, transformar a pontuação em uma classe específica de risco de crédito, tipicamente entre A e D, denotativos de uma qualidade intrínseca de risco, sendo o *rating* AAA o melhor que uma empresa poderá alcançar, e D o pior, significando potencial de inadimplência muito elevado;
(3) Decisão de Concessão do Crédito: caso o *rating* possibilite a concessão do empréstimo, é determinada uma taxa de juros, que obedecerá, necessariamente, o critério de conceder menores taxas de juros para as empresas com melhor *rating*,na medida em que estão esperadas diferente para cada nível de risco.

No caso de um modelo multi-critério, o procedimento poderá ser repetido para as dimensões a avaliar. Alguns modelos de avaliação de risco de crédito utilizam análise discriminante e outras técnicas estatísticas, como análises *Logit* e *Probit*; outros utilizam algumas técnicas de inteligência artificial, notadamente Redes Neurais, para classificar as empresas em conjuntos assemelhados, que receberão, então, o mesmo *rating*. Desta forma, passa-se ao largo da etapa de pontuação. Há outras metodologias onde se determina uma pontuação, um *rating* e uma taxa de juros para a concessão de empréstimos.

As dúvidas com relação ao real desempenho ambiental das empresas são reflexos da complexidade e da abrangência que caracterizam os estudos do meio ambiente, os quais exigem a adoção de conhecimentos inter e multidisciplinares. Parece ser consenso a impossibilidade de que o tema venha a ser tratado, de forma adequada, por uma área específica do conhecimento. (BNDES)

Nessa linha, as possibilidades de se obter um alto nível de transparência no processo de avaliação de risco ambiental estão vinculadas à efetiva contribuição de outros intervenientes - como consultores especialistas, empresas de certificação e auditores independentes - e à possibilidade do próprio sistema de informações da empresa analisada vir a fornecer todas as informações necessárias sobre seus aspectos ambientais relevantes.

As premissas adotadas consideram que a dimensão ambiental só terá efeito caso o risco ambiental seja maior que o risco financeiro. Caso contrário, o risco financeiro prevalecerá. A metodologia de pontuação fica dividida em duas fases:

- Primeira fase são avaliados três elementos: a empresa, o tipo de empréstimo pleiteado e o empreendimento ou projeto de investimento. A cada um desses elementos é associada uma pontuação específica.
- Segunda fase, a atividade do empreendimento é avaliada e uma alíquota é determinada para que uma fração da diferença entre a pontuação financeira e ambiental seja aplicada, penalizando-se, assim, a avaliação de crédito devido ao risco ambiental.

Toda pontuação para efeito do *rating* é compreendida em um intervalo entre 10 e 30 pontos, sendo este último equivalente à pontuação máxima AAA. A Tabela indica as pontuações e os níveis de risco (*rating*) correspondentes:

Rating	Pontuação **Limite Inferior**	Pontuação **Limite Superior**	Rating	Pontuação **Limite Inferior**	Pontuação Limite Superior
AAA	28,001	30,000	***BB***	19,501	20,500
AA+	27,501	28,000	***BB-***	19,001	19,500
AA	25,501	27,500	***B+***	18,501	19,000
AA-	25,001	25,500	***B***	17,501	18,500
A+	24,501	24,500	***B-***	17,001	17,500
A	23,501	24,500	*CCC+*	16,501	17,000
A-	23,001	23,500	*CCC*	14,501	16,500
BBB+	22,501	23,000	*CCC-*	14,001	14,500
BBB	21,501	22,500	*CC*	12,001	14,000
BBB-	21,001	21,500	*C*	10,001	12,000
BB+	20,501	21,000	***D***	0,001	10,000

Figura 4.4 – Nível de Risco e Pontuação.

- Elementos de avaliação: **A análise da empresa, que compõe 50% da pontuação de risco ambiental, procura gerar um perfil ambiental de qualquer empresa que solicite crédito, avaliando certos parâmetros. Faz-se uma analogia, em termos ambientais, com a Roda da Estratégia Competitiva, levada por Michael Porter em 1986. No centro da Roda, está o objetivo da empresa, que é obter o crédito da entidade financiadora e, ao redor, estão todos os aspectos que serão avaliados na empresa para que ela consiga obter o crédito.**

Figura 4.5 – Roda de avaliação da empresa.

A escolha dos parâmetros de avaliação, por analogia, chega a um total de 10 (dez) aspectos. Cada um desses parâmetros é avaliado em ruim, médio ou bom. A uma avaliação ruim, é dada uma pontuação de 0 a 2; à avaliação média, nota 5; e a avaliações boas, pontuações de 8 a 10. O fato de se usar faixas de valores elimina aspectos de excessiva precisão nas avaliações de cada item. Somando-se todas as notas e dividindo-se por 10, encontra-se uma média, situada entre 0 e 10. Como a escala de pontuação situa-se entre 10 e 30, a pontuação da empresa, N_{Emp}, será dada por $N_{Emp} = 10 + 2 * (\text{Pontuação Média})$. Os aspectos estão descritos, exemplificando para a empresa hipotética XX:

1. Vontade/Habilidade: Mensuração de esforços anteriores da empresa que denotem vontade e/ou habilidade de lidar com a questão ambiental. Empresa XX: Média (Nota 5);

2. Tradição/Experiência: Está ligado a certificações ambientais que a empresa possua e experiências anteriores em tratamento ambiental. Empresa XX: Média (Nota 5);
3. Clientes: Análise do comportamento ambiental dos clientes da empresa, verificando a disseminação do cuidado com o meio ambiente que a empresa pode estar gerando, conceito semelhante ao efeito cascata da Qualidade. Empresa XX: Ruim (Nota 1);
4. Comportamento das Vendas. Empresa XX: Boa (Nota 10);
5. Fornecedores: Comportamento ambiental dos fornecedores da empresa. Empresa XX: Ruim (Nota 1);
6. Estrutura Ambiental. Empresa XX: Média (Nota 5);
7. Estágio de Conscientização Ambiental. Empresa XX: Boa (Nota 10);
8. Recursos Humanos. Empresa XX: Média (Nota 5);
9. Situação Ambiental. Empresa XX: Boa (Nota 10); e
10. Seguro de Risco Ambiental. Empresa XX: Ruim (Nota I)

Neste exemplo a Pontuação média da empresa XX é dada por (5+5+1+10+1+5+10+5+10+1) / 10 = 5,3 e a N_{Emp} = 10 + 2 * 5,3 = 20,6. A avaliação do tipo de empréstimo considera a capacidade potencial dos empreendimentos provocarem danos ambientais, portanto guardam relação direta com o seu porte, sendo responsável por 25% da pontuação final. Dependendo do tipo de empréstimo que é solicitado, diferentes exigências ambientais são feitas pelas autoridades competentes para que o crédito seja concedido. Caso todas elas sejam atendidas, a nota concedida pelo tipo de empréstimo será 30, que equivale a um *rating* AAA. Caso contrário, uma penalidade poderá incidir sobre a nota. Os projetos podem ser caracterizados em uma das quatro classes seguintes:

Classe	Tipo de Empréstimo	Penalidade
A	Apoio a pequenos e médios projetos	4,2%
B	Pequenos e Médios Projetos com alto risco	50,0%
C	Apoio a Grandes Projetos	37,5%
D	Grandes Projetos com alto risco	100,0%

Quadro 4.6 - Avaliação de Tipo de Empréstimo

O tamanho do projeto está relacionado diretamente com o porte da empresa e de sua estruturação em termos de grupo econômico. Para cada um dos quatro tipos de empréstimo são necessários determinados procedimentos do ponto de vista ambiental, os quais podem ser:

- *Compliance* Ambiental, Auditoria Ambiental,
- Estudo de Impacto Ambiental (ElA) e
- Análise de Risco Ambiental.

A ausência de cada um destes tópicos, quando houver exigência, resultará em uma penalidade na pontuação máxima. A pior situação, nesta dimensão, é a de um projeto situado na classe D, sem cumprir nenhuma exigência.

No caso de um projeto na classe B, este deverá, por hipótese, atender as formalidades (*compliance*), Auditoria Ambiental e EIA. Caso haja apenas *compliance* será feita uma ponderação de forma que seja descontado o não cumprimento dos outros procedimentos.

A nota concedida ao tipo de empréstimo será dada por: $N_{Tipo} = 10 + 20 * (100\% - \%_{Pen})$, onde o termo $\%_{Pen}$ é o percentual de penalidade por não atendimento dos procedimentos do ponto de vista ambiental. No caso do projeto anterior, da classe B, a nota será, então, $N_{Tipo} = 20$.

A Avaliação do Empreendimento ou Projeto considera diversos impactos ambientais que o mesmo poderá causar no decorrer de sua implantação e durante a sua vigência. Cada impacto pode ser mitigado ou não. A partir de duas matrizes, uma de impactos e outra de mitigações, a nota do projeto é dada em função do número de impactos sem mitigação relativamente ao total de impactos ambientais.

Os seguintes impactos são analisados, tanto pelo ponto de vista de quem solicita o empréstimo como pelo lado do Banco:

Abertura de acessos e locais de empréstimo de material	**Aumento das emissões sonoras**	**Expulsão de atividades produtivas incompatíveis com as novas áreas do projeto**	**Surgimento ou expansão de novos subcentros regionais**
Ressuspensão de sedimentos e remobilizações de poluentes	Aumento de processos erosivos	Relocalização de populações	Emissão de ruídos pelo aumento da circulação de veículos
Vazamento/ derramamento de óleos combustíveis, lubrificantes ou produtos perigosos	Modificações das estruturação urbana	Produção de resíduos sólidos	Remoção de vegetação
Emissões de poeira durante o processo construtivo	Impactos urbanísticos e visuais / alterações na estrutura geral da paisagem por adensamento	Alteração do microclima da região	Mudança de modais/ alternativas locacionais
Perda de habitats	Alteração da qualidade da água em mares, rios e lagos		

Quadro 4.7 - Impactos Analisados (Fonte: BNDES)

Os 18 impactos mencionados podem ter reflexo sobre o meio ambiente como segue:

- Meio Físico: Impactos no solo, ar e água;
- Meio Biótico: Impactos sobre flora, fauna e paleontologia;
- Meio Antrópico: Impactos em Atividades Produtivas; Estrutura e Serviços; e Patrimônio Ambiental (Cultural e Natural).

Dessa forma, os dezoito tipos de impactos são analisados segundo nove ambientes distintos, totalizando 182 itens a serem estudados nas duas matrizes. No *software* desenvolvido em *Excel* e *Visual Basic* pelo BNDES, marca-se a célula correspondente ao impacto. Em seguida, determina-se quais atividades têm seus impactos potencialmente remediados na matriz de mitigação. Para facilitar, na própria planilha do *software* existe a descrição da medida a ser tomada para que o impacto seja mitigado. Assinala-se a célula do *Excel* referente ao impacto. O *software* é preenchido pelo solicitante do crédito e, depois, verificado e analisado pelo Banco.

Para resumir a avaliação do empreendimento ou projeto, uma planilha final reúne impactos com e sem mitigação, conforme se pode ver na figura a seguir:

	Meio Físico			Meio Biótico			Meio Antrópico			
	Solo	Ar	Água	Flora	Fauna	Paleoriotologia	Atividades Produtivas	Estrutura e Serviços	**Patrimônio Ambiental (Cultural e natural)**	
Percentual de impactos sem mitigação / Total de impactos	100%	80%	100%	100%	100%	0%	71%	29%	100%	**75.6%**
Percentual de impactos com mitigação / Total de impactos	0%	20%	0%	0%	0%	100%	29%	71%	0%	**24.4%**
Somatório dos impactos sem Medidas Mitigadoras-Compensatórias	8	4	8	7	8	-	5	2	6	48
Total de Impactos (com ou sem mitigação)	8	5	8	7	8	1	7	7	6	57
Pontuação do empreendimento:	14.89									

Figura 4.6 – Resumo dos Impactos / Mitigação (Fonte BNDES)

O somatório de impactos sem mitigação, no caso exemplificado é de 75,6%. A nota do empreendimento ou projeto será N_{proj} = 10 + 20 * (100% -% Impactos sem Mitigação). Se todos os impactos forem mitigados, então, o empreendimento ou projeto receberá a nota máxima, 30. No exemplo N_{proj} = 10 + 20 * (100% -75,6%) = 14,89

- Sistema de pontuação e integração: **Ao chegar-se neste ponto, já se tem as pontuações dos itens Empresa, Tipo de Empréstimo e Empreendimento ou Projeto, o que é suficiente para já ser calculada a pontuação do risco ambiental. Esta pontuação é obtida pela média das notas de cada item, ponderada pelos seus pesos específicos. No exemplo, $N_{Risco\ Amb}$ = 20,6*(50%) + 20*(25%) + 14,89*(25%) = 19,02. Para essa pontuação, a classificação do risco ambiental, é BB-.**

Para continuar-se a classificação, é necessário, agora, estabelecer um risco financeiro para que possa ser feita a comparação entre as duas pontuações. Dessa forma, tomar-se-á, por hipótese, a pontuação do risco financeiro como 28,00, cuja classificação é AA+. A área financeira do Banco fará esta avaliação, como de costume.

Neste caso, a pontuação ambiental (19,02) é pior que a pontuação financeira (28), assim, deve-se analisar, também, a atividade do projeto. No caso em que a pontuação de risco financeiro for menor que a pontuação de risco ambiental, (o que indica que o risco financeiro é maior que o ambiental) o risco econômico-financeiro prevalecerá, pois o fator ambiental só atua para reduzir a pontuação de risco global. (BNDES)

Cada atividade citada anteriormente está classificada dentro de uma estrutura de divisão de grupos e classes. As divisões implementadas atualmente no software do BNDES, são:

- Agropecuária;
- Mineração;

- Indústrias de Transformação;
- Comércio e Serviços; e
- Infra-Estrutura.

Dentro de cada uma das divisões, há uma série de grupos, que, por sua vez, comportam várias classes. Ao todo, há 449 atividades classificadas. Cada uma destas atividades foi classificada segundo alguns fatores, tais como, potencialpara:

- diminuir impacto humano sobre biodiversidade;
- diminuir impacto humano sobre o ar;
- diminuir impacto humano sobre a água;
- diminuir impacto humano sobre o solo;
- fornecer bens básicos para necessidades humanas;
- diminuir o consumo de recursos não renováveis.

Cada um destes fatores é analisado em uma escala, que varia de -5 a 5, em função do impacto negativo ou positivo e sua dimensão. Somando os impactos para os 6 fatores, um total de pontos é determinado. Para facilitar os cálculos futuros, os resultados são escalonados entre 0 e 10, através da seguinte transformação:

Equação 4.7

$$N_{Apadron} = 10 * [N_{Ativ} -(-16)] / [21- (-16)] = 10 * [N_{Ativ} + 16] / [37]$$

Partindo-se desta nota padronizada, considera-se que as atividades cujas notas se situam entre 0 a 2 são muito impactantes; entre 2 e 8 possuem potencial variável de impacto; e de 8 a 10, pouco impactantes ao meio ambiente. Essas classes determinam a alíquota que será aplicada à diferença entre risco econômico-financeiro e ambiental.

A alíquota das atividades pouco impactantes pode variar entre 0% e 50%; a das atividades de potencial variável varia entre 25% e 75%;

e a alíquota das muito impactantes deve estar no intervalo de 50% a 100%. No caso de uma atividade como a silvicultura exótica, que está dentro da divisão de Agropecuária e do grupo Silvicultura, o potencial de impacto ambiental é variável, e a alíquota aplicável se situa entre 25% e 75%.

Agora, já é possível obter-se a nota final do pedido de financiamento. Essa nota varia de acordo com a alíquota a ser aplicada.

Formulário de Classificação de Risco Ambiental - Final

Pontuação de Risco Econômico - Financeiro	29,00
Classificação de Risco Econômico - Financeiro	AA+

Alíquotas Aplicáveis	
Mínima	Máxima
25%	75%

Pontuação de Risco Ambiental	19.02
Classificação de Risco Ambiental	BB-
Nota Diferença	6.90

	Scorting	Rating
Aplicando Alíq. Mín.	25.76	AA
Aplicando Alíq. Máx.	21.27	BBB-
Alíquota 50%		
Aliq. Customizada	23.51	A

Voltar

Figura 4.7 - Pontuação Final

Supondo-se que a pontuação de risco econômico-financeiro seja da ordem de 28 pontos, o que recebe uma classificação AA+, e que a pontuação de risco ambiental seja menor, de 19,02 pontos, cuja classificação é 88-, a diferença entre as mesmas é de 8,98. Para determinar os limites do percentual desta diferença que poderão ser aplicados para reduzir a pontuação do risco financeiro, analisou-se a atividade e, estando esta entre 2 e 8 pontos, os limites serão de 25% e 75%. Estas faixas de alíquota bastante extensas se destinam a dar maior flexibilidade ao analista de crédito do banco, ou seja, espaço de manobra para incluir outros fatores que não estejam no modelo.

Segundo o exemplo da figura, a melhor classificação, utilizando a alíquota de 25%, será de 25,76 pontos, concedendo *rating* AA. A pior classificação, empregando a alíquota de 75%, será de 21,27 pontos, concedendo uma classificação BBB-. Na parte inferior da figura, pode-se arbitrar uma alíquota dentro dos limites e verificar a pontuação concedida e o *rating*.

Como, no modelo consorciado, essa dimensão é aplicada somente para descer a avaliação do projeto na escala de pontuação, o Banco pode aplicar uma taxa de juros mais elevada caso a empresa e o projeto não se adeqüem às normas exigidas. Por isso, este modelo pode ser considerado um mecanismo de inibição de atitudes predatórias ao meio ambiente, já que o impacto dos juros mais altos é direto nas finanças da empresa. A difusão dessa metodologia, de um lado, afasta o Banco da participação através do financiamento, de projetos com potencial de passivo ambiental. De outro, ela incentiva as empresas a gastar o dinheiro que pagariam de juros mais altos (por serem penalizadas pelos aspectos ambientais negativos) com a mitigação dos riscos ambientais associados a suas atividades produtivas. (BNDES)

No futuro, uma dimensão social pode ser desenvolvida em conjunto com a ambiental e a financeira, de forma a criar um tripé de avaliação. Essa nova dimensão também poderia incentivar novos empreendimentos com impacto positivo na área social. Dependendo de cada caso as instituições financeiras poderiam associar diferentes pesos para cada uma dessas componentes, proporcionando flexibilidade, de modo a fazer um *trade-off* entre esses três importantes aspectos. (BNDES)

4.10- AUDITORIA E RESPONSABILIDADE SÓCIO-AMBIENTAL

Os Indicadores de Responsabilidade Social Empresarial, foram criados como uma ferramenta de aprendizado e avaliação da gestão da empresa no que se refere à incorporação de práticas de Responsabilidade Social Empresarial (RSE), ao planejamento de estratégias e ao monitoramento do desempenho geral da empresa. Trata-se de um instrumento de auto-avaliação e aprendizagem, de uso essencialmente interno. (Almeida et al. 2006)

A empresa deve comparar seus resultados com as melhores práticas de RSE. A pontuação obtida deve ser apresentada no Relatório de Diagnóstico, permitindo à empresa compará-los, com o grupo de *benchmarking* (as dez empresas com as melhores notas).

Os indicadores quantitativos são apresentados no Anexo que se encontra no final desta publicação. São indicadores de monitoramento interno, que devem ser acompanhados pelos gestores. Encoraja-se fortemente as empresas a não apenas levantar os indicadores quantitativos propostos, mas criar novos indicadores para monitorar seu desempenho.

INDICADORES SETORIAIS

Com o objetivo de fornecer às empresas a possibilidade de um autodiagnóstico mais preciso e aprofundado, os indicadores específicos, abrangem dilemas e peculiaridades de cada setor empresarial. Em 1999, a Associação Brasileira de Distribuidores de Energia Elétrica (Abradee), em parceria com o Instituto Ethos, iniciou a elaboração de indicadores de RSE para seu setor. Iniciativa semelhante ocorreu em 2002, quando a Associação Brasileira da Indústria de Panificação e Confeitaria (Abip) adaptou os Indicadores Ethos para aplicação em panificadoras, e a Associação Brasileira de Restaurantes e Empresas de Entretenimento (Abrasei) fez o mesmo para bares e restaurantes. (Almeida et al. 2006)

A mobilização de profissionais da empresa para responder os Indicadores deve ser encarada como o início de um processo de autodiagnóstico que, combinado com a missão e estratégia geral da empresa, permitirá identificar aspectos da gestão que necessitam de acompanhamento detalhado, de novas metas e de profissionais focados. Tais metas devem ser preferencialmente incluídas no planejamento seguinte.

Um aspecto que deve ser enfatizado nesse processo é a importância do diálogo com representantes dos públicos com os quais a empresa se relaciona -seus stakeholders -, para avaliação dos impactos de suas ações, busca de soluções e definição de metas.

A partir daí, é fundamental que a empresa faça um ; esforço interno para definir os aspectos e dilemas particulares dela e de seu empreendimento e desenvolva seus próprios indicadores de avaliação de gestão, complementando os aqui propostos.

ESTRUTURA DO QUESTIONÁRIO

O questionário de avaliação da empresa está dividido em sete grandes temas:

- Valores e Transparência
- Público Interno
- Meio Ambiente
- Fornecedores
- Consumidores e Clientes
- Comunidade
- Governo e Sociedade

Esses temas são enfocados por dois tipos de indicadores. O primeiro tipo permite avaliar o estágio atual das práticas de responsabilidade social na empresa. É representado por quatro quadros contíguos apresentando estágios de determinada prática, cujo nível de desempenho evolui da esquerda para a direita, o que permite à empresa situar-se facilmente na escala. O quadro mais à direita corresponde ao melhor desempenho naquela prática e pressupõe que a empresa que nele se encontra já atingiu um nível de amadurecimento e plena integração da responsabilidade social a seus processos de gestão. (Almeida et al. 2006)

O segundo tipo de indicadores é composto de questões binárias (com respostas sim ou não) relacionadas ao primeiro grupo. Contém elementos de validação e aprofundamento do estágio de responsabilidade social identificado pela empresa e contribui para a compreensão de quais práticas devem ser incorporadas à gestão dos negócios.

A estrutura dos Indicadores Ethos permite que a empresa planeje o modo de alcançar um grau mais elevado de responsabilidade social. A disposição em escala fornece parâmetros para os passos subseqüentes e, juntamente com os indicadores binários, aponta diretrizes para o estabelecimento de metas de aprimoramento dentro do universo de cada tema.

INSTRUÇÕES DE PREENCHIMENTO

- Cada unidade de negócios deve responder a seu próprio questionário.
- É aconselhável que a empresa indique um coordenador que centralize e sistematize as informações e facilite o diálogo interno.
- Devido à abrangência dos temas, o processo de preenchimento deve envolver a participação de várias áreas da empresa. Quanto mais pessoas estiverem envolvidas no processo de preenchimento e quanto mais diversificados sejam seus níveis hierárquicos e os departamentos de que elas procedem, maior será a reflexão interna e a representatividade das respostas, garantindo um melhor autodiagnóstico.
- É importante que a alta direção da empresa acompanhe o processo e conheça os resultados.

BARRA DE INDICADORES DE PROFUNDIDADE

Apenas um dos quatro quadros deverá ser escolhido, devendo-se optar por aquele que mais se aproxima da realidade da empresa. Nesta avaliação, considera-se que cada nível pressupõe o cumprimento do nível anterior, e que o quadro mais à direita corresponde ao melhor desempenho naquela prática, o que representa amadurecimento e plena integração da responsabilidade social aos processos de gestão da empresa.

Na hipótese de nenhum dos quadros corresponder à realidade da empresa, deve-se assinalar um dos seguintes motivos:

- Não havíamos tratado antes deste assunto.
- Não vemos aplicação disto em nossa empresa.

Assinalando a segunda opção, a empresa deve apresentar uma justificativa no espaço reservado para comentários.

INDICADORES BINÁRIOS

Os indicadores binários (sim ou não) devem ser obrigatoriamente preenchidos.

INDICADORES QUANTITATIVOS

É importante levantar esses dados precisamente, pois eles serão úteis no monitoramento interno da empresa. Esses indicadores, que devem ser aprimorados de acordo com as características da empresa, servem principalmente para acompanhamento pelos gestores.

1. VALORES E TRANSPARÊNCIA

1.1 AUTO-REGULAÇÃO DA CONDUTA

1.1.1 Compromissos Éticos

1. Com relação à adoção e abrangência de valores e princípios éticos:

Os valores da organização existem de maneira informal, estando pouco incorporados aos processos de trabalho.	Os valores da organização estão documentados e disseminados.	A organização possui um código de ética (em português e adaptado ao contexto local, no caso de multinacionais) e orienta e treina com regularidade seus funcionários de todos os níveis hierárquicos para sua adoção.	O código de ética da organização prevê a participação de funcionários, de parceiros e/ou da comunidade em sua revisão e é submetido a controle e auditoria periódicos.	Não havíamos tratado antes deste assunto. ☐ Não vemos aplicação disto em nossa empresa. (justifique).
ESTÁGIO 1 ☐	ESTÁGIO 2 ☐	ESTÁGIO 3 ☐	ESTÁGIO 4 ☐	☐

Informações Adicionais

A empresa:	**Sim**	**Não**
1.1. Inclui o respeito aos direitos humanos[1] como critério formal em suas decisões de investimento e/ou aquisições?		
1.2. Orienta suas operações em concordância com as declarações de princípios da Organização internacional do Trabalho[2] (OIT) e/ou as diretrizes para empresas multinacionais[3] da Organização para Cooperação e Desenvolvimento Econômico (OCDE)?		
1.3. Divulga seus compromissos éticos pela internet?		

Continua

[1] *Exemplo de questões às quais a empresa deve estar atenta é o investimento em (ou a aquisição de) fabricas que empreguem trabalho infantil ou submetam seus funcionários a condições impróprias de saúde e segurança, ou em empresas vistas pela comunidade como violadores de direitos sobre a terra ou do conhecimento tradicional de populações locais. Outro exemplo é a participação em negócios com representantes do governo envolvidos com corrupção, situação em que a empresa pode ser vista como conivente com crimes contra o patrimônio público e com uma distribuição de renda fraudulenta. Situações como essas geram riscos que podem levar a litígio, extorsão, perda de produção, seguros mais caros, dificuldades de acesso ao capital e de recrutamento e retenção de talentos, além, é claro, de danos à reputação. (Veja a Declaração Universal dos Direitos Humanos no website www.mj.gov.br/sedh/dpdh/gpdh/ddh_bib_inter_universal.htm.)*

[2] *Os princípios e direitos fundamentais no trabalho são relacionados à liberdade sindical e ao reconhecimento do direito de negociação coletiva, à eliminação de todas as formas de trabalho forçado ou obrigatório, à abolição efetiva do trabalho infantil e à eliminação de qualquer discriminação relacionada a emprego e ocupação. Mais informações no website da OIT. (www.oit.org./public/portuque/region/ampro/brasilia/index.htm).*

[3] *As diretrizes da OCDE para multinacionais fornecem princípios e padrões voluntários para a conduta responsável de empresas em áreas como trabalho e relações industriais, direitos humanos, meio ambiente, transparência, concorrência, impostos e ciência e tecnologia. Mais informações, no website da OCDE (http://www.mre.gov.br/ocde/intro.htm).*

Informações Adicionais
(Continuação)

O código de ética e/ou a declaração de valores da organização	Sim	Não
1.4. Abordam três ou mais das seguintes partes interessadas: funcionários, fornece-dores, consumidores/clientes, comunidade, governo e acionistas minoritários?		
1.5. Proíbem expressamente a utilização de práticas ilegais (como corrupção, propina e "caixa dois") para obtenção de vantagens comerciais?		
1.6. São explícitos quanto ao compromisso de ética na questão das informações de caráter privado obtidas durante os processos da empresa em sua interação com seus diversos públicos (clientes, funcionários, fornecedores, etc.)?		
1.7. São explícitos quanto ao compromisso de transparência e veracidade das informações prestadas a todas as partes interessadas?		

1.1.2 Enraizamento na Cultura Organizacional

2. Com relação à eficácia na disseminação dos valores e princípios éticos da empresa:

Os valores são transmitidos esporadicamente ou em momentos específicos (contratação de funcionário, processo de auditoria), com foco no público interno.	Existem processos sistemáticos de difusão dos valores, tanto para os funcionários quanto para parceiros externos.	Além de os valores e princípios serem sistematicamente difundidos, sua adoção é avaliada e verificada periodicamente.	Funcionários, lideranças da organização e parceiros são motivados a contribuir para o monitoramento da adoção dos valores e princípios éticos da empresa.	Não havíamos tratado antes deste assunto. ☐ Não vemos aplicação disto em nossa empresa. (justifique).
ESTÁGIO 1 ☐	ESTÁGIO 2 ☐	ESTÁGIO 3 ☐	ESTÁGIO 4 ☐	☐

Informações Adicionais

	Sim	Não
2.1. A empresa tem comitês, conselhos ou responsável(eis) formal(ais) por questões éticas?		
2.2. Questões éticas são abordadas em pesquisas de clima organizacional?		
2.3. A empresa verifica a adequação da atuação de fornecedores a seus valores e princípios?		

1.2 *RELAÇÕES TRANSPARENTES COM A SOCIEDADE*

1.2.1 Diálogo com as Partes Interessadas (Stakeholderes)

3. Considerando seus impactos sobre distintos grupos da sociedade, a empresa:

Os valores são transmitidos esporadicamente ou em momentos específicos (contratação de funcionário, processo de auditoria), com foco no público interno.	Existem processos sistemáticos de difusão dos valores, tanto para os funcionários quanto para parceiros externos.	Além de os valores e princípios serem sistematicamente difundidos, sua adoção é avaliada e verificada periodicamente.	Funcionários, lideranças da organização e parceiros são motivados a contribuir para o monitoramento da adoção dos valores e princípios éticos da empresa.	Não havíamos tratado antes deste assunto. ☐ Não vemos aplicação disto em nossa empresa. (justifique).
ESTÁGIO 1 ☐	ESTÁGIO 2 ☐	ESTÁGIO 3 ☐	ESTÁGIO 4 ☐	☐

Informações Adicionais

A empresa:	**Sim**	**Não**
3.1. Mantém comunicação regular com grupos ou partes interessadas que critiquem a natureza de seus processos, produtos ou serviços?		
3.2. Inclui as expectativas ou demandas das partes interessadas em suas decisões sobre políticas ou operações?		
3.3. Possui indicadores de desempenho resultante do diálogo com as partes interessadas?		

1.2.2 *Relações com a Concorrência*

4. Quanto às políticas de relacionamento com a concorrência, a empresa:

Segue as práticas de preço e concorrência comuns ao mercado, cumprindo a legislação.	Discute internamente a postura da empresa perante os concorrentes e busca um posicionamento leal.	Discute sua postura com fornecedores e clientes, alertando-os para as questões da concorrência leal, e participa de associações de classe na discussão desses aspectos.	Exerce posição de liderança em seu segmento nas discussões relacionadas à busca de padrões de concorrência cada vez mais elevados (combate à formação de trustes e cartéis, práticas desleais de comércio, fraude em licitações e espionagem empresarial).	Não havíamos tratado antes deste assunto. ☐ Não vemos aplicação disto em nossa empresa. (justifique).
ESTÁGIO 1 ☐	ESTÁGIO 2 ☐	ESTÁGIO 3 ☐	ESTÁGIO 4 ☐	☐

Informações Adicionais

A empresa:	**Sim**	**Não**
4.1. Nos últimos três anos, foi denunciada pelo Conselho Administrativo de Defesa Econômica (CADE) por prática de concorrência desleal?		
4.2. Expõe publicamente seus princípios em relação à concorrência (por exemplo, por meio de seu *website*, do relatório anual, etc.)?		

1.2.3 *Balanço Social*

5. Com relação à elaboração de relatório sobre os aspectos econômicos, sociais e ambientais de suas atividades, a empresa:

Elabora sem regularidade definida relatório com informações sobre suas ações sociais e ambientais.	Elabora um relatório anualmente, descrevendo suas ações sociais e ambientais e incorporando aspectos quantitativos.	Produz um balanço social que aborda aspectos sociais, ambientais e econômicos de suas atividades, contendo exclusivamente resultados favoráveis e sendo facilmente acessível.	Produz um balanço social que integra as dimensões sociais, ambientais e econômicas de suas atividades, elaborado com amplo envolvimento interno e de *stakeholders*[4] externos, e facilmente acessível.	Não havíamos tratado antes deste assunto. ☐ Não vemos aplicação disto em nossa empresa. (justifique).
ESTÁGIO 1 ☐	ESTÁGIO 2 ☐	ESTÁGIO 3 ☐	ESTÁGIO 4 ☐	☐

Informações Adicionais

		Sim	Não
5.1.	Ao publicar informações sobre aspectos sociais e ambientais de seu desempenho, a empresa inclui dados desfavoráveis e discute pendências?		
5.2.	As informações sobre a situação econômico-financeira das atividades da empresa são auditadas por terceiros?		
5.3.	As informações sobre aspectos sociais e ambientais das atividades da empresa são auditadas por terceiros?		
5.4.	No processo de elaboração e/ou lançamento do balanço social, a empresa envolve pelo menos três dos seguintes *stakeholders*: comunidade, público interno, consumidores e clientes, fornecedores, governo e sociedade em geral (por exemplo, por meio de organizações de defesa do meio ambiente, sindicatos, organizações voltadas para a saúde pública ou defesa dos direitos humanos, etc.)?		
5.5.	A empresa disponibiliza dados sobre aspectos econômico-financeiros, sociais e ambientais de suas atividades na internet?		

2. PÚBLICO INTERNO

2.1 DIÁLOGO E PARTICIPAÇÃO

2.1.1 Relações com Sindicatos

6. Quanto à participação de funcionários em sindicatos[5] e ao relacionamento com seus representantes, a empresa:

Não exerce pressão sobre os empregados envolvidos em atividades sindicais.	Não exerce pressão e oferece liberdade para a atuação dos sindicatos no local de trabalho.	Além de permitir a atuação dos sindicatos no local de trabalho, fornece informações sobre as condições de trabalho na empresa, e os dirigentes da empresa se reúnem periódicamente com os sindicatos para ouvir sugestões e negociar reivindicações.	Possui mecanismos pelos quais a direção da empresa consulta periodicamente os representantes dos sindicatos (e vice-versa), fornecendo dados financeiros e relativos a objetivos estratégicos (quando estes afetam os trabalhadores) para subsidiar as discussões.	Não havíamos tratado antes deste assunto. ☐ Não vemos aplicação disto em nossa empresa. (justifique).
ESTÁGIO 1 ☐	ESTÁGIO 2 ☐	ESTÁGIO 3 ☐	ESTÁGIO 4 ☐	☐

[5] Para mais informações sobre temas relacionadas ao trabalho, visite o website do Departamento Intersindical de Estatísticas e Estudos Sócio-Econômicos (Dieese): www.dieese.org.br.

Informações Adicionais

A empresa:	Sim	Não
6.1. Fornece informações que afetem os trabalhadores em tempo hábil para que o sindicato e os trabalhadores se posicionem?		
6.2. Possui acordo coletivo com o sindicato da categoria principal?		
6.3. Possui comissão de fábrica ou de abrangência empresarial garantida por acordo coletivo?		
6.4. Caso atue em diferentes regiões, negocia com o conjunto de sindicatos destas regiões um patamar mínimo de benefícios comuns?		

2.1.2 *Gestão Participativa*

7. Quanto ao envolvimento dos empregados na gestão, a empresa:

Disponibiliza informações econômico-financeiras da empresa e seus funcionários.	Além de disponibilizar informações sobre a empresa, treina os empregados para que possam compreendê-las e analisá-las.	Além de disponibilizar informações e treinar os funcionários para o seu entendimento, possui programa para estimular e reconhecer sugestões de empregados para a melhoria dos processos internos,.	Prevê a participação de representantes dos empregados em comitês de gestão ou no Conselho de Administração e fornece o treinamento necessário para que participem da formulação de sua estratégia.	Não havíamos tratado antes deste assunto. ☐ Não vemos aplicação disto em nossa empresa. (justifique).
ESTÁGIO 1 ☐	ESTÁGIO 2 ☐	ESTÁGIO 3 ☐	ESTÁGIO 4 ☐	☐

Informações Adicionais

A empresa:	Sim	Não
7.1. Todos os integrantes de comissões de trabalhadores – Comissão Interna de Prevenção de Acidentes (Cipa), Comissão de Conciliação Prévia (CCP), de participação nos lucros e resultados, etc. – são eleitos pelos trabalhadores em interferência da empresa?		

2.2 RESPEITO AO INDIVÍDUO

2.2.1 Compromisso com o Futuro das Crianças

8. No tratamento da questão dos direitos da criança e do adolescente[6], a empresa:

Além de respeitar a legislação nacional que proíbe o trabalho antes dos 16 anos (exceto na condição de aprendiz entre 14 e 16 anos), discute interna-mente a importância da educação e as conseqüências do trabalho infantil.	Além de respeitar a legislação que proíbe o trabalho infantil e discutir a questão interna- mente, possui projetos que contribuem para o desenvolvimento dos filhos dos funcionários, estimulando suas competências técnicas e psicossociais (cidadania, esportes, artes).	Além do descrito anteriormente, estende esses projetos para as crianças da comunidade.	Coordena seus projetos com outros realizados na comunidade e atua junto ao poder público em benefício da criança e do adolescente.	Não havíamos tratado antes deste assunto. ☐ Não vemos aplicação disto em nossa empresa. (justifique).
ESTÁGIO 1 ☐	ESTÁGIO 2 ☐	ESTÁGIO 3 ☐	ESTÁGIO 4 ☐	☐

Informações Adicionais

A empresa:	**Sim**	**Não**
8.1. Possui políticas explicitas de não contratação de mão-de-obra infantil em seus contratos com terceiros?		
8.2. Discute com outras empresas ou apresenta propostas práticas para o combate ao trabalho infantil em seu setor (ou de maneira geral)?		

[6] *Para mais informações sobre os direitos da criança e do adolescente, visite o website da Fundação Abrinq (www.abrinq.org.br).*

2.2.2 *Valorização da Diversidade*

9. Reconhecimento a obrigação ética das empresas de combater todas as formas de discriminação e de valorizar as oportunidades oferecidas pela riqueza étnica e cultural de nossa sociedade, a empresa:

Declara-se contra comportamentos discriminatórios no ambiente interno e na relação com seus clientes, mas não possui processos formais de promoção da diversidade.	Promove a diversidade por meio de normas escritas que proíbem práticas discriminatórias, regulando os processos de admissão e promoção e orientação sobre o encaminhamento da denuncia.	Além de possuir normas escritas, oferece treinamento específico sobre o tema e utiliza indicadores para identificar áreas problemáticas e estabelecer estratégias de recrutamento e promoção.	Além de possuir normas anti-Discriminatórias, de ressaltá-las nos processos de admissão e promoção, de oferecer treinamento sobre o tema e de monitorar seus quadros, também desenvolve atividades de valorização de grupos pouco representados na empresa.	Não havíamos tratado antes deste assunto. ☐ Não vemos aplicação disto em nossa empresa. (justifique).
ESTÁGIO 1 ☐	ESTÁGIO 2 ☐	ESTÁGIO 3 ☐	ESTÁGIO 4 ☐	☐

Informações Adicionais

	A empresa:	**Sim**	**Não**
9.1.	Possui políticas explicitas de não-discriminação (de raça, gênero, idade, religião e orientação sexual) na admissão e na promoção de funcionários?		
9.2	Possui políticas de capacitação profissional que visam melhorar a qualificação de grupos usualmente discriminados (como negros, mulheres ou pessoas de idade superior a 45 anos)?		
9.3	Monitora seus quadros buscando equidade na participação de homens e mulheres em cargos gerenciais?		
9.4	Paga salários e oferece benefícios idênticos a homens e mulheres que exerçam a mesma função em qualquer nível hierárquico?		
9.5	Paga salários e oferece benefícios idênticos a negros, pardos e brancos que exerçam a mesma função em qualquer nível hierárquico?		
9.6	Oferece flexibilidade de horário para homens e mulheres com filhos menores de 6 anos?		
9.7	Possui normas a processos para combater situações de assedio sexual?		
9.8	Mantém programa especial para a contratação de pessoas com deficiência?		
9.9	Oferece oportunidade de trabalho para ex-detentos?		

Informações Adicionais (continuação)

A empresa:	Sim	Não
9.10 Tem política preferencial para a contratação de indivíduos com idade superior a 45 anos ou desempregados há mais de dois anos?		
9.11 Apóia projetos na comunidade que visem melhorar a oferta de profissionais qualificados provenientes de grupos usualmente discriminados no mercado de trabalho?		
A empresa oferece os benefícios abaixo relacionados para funcionários homens e mulheres, indiscriminadamente, abrangendo todos os níveis hierárquicos:		
9.12 Plano de saúde familiar?		
9.13 Auxílio para educação dos filhos?		
9.14 Financiamento para casa própria?		
9.15 Creche no local de trabalho ou por rede conveniada?		

2.3 TRABALHO DECENTE

2.3.1 Política de Remuneração, Benefícios e Carreira

10. Em sua política de remuneração, benefícios e carreira, a empresa:

Busca superar os pisos salariais firmados com os sindicatos	Trata os funcionários como um recurso, estimulando-os por meio da remuneração e do investimento em seu desenvolvimento profissional, segundo política estruturada de carreira, e levando em conta as habilidades necessárias para seu desempenho atual.	Valoriza competências potenciais, estimulando os funcionários por meio da remuneração e do investimento em seu desenvolvimento profissional e levando em conta sua capacidade futura de crescimento e desenvolvimento de novas habilidades.	Trata os funcionários como sócios e além de valorizar competências potenciais por meio da remuneração e do desenvolvimento profissional, estabelece mecanismos para que seus representantes participam da formulação de políticas de remuneração e benefícios, desenvolvimento profissional e mobilidade interna.	Não havíamos tratado antes deste assunto. ☐ Não vemos aplicação disto em nossa empresa. (justifique).
ESTÁGIO 1 ☐	ESTÁGIO 2 ☐	ESTÁGIO 3 ☐	ESTÁGIO 4 ☐	☐

Informações Adicionais

		Sim	Não
10.1.	A remuneração variável da empresa representa mais de 20% (vinte por cento) da massa salarial?		
A empresa:			
10.2	Possui políticas com metas para reduzir a distância entre a maior e a menor remuneração paga pela empresa (monitorada pelo índice resultante da divisão da maior remuneração pela menor, em espécie, incluindo participação nos resultados e programa de bônus)?		
10.3	Efetuou, nos últimos dois anos, um aumento da proporção entre o menor salário da empresa e o salário mínimo vigente?		
10.4	Realiza pesquisas para medir a satisfação dos funcionários quanto à sua política de remuneração e benefícios?		
A empresa oferece aos empregados:			
10.5	Auxilio para educação dos filhos?		
10.6	Financiamento para casa própria?		
10.7	Creche no local de trabalho ou por rede conveniada?		
10.8	Plano de saúde familiar?		
10.9	Os mesmos benefícios de seus funcionários registrados aos colaboradores apenas comissionados?		
Caso possua programa de participação nos resultados da empresa:			
10.10	Ele foi estabelecido por meio de negociação com comissão de empregados ou com sindicatos e em conformidade com a legislação aplicável?		
O programa de bonificação da empresa, caso o possua:			
10.11	Foi estabelecido por meio de negociação com comissão de empregados ou com sindicato e em conformidade com a legislação aplicável?		
10.12	A empresa oferece aos funcionários bônus adicionais orientados por elementos de sustentabilidade, como sucessos a médio e longo prazo, ou o alcance de metas relacionadas ao desempenho social e ambiental?		

2.3.2 Cuidados com Saúde, Segurança e Condições de Trabalho

11. Visando assegurar boas condições de trabalho, saúde e segurança[7], a empresa:

Vai além das obrigações legais e tem planos e metas para alcançar os padrões de excelência em saúde, segurança e condições de trabalho em seu setor.	Possui planos e metas para ultrapassar os padrões de excelência em saúde, segurança e condições de trabalho em seu setor.	Além de ter côo meta ultra-passar os padrões de excelência em saúde, segurança e condições de trabalho em seu setor, desenvolve campanhas regulares de conscientização e pesquisa o nível de satisfação dos funcionários em relação ao tema, evidenciando áreas críticas.	Além de desenvolver campanhas e realizar pesquisas, as metas e indicadores de desempenho relacionados a condições de trabalho, saúde e segurança são definidos com a participação dos empregados e divulgados amplamente.	Não havíamos tratado antes deste assunto. ☐ Não vemos aplicação disto em nossa empresa. (justifique).
ESTÁGIO 1 ☐	ESTÁGIO 2 ☐	ESTÁGIO 3 ☐	ESTÁGIO 4 ☐	☐

Informações Adicionais

A empresa:		Sim	Não
11.1.	Foi certificada pela norma BS 8800, SA 8000 ou outra norma equivalente?		
11.2	Oferece programa de prevenção e tratamento para dependência de drogas e de álcool?		
11.3	Oferece programa específico para a saúde da mulher?		
11.4	Oferece programa especifico para portadores de HIV?		
11.5	Possui política expressa de respeito à privacidade de seus funcionários no que se refere a informações sensíveis (inclusive médicas) obtidas e mantidas sob responsabilidade da área de recursos humanos?		
11.6	Promove exercícios físicos no horário de trabalho?		
11.7	Desenvolve política de equilíbrio trabalho-família?		
11.8	Possui política de compensação de horas extras para todos os funcionários, inclusive gerentes e executivos?		

[7] *A SA 8000 é a primeira norma voltada para a melhoria das condições de trabalho, abrangendo os principais direitos trabalhistas (saúde e segurança, liberdade de associação, horas de trabalho limitadas, compensação, garantias contra trabalho forçado, discriminação e trabalho infantil) e certificando seu cumprimento por meio de auditores independentes. A norma segue o padrão da ISO 9000 e da ISO 14000, o que facilita a implantação por empresas que já conhecem esse sistema (www.cepaa.org).*

2.3.3 *Compromisso com o Desenvolvimento Profissional e a Empregabilidade*

12. Para desenvolver seus recursos humanos, a empresa:

Promove atividades de treinamento pontuais, focadas no desempenho de tarefas específicas.	Mantém atividades sistemáticas de desenvolvimento e capacitação, visando o aperfeiçoamento continuo de todo o seu pessoal e considerando a aplicabilidade em sua função atual.	Além de promover capacitação continua, oferece bolsas de estudo ou similares para a aquisição de conhecimentos com impacto positivo na empregabilidade de seus funcionários, independentemente da aplicabilidade em sua função atual.	Em todos os níveis hierárquicos, promove capacitação continua e oferece bolsas de estudo ou similares para a aquisição de conhecimentos com impacto positivo na empregabilidade de seus funcionários, independentemente da aplicabilidade em sua função atual.	Não havíamos tratado antes deste assunto. ☐ Não vemos aplicação disto em nossa empresa. (justifique).
ESTÁGIO 1 ☐	ESTÁGIO 2 ☐	ESTÁGIO 3 ☐	ESTÁGIO 4 ☐	☐

Informações Adicionais

A empresa:	Sim	Não
12.1. Mantém programa de erradicação do analfabetismo entre seus empregados, com metas e recursos definidos?		
12.2 Mantém programa de educação básica ou ensino supletivo?		

2.3.4 *Comportamento Frente a Demissões*

13. Diante da necessidade de redução de custo com pessoal, a empresa:

Procura evitar demissões, analisando e discutindo alternativas de contenção e redução de despesas com todos os empregados.	Além de discutir alternativas com os empregados, permite acesso às informações balizaram as decisões e oferece programa de demissão voluntária incentivada.	Além de discutir alternativas internamente e criar incentivos para demissão voluntária, estabelece indicadores socioeconômicos (idade, estado civil, número de dependentes) para orientar a definição de prioridades.	Além de discutir alternativas, permitir acesso às informações e estabelecer critérios socioeconômicos para a definição de prioridades, oferece adicionalmente serviços de recolocação e/ou financia a recapacitação e manutenção de benefícios aos trabalha-dores demitidos em todos os níveis hierárquicos.	Não havíamos tratado antes deste assunto. ☐ Não vemos aplicação disto em nossa empresa. (justifique).
ESTÁGIO 1 ☐	ESTÁGIO 2 ☐	ESTÁGIO 3 ☐	ESTÁGIO 4 ☐	☐

Informações Adicionais

A empresa:	Sim	Não
13.1. Teve reclamações trabalhistas relacionadas a demissão nos últimos três anos?		

2.3.5 *Preparação para Aposentadoria*

14. Visando preparar seus funcionários para a aposentadoria, a empresa:

Oferece informações básicas quanto à obtenção da aposentadoria.	Orienta e oferece assessoramento regular quanto a modificações na legislação, alternativas e procedimentos administrativos necessários para a obtenção da aposentadoria.	Desenvolve atividades sistemáticas de orientação (coletiva e individual), aconselhamento e preparação para a aposentadoria, discutindo seus aspectos psicológicos e de planejamento financeiro.	Além de desenvolver um programa sistemático de preparação interna, a empresa oferece oportunidades de aproveitamento da capacidade de trabalho dos aposentados.	Não havíamos tratado antes deste assunto. ☐ Não vemos aplicação disto em nossa empresa. (justifique).
ESTÁGIO 1 ☐	ESTÁGIO 2 ☐	ESTÁGIO 3 ☐	ESTÁGIO 4 ☐	☐

Informações Adicionais

A empresa:	Sim	Não
14.1. Oferece programa de previdência complementar a todos os seus funcionários?		

3. MEIO AMBIENTE

3.1 RESPONSABILIDADE FRENTE ÀS GERAÇÕES FUTURAS

3.1.1 Comprometimento da Empresa com a Causa Ambiental

15. Para tratar com a devida relevância e responsabilidade os impactos ambientais resultantes de suas atividades, a empresa:

Além de cumprir rigorosa-mente os parâmetros e requisitos exigidos pela legislação nacional, desenvolve programas internos de melhoramento ambiental.	Além de cumprir a legislação, prioriza políticas preventivas e possui área e comitê responsável pelo meio ambiente.	Trata a questão ambiental como tema transversal em sua estrutura organizacional e a inclui no planejamento estratégico.	Desenvolve novos negócios (ou novo modelo para negocio já existente) levando em conta, desde a concepção, os princípios e as oportunidades relacionadas à sustentabilidade ambiental.	Não havíamos tratado antes deste assunto. ☐ Não vemos aplicação disto em nossa empresa. (justifique).
ESTÁGIO 1 ☐	ESTÁGIO 2 ☐	ESTÁGIO 3 ☐	ESTÁGIO 4 ☐	☐

Informações Adicionais

A empresa:		**Sim**	**Não**
15.1.	Tem uma pessoa responsável pela área de meio ambiente que participa das suas decisões estratégicas?		
15.2	Participa de comitês / conselhos locais ou regionais para discutir a questão ambiental com o governo e a comunidade?		
15.3	Contribui para a preservação da biodiversidade por meio de projeto(s) de conservação de áreas protegidas e/ou programas de proteção a animais ameaçados?		
15.4	Possui unidades de negocio operando atualmente em áreas protegidas ou ambientalmente sensíveis?		

3.1.2 *Educação Ambiental*

16. Visando contribuir para a consciência da população quanto aos desafios ambientais decorrentes da atividade humana a incutir valores de responsabilidade ambiental, a empresa:

Desenvolve ações de educação ambiental e treinamento sobre essa temática para funcionários pontualmente ou em decorrência de pressão externa (como exigências do governo, crises de fornecimento, etc).	Desenvolve sistematicamente atividades de educação ambiental focadas no público interno, disponibilizando informações e promovendo discussões.	Além de campanhas internas, desenvolve campanhas de conscientização e educação ambiental dirigidas a familiares de funcionários e à comunidade do entorno imediato da empresa.	Além de desenvolver campanhas, a empresa participa ou apóia projetos educacionais em parceria com organizações ambientalistas e exerce liderança social em favor dessa causa.	Não havíamos tratado antes deste assunto. ☐ Não vemos aplicação disto em nossa empresa. (justifique).
ESTÁGIO 1 ☐	ESTÁGIO 2 ☐	ESTÁGIO 3 ☐	ESTÁGIO 4 ☐	☐

Informações Adicionais

A empresa:	**Sim**	**Não**
16.1. Desenvolve periodicamente campanhas internas de redução do consumo de água e energia?		
16.2 Desenvolve campanhas internas de educação para o consumo consciente e reciclagem de materiais?		

3.2 GERENCIAMENTO DO IMPACTO AMBIENTAL

3.2.1 Gerenciamento do Impacto no Meio Ambiente e do Ciclo de Vida de Produtos e Serviços

17. Considerando os impactos ambientais causados por seus processos/produtos/serviços, a empresa:

Produz estudos de impacto ambiental segundo exigências da legalização e foca sua ação preventiva nos processos que oferecem dano potencial à saúde e risco à segurança de seus funcionários.	Além de cumprir com a obrigação legal, conhece e desenvolve ações para prevenir os principais impactos ambientais causados por seus processos/produtos/serviços, e realiza regularmente atividades de controle e monitoramento.	Possui sistemas de gestão ambiental padronizados e formalizados, incluindo ampla identificação de riscos, plano de ação, alocação de recursos, treinamento de funcionários e auditoria.	Alem de possuir sistema de gestão ambiental, produz estudos de impacto em toda a cadeia produtiva; desenvolve parceira com fornecedores visando a melhoria de seus processos de gestão ambiental e participa da destinação final do produto e processos pós-consumo.	Não havíamos tratado antes deste assunto. ☐ Não vemos aplicação disto em nossa empresa. (justifique).
ESTÁGIO 1 ☐	ESTÁGIO 2 ☐	ESTÁGIO 3 ☐	ESTÁGIO 4 ☐	☐

Informações Adicionais

A empresa:		Sim	Não
17.1.	Possui plano de emergência ambiental que relaciona todos os seus processos/produtos/serviços que envolvam situações de risco, e treina seus funcionários em intervalos freqüentes para enfrentar tais situações?		
17.2	Possui política e sistema de monitoramento visando o aumento da performance ambiental da logística e gestão de frota (tanto para veículos da empresa quanto de seus contratados)?		
17.3	Possui programa de gerenciamento de resíduos com a participação do cliente, como para a coleta de materiais tóxicos ou de reciclagem pós-consumo?		
17.4	Fornece a seus consumidores/clientes informações detalhadas sobre danos ambientais resultantes do uso e da destinação final dos seus produtos?		
17.5	Discute com fornecedores os impactos ambientais causados por seus produtos ou serviços?		

3.2.2 *Minimização de Entradas e Saídas de Materiais*

18. Com o objetivo de prevenir e reduzir danos ambientais e otimizar processos, a empresa:

Sem alterar seu padrão tecnológico atual, tem procurado reduzir o consumo de energia, água, produtos tóxicos e matérias-primas, e implantar processos de destinação adequada de resíduos.	Tem investido na atualização do seu padrão tecnológico, visando a redução e/ou substituição de recursos de entrada e a reutilização de resíduos (pela própria empresa ou por terceiros).	Além de investir na redução e na reutilização de recursos, possui processo para medir, monitorar e auditar periodicamente os aspectos ambientais significativos ao consumo de recursos naturais e à produção de resíduos e dejetos, estabelecendo periodicamente novas metas.	Está próxima de atingir alto nível de sustentabilidade e/ou provocar impacto ambiental zero (por meio de estratégias de reutilização e compensação ambiental que abrangem todo o sistema produtivo)	Não havíamos tratado antes deste assunto. ☐ Não vemos aplicação disto em nossa empresa. (justifique).
ESTÁGIO 1 ☐	ESTÁGIO 2 ☐	ESTÁGIO 3 ☐	ESTÁGIO 4 ☐	☐

Informações Adicionais

A empresa:	**Sim**	**Não**
18.1. Possui iniciativas para o uso de fontes de energia renovável?		
18.2 Mantém ações de controle de poluição causada por veículos próprios e de terceiros a seu serviço?		
18.3 O aumento da eficiência energética?		
18.4 A redução do consumo de água?		
18.5 A redução da geração de resíduos sólidos?		
18.6 A redução da emissão de CO^2 e outros gases do efeito estufa na atmosfera?		

4 FORNECEDORES

4.1 SELEÇÃO, AVALIAÇÃO E PARCERIA COM FORNECEDORES

4.1.1 Critérios de Seleção e Avaliação de Fornecedores

19. Para regular suas relações com fornecedores e parceiros, a empresa:

Possui políticas de seleção e avaliação de fornecedores e parceiros conhecidas pelas partes envolvidas e baseadas apenas em fatores como qualidade, preço e prazo.	Possui normas conhecidas de seleção e avaliação de fornecedores que contemplam critérios e exigências relativas ao cumprimento da legislação trabalhista, previdenciária e fiscal.	Alem de critérios básicos de respeito à legislação , suas normas de seleção e avaliação de fornecedores incluem critérios específicos de responsabilidade social, como proibição do trabalho infantil, relações de trabalho adequadas e adoção de padrões ambientais.	Alem dos critérios descritos anteriormente, exige que seus fornecedores reproduzam suas exigências quanto à responsabilidade social para seus respectivos fornecedores e que monitorem esses critérios periodicamente.	Não havíamos tratado antes deste assunto. ☐ Não vemos aplicação disto em nossa empresa. (justifique).
ESTÁGIO 1 ☐	ESTÁGIO 2 ☐	ESTÁGIO 3 ☐	ESTÁGIO 4 ☐	☐

Informações Adicionais

A empresa:	**Sim**	**Não**
19.1. Ao selecionar fornecedores (ou desenvolver novos fornecedores), inclui como critério a prática efetiva de processos éticos de gestão das informações de caráter privado obtidas durante os processos da empresa em sua interação com clientes ou com o mercado e geral?		
19.2 Discute questões relacionadas à responsabilidade social com seus fornecedores visando o treinamento e adequação deles a seus critérios?		
19.3 Estabelece prazo formal para a conformidade de seus fornecedores com seus critérios de responsabilidade social?		
19.4 Ao exigir práticas de responsabilidade social de seus fornecedores, realiza visitas de inspeção dessas práticas?		

4.1.2 Trabalho Infantil na Cadeia Produtiva

20. Nas suas relações com fornecedores e parceiros, a empresa:

ESTÁGIO 1	ESTÁGIO 2	ESTÁGIO 3	ESTÁGIO 4	
Discute com eles a questão do trabalho infantil e os estimula a cumprir a legislação.	Alem de discutir a questão, possui cláusula específica nos seus contratos com fornecedores relativa à proibição do trabalho infantil.	Alem de possuir cláusulas contratuais nos seus contratos com fornecedores que proíbem o trabalho infantil, verifica seu cumprimento.	Articula programas e atividades que visam erradicar o trabalho infantil em sua cadeia produtiva, incluindo sua proibição nos contratos de seus fornecedores com terceiros.	Não havíamos tratado antes deste assunto. ☐ Não vemos aplicação disto em nossa empresa. (justifique). ☐
☐	☐	☐	☐	

4.1.3 Relações com Trabalhadores Terceirizados

21. Em suas relações com trabalhadores terceirizados e/ou com os fornecedores desses serviços, a empresa:

ESTÁGIO 1	ESTÁGIO 2	ESTÁGIO 3	ESTÁGIO 4	
Mentem relação contratual dentro dos parâmetros legais de co-responsabilidade pelo cumprimento das obrigações trabalhistas e previdenciárias.	Monitora periodicamente o cumprimento dos requisitos estabelecidos, exigindo que sejam feitos ajustes que garantam o correto cumprimento da legislação.	Além de monitorar o cumprimento da legislação, negocia com seus fornecedores para que proporcionem a seus funcionários níveis salariais compatíveis com as médias de mercado.	Oferece ao trabalhador terceirizado as mesmas condições de saúde e segurança e o acesso a benefícios básicos gozados pelos funcionários regulares, como transporte, alimentação, creche, ambulatório, etc.	Não havíamos tratado antes deste assunto. ☐ Não vemos aplicação disto em nossa empresa. (justifique). ☐
☐	☐	☐	☐	

Informações Adicionais

A empresa:	Sim	Não
21.1. Integra os trabalhadores terceirizados a seus programas de treinamento e desenvolvimento profissional?		
21.2 Possui número de trabalhadores terceirizados superior a 20% (vinte por cento) dos contratados?		

4.1.4 Apoio ao Desenvolvimento de Fornecedores

22. Com relação a fornecedores de igual ou menor porte, a empresa:

Negocia com transparência e estabelece relações contratuais apenas com base em critérios comerciais.	Contribui para a melhoria do padrão gerencial dos parceiros, disponibilizando informações e promovendo atividades conjuntas de treinamento.	Além de contribuir para a melhoria gerencial, mantém relações comerciais duradouras com parceiros e utiliza critérios de negociação que consideram seu crescimento futuro.	Além de contribuir para o crescimento de seus fornecedores de igual ou menor porte, estimula e facilita seu envolvimento em projetos sociais e ambientais.	Não havíamos tratado antes deste assunto. ☐ Não vemos aplicação disto em nossa empresa. (justifique).
ESTÁGIO 1 ☐	ESTÁGIO 2 ☐	ESTÁGIO 3 ☐	ESTÁGIO 4 ☐	☐

Informações Adicionais

A empresa:	**Sim**	**Não**
22.1. Inclui entre seus fornecedores indivíduos ou grupos da comunidade local, tais como cooperativas, associações de bairro e organizações com projetos de geração de renda para grupos usualmente excluídos (populações indígenas, pessoas com deficiência, etc.)?		

5 CONSUMIDORES E CLIENTES

5.1 DIMENSÃO, SOCIAL DO CONSUMO[8]

5.1.1 Política de Comunicação Comercial

23. Considerando a influência de sua política de comunicação comercial na criação de uma imagem de credibilidade e confiança, a empresa:

Focaliza suas estratégias de comunicação nos objetivos relacionados a volume de vendas e resultados financeiros de curto prazo.	Tem uma política formal de comunicação alinhada com seus valores e princípios, abrangendo todo o seu material de comunicação, tanto interno quanto externo.	Além de ter uma política de comunicação abrangente e alinhada com seus valores e princípios, procura estimular a comunicação dos clientes e consumidores com a empresa e esclarecer aspectos inovadores ou controversos de seus produtos e serviços, bem como alertar para eventuais efeitos prejudiciais e cuidados necessários ao seu uso.	Além de ter uma política de comunicação e esclarecer e alertar para cuidados necessários ao uso de seus produtos e serviços, desenvolve parceria com fornecedores, distribuidores, assistência técnica e representantes de consumidores visando criar uma cultura de responsabilidade e transparência na comunicação com consumidores e clientes.	Não havíamos tratado antes deste assunto. ☐ Não vemos aplicação disto em nossa empresa. (justifique).
ESTÁGIO 1 ☐	ESTÁGIO 2 ☐	ESTÁGIO 3 ☐	ESTÁGIO 4 ☐	☐

Informações Adicionais

A empresa:	Sim	Não
23.1. Atualiza sempre que necessário o material de comunicação destinado aos consumidor/cliente (como rótulos, embalagens, bulas, manuais de operação, instruções de uso, termos de garantia e peças publicitárias, entre outros), para tornar mais transparente o relacionamento.		
23.2 Chama a atenção do cliente/consumidor para alteração nas características (composição, qualidade, prazos, peso, preço, etc.) de seus produtos e serviços?		
23.3 Tem política formal contra propaganda que coloque crianças, adolescentes, negros, mulheres ou qualquer individuo em situação preconceituosa, constrangedora, desrespeitosa ou de risco?		

[8] *Visite o website da Fundação de Proteção e Defesa do Consumidor (Procon): www.procon.sp.gov.br)*

Informações Adicionais

(continuação)

A empresa:	**Sim**	**Não**
23.4. Realiza análise previa de peças publicitárias para verificar a conformidade com seus valores éticos e com a legislação de defesa do consumidor?		
23.5 Teve, nos últimos três anos, alguma peça de comunicação que tenha sido objeto de reclamação de clientes, fornecedores ou concorrentes?		
23.6 Já teve produtos multados pelo não-cumprimento de regulamento referente à informação e rotulagem?		
23.7 Foi, nos últimos três anos, denuncia ou punida por entidades como Procon, Vigilância sanitária, Instituto de Pesos e Medidas (Ipem), etc.?		

5.1.2 Excelência do Abastecimento

24. Quanto a seu compromisso com a qualidade dos serviços de atendimento ao consumidor/cliente, a empresa:

Possui um atendimento básico receptivo, amplamente divulgado, focado na informação ao consumidor/cliente e na solução de demandas individuais.	Proporciona fácil acesso do consumidor /cliente ao serviço de seu interesse, registra e comunica internamente as manifestações do consumidor/cliente, resolvendo rápida e individualmente as demandas e orientando o consumidor/cliente sobre os procedimentos adotados.	Além de registrar as manifestações e resolver rapidamente as demandas, possui processos que incluem a procura das causas dos problemas e a utilização dessas informações para aprimorar a qualidade dos produtos e serviços.	Atua proativamente no estabelecimento de canais de comunicação com o consumidor/cliente gratuito e de fácil acesso, e incorpora suas manifestações e expectativas no desenvolvimento de produtos e serviços e na revisão do material de comunicação.	Não havíamos tratado antes deste assunto. ☐ Não vemos aplicação disto em nossa empresa. (justifique).
ESTÁGIO 1 ☐	ESTÁGIO 2 ☐	ESTÁGIO 3 ☐	ESTÁGIO 4 ☐	☐

Informações Adicionais

A empresa:	Sim	Não
24.1. A empresa tem serviço de atendimento ao cliente (SAC) ou outra forma de atendimento especializado para receber e encaminhar sugestões, opiniões e reclamações relativas a seus produtos e serviços?		
24.2 A empresa promove treinamento continuo de seus profissionais de atendimento para uma relação ética e de respeito aos direitos do consumidor?		
24.3 A empresa treina e incentiva seus profissional de atendimento a reconhecer falhas e agir com rapidez e autonomia na resolução de problemas?		
24.4 A empresa treina continuamente seu profissional de atendimento e áreas correlatas sobre a importância de procedimentos éticos na obtenção, manutenção e uso das informações de caráter privado resultantes da interação com seus consumidores e clientes (ou usuários)?		
24.5 O serviço de atendimento a consumidores/clientes é acompanhado por indicadores e tem representação nos processos de tomada de decisão da empresa?		

5.1.3 Conhecimento e Gerenciamento dos Danos Potenciais dos Produtos e Serviços

25. Quanto ao conhecimento e gerenciamento dos danos potenciais de seus produtos e serviços[9], a empresa:

Realiza Esporadicamente estudos e pesquisas técnicas sobre danos de seus produtos para os consumidores/cliente.	Realiza estudos e pesquisas técnicas sobre riscos potenciais e divulgações para parceiros comerciais, adotando medidas preventivas ou corretivas com agilidade.	Disponibiliza informações detalhadas e treina o pessoal interno e os parceiros externos para adotarem medidas preventivas e corretivas com agilidade e eficiência, tendo um compromisso de transparência, inclusive com o consumidor e integração de iniciativas em situações de crise.	Faz pesquisas e trabalha com fornecedores e distribuidores, consumidores, concorrentes e governo para um continuo aperfeiçoamento dos produtos e serviços, substituindo componentes, tecnologias e procedimentos para minimizar riscos à saúde e à segurança, evitar danos morais e garantir a privacidade do consumidor/ cliente.	Não havíamos tratado antes deste assunto. ☐ Não vemos aplicação disto em nossa empresa. (justifique).
ESTÁGIO 1 ☐	ESTÁGIO 2 ☐	ESTÁGIO 3 ☐	ESTÁGIO 4 ☐	☐

[9] *As empresas prestadoras de serviços tem como fonte potencial de danos ao cliente a exposição dos dados pessoais usados nas transações, sendo importante considerar também esses aspecto na alto-avaliação.*

Informações Adicionais

A empresa:		Sim	Não
25.1.	Mantém programa especial com foco em saúde e segurança do consumidor/cliente de seus produtos e serviços?		
25.2	Possui sistemas internos ágeis e capacita sua área de comunicação externa para responder com rapidez e transparência a situações de crise?		
25.3	Foi, nos últimos três anos, processada pelo não-cumprimento de regulamentos relacionados à saúde e à segurança do consumidor/cliente?		
25.4	Teve, nos últimos cinco anos, produtos retirados do mercado por pressão de clientes/consumidores/órgãos de defesa?		
25.5	Tem serviços;produtos proibidos em outros paises e ainda comercializados no Brasil ou exportados?		
25.6	Possui uma política formal de proteção à privacidade e/ou um sistema de gestão das informações privadas do consumidor/cliente (ou usuários)?		
25.7	Informa ao cliente o propósito da coleta de informações pessoais antes de fazê-la?		
25.8	Solicita apenas informações pessoais relevantes e não além dos objetivos para os quais declara serem necessárias?		
25.9	Fornece informações cadastrais do cliente a terceiros apenas mediante a autorização dele?		
25.10	Possui uma política que permita ao consumidor, cliente ou usuário a inclusão, alteração e exclusão de seus dados do banco de informações da empresa?		
25.11	Possui registros de reclamação por desrespeito à privacidade do cliente?		

6 COMUNIDADE

6.1 RELAÇÕES COM A COMUNIDADE LOCAL

6.1.1 Gerenciamento do Impacto da Empresa na Comunidade de Entorno

26. Considerando seus possíveis impactos na vida da comunidade (demanda sobre centros de saúde e lazer, creches, transporte público, tráfego de veículos, etc.), a empresa:

Procura tomar medidas reparadoras em resposta a reclamações e informações da comunidade.	Conhece em profundidade seus impactos na comunidade, possui processo estruturado para registrar reclamações e promove reuniões sistemáticas para informar lideranças locais sobre providências tomadas.	Possui uma política formal de antecipar-se a demandas da comunidade e informá-la sobre atuais e futuros planos e impactos de suas atividades e envolve a comunidade na resolução dos problemas.	Além de possuir uma política formal de relacionamento com a comunidade, mantém comitês permanentes ou grupos de trabalho com a participação de lideranças locais para analisar suas atividades e monitorar seus impactos.	Não havíamos tratado antes deste assunto. ☐ Não vemos aplicação disto em nossa empresa. (justifique).
ESTÁGIO 1 ☐	ESTÁGIO 2 ☐	ESTÁGIO 3 ☐	ESTÁGIO 4 ☐	☐

Informações Adicionais

A empresa:	**Sim**	**Não**
26.1. A empresa participa ativamente da discussão de problemas comunitários e do encaminhamento de soluções?		
26.2 A empresa contribui com melhorias na infra-estrutura ou no ambiente local que possam ser usufruídas pela comunidade (habitações, estradas, pontes, escolas, hospitais, etc.)?		
A empresa já recebeu reclamações ou manifestações da comunidade (petições, abaixo-assinados, protestos) por causa de:		
26.3 Excesso de lixo, geração de mau cheiro, efluentes e outras formas de poluição(sonora, visual, etc.)?		
26.4 Excesso de trafego de veículos, causando barulho e transtorno?		
26.5 Interferência em sistemas de comunicação?		
26.6 Outros motivos?		

6.1.2 *Relações com Organizações Locais*

27. Com relação às organizações, ONGs e equipamentos públicos (escola, postos de saúde, etc.) presentes no seu entorno, a empresa:

Conhece superficialmente suas atividades e responde pontualmente a eventuais pedidos de apoio.	Participa da vida associativa local e apóia várias entidades com doações, financiamento de projetos, capacitação das lideranças envolvidas e disseminação de experiências bem-sucedidas.	Mentem parcerias de longo prazo com entidades da comunidade local e participa da elaboração e implantação de projetos conjuntos.	Além de parcerias com entidades locais, busca influenciar políticas publicas, estabelecendo alianças e participando de diversas redes para maximinizar sua contribuição para o desenvolvimento local.	Não havíamos tratado antes deste assunto. ☐ Não vemos aplicação disto em nossa empresa. (justifique). ☐
ESTÁGIO 1 ☐	ESTÁGIO 2 ☐	ESTÁGIO 3 ☐	ESTÁGIO 4 ☐	

Informações Adicionais

A empresa:	Sim	Não
27.1. Faz um levantamento das necessidades locais antes de desenhar seus projetos na comunidade?		
27.2 Realiza, um conjunto com organizações locais, campanhas educacionais e/ou de interesse público na comunidade?		

6.2 AÇÃO SOCIAL

6.2.1 *Financiamento da Ação Social*

28. O financiamento da ação social da empresa é baseado em:

Verba variável, administrada arbitrariamente por diretor ou gerente, em resposta a solicitações externas.	Verbas definidas em orçamento anual, geridas com transparência por comitê ou grupo de trabalho, conforme critérios preestabelecidos.	Programa social estruturado, com dotação orçamentária estável, gerenciado por equipe especializada.	Programa social estruturado que conta com mecanismo próprio para a geração de receita, estando assegurada sua comunidade a longo prazo (fundo patrimonial e/ou percentual fixo sobre o faturamento da empresa).	Não havíamos tratado antes deste assunto. ☐ Não vemos aplicação disto em nossa empresa. (justifique). ☐
ESTÁGIO 1 ☐	ESTÁGIO 2 ☐	ESTÁGIO 3 ☐	ESTÁGIO 4 ☐	

Informações Adicionais

A empresa:		Sim	Não
28.1.	Incluiu a ação social e seus responsáveis no processo geral de planejamento estratégico?		
28.2	Utiliza especialistas no ciclo de planejamento, monitoramento e avaliação de sua ação social?		
28.3	Planeja sua ação social visando maximinizar seu impacto a longo prazo?		
28.4	Otimiza o impacto da sua ação social alavancando recursos de outras empresas ou organizações privadas e/ou a participação de órgãos públicos?		
28.5	Tem procedimento de consulta periódica aos beneficiários de sua ação social, monitorando-a por meio de indicadores de desempenho?		

6.2.2 *Envolvimento da Empresa com a Ação Social*

29. Como forma de concretizar sua ação social, a empresa:

Faz doações de produtos e recursos financeiros, e/ou mobiliza o trabalho voluntário de seus funcionários, e/ou desenvolve projetos sociais próprios.	Além de doações e/ou projetos sociais corporativos, cede instalações horas de seus funcionários ou equipamentos para atividades ligadas a esses projetos.	Além de apoio material, possui projeto estruturado pelo qual cede suas competências técnicas, tecnológicas e gerenciais para fortalecer os projetos sociais (corporativos ou realizados por terceiros).	Além de apoio material e aporte de competências, envolve as organizações ou lideranças locais no desenho e na implementação dos projetos sociais e intercede perante outros organismos, públicos ou privados, pela concretização desses projetos.	Não havíamos tratado antes deste assunto. ☐ Não vemos aplicação disto em nossa empresa. (justifique).
ESTÁGIO 1 ☐	ESTÁGIO 2 ☐	ESTÁGIO 3 ☐	ESTÁGIO 4 ☐	☐

Informações Adicionais

A empresa:		Sim	Não
29.1.	Utiliza os incentivos fiscais de dedução ou desconto de doações e patrocínios?		
29.2	Utiliza o incentivo fiscal de 1% do IR devido para contribuir com os fundos geridos pelos conselhos dos Direitos da Criança e do Adolescente?		
29.3	Possui mecanismos para estimular fornecedores, acionistas e outras partes interessadas a fazer doações financeiras?		

Informações Adicionais

A empresa:	Sim	Não
29.4. Oferece oportunidades de trabalho voluntário e estimula seus funcionários a participar dos projetos sociais que desenvolve ou apóia?		
29.5 Autoriza o uso controlado de horas pagas para o trabalho voluntário?		

7 GOVERNO E SOCIEDADE

7.1 TRANSFERÊNCIA POLÍTICA

7.1.1 Contribuições para Campanhas Políticas

30. Com relação ao financiamento de candidatos a cargos públicos e de partidos políticos, a empresa:

Financia candidatos ou partidos com base em seus interesses, participando da decisão apenas membros da alta direção.	Financia candidatos ou partidos dentro de regras e critérios definidos internamente.	É transparente na divulgação para o publico interno das regras e critérios usados para definir sua atuação política e/ou doações a campanhas políticas, permitindo ao publico externo acesso a essas informações.	Não financia candidatos nem partidos, ou financia de maneira transparente, sem constranger ou exercer pressão psicológica sobre funcionários de opção política contraria. Estimula e facilita o debate com os candidatos sugeridos pelos funcionários.	Não havíamos tratado antes deste assunto. ☐ Não vemos aplicação disto em nossa empresa. (justifique).
ESTÁGIO 1 ☐	ESTÁGIO 2 ☐	ESTÁGIO 3 ☐	ESTÁGIO 4 ☐	☐

Informações Adicionais

A empresa:	Sim	Não
30.1. Nos últimos cinco anos, a empresa foi mencionada negativamente na empresa por contribuir financeiramente para campanha política?		

7.1.2 Práticas Anticorrupção e Propina

31. Na relação com autoridades, agentes e fiscais do poder público, em todos os níveis, a empresa:

Procura evitar situações que envolvam favorecimento a agentes do poder publico, porem não procedimentos formais e divulgados de controle e punição.	Mantém postura reconhecida pelo público interno quanto á proibição de favorecimento direto ou indireto a agentes do poder público.	Possui normas escritas sobre o tema e divulgadas amplamente ao público interno e externo(representantes do poder público com os quais se relaciona) e mantém procedimentos formais de controle, punição e auditoria.	Além de divulgar suas normas internas e externamente e auditar regularmente seu cumprimento, inclui entre elas a obrigatoriedade de se denuncias ás autoridades superiores qualquer oferta recebida.	Não havíamos tratado antes deste assunto. ☐ Não vemos aplicação disto em nossa empresa. (justifique).
ESTÁGIO 1 ☐	ESTÁGIO 2 ☐	ESTÁGIO 3 ☐	ESTÁGIO 4 ☐	☐

Informações Adicionais

A empresa:	**Sim**	**Não**
31.1. Teve seu nome mencionado na imprensa nos últimos cinco anos sob suspeita de ter participado de incidente envolvendo o fornecimento de propina ou prática de corrupção de agentes públicos?		
31.2 Prevê medidas punitivas aos colaboradores e funcionários envolvidos no favorecimento e agentes do poder publico?		

7.2 LIDERANÇA SOCIAL

7.2.1 Liderança e Influência Social

32. Buscando exercer sua cidadania por meio de associações e fóruns empresariais, a empresa:

Participa de comissões e grupos de trabalho relacionados à defesa e promoção dos interesses específicos do seu ramo ou setor de negócios. .	Participa de comissões e grupo de trabalho relacionado a questões de interesse público e de responsabilidade social.	Participa ativamente, contribuindo com recursos humanos ou financeiros, de processos de elaboração de propostas de interesse publico e caráter social.	Possui membros de sua alta direção envolvidos na elaboração de propostas de caráter social e em diálogo com autoridades publicas visando adoção.	Não havíamos tratado antes deste assunto. ☐ Não vemos aplicação disto em nossa empresa. (justifique). ☐
ESTÁGIO 1 ☐	ESTÁGIO 2 ☐	ESTÁGIO 3 ☐	ESTÁGIO 4 ☐	

Informações Adicionais

A empresa:	Sim	Não
32.1. Patrocina ou realiza campanhas de mídia exclusivamente relacionadas a questões de interesse publico?		

7.2.2 Participação em Projetos Sociais Governamentais

33. Em seu envolvimento com as atividades sociais realizadas por entidades governamentais, a empresa:

Contribui apenas com o pagamento de impostos.	Contribui ocasionalmente como poder publico na realização de eventos e atividades pontuais e/ou apóia financeiramente programas e projetos do poder publico, em resposta a solicitações das autoridades.	Contribui regularmente co recursos humanos, técnicos ou financeiros para a realização de projetos específicos e localizados, executados por entidades governamentais.	Participa ativamente da elaboração, aperfeiçoamento e execução de políticas publicas de interesse geral.	Não havíamos tratado antes deste assunto. ☐ Não vemos aplicação disto em nossa empresa. (justifique). ☐
ESTÁGIO 1 ☐	ESTÁGIO 2 ☐	ESTÁGIO 3 ☐	ESTÁGIO 4 ☐	

Informações Adicionais

A empresa:	Sim	Não
33.1. Adota ou desenvolve parceria com escolas publicas, visando melhorar a qualidade de ensino?		
33.2 Patrocina programa público ou privado de bolsa escolar?		
33.3 Participa de alguma forma do Programa Fome Zero?		

Gabarito

Valores e Transparência

1 Compromissos Éticos

1 ☐ 2 ☐ 3 ☐ 4 ☐ ☐

	S	N
1.1	☐	☐
1.2	☐	☐
1.3	☐	☐
1.4	☐	☐
1.5	☐	☐
1.6	☐	☐
1.7	☐	☐

2 Enraizamento na Cultura Organizacional

1 ☐ 2 ☐ 3 ☐ 4 ☐ ☐

	S	N
2.1	☐	☐
2.2	☐	☐
2.3	☐	☐

3 Diálogo com as Partes Interessadas (*Stakeholders*)

1 ☐ 2 ☐ 3 ☐ 4 ☐ ☐

	S	N
3.1	☐	☐
3.2	☐	☐
3.3	☐	☐

4 Relações com a Concorrência

1 ☐ 2 ☐ 3 ☐ 4 ☐ ☐

	S	N
4.1	☐	☐
4.2	☐	☐

5 Balanço Social

1 ☐ 2 ☐ 3 ☐ 4 ☐ ☐

	S	N
5.1	☐	☐
5.2	☐	☐
5.3	☐	☐
5.4	☐	☐
5.5	☐	☐

6 Relações com Sindicatos

1 ☐ 2 ☐ 3 ☐ 4 ☐ ☐

	S	N
6.1	☐	☐
6.2	☐	☐
6.3	☐	☐
6.4	☐	☐

7 Gestão Participativa

1 ☐ 2 ☐ 3 ☐ 4 ☐ ☐

	S	N
7.1	☐	☐

8 Compromisso com o Futuro das Crianças

1 ☐ 2 ☐ 3 ☐ 4 ☐ ☐

	S	N
8.1	☐	☐
8.2	☐	☐

9 Valorização da Diversidade

1 ☐ 2 ☐ 3 ☐ 4 ☐ ☐

	S	N
9.1	☐	☐
9.2	☐	☐
9.3	☐	☐
9.4	☐	☐
9.5	☐	☐
9.6	☐	☐
9.7	☐	☐
9.8	☐	☐
9.9	☐	☐
9.10	☐	☐
9.11	☐	☐
9.12	☐	☐
9.13	☐	☐
9.14	☐	☐
9.15	☐	☐

10 Política de Remuneração, Benefícios e Carreira

1 ☐ 2 ☐ 3 ☐ 4 ☐ ☐

	S	N
10.1	☐	☐
10.2	☐	☐
10.3	☐	☐
10.4	☐	☐
10.5	☐	☐
10.6	☐	☐
10.7	☐	☐
10.8	☐	☐
10.9	☐	☐
10.10	☐	☐
10.11	☐	☐
10.12	☐	☐

11 Cuidados com Saúde, Segurança e Condições de Trabalho

1 ☐ 2 ☐ 3 ☐ 4 ☐ ☐

	S	N
11.1	☐	☐
11.2	☐	☐
11.3	☐	☐
11.4	☐	☐
11.5	☐	☐
11.6	☐	☐
11.7	☐	☐
11.8	☐	☐

12 Compromisso com o Desenvolvimento Profissional e a Empregabilidade

1 ☐ 2 ☐ 3 ☐ 4 ☐ ☐

	S	N
12.1	☐	☐
12.2	☐	☐

Gabarito

13 Compromisso Frente a Demissões

1 ☐ 2 ☐ 3 ☐ 4 ☐ ☐ ☐

	S	N
13.1	☐	☐

14 Preparação para Aposentadoria

1 ☐ 2 ☐ 3 ☐ 4 ☐ ☐ ☐

	S	N
14.1	☐	☐

Meio Ambiente

15 Comprometimento da Empresa com a Causa Ambiental

1 ☐ 2 ☐ 3 ☐ 4 ☐ ☐ ☐

	S	N
15.1	☐	☐
15.2	☐	☐
15.3	☐	☐
15.4	☐	☐

16 Educação Ambiental

1 ☐ 2 ☐ 3 ☐ 4 ☐ ☐ ☐

	S	N
16.1	☐	☐
16.2	☐	☐

17 Gerenciamento do Impacto no Meio Ambiente e do Ciclo de Vida de Produtos e Serviços

1 ☐ 2 ☐ 3 ☐ 4 ☐ ☐ ☐

	S	N
17.1	☐	☐
17.2	☐	☐
17.3	☐	☐
17.4	☐	☐
17.5	☐	☐

18 Minimização de Entradas e Saídas e Materiais

1 ☐ 2 ☐ 3 ☐ 4 ☐ ☐ ☐

	S	N
18.1	☐	☐
18.2	☐	☐
18.3	☐	☐
18.4	☐	☐
18.5	☐	☐
18.6	☐	☐

Fornecedores

19 Critérios de Serviços e Avaliação de Fornecedores

1 ☐ 2 ☐ 3 ☐ 4 ☐ ☐ ☐

	S	N
19.1	☐	☐
19.2	☐	☐
19.3	☐	☐
19.4	☐	☐

20 Trabalho Infantil na Cadeia Produtiva

1 ☐ 2 ☐ 3 ☐ 4 ☐ ☐ ☐

	S	N
20.1	☐	☐

21 Relações com Trabalhadores Terceirizados

1 ☐ 2 ☐ 3 ☐ 4 ☐ ☐ ☐

	S	N
21.1	☐	☐
21.2	☐	☐

22 Apoio ao Desenvolvimento de Fornecedores

1 ☐ 2 ☐ 3 ☐ 4 ☐ ☐ ☐

	S	N
22.1	☐	☐

Consumidores e Clientes

23 Política de Comunicação Comercial

1 ☐ 2 ☐ 3 ☐ 4 ☐ ☐ ☐

	S	N
23.1	☐	☐
23.2	☐	☐
23.3	☐	☐
23.4	☐	☐
23.5	☐	☐
23.6	☐	☐
23.7	☐	☐

24 Excelência do Atendimento

1 ☐ 2 ☐ 3 ☐ 4 ☐ ☐ ☐

	S	N
24.1	☐	☐
24.2	☐	☐
24.3	☐	☐
24.4	☐	☐
24.5	☐	☐

25 Conhecimento e Gerenciamento dos Danos Potenciais de Produtos e Serviços

1 ☐ 2 ☐ 3 ☐ 4 ☐ ☐ ☐

	S	N
25.1	☐	☐
25.2	☐	☐
25.3	☐	☐
25.4	☐	☐
25.5	☐	☐
25.6	☐	☐
25.7	☐	☐
25.8	☐	☐
25.9	☐	☐
25.10	☐	☐
25.11	☐	☐

Gabarito

Comunidade

26 Gerenciamento do Impacto da Empresa na Comunidade de Entorno

1☐ 2☐ 3☐ 4☐ ☐

	S	N
26.1	☐	☐
26.2	☐	☐
26.3	☐	☐
26.4	☐	☐
26.5	☐	☐
26.6	☐	☐

27 Relações com Organizações Locais

1☐ 2☐ 3☐ 4☐ ☐

	S	N
27.1	☐	☐
27.2	☐	☐

28 Financiamento da Ação Social

1☐ 2☐ 3☐ 4☐ ☐

	S	N
28.1	☐	☐
28.2	☐	☐
28.3	☐	☐
28.4	☐	☐
28.5	☐	☐

29 Envolvimento da Empresa com a Ação Social

1☐ 2☐ 3☐ 4☐ ☐

	S	N
29.1	☐	☐
29.2	☐	☐
29.3	☐	☐
29.4	☐	☐
29.5	☐	☐

Governo e Sociedade

30 Contribuições para Campanhas Políticas

1☐ 2☐ 3☐ 4☐ ☐

	S	N
30.1	☐	☐

31 Práticas Anticorrupção e Propina

1☐ 2☐ 3☐ 4☐ ☐

	S	N
31.1	☐	☐
31.2	☐	☐

32 Liderança e Influência Social

1☐ 2☐ 3☐ 4☐ ☐

	S	N
32.1	☐	☐

33 Participação em Projetos Sociais Governamentais

1☐ 2☐ 3☐ 4☐ ☐

	S	N
2.1	☐	☐
2.2	☐	☐
2.3	☐	☐

ANEXO

Indicadores Quantitativos

(uso interno, não pontua)

Os indicadores quantitativos que se seguem são de uso interno da empresa e não serão enviados ao Instituto Ethos[10]. Devem não apenas ser utilizados como suporte na resposta aos Indicadores Ethos de SER 2003, mas também incorporados ao monitoramento e avaliação da gestão da responsabilidade social empresarial. O levantamento sistemático desses dados (que podem ser avaliados segundo séries anuais e cruzados com outros dados) permite uma análise mais objetiva dos resultados da empresa, facilitando a elaboração do Balanço Social.

REFLITA SOBRE A EVOLUÇÃO DESTES INDICADORES NOS ÚLTIMOS TRÊS ANOS

Público Interno

Valorização da Diversidade

9.	
	Percentual de mulheres em relação ao total de colaboradores
	Percentual de mulheres em cargos gerenciais em relação ao total de cargos gerenciais
	Percentual de mulheres negras e pardas em relação ao total de colaboradores
	Percentual de mulheres negras e pardas em cargos gerenciais em relação ao total de cargos gerenciais
	Percentual de homens negros e pardos em relação ao total de colaboradores
	Percentual de homens negros e pardos em cargos gerenciais em relação ao total de cargos gerenciais
	Percentual de colaboradores acima de 45 de idade em relação ao número total de colaboradores
	Salário médio mensal em cargos gerenciais – Mulheres brancas (R$)
	Salário médio mensal em cargos gerenciais – Mulheres negras e pardas (R$)
	Salário médio mensal em cargos gerenciais – Homens brancos (R$)
	Salário médio mensal em cargos gerenciais – Homens negros e pardos (R$)

[10] *Observar o modo como estes indicadores evoluem é muito importante. Por isso, o Instituto Ethos está desenvolvendo uma forma específica de acompanhá-los.*

Política de Remuneração, Benefícios e Carreira

10.	Divisão da maior remuneração pela menor remuneração em espécie paga pela empresa (inclui participação nos resultados e programas de bônus) (R$)
	Divisão do menor salário da empresa pelo salário mínimo vigente (R$)
	Com relação ao programa de participação nos resultados da empresa:
	Percentual dos valores distribuídos em relação à massa salarial (%)
	Percentual de empregados beneficiados (%)
	Com relação ao programa de bonificação da empresa:
	Percentual de valores distribuídos em relação à massa salarial (%)
	Percentual de empregados beneficiados (R$)
	Percentual de ações da empresa em poder dos funcionários (%)

Cuidados com Saúde, Segurança e Condições de Trabalho

11.	Média de horas extras por empregado/ano
	Média de acidentes de trabalho por empregado/ano
	Percentual dos acidentes que resultam em afastamento temporário dos(s) empregado(s)/prestador(es) de serviço
	Percentual dos acidentes que resultem em mutilação ou outros danos à integridade física do(s) empregado(s)/prestador(es) de serviço, com afastamento do cargo (incluindo LER)
	Percentual dos acidentes que resultaram em morte do(s) empregado(s)/prestador(es) de serviço

Compromisso com o Desenvolvimento Profissional e a Empregabilidade

12.	Percentual de analfabetos na força de trabalho
	Quantidade de horas de desenvolvimento profissional por empregado/ano
	Percentual do faturamento bruto gasto em desenvolvimento profissional e educação

Comportamento Frente a Demissões

13.	Número de empregados no final do período
	Número total de demissões no período
	Número total de admissões no período
	Percentual de demitidos acima de 45 anos de idade em relação ao número total de demitidos
	Percentual de reclamações trabalhistas iniciadas por total de demitidos no período

Meio Ambiente

Gerenciamento do Impacto no Meio Ambiente e do Ciclo de Vida de Produtos e Serviços

17.	Quantidade média de incidentes e/ou autuações e/ou multas por violação das normas de proteção ambiental de:
	baixa gravidade
	média gravidade
	alta gravidade

Minimização de Entradas e Saídas de Materiais

18.	Total investido em programas e projetos de melhoria ambiental (R$)
	Percentual do faturamento bruto gasto em programas e projetos de melhoria ambiental
	Consumo anual de energia (kWh)
	Consumo anual de combustíveis fósseis:
	gasolina/diesel (l)
	óleo combustível (ton.)
	gás (GLP/GN) (m3)
	Consumo anual de água (m^3)
	Volume médio anual de CO^2 e outros gases efeito estufa emitidos na atmosfera (ton.)
	Quantidade anual (ton.) de resíduos sólidos gerados (lixo, dejetos, entulho, etc.)

Fornecedores

Critérios de Seleção e Avaliação de Fornecedores

19.	Percentual do total de fornecedores que recebeu visita de inspeção de práticas de responsabilidade social

Trabalho Infantil na Cadeia Produtiva

20.	Quantidade de autuações que a empresa recebeu do Ministério do Trabalho com relação ao uso de mão-de-obra infantil

Relações com Trabalhadores Terceirizados

21.	Percentual de trabalhadores terceirizados em relação ao total da força de trabalho

Consumidores/Clientes

Política de Comunicação Comercial

23.	Em relação a violações do Código de Defesa do Consumidor
	quantidade de processos administrativos (Procon, Vigilância Sanitária, Ipem, etc.)
	quantidade de processos judiciais (cíveis e criminais) recebidos

Excelência do Atendimento

24.	Total de ligações atendidas pelo SAC
	Percentual de reclamações em relação ao total de ligações atendidas pelo SAC
	Percentual de reclamações não atendidas pelo SAC
	Tempo médio de espera no telefone do SAC até o início do atendimento (min.)
	Quantidade de inovações implantadas em razão da interferência do ombudsman e/ou do serviço de atendimento a consumidores/clientes

Comunidade

Envolvimento da Empresa com a Ação Social

29.	Percentual do faturamento bruto destinado à ação social (não incluir obrigações legais nem benefícios vinculados à condição de funcionário da empresa)
	Do total destinado à ação social, percentual correspondente a doações em produtos e serviços
	Do total destinado à ação social, percentual correspondente a doações em espécie
	Do total destinado à ação social, percentual correspondente a investimentos em projeto social próprio
	Percentual de empregados que realizam trabalho voluntário na comunidade externa à empresa
	Quantidade de horas médias mensais doadas (liberadas do horário normal de trabalho) pela empresa por voluntário

Espaço Reservado para Comentários e Justificativas sobre os Indicadores nos Temas

Valores e Transparência	
Público Interno	

Espaço Reservado para Comentários e Justificativas sobre os Indicadores nos Temas

Meio Ambiente	
Fornecedores	

Espaço Reservado para Comentários e Justificativas sobre os Indicadores nos Temas

Consumidores e clientes	
Comunidade	

Espaço Reservado para Comentários e Justificativas sobre os Indicadores nos Temas

Governo e Sociedade

4.11- AUDITORIA DE AVALIAÇÃO DE CONSERVAÇÃO DE ENERGIA

Conservar energia é manter ou melhorar o padrão de serviços e a qualidade de vida, com menor custo no consumo de energéticos. Com a redução ou eliminação dos desperdícios, a partir de mudanças comportamentais (educação) aprimoramentos administrativos, ações corretivas e introdução de novas tecnologias, é possível conquistarem-se diferenciais competitivos. (Almeida et al. 2003)

Antes de desencadear as ações, é necessário identificar onde estão as oportunidades de melhoria na eficiência energética. Elas podem surgir em várias ocasiões, como, por exemplo, quando da elaboração de reformas ou da execução de novos projetos.

Na construção civil, mecânica, elétrica e outras, pode-se aplicar o conceito do não desperdício, utilizando-se materiais, equipamentos e técnicas de eficiência energética. Em geral, a maioria das construções e equipamentos existentes oferece inúmeras oportunidades de aprimoramentos do consumo dos energéticos utilizados no seu funcionamento.

As ações de Conservação de Energia podem envolver correções, manutenções ou modificações das instalações existentes para a incorporação de tecnologias eficientes. Algumas dessas ações envolvem pouco ou nenhum investimento e podem ser implementadas imediatamente. A Conservação de Energia produz benefícios amplos, que vão além dos interesses imediatos do consumidor que busca tomar eficiente sua instalação.

QUEM SE BENEFICIA COM A CONSERVAÇÃO DE ENERGIA?

- a sociedade como um todo, pois. ao se postergar a construção de novas usinas que irão gerar energia para suprir desperdícios, liberam-se recursos para investimentos em educação, saúde, habitação, transporte, etc;
- o meio ambiente, na medida em que se deixa de inundar áreas férteis para a construção de usinas hidrelétricas e se reduz a queima de combustíveis fósseis em usinas termelétricas, com a conseqüente redução da emissão de poluentes;

- todos nós, porque passamos a pagar somente aquilo de que necessitamos, deixando de agredir a área mais sensível da natureza humana: o "nosso próprio bolso",

No decorrer deste texto, preferimos utilizar a palavra "energéticos" para deixar claro que o combate ao desperdício deve ser empreendido em relação a todas as formas de energia, seja o combustível dos veículos, o gás utilizado nas residências, os vazamentos d'água, a energia elétrica, ou mesmo o nosso principal energético (os alimentos).

A seguir, encontram-se listadas 115 itens para Auditoria de Avaliação Conservação de Energia em Construções Existentes. Para facilitar a leitura, elas são apresentadas por categorias, a saber:

1. Operação de Equipamentos;
2. Aspectos Arquitetônicos;
3. Equipamentos de Aquecimento, Ventilação, e Ar-condicionado (HVAC);
4. Sistema de Distribuição de Aquecimento, Ventilação e Ar Condicionado;
5. Sistemas de Águas paia Aquecimento;
6. Sistemas de Iluminação;
7. Sistemas de Potência;
8. Diversos.

(1) OPERAÇÃO DE EQUIPAMENTOS

a) Redução das horas de utilização para os seguintes sistemas:

- aquecimento e refrigeração de ambientes;
- ventilação;
- aquecimento d'água;
- iluminação;

- escadas rolantes e elevadores;
- equipamentos e máquinas.

b) Ajuste de temperatura e umidade:
- interna e externa;
- umidade (relativa do ar), utilizando-se a mais baixa permitida;
- mínimo de aquecimento/refrigeração, quando o prédio não estiver ocupado.

(2) ASPECTOS ARQUITETÔNICOS

a) Redução da transmissão de calor através de forros e telhados:

- isolamento térmico.

b) Redução do aquecimento solar através dos telhados:
- utilizar superfícies refletivas.

c) Redução da transmissão de calor através de paredes:
- isolamento térmico.

d) Redução da transmissão de calor através dos andares:
- isolamento térmico.

e) Redução da radiação ultravioleta e infravermelha através de áreas envidraçadas (efeito estufa)
- utilizar janelas de vidros duplos;
- instalar janelas de correr, guilhotina, basculante.

f) Controle de radiação solar através de áreas envidraçadas (sombreamento)
- instalar protetores solares externos (brise-soleil, marquises e toldos);

- instalar protetores solares internos (persianas);
- utilizar vidros de cor branca, refletivos ou com películas ,refletoras;
- quando as janelas possuir vidros duplos, instalar um sistema de renovação de ar entre os mesmos.

g) Redução das entradas de ar

- vedar as entradas de ar nas "prumadas" e escadas que interligam os andares;
- vedar as portas e janelas;
- instalar portas giratórias ou construir compartimento com portas duplas.

(3) EQUIPAMENTOS DE AQUECIMENTO, VENTILAÇÃO E AR CONDICIONADO (HVAC)

a) Redução da ventilação

- regular a taxa de renovação de ar aos valores recomendados;
- reduzir a geração de poluentes em áreas internas;
- instalar pré-aquecedores para reaproveitamento das calorias de gases de exaustão;
- instalar filtros de ar adequados;
- instalar sistemas localizados de ventilação/exaustão.

b) Melhora de eficiência do chiller

- eliminar obstruções e limpeza das superfícies do evaporador e condensador;
- aumentar a temperatura de evaporação e reduzir a temperatura da água de condensação;
- isolar *chillers* e torres de refrigeração que não estejam operando;
- instalar condensadores a água ou evaporativos.

c) Melhora da eficiência de fornos e aquecedores

- limpar as superfícies de troca de calor;
- verificar a correta vazão de ar;
- verificar entradas falsas de ar;
- instalar analisadores de gases de combustão nas caldeiras;
- pré-aquecer o óleo combustível, ar e a água de alimentação, através do calor perdido nos gases de combustão;
- isolar caldeiras que não estejam operando;
- instalar reguladores e automáticos de vazão (*damper*) no ar de alimentação e nos gases de combustão;
- instalar válvulas de fundo automáticas (*blowdowll*);
- instalar unidades compactas de caldeiras, fornos e aquecedores;
- instalar atomizadores (queimadores a óleo);
- instalar misturadores (queimadores a óleo);
- instalar unidades modulares.

d) Melhora da eficiência do ar condicionado e da bomba de calor

- limpar os filtros de ar;
- instalar *add-on* nas bombas de calor (reaproveitamento dos gases de combustão de fornos e/ou caldeiras);
- utilizar águas termais (aqüífero termal) nas bombas de calor.

e) Redução da energia consumida para pré-aquecer ou pré-esfriar o ar de renovações

- instalar sistema com volume de ar variável;
- "resetar" a temperatura do ar de renovação;
- "resetar" a temperatura da água (quente ou fria).

f) Utilização de trocadores de calor eficientes

- instalar sistema economizador de refrigeração (controle de bulbo seco e entálpico);
- instalar sistema de refrigeração evaporativo;

- instalar sistema de desumidificação;
- instalar torres de refrigeração;
- instalar sistema de spray de água sobre os telhados;
- fazer a movimentação do ar, através de ventiladores;
- fazer a exaustão do ar quente retido no sótão.

(4) SISTEMAS DE AQUECIMENTO, VENTILAÇÃO E AR CONDICIONADO (HVAC)

a) Redução das perdas nos sistemas de distribuição de energia

- reparar tubulações e evitar vazamentos;
- efetuar manutenção dos purgadores de vapor;
- verificar isolamento térmico dos dutos de ventilação;
- verificar isolamento térmico de tubos do sistema de aquecimento.

b) Redução da velocidade de deslocamento nas tubulações e dutos

- reduzir o fluxo de ar nos dutos;
- reduzir o fluxo de água a vapor nas tubulações.

c) Redução das perdas de carga nos sistemas

- limpar os filtros de ar;
- remover as incrustações nas tubulações de água e vapor;
- rebalancear os sistemas de tubulações;
- rebalancear os sistemas de dados;
- projetar os sistemas de dutos para reduzir as perdas de carga;
- instalar bombas de aumento de pressão.

(5) SISTEMAS DE AQUECIMENTO D'ÁGUA

a) Redução do fluxo de água quente

- reduzir o consumo;
- reduzir a temperatura;

- pré-aquecer a água de alimentação através do calor de recuperação.

b) Redução de perdas de calor no sistema de aquecimento d'água
- isolar as tubulações de água quente;
- isolar os tanques de armazenamento.

c) Uso de sistemas eficientes de aquecimento d'água
- instalar aquecedores d'água descentralizados;
- utilizar pequenos aquecedores d'água, de acordo com as estações do ano;
- utilizar a bomba de calor;
- aquecimento solar.

(6) SISTEMAS DE ILUMINAÇÃO

a) Redução das necessidades de iluminação
- limpar e efetuar manutenção dos sistemas;
- reduzir os níveis de iluminação;
- reduzir o tempo de operação;
- reduzir o nível de iluminação por tipo de ambiente e por tipo de serviço.

b) Instalação de sistema eficiente de iluminação
- utilizar lâmpadas fluorescentes eficientes;
- utilizar lâmpadas de sódio de alta pressão em áreas selecionadas;
- utilizar lâmpadas de sódio de baixa pressão em áreas selecionadas;
- utilizar reatores de alta eficiência (eletrônicos);
- retirar ou substituir refletores.

c) Utilização de luz natural
- instalar controladores de variação de intensidade luminosa (*dimmers*), próximo às janelas;
- instalar controladores de variação de intensidade luminosa (*dimmer*), em interiores com iluminação natural (clarabóias).

(7) SISTEMAS DE POTÊNCIA

a) Redução de perdas
- corrigir o fator de potência;
- instalar transformadores eficientes.

b) Instalação de motores eficientes
- substituir os motores superdimensionados;
- utilizar motores eficientes;
- utilizar motores com variedades de velocidade.

c) Redução do pico de demanda
- instalar limitadores de demanda;
- instalar sistema de co-geração;
- instalar sistema de termo-acumulação (*cool storage*).

(8) DIVERSOS

a) Utilização de gerenciamento energético e sistemas de controle
- instalar sistema de controle de temperatura de máximo e mínimo;
- instalar controladores de tempo (*timers*), para sistemas de iluminação, equipamentos;
- instalar sistema de controle de ciclo de trabalho;
- instalar sistema de desligamento automático do insuflamento do ar condicionado;

- instalar sistema de desligamento automático no fornecimento da água da torre de refrigeração;
- instalar sistema de controle de *ventilation purging*;
- instalar um sistema de controle economizador da refrigeração;
- instalar um sistema de limitador da demanda.

b) Utilização do sistema de recuperação de calor

- instalar torres de refrigeração com reaproveitamento do calor perdido;
- reaproveitar o calor proveniente da válvula de fundo (*blowdown*);
- reaproveitar o calor do incinerador;
- reaproveitar o calor proveniente do sistema de exaustão (chaminé);
- instalar sistema de retorno de água (*water-loop*) na bomba de calor;
- reaproveitar o calor existente na água de refrigeração, nos gases de exaustão, no óleo lubrificante dos geradores com motores alternativos e turbinas a vapor, aproveitando o vapor da descarga;
- instalar *piggyback*;
- reaproveitar o calor proveniente do sistema de iluminação;
- reaproveitar o calor proveniente do condensador dos sistemas de refrigeração;
- reaproveitar o calor do vapor condensado;
- reaproveitar o calor das águas usadas.

4.12 - AUDITORIA DE BOAS PRÁTICAS DE LABORATÓRIO

4.12.1- INSPEÇÕES DE LABORATÓRIO

As inspeções para adequação aos Princípios BPL são conduzidas em qualquer unidade operacional que gere dados referentes à saúde e meio-ambiente com propósito de regulamentação. Os Auditores são requisitados para auditar dados referentes às propriedades físicas, químicas, físico-químicos, toxicológicas e ecotoxicológicas de uma substância ou mistura de substâncias. Em alguns casos,os Auditores podem valer-se do auxílio de especialistas em determinadas disciplinas.

A grande diversidade entre unidades operacionais bem como a variedade de tipos de estudos encontrados pelos Auditores significa que eles devem usar o bom senso para determinar o grau e a extensão da adequação com os Princípios de BPL. (IMETRO)

Porém os Auditores devem empenhar-se em uma abordagem consistente para avaliar, em caso de um laboratório ou estudo particular,até que ponto o nível de adequação aos Princípios de BPL foi atingido.

Os Auditores não deverão questionar a necessidade ou objetivos dos resultados do estudo em relação aos riscos para a saúde humana ou meio-ambiente. Esses aspectos são responsabilidade dos Órgãos Fiscalizadores aos quais os dados são submetidos para fins regulamentadores.

As inspeções de Laboratório e as Auditorias de Estudo inevitavelmente alteram o trabalho normal dos laboratórios. Conseqüentemente, os Auditores devem conduzir seu trabalho de maneira cuidadosamente planejada e, na medida do exeqüível, respeitar os desejos da gerência quanto a horários de visita às seções da unidade operacional. Os Auditores quando conduzem Inspeção de Laboratório ou Auditoria de Estudo têm acesso a informações confidenciais e comercialmente valiosas.

PERÍODO PRÉ-INSPEÇÃO

Objetivos:

1. Permitir ao Órgão Credenciador avaliar a pertinência ou não da auditoria.
2. Familiarizar o Auditor com a unidade operacional.

Inicialmente, o laboratório envia ao Órgão Credenciador um Dossiê de Solicitação de Credenciamento contendo informações que possibilitem atingir os objetivos acima citados. Tal dossiê deverá conter no mínimo informações sobre:

- natureza e área física da unidade operacional;
- natureza dos estudos desenvolvidos em cada unidade operacional;
- estrutura organizacional, currículos e descrições de cargos da unidade operacionais.

Os laboratórios devem ser informados da data e hora da chegada do Auditor, objetivo da visita e duração prevista. Isso permitirá ao laboratório assegurar que o pessoal e a documentação apropriados estejam disponíveis. No caso em que documentos ou relatórios específicos devam ser examinados, é útil mencioná-las com antecedência ao laboratório de maneira que estes estejam imediatamente disponíveis durante a Inspeção. Em caso de nova inspeção,deve ser apresentado o dossiê de solicitação de credenciamento atualizado e o Auditor deve examinar o relatório da última inspeção. (IMETRO)

REUNIÃO DE ABERTURA

O objetivo é informar á gerência e ao pessoal da unidade operacional os motivos pelos quais será conduzida a inspeção de Laboratório ou a Auditoria de Estudo e identificar as áreas do laboratório, estudo(s) selecionado(s) para auditoria, documentos e pessoal preferencialmente envolvidos.

É recomendado que participem dessa Reunião de Abertura, no mínimo, o gerente da unidade operacional, o responsável pela Garantia de Qualidade e o(s) diretor(es) de estudo envolvido(s).

Os detalhes administrativos e práticos de uma Inspeção de Laboratório ou de uma Auditoria de Estudo deverão ser discutidos com a gerência antes de se iniciar a visita. Na reunião de abertura, os Auditores devem:

- descrever em linhas gerais o objetivo e a abrangência da visita;
- descrever a documentação que será exigida para a Inspeção do Laboratório, tal como listas de estudos em andamento e concluídos, protocolos, POP, relatórios, etc,...Nessa hora, deve-se acordar sobre o acesso a documentos e, se necessário, solicitar cópias daqueles relevantes;
- conferir informações sobre a estrutura organizacional e sobre o pessoal da unidade operacional;
- solicitar informações a respeito de como o laboratório conduz estudos sujeitos a Princípios de BPL paralelamente aos estudos não sujeitos a Princípios de BPL;
- determinar previamente as partes da unidade operacional que serão consideradas durante a Inspeção de Laboratório;
- descrever os documentos e os espécimes que serão necessários para a Auditoria do(s) estudo(s) selecionado.

Como regra geral, ao inspecionar uma unidade operacional, será útil para os Auditores serem acompanhados por uma pessoa de GQ. Os Auditores poderão solicitar uma sala para exame dos documentos e outras atividades. (IMETRO)

ORGANIZAÇÃO E PESSOAL

O objetivo é determinar se:

- a unidade operacional tem pessoal qualificado em número suficiente assim como infraestrutura de apoio para a variedade e o número de estudos assumidos;
- a estrutura organizacional é apropriada;
- a gerência estabeleceu uma política de treinamento e de vigilância em saúde do pessoal apropriada aos estudos assumidos na unidade operacional.

Devem ser solicitados à gerência certos documentos tais como:

- plantas da unidade operacional;
- organogramas e fluxogramas operacionais;
- currículos do pessoal envolvido no(s) tipo(s) de estudos selecionados para Auditoria de Estudo;
- agenda-mestre;
- políticas de treinamento e de vigilância em saúde do pessoal;
- registros de treinamento do pessoal;
- índice de POP da unidade operacional;
- lista(s) dos Diretores de Estudo associados aos estudos sendo auditados.

O auditor deve verificar em particular :

-
- a(s) lista(s) de estudos em andamento e concluídos para se certificar da carga de trabalho assumida pelo laboratório;
- a identidade e as qualificações dos diretores de estudo, do gerente GQ e outras pessoas-chave;
- a existência de POP para todas as áreas relevantes.

PROGRAMA DE GARANTIA DA QUALIDADE

O objetivo é determinar se os mecanismos utilizados são adequados para se assegurar à gerência de que os estudos de laboratório são conduzidos conforme os Princípios de BPL.

O responsável GQ deverá demonstrar quais são os sistemas e métodos utilizados para inspeção GQ e monitoramento de estudos e apresentar o registro das observações feitas durante o monitoramento GQ. Os Auditores devem verificar :

- as qualificações do pessoal da Unidade de GQ;
- se a unidade de GQ funciona independentemente do pessoal envolvido nos estudo;
- como a unidade GQ programa e conduz inspeções, monitora as fases identificadas como criticas e quais são os recursos disponíveis para as atividades de inspeções e monitoramento GQ;
- se existe um sistema para monitorar por amostragem os estudos de curta duração onde o monitoramento por estudo é impraticável;
- a abrangência e a profundidade do monitoramento GQ durante as fases criticas do estudo;
- os procedimentos GQ ao verificar o relatório final do estudo, para assegurar a sua concordância com os dados brutos;
- se a gerência recebe relatórios referentes a problemas que afetam a qualidade ou integridade de um estudo;
- quais as ações corretivas tomadas pela unidade GQ quando são encontradas não-conformidades;
- o papel da unidade GQ quando estudos ou partes dos estudos são realizados em laboratórios contratados;
- o engajamento da unidade GQ na verificação e revisão dos POP`s.

INSTALAÇÕES

O objetivo é determinar se as instalações têm tamanho, tipo de construção, arranjo físico e localização adequados aos estudos assumidos.

O Auditor deve verificar se:

- o arranjo físico permite um grau adequado de separação, de tal maneira que, por exemplo, substâncias-teste, animais, dietas, espécimes patológicos, etc... referentes a um estudo não possam ser confundidos com os de outros estudos.
- existem e funcionam adequadamente os procedimentos de controle do ambiente e de monitoramento nas áreas críticas, por exemplo, salas de animais e outros sistemas-teste biológicos, áreas de estocagem de substâncias-teste, áreas de laboratório;
- os princípios de organização, limpeza, etc... ("*housekeeping*") são adequados para as várias instalações;
- existem, quando necessário, procedimentos de controle de pragas.

ALOJAMENTO E CONTENÇÃO DE SISTEMAS-TESTE BIOLÓGICOS

O objetivo é determinar se a unidade operacional envolvida em estudos utilizando animais ou outros sistemas-teste biológicos apresenta instalações e condições para cuidado, alojamento e contensão adequados, assim prevenindo o estresse e outros problemas que possam afetar o sistema-teste e, conseqüentemente, a qualidade dos dados.

Uma unidade operacional pode desenvolver estudos que requeram uma diversidade de espécies animais ou vegetais, bem como sistemas microbianos, outros sistemas celulares ou sub-celulares. O tipo de sistemas-teste sendo utilizados determina os aspectos referentes a cuidado, alojamento ou contenção que o Auditor deve monitorar. Dependendo dos sistemas-teste, o Auditor deve verificar se :

- as instalações são adequadas para os sistemas-teste utilizados e para as respectivas necessidades;
- funcionam satisfatoriamente os esquemas para animais e plantas em quarentena, que estão sendo introduzidas na unidade operacional;
- funcionam adequadamente os esquemas para isolar animais (ou outros elementos de um sistema-teste, se necessário) comprovadamente doentes, suspeitos de estarem doentes ou portadores sãos;
- são adequados o monitoramento e registro das condições de saúde, comportamento ou outros aspectos pertinentes;
- é adequado e eficaz o equipamento para manter as condições ambientais bem como o esquema de manutenção;
- são mantidas as condições básicas de higiene e limpeza nas gaiolas, engradados, tanques e outros contêiners e equipamentos acessórios;
- as análises para verificar as condições ambientais e respectivos sistemas de apoio são efetuadas conforme normas previamente estabelecidas;
- os mecanismos de remoção e descarte dos sistemas-teste e dejetos funcionam de maneira a minimizar infestação de vermes, odores, doenças e contaminação do meio ambiente;
- são estabelecidas áreas de estocagem para alimentos ou outros materiais para cultivo e criação dos sistemas-teste. Essas áreas não são utilizadas para armazenagem de outros materiais tais como substâncias-teste, produtos químicos de controle de pragas ou desinfetantes e são separadas das áreas onde os animais são alojados ou das áreas onde os outros sistemas-teste são conservados;
- alimentos e outros materiais para cultivos e criação são protegidos de deterioração por condições ambientais desfavoráveis, infestação ou contaminação.

EQUIPAMENTOS, MATERIAIS, REAGENTES E ESPÉCIMES

O objetivo é determinar se o laboratório possui equipamentos operacionais adequadamente localizados, em quantidade suficiente e com capacidade para poder realizar os testes conduzidos na unidade operacional e se os materiais, reagentes e espécimes são devidamente rotulados, utilizados e estocados. (IMETRO)

O Auditor deve verificar se :

- os equipamentos estão limpos e em boas condições de uso;
- são mantidos registros quanto à operação, manutenção, padronização e calibração de equipamentos;
- os materiais, reagentes e soluções químicos são devidamente rotulados e estocados a temperaturas apropriadas bem como são considerados os prazos de validade. Os rótulos devem indicar fonte, identidade, concentração e/ou outras informações pertinentes;
- os espécimes são devidamente identificados por sistema-teste, estudo, natureza e data de coleta;
- os equipamentos e os materiais utilizados não interferem com os sistemas-teste.

SISTEMAS-TESTE

O objetivo é determinar se existem procedimentos adequados para o manuseio e o controle da variedade de sistemas-teste utilizados nos estudos realizados na unidade operacional. (IMETRO)

SISTEMAS-TESTE FÍSICOS E QUÍMICOS

O Auditor deve verificar se :

- quando necessário, é determinada a estabilidade das substâncias-teste e substâncias de referência e se são utilizadas as substâncias de referência especificadas nos protocolos;

- existem POI referentes a atividades do laboratório e se suas instruções são seguidas;
- em caso de sistemas automatizados, os dados gerados como gráficos e as listagens de computadores são registrados como dados brutos e arquivados.

SISTEMAS-TESTE BIOLÓGICOS

Além dos aspectos relevantes descritos no item Alojamento e Contenção de Sistemas-Teste Biológicos, o Auditor deve verificar se :

- os sistemas-teste são conforme especificados nos protocolos;
- os sistemas-teste são adequadamente identificados;
- os indivíduos mantêm a mesma identificação no decorrer do estudo;
- o alojamento ou os contêiners de sistemas-teste são devidamente identificados com todas as informações necessárias;
- existe separação adequada dos estudos realizados com as mesmas espécies de animais (ou mesmos sistemas-teste biológicos), porém com substâncias diferentes;
- existe uma separação adequada de espécies de animais (ou outros sistemas-teste biológicos) em função do espaço ou tempo;
- as condições ambientais dos sistemas-teste biológicos estão de acordo com especificação do protocolo ou dos POP em termos de temperatura fotoperíodos ou outras;
- os registros do recebimento, manuseio, alojamento, contensão, cuidado e avaliação do estado de saúde são apropriados aos sistemas-teste;
- são conservados registros de exame, quarentena, morbidez, mortalidade, comportamento, diagnose e tratamento de animais e sistemas-teste vegetais ou de outros aspectos similares conforme apropriado;
- existem mecanismos apropriados e registros para descarte de sistemas-teste ao final dos testes.

SUBSTÂNCIAS-TESTE E DE REFERÊNCIA

O objetivo é determinar se o laboratório tem procedimentos designados para:

- assegurar se a identidade, potência, quantidade e composição das substâncias-teste e substâncias de referência estão de acordo com as suas especificações;
- receber e estocar de maneira apropriada substâncias-teste e substâncias de referência.

O Auditor deve verificar se :

- existem POP para registro do recebimento, manuseio, amostragem, uso e estocagem de substâncias-teste e substâncias de referência;
- os recipientes de substâncias-teste e substâncias de referência são devidamente rotulados;
- as condições de estocagem são apropriadas para preservar a concentração, pureza e estabilidade das substâncias-teste e substâncias de referência;
- existem POP (quando aplicáveis), para determinação de identidade, pureza., composição,estabilidade e prevenção de contaminação das substâncias-teste e substâncias de referência;
- são conservados registros (quando aplicáveis) da composição, caracterização, concentração e estabilidade das substâncias-teste e substâncias de referência;
- existem procedimentos (quando aplicáveis) para determinação da homogeneidade e da estabilidade das misturas contendo substâncias-teste e substâncias de referência;
- os recipientes contendo misturas ou diluições das substâncias-teste e substâncias de referência (quando aplicáveis) são rotulados e mantidos os registros da homogeneidade e da estabilidade do seu conteúdo;

- de acordo com a duração do teste (quando apropriado) são tiradas amostras de cada lote de substâncias-teste e substâncias de referência para fins analíticos e se são retidas por um tempo apropriado;
- existem procedimentos para prevenir erros de identificação ou contaminação cruzada para mistura de substâncias.

POP

O objetivo é determinar se a unidade operacional tem POP escritos referentes a todos os aspectos das operações. (IMETRO)

O Auditor deve verificar se:

- cada área da unidade operacional tem cópias autorizadas de por imediatamente disponíveis;
- existem procedimentos para revisão de POP;
- todos os aditamentos ou mudanças em relação aos POPs são autorizados e datados;
- existe um arquivo histórico de POP;
- existem POP no mínimo, para as seguintes atividades:
    - recebimento, identificação, rotulagem, amostragem, utilização e estocagem de substâncias-teste e substâncias de referência;
    - manutenção, limpeza e calibração de equipamentos de medição e de controle ambiental;
    - preparação de reagentes e formulações;
    - guarda, confecção, armazenamento e recuperação de registros e relatórios;
    - preparação e controle das condições ambientais das áreas contendo os sistemas-teste;
    - recebimento, transferência, alocação, caracterização, identificação e cuidado referentes aos sistemas-teste;
    - manuseio dos espécimes antes, durante e no término do estudo;

- descarte dos espécimes;
- utilização de agentes de controle de pragas e de limpeza;
- as operações do Programa de Garantia da Qualidade;
- normas de segurança e higiene.

CONDUÇÃO DO ESTUDO

O objetivo é verificar se existem protocolos e se esses protocolos e a execução do estudo estão de acordo com os Princípios de BPL.

O Auditor deve verificar se :

- o protocolo foi assinado pelo Diretor de Estudo;
- qualquer aditamento ao protocolo foi assinado e datado;
- foi registrado (quando aplicável) a data de aceitação do protocolo pelo patrocinador;
- medidas, observações e exames foram realizados de acordo com o protocolo e os respectivos POP;
- os resultados dessas medidas, observações e exames foram registrados de maneira direta, pronta, exata, legível, assinados e datados;
- qualquer mudança nos dados brutos, inclusive dados arquivados em computadores, não apagou as entradas anteriores; foram incluídos motivo da mudança, data e assinatura;
- os dados gerados ou armazenados no computador foram identificados e os procedimentos para protegê-los contra mudanças ou perdas são adequados;
- o software de computador utilizado no estudo é confiável e exato;
- qualquer incidente registrado nos dados brutos foi investigado e avaliado;
- os resultados apresentados nos relatórios do estudo (intermediários ou final) são consistentes e completos e refletem os dados brutos.

RELATÓRIO DE RESULTADOS DE ESTUDO

O objetivo é determinar se os relatórios finais são preparados de acordo com os Princípios das BPL. Quando o relatório final está disponível,o Auditor deve verificar se :

- ele está assinado e datado pelo Diretor de Estudo e pelos outros pesquisadores;
- o Diretor de Estudo assinou uma declaração mencionando a aceitação da responsabilidade pela validade do estudo e confirmando que o estudo foi conduzido de acordo com os Princípios das BPL;
- está incluída no relatório uma declaração da GQ assinada e datada;
- qualquer aditamento foi aprovado e assinado pelo Diretor de Estudo;
- o relatório especifica a localização de armazenamento das substâncias, espécimes e arquivo de dados brutos.

ARQUIVO, ARMAZENAMENTO E RECUPERAÇÃO

O objetivo é determinar se a unidade operacional gerou registros e relatórios adequados e se existe um esquema eficiente e seguro para o armazenamento de substâncias e espécimes, arquivamento de registros e respectivas recuperações. (IMETRO)

O Auditor deve verificar:

- as instalações para arquivar protocolos, dados brutos, relatórios finais assim como aquelas para armazenar substâncias e espécimes;
- procedimentos para recuperação de registros arquivados, substâncias e espécimes armazenados;
- os procedimentos que permitem o acesso aos arquivos somente a pessoal autorizado;

- a manutenção de um inventário de retiradas e retornos;
- a retenção dos registros, substâncias e espécimes por um período de tempo apropriado e a proteção contra perda ou estrago por fogo, condições ambientais desfavoráveis, etc..

PARTICIPAÇÃO EM PROGRAMAS INTERLABORATORIAIS

O Auditor deverá verificar se, em caso de exigência do órgão credenciador fiscalizador, a Unidade Operacional está participando de Programa(s) Interlaboratorial(ais). (IMETRO)

4.12.2- AUDITORIAS DE ESTUDO

As inspeções de laboratório incluirão geralmente auditorias de estudo. Elas podem ser breves auditorias de estudos em andamento ou finalizados. Devido à grande variedade de tipos de estudos auditados é apropriado que os Auditores exerçam o bom senso quanto à abrangência de sua auditoria. (IMETRO)

O objetivo deve ser reconstruir o estudo a partir do protocolo utilizando POP relevantes, dados brutos e outros materiais estocados. Quando auditorias de estudo específicas são requeridas por Órgãos Fiscalizadores, a condução e o relatório do estudo devem ser submetidos a um exame detalhado.

Em alguns casos, os Auditores necessitarão de outros especialistas de maneira a conduzir uma auditoria de estudo eficaz. Quando conduz uma auditoria de estudo, o Auditor deve:

- obter nomes, descrições de carga e resumos de treinamento e experiência referente às pessoas engajadas no(s) estudo(s) tais como o diretor de estudo e os pesquisadores principais;
- verificar se existe um número suficiente de pessoal treinado nas áreas relevantes do estudo assumido;

- identificar equipamentos utilizados no estudo e examinar calibração, manutenção e registros;
- rever os registros referentes à estabilidade das substâncias-teste, análises de substâncias-teste e formulações, análises de alimentos, etc..;
- esforçar-se em determinar, através de um processo de entrevistas (se possível) as cargas de trabalho de pessoas escolhidas para ter certeza de que essas pessoas tiveram o tempo de cumprir as tarefas especificadas no protocolo ou no relatório;
- obter cópias de toda a documentação, incluindo :
    - protocolo;
    - POP em uso na época que o estudo foi realizado;
    - livros e cadernos de registro, tabelas de trabalho, listagens de dados computadorizados, etc..;
    - relatório final.

Nos estudos onde são utilizados animais (por exemplo roedores ou outros mamíferos), os Auditores deverão acompanhar uma certa porcentagem de animais desde a sua chegada no laboratório até a sua necrópsia. Eles deverão prestar atenção particular aos registros referentes a:

- peso do animal, dosagem da alimentação e água, formulação e administração das doses, etc..;
- observações clínicas e de autópsia;
- química clínica;
- patologia.

Os protocolos de Auditoria BPL (Inmetro CTL 06) são:

PROTOCOLO BPL INMETRO – CTLE 06

Laboratório: .... Auditor: .... Data: ....

I – DADOS:

Dados da Inspeção:

Data: ______________________________

Auditor: ______________________________

Nome do Laboratório: ______________________________

Endereço: ______________________________

Cidade: ______________________________

Estado: ______________________________

CEP: ______________________________

Pessoa de Contato: ______________________________

Telefone: ______________________________

Fax: ______________________________

Formações sobre o Laboratório:

O Laboratório é:

- Próprio do Patrocinador?: ______________________________
- Contratado?: ______________________________

Quais são os tipos de estudos conduzidos (por exemplo, toxicologia, análises clínicas, etc.)?:

____

____

____

INMETRO – CTLE 06

Laboratório: .... Auditor: .... Data: ....

Dados da Última Inspeção:

Data: ____

Auditor: ____

Principais não-conformidades constatadas:

Motivo da Inspeção:

INMETRO – CTLE 06

Laboratório: .... Auditor: .... Data: ....

II – LISTA DE VERIFICAÇÃO ("CHECK-LIST") DA INSPEÇÃO DE LABORATÓRIO:
Obs. – A Lista de Verificação ("Check-List") abaixo está classificada segundo os Documentos sobre Princípios das Boas Práticas de Laboratórios e Credenciamento de Laboratório – Volume 1.

A ordem dessa Lista não deve ser considerada como uma ordem cronológica de preenchimento.
Colocar um "X" na coluna apropriada
N/A = Não Aplicável

Seção II - 1 - organização e pessoal da unidade operacional	sim	NÃO	N/A	OBSERVAÇÕES
1.1 - Responsabilidades da Gerência da Unidade Operacional				
O gerente assegura que estejam disponíveis pessoal qualificado, instalações apropriadas, equipamentos e matéria?				
Existe um Organograma da unidade operacional ou do laboratório mostrando as pessoas envolvidas, incluindo a gerência da unidade operacional, a unidade de garantia da qualidade e a pessoa responsável pelo arquivo?				
È mantido um registro das qualificações, treinamento, experiência e descrição de cargo para cada profissional envolvido na área?				
As qualificações, treinamento e experiência são adequadas?				
O pessoal envolvido entende claramente as funções que desempenha e é providenciado treinamento sempre que necessário?				
São aplicadas precauções de higiene e segurança de acordo com normas vigentes?				
O Pessoal toma precauções quanto à higiene para evitar a contaminação dos sistemas-teste, espécimes e substâncias?				
O Pessoal usa roupa apropriada e essas roupas são trocadas com freqüência adequada para evitar contaminação pessoal microbiológica, radiologia e química e sistemas-teste, espécimes e substâncias?				

O Pessoal está instruído em avisar o Diretor de Estudo quando eles têm uma doença que possa afetar a integridade dos estudos por contaminação dos sistemas-teste, espécimes e substâncias?				
Quando ocorre essa doença o pessoal é afastado?				
O Gerente assegura que POPs apropriados sejam estabelecidos e seguidos?				
Existe um programa de garantia da Qualidade com pessoal designado?				
Onde apropriado, consta a concordância do Gerente com protocolo de estudo em conjunto com o Patrocinador?				
O Gerente assegura que as emendas ao protocolo sejam levadas e documentadas?				

INMETRO – CTLE 06

Laboratório: .... Auditor: .... Data: ....

SEÇÃO II - 1 - ORGANIZAÇÃO E PESSOAL DA UNIDADE OPERACIONAL (Continuação)	sim	NÃO	N/A	OBSERVAÇÕES
1.1 - Responsabilidades da Gerência da Unidade Operacional (Continuação)				
O Gerente assegura que sejam mantidas cópias de todos protocolos?				
O Gerente assegura que seja mantido um arquivo como dos POPs?				
O gerente assegura que existe um número suficiente de pessoas para conduzir cada estudo na forma e no tempo apropriados?				
Para cada estudo , é designado um Diretor de Estudo com formação, treinamento e experiência apropriados, antes que o estudo seja iniciado?				
Se for necessário, o Diretor de Estudo é substituído?				
Essa substituição é documentada?				
Há um responsável designado pelo gerenciamento do arquivo?				
Em caso de exigência do Órgão Fiscalizador / Credenciador, a unidade operacional participa em Programas Interlaboratoriais?				
1.2 – Responsabilidades do Diretor de Estudo				
O Diretor de Estudo é familiarizado com todos os aspectos do estudo?				
O Diretor de Estudo elabora os protocolos?				
O Diretor de Estudo assegura que os procedimentos especificados no protocolo sejam seguidos?				
O Diretor de Estudo assegura que autorização para qualquer modificação seja autorizada e documentada, mencionando os motivos que a gerou?				

O Diretor de Estudo assegura que todos os dados gerados sejam documentados integralmente e registrados assim que gerados?				
O Diretor de Estudo assina e data o relatório final?				
O Diretor de Estudo verifica se as BPL são respeitadas?				
O Diretor de Estudo assegura que, após o término do estudo, protocolo, relatório final, dados brutos e qualquer material referente ao estudo sejam transferidos para o arquivo?				
SEÇÃO II – 2 – PROGRAMA DE GARANTIA DA QUALIDADE	SIM	NÃO	N/A	OBSERVAÇÕES
2.1 – Geral				
Unidade operacional tem um programa de Garantia da Qualidade?				
2.2 – Responsabilidades do Pessoal da Garantia da Qualidade				
A Unidade de Garantia da Qualidade (Unidade GQ) mantém uma cópia da agenda-mestre?				
A Unidade de GQ mantém uma cópia dos protocolos?				
Existe um sistema para monitorar por amostragem os estudos de curta duração onde o monitoramento por estudo é impraticável?				
A abrangência e a profundidade do monitoramento GQ são adequadas?				

INMETRO – CTLE 06

Laboratório: .... Auditor: .... Data: ....

SEÇÃO II - 2 - ORGANIZAÇÃO E PESSOAL DA UNIDADE OPERACIONAL (Continuação)	sim	NÃO	N/A	OBSERVAÇÕES
2.2 - Responsabilidades do Pessoal da Garantia da Qualidade (Continuação)				
A Unidade GQ tem um papel adequado quando estudos ou partes dos estudos são realizados em laboratórios contratados?				
A Unidade GQ está engajada na verificação e revisão dos POPs?				
A Unidade GQ verifica se os estudos estão sendo conduzidos conforme protocolo e POPs?				
A Unidade GQ assegura que o protocolo e os POPs estejam disponíveis para o pessoal que conduz o estudo?				
A Unidade GQ realiza inspeções periódicas?				
Registro desses procedimentos são mantidos?				
A Unidade GQ relata imediatamente ao gerente e ao diretor de estudo qualquer não-conformidade?				
A Unidade GQ revisa o relatório final?				
Existem procedimentos GQ, ao verificar o relatório geral, para assegurar a sua concordância com os dados brutos?				
A Unidade GQ prepara e assegura uma declaração de conformidade com as normas de BPL a ser incluída ao relatório final?				
Essa declaração específica em que datas as inspeções são realizadas e em que datas as não-conformidades são relatadas ao gerente e ao diretor de estudo?				
SEÇÃO II – 3 – UNIDADE OPERACIONAL	**SIM**	**NÃO**	**N/A**	**OBSERVAÇÕES**
Existe uma planta das instalações?				

Unidade Operacional do Sistema-teste?				
Existem procedimentos e equipamentos para controlar as condições ambientais (temperatura, umidade, fotoperíodo) conforme especificado no protocolo?				
Alimentos ou outros materiais para cultivo e criação são regidos de deterioração por condições ambientais desfavoráveis, infestações ou contaminação?				
A Unidade operacional tem um número adequado de áreas para assegurar o isolamento dos sistemas-teste e projetos individuais envolvendo substâncias químicas física, biotecnológica ou biologicamente perigosas?				
Instalações adequadas estão disponíveis para diagnósticos, tratamento e controle de doenças?				
Há áreas adequadas para suprimentos e equipamentos?				
Essas áreas são separadas das áreas do sistema-teste?				
Perecíveis estão em locais refrigerados?				
3.3 – Instalações para manuseio das Substâncias-Teste e Substâncias de Referência.				
3.3.1 – Há áreas separadas para recebimento, armazenamento e manuseio de substâncias-teste e substâncias de referência?				
3.3.2 – As áreas de estocagem das substâncias-teste são separadas das áreas que abrigam o sistema-teste?				
Essas áreas são adequadas para preservar identidade, concentração e pureza das substâncias-teste e substância de referência?				
Há condições seguras de armazenamento para substâncias perigosas?				

INMETRO – CTLE 06

Laboratório: .... Auditor: .... Data: ....

SEÇÃO II - 3 – UNIDADE OPERACIONAL (Continuação)	sim	NÃO	**N/A**	**OBSERVAÇÕES**
3.4 – Instalações de Arquivos				
Os arquivos têm espaço para armazenamento e recuperação de dados brutos, relatórios, protocolos, correspondência, currículos, descrições de cargo, registro de inspeções e auditorias e agenda-mestre?				
Substâncias-teste e substância de referência tem um local apropriado para armazenamento e recuperação?				
3.5 – Descarte de resíduos				
3.5.1 - Manuseio e descarte de resíduos são feitos de maneira a não colocar em risco a integridade dos estudos?				
3.5.2 – Manuseio e descarte são efetuados de acordo com a legislação vigente?				
Coleta, armazenamento, local de descarte, procedimentos de transporte e descontaminação são adequados?				
São mantidos registros relacionados a estas atividades?				
Em caso de substâncias não sujeitas a legislação, são consultados os órgãos competentes?				
SEÇÃO II – 4 – EQUIPAMENTOS, MATERIAL E REAGENTES	**SIM**	**NÃO**	N/A	**OBSERVAÇÕES**
4.1 – Equipamentos				
4.1.1 – Os equipamentos utilizados para a geração dos dados e controle de fatores ambientais tem configuração, capacidade e localização adequadas?				
4.1.2 – Os equipamentos são periodicamente inspecionados, limpos e sofrem manutenção de acordo com POPs?				

É feita calibração nesses equipamentos de acordo com POPs?				
4.1.3 – Existem POPs de operação dos equipamentos?				
Existem POPs de manutenção rotineira dos equipamentos?				
Existem POPs de manutenção não rotineira dos equipamentos?				
Existem POPs de aferição/calibração dos equipamentos?				
São mantidos registros referentes a manutenção rotineira?				
São mantidos registros referentes a manutenção não rotineira?				
São mantidos registros referentes a aferição/calibração?				
É verificado se os equipamentos utilizados não interferem nos espécimes?				

INMETRO – CTLE 06

Laboratório: .... Auditor: .... Data: ....

II – LISTA DE VERIFICAÇÃO ("CHECK-LIST") DA AUDITORIA DE ESTUDO:

Obs. – A Lista de Verificação ("Check-List") abaixo está classificada segundo os Documentos sobre Princípios das Boas Práticas de Laboratórios e Credenciamento de Laboratório – Volume 1.

A ordem dessa Lista não deve ser considerada como uma ordem cronológica de preenchimento.
Colocar um "X" na coluna apropriada
N/A = Não Aplicável

Seção II - 1 - organização e pessoal da unidade operacional	sim	NÃO	N/A	OBSERVAÇÕES
1.1 - Responsabilidades da Gerência da Unidade Operacional				
Existe um organograma da unidade operacional ou do laboratório mostrando as pessoas envolvidas no estudo, incluindo a gerência da unidade operacional, a unidade de garantia de qualidade e a pessoa responsável pelo arquivo?				
Foi mantido um registro das qualificações, treinamento, experiência e descrição de cargo para cada profissional envolvido na área?				
As qualificações, treinamento e experiência são adequadas?				
São aplicadas precauções de higiene e segurança de acordo com normas vigentes?				
O pessoal toma precauções quanto a higiene para evitar contaminação dos sistemas-teste, especimens e substâncias?				
O pessoal é instruído em avisar o Diretor de Estudo quando eles tem doença que possa afetar a integridade dos estudos por contaminação dos sistemas-teste, espécimes e substâncias?				
Quando ocorre essa doença, o pessoal é afastado?				

Existe um Programa de Garantia da Qualidade com gerente designado?				
Onde apropriado consta a concordância do Gerente com o protocolo em conjunto com o Patrocinador?				
O Gerente assegura que as emendas ao protocolo sejam aprovadas e documentadas?				
O Gerente assegura que seja mantida cópia do protocolo?				
O Gerente assegura que seja mantido um arquivo tronco dos POPs?				
O Gerente assegura que exista um número suficiente de pessoas para conduzir o estudo na forma e no tempo apropriados?				
Para este estudo, foi designado um Diretor de Estudo com formação, treinamento e experiência apropriados, antes que tudo fosse iniciado?				
Se necessário, o Diretor de Estudo seria substituído?				
Essa substituição seria documentada?				

INMETRO – CTLE 06

Laboratório: .... Auditor: .... Data: ....

Seção II - 1 organização e pessoal da unidade operacional	sim	NÃO	N/A	OBSERVAÇÕES
1.1 - Responsabilidades da Gerência da Unidade Operacional (Continuação)				
Há um responsável designado pelo gerenciamento do arquivo?				
Em caso de exigência do Órgão Fiscalizador / Credenciador, a unidade operacional participa em programas interlaboratoriais?				
1.2 – Responsabilidades do Diretor de Estudo				

O Diretor de Estudo está familiarizado com todos os aspectos do estudo?				
O Diretor de Estudo elaborou o protocolo?				
O Diretor de Estudo assegura que seja obtida e documentada autorização para qualquer modificação, constando os motivos que a gerou?				
O Diretor de Estudo assegura que todos os dados gerados sejam documentados integralmente e registrados assim que gerados?				
O Diretor de Estudo assina e data o relatório final?				
O Diretor de Estudo verificou se as BPLs são respeitadas?				
O Diretor de Estudo assegura que, após o término do estudo o protocolo, relatório final, dados brutos e qualquer material referente ao estudo sejam transferidos para o arquivo?				
SEÇÃO II – 2 – PROGRAMA DE GARANTIA DA QUALIDADE	**SIM**	**NÃO**	**N/A**	**OBSERVAÇÕES**
2.1 – Geral				
A unidade operacional tinha um programa de Garantia da Qualidade?				
2.2 – Responsabilidades do Pessoal da garantia da Qualidade				
Existe um sistema para monitorar por amostragem os estudos de curta duração onde o monitoramento por estudo é impraticável?				
A abrangência e a profundidade do monitoramento GQ são adequadas?				
A unidade GQ tem um papel adequado nos casos em que o estudo ou partes do estudo são realizados em laboratórios contratados?				
A unidade GQ esteve engajada na verificação e revisão dos POPs?				
A unidade GQ assegurou que o protocolo e os POPs estivessem disponíveis para o pessoal que conduzia o estudo?				

A unidade GQ realizou inspeções periódicas?				
Registros desses procedimentos foram mantidos?				
A unidade GQ relatou imediatamente ao gerente e ao diretor de estudo qualquer não-conformidade?				

INMETRO – CTLE 06

Laboratório: .... Auditor: .... Data: ....

SEÇÃO II - 2 – PROGRAMA DE GARANTIA DA QUALIDADE (Continuação)	sim	NÃO	N/A	OBSERVAÇÕES
2.2 - Responsabilidades do Pessoal da Garantia da Qualidade (Continuação)				
A unidade GQ revisou o relatório final?				
Existiam procedimentos GQ, ao verificar o relatório final para assegurar a sua concordância com os dados brutos?				
A unidade GQ preparou e assinou uma declaração de conformidade com as normas de BPL a ser incluída no relatório final?				
Essa declaração específica em que datas as inspeções foram realizadas e em que datas as não-conformidades foram relatadas ao Gerente e ao Diretor de Estudo?				
SEÇÃO II – 3 – UNIDADE OPERACIONAL	SIM	NÃO	N/A	OBSERVAÇÕES
Existia uma planta das instalações?				
3.2 – Unidade Operacional do Sistema-teste				
Existiam procedimentos e equipamentos para controlar as condições ambientais (temperatura, umidade, fotoperiodo) conforme especificado no protocolo?				

Aumentos ou outros materiais para cultivo e criação eram protegidos de deterioração por condições ambientais desfavoráveis infestação ou contaminação?				
3.2.1 – A unidade operacional havia número adequados de ou áreas para assegurar o isolamento dos sistemas-teste e projetos individuais envolvendo substâncias químicas, biotecnológica ou biologicamente perigosa?				
3.2.2 – consta ações adequadas estavam disponíveis para diagnóstico tratamento e controle de doenças?				
3.2.3 – Havia áreas adequadas para suprimentos e equipamentos?				
Essas áreas eram separadas das áreas do sistema-teste?				
Perecíveis estavam em locais refrigerados?				
3.3 – Instalações para manuseio das substâncias-teste e referência				
3.3.1 – Havia áreas separadas para recebimento, armazenamento e manuseio de substâncias-teste e substâncias de referência?				
3.3.2 – As áreas de estocagem das substâncias-teste eram separadas das áreas que abrigavam o sistema-teste?				
Essas áreas eram adequadas para preservar identidade, concentração e pureza das substâncias-teste e substâncias de referência?				
Havia condições seguras de armazenamento pra substâncias perigosas?				
3.4 – Instalações de Arquivos				
Os arquivos tinham espaço para armazenamento e recuperação de dados brutos, relatórios, protocolos, correspondência, currículos, descrições de cargo, registros de inspeções e auditorias e agenda-mestre?				
Substâncias-teste e substâncias de referência tinham local apropriado para armazenamento e recuperação?				

INMETRO – CTLE 06

Laboratório: .... Auditor: .... Data: ....

SEÇÃO II - 3 – UNIDADE OPERACIONAL (Continuação)	sim	NÃO	N/A	**OBSERVAÇÕES**
3.5 – Descarte e resíduos				
3.5.1 – Manuseio e descarte de resíduos foram feitos de maneira a não colocar em risco a integridade dos estudos?				
3.5.2 – Manuseio e descarte foram efetuados de acordo com a legislação vigente?				
Forma de armazenamento, local de descarte, procedimentos de transporte e descontaminação foram adequados?				
Foram mantidos registros relacionados a estas atividades?				
Em caso de substância não sujeitas a legislação, foram consultados os órgãos competentes?				
SEÇÃO II – 4 – EQUIPAMENTOS, MATERIAL E REAGENTES	SIM	NÃO	N/A	OBSERVAÇÕES
4.1 - Equipamentos				
4.1.1 – Os equipamentos utilizados para a geração dos dados e controle de fatores ambientais tinham configuração, capacidade e localização adequados?				
4.2 – Os equipamentos foram periodicamente inspecionados, limpos e sofreram manutenção de acordo com POPs?				
Foi feita calibração nesses equipamentos de acordo com POPs?				
4.3 – Existiam POPs de operação dos equipamentos?				
Existiam POPs de manutenção rotineira dos equipamentos?				
Existiam POPs de manutenção não rotineira dos equipamentos?				

Existiam POPs de aferição/calibração dos equipamentos?				
Foram mantidos registros referentes a manutenção rotineira?				
Foram mantidos registros referentes a manutenção não rotineira?				
Foram mantidos registros referentes a aferição/ calibração?				
Foi verificado se os equipamentos utilizados não compatíveis com os espécimes?				
4.2 - Material				
Foi verificado se o material utilizado não interferia com os espécimes?				
Registros desses procedimentos foram mantidos? 4.3 – Reagentes				
Todos os reagentes e soluções eram rotulados?				
Cartazes indicavam procedência, identidade, concentração e condições de estabilidade incluindo data de preparação, prazo de validade e instruções específicas de armazenamento?				

SEÇÃO II – 5 – SISTEMA-TESTE / ESPÉCIME	**SIM**	**NÃO**	**N/A**	OBSERVAÇÕES
Foram efetuados controle específicos referentes aos sistemas-teste e espécimes?				
5.1 – Físico ou Químico				
5.1.1 – Equipamentos utilizados para geração de dados físico-químicos tinham configuração, capacidade e localização adequadas?				
5.1.2 – Foram utilizadas substâncias de referência como referência para assegurar a integridade dos resultados?				

INMETRO – CTLE 06

Laboratório: .... Auditor: .... Data: ....

SEÇÃO II - 5 – SISTEMA-TESTE / ESPÉCIMES (Continuação)	sim	**NÃO**	**N/A**	**OBSERVAÇÕES**
5.2 – Biológico				
As gaiolas aquários, tanques e material acessório foram limpos, sanitizados e/ou esterilizados adequadamente?				
Os alimentos, solo e água foram analisados e/ou protegidos (contaminantes)?				
Essas análises ou controles foram documentados?				
5.2.1 – Foram estabelecidas e mantidas condições apropriadas para guarda, manuseio e cuidado de sistemas biológicos?				
5.2.2 – Foram obedecidos regulamentos em vigor para referência de cuidado e uso de sistemas biológicos?				
5.2.3 – Os sistemas biológicos foram isolados na recepção que suas condições de saúde fossem avaliadas?				
Quando qualquer mortalidade ou morbidade fora do normal ocorra , era seguido o procedimento de que o lote não deveria ser utilizado?				
Quando apropriado, os sistemas foram destruídos corretamente?				
5.2.4 – Foram mantidos registros de procedência, condições e datas de chegada?				
5.2.5 – Os sistemas foram aclimatados ao ambiente por um período adequado antes do início do estudo?				
5.2.6 – Os sistemas foram adequadamente identificados?				
5.2.7 – Foram mantidos registros de diagnóstico e tratamento de qualquer doença?				
SEÇÃO II – 6 – SUBSTÂNCIAS-TESTE E DE REFERÊNCIA	SIM	NÃO	N/A	OBSERVAÇÕES

6.2 - Recepção, Manuseio, Amostragem e Armazenamento				
6.2.1 - Foram mantidos registros incluindo caracterização da substância, data de recebimento, quantidades recebidas e usadas?				
Foram estabelecidos procedimentos de manuseio, amostragem e armazenamento?				
Caracterização				
As características das substâncias foram determinadas antes do início dos testes?				
Foi determinada a estabilidade da mistura da substância-teste com um veículo quando apropriado?				
Foi determinada a solubilidade da mistura da substância-teste com veículo?				
Foi verificado que o veículo não interferia com a integridade do estudo?				
6.2.2 - Eram conhecidos identidades, número de impureza, concentração ou qualquer outro dado relevante referente as substâncias-teste e substâncias de referência?				
6.2.3 -Era conhecida a estabilidade da substância-teste ou substância de referência sob condições de armazenamento?				
6.2 – Caracterização (Continuação)				
6.2.4 – Era conhecida a estabilidade do espécime?				
6.2.5 – Se a substância-teste foi administrada em um veículo foram estabelecidos POPs para testar a homogeneidade e estabilidade da substância-teste neste veículo?				

INMETRO – CTLE 06

Laboratório: .... Auditor: .... Data: ....

Seção II - 7 – PROCEDIMENTOS OPERACIONAIS PADRÃO	sim	**NÃO**	**N/A**	**OBSERVAÇÕES**
7.1 – Geral				
Os POPs designavam quem era a pessoa responsável por cada operação?				
Existia um índice de POPs?				
Existia um procedimento para revisão dos POPs?				
7.1.1 – Existiam POPs escritos e aprovados pela Gerência?				
7.1.2 – Os POPs estavam imediatamente disponíveis em cada setor do laboratório?				
7.2 – Aplicação				
7.2.1 – Existiam POPs para todas as atividades, como por exemplo para:				
Utilização de agentes de controle de pragas e limpeza?				
Recebimento, identificação, rotulagem, manuseio, amostragem e armazenamento de substâncias-teste e de referência?				
Operação, manuseio, limpeza e aferição/calibração de equipamentos de medição e de controle ambiental?				
Preparação de reagentes?				
Guarda, confecção, armazenamento e recuperação de códigos?				
Codificação de estudos, coleta de dados, preparação de modelos de sistemas de indexação, manuseio de dados, modos de uso de sistemas de dados computadorizados?				

Preparação da sala e de suas condições ambientais para sistema-teste?				
Procedimento para o recebimento, transferência, localização, identificação e cuidados com o sistema-teste?				
Preparação, observação e exame do sistema-teste antes, durante e no fim do estudo?				
Manuseio do elemento do sistema-teste encontrado morto ou moribundo?				
Coleta, identificação e manuseio dos espécimes, incluindo necrópsia e exames histopatológicos?				
Procedimentos de garantia da qualidade?				
Sistemas de segurança e higiene?				
SEÇÃO II – 8 – CONDUÇÃO DO ESTUDO	SIM	NÃO	NA	OBSERVAÇÕES
8.1 – Protocolo				
8.1.1 - Existia um protocolo antes do início do estudo?				
8.1.2 - O protocolo foi arquivado?				
8.1.3 - As mudanças ou revisões, incluindo justificativas, foram documentadas,datadas e assinadas pelo Diretor de Estudo e anexadas ao protocolo?				
8.2 – Conteúdo do Protocolo				
O protocolo continha no mínimo:				
O método estatístico proposto para ser usado?				
8.2.1.a – Título descritivo?				

8.2.1.b – Declaração da natureza e do proposto do estudo?				
8.2.1.c – Substâncias de referência e de controle a serem usadas?				
8.2.2.a – Nome e endereço do patrocinador?				
8.2.2.b – Nome e endereço da unidade operacional?				
8.2.2.c - Nome e endereço do Diretor de Estudo?				

INMETRO – CTLE 06

Laboratório: .... Auditor: .... Data: ....

SEÇÃO II - 8 – CONDUÇÃO DO ESTUDO (Continuação)	sim	NÃO	N/A	OBSERVAÇÕES
8.2.3.a – Data de aprovação do protocolo por assinatura do Diretor de Estudo?				
8.2.3.b – Data provável de fim de estudo?				
8.2.4 – Métodos?				
Referência a métodos validados?				
Em caso de uso de kits (métodos, aparelhos, reagentes), estava disponível o relatório de validação do fornecedor?				
8.2.5 – Quando aplicável				
Justificativa para seleção do sistema-teste?				
Caracterização do sistema-teste, tal como espécie, ... sublinhagem fontes de suprimentos, números, faixa, peso corpóreo, sexo, idade e outras informações pertinentes?				
Método de administração da substância no sistema-teste a razão da escolha?				
O nível e/ou concentração, freqüência e duração da administração ou exposição?				
Informações detalhadas do delineamento experimental, destacando a descrição do procedimento cronológico de todos os métodos, material e condições, tipo e freqüência de analises, medidas e exames a serem realizados?				
8.2.6 – Agenda de dados a serem registrados?				
8.3 – Condução do Estudo				

Os protocolos apresentados nos relatórios (intermediários), são consistentes e refletem os dados brutos?				
O estudo foi conduzido de acordo com o protocolo?				
Todos os dados gerados durante a condução do estudo foram registrados, de forma legível, direta, pronta e fidedigna?				
Entradas de dados foram rubricadas e datadas?				
Quando qualquer mudança era feita, o dado entrado e protocolado, ainda ficava legível?				
A pessoa que deu entrada ao novo dado datou, assinou e explicou o motivo da mudança?				
Para dados gerados através de entradas diretas em um computador foram claramente especificadas a pessoa responsável pela digitação do dado e da data de digitação?				
Quando qualquer mudança era necessária, a digitação foi feita corretamente indicando motivo da mudança, data e pessoa responsável pela correção?				
SEÇÃO II – 4 – EQUIPAMENTOS, MATERIAL E REAGENTES	SIM	NÃO	N/A	OBSERVAÇÕES
4.2 - Material				
É verificado se o material utilizado não interfere com os espécimes?				
4.3 – Reagentes				
Todos os reagentes e soluções são rotulados?				
- Os rótulos indicam procedência, identidade, concentração e dados de estabilidade incluindo data de preparação, prazo de validade e instruções especificas de armazenamento. - Todos os reagentes e soluções estão dentro do prazo de validade?				

SEÇÃO II – 5 – SISTEMA-TESTE / ESPÉCIME	SIM	NÃO	N/A	OBSERVAÇÕES
- São realizados controles específicos referentes aos sistemas-teste e espécimes?				
5.1 – Físico ou Químico				
5.1.1 – Equipamentos utilizados para geração de dados físico-químicos tem configuração, capacidade e localização adequadas?				
5.1.2 – São utilizadas substâncias de referência como meio para assegurar a integridade dos resultados?				
5.1.3 – Os espécimes e sistemas-teste são devidamente identificados?				
5.2 – Biológico				
- As gaiolas, aquários, tanques e material acessório são limpos, sanitizados e/ou esterilizados adequadamente?				
- Os alimentos, solo e água foram analisados e/ou controlados (contaminantes)?				
- Essas análises ou controles foram documentados?				
- É usado um tipo de forragem que não interfira com a condução do estudo?				
- A forragem é trocada com intervalos adequados?				
5.2.1 – São mantidas condições apropriadas para guarda, manuseio e cuidado de sistemas biológicos?				
5.2.2 – São obedecidos regulamentos em vigor para importação cuidado e uso de sistemas biológicos?				
5.2.3 – Os sistemas biológicos são isolados na recepção de tal forma que suas condições de saúde sejam avaliadas?				
Quando qualquer mortalidade ou morbidade fora do normal ocorre, inutiliza-se o lote?				

Quando apropriado, os sistemas são destruídos humanitariamente?				
5.2.4 – São mantidos registros de procedência, condições e datas de chegada?				
5.2.5 – Os sistemas são aclimatados ao ambiente por um período adequado antes do início do estudo?				
5.2.6 – Os sistemas são adequadamente identificados?				
5.2.7 – São mantidos registros de diagnóstico e tratamento de qualquer doença?				
SEÇÃO II – 6 – SUBSTÂNCIAS-TESTE E DE REFERÊNCIA	SIM	NÃO	N/A	OBSERVAÇÕES
6.1 - Recepção, Manuseio, Amostragem e Armazenamento				
6.1.1 – São mantidos registros incluindo caracterização da substância, data de recebimento, quantidades recebidas e utilizadas?				
6.1.2 –São estabelecidos procedimentos de manuseio, amostragem e armazenamento?				
6.1.3 – Os recipientes de estocagem trazem informações sobre identificação, prazo de validade e instruções específicas?				
6.2 - Caracterização				
- A solubilidade das substâncias foi determinada antes do início dos testes?				
- É determinada a estabilidade da mistura da substância com veículo quando apropriado?				
- É determinada a solubilidade da mistura da substância com veículo?				
- É verificado que o veículo não interfere com a integridade do estudo?				
6.2.1 – Cada substância-teste ou substância de referência é apropriadamente identificada?				

6.2.2 –Para cada estudo, são conhecidos identidade, número de lote, pureza, concentração ou qualquer outros dados relevantes referente as substâncias-teste e substâncias de referência?				
6.2.3 – É conhecida a estabilidade da substância-teste ou substância de referência sob condições de armazenamento?				
6.2.4 – É conhecida a estabilidade do espécime?				
6.2.5 – Quando a substância-teste é administrada em um veículo são estabelecidos POPs para testar a homogeneidade e estabilidade da substância-teste neste veículo?				
Seção II - 7 – PROCEDIMENTOS OPERACIONAIS PADRÃO	sim	**NÃO**	**N/A**	**OBSERVAÇÕES**
7.1 – Geral				
- Os POPs designavam quem é a pessoa responsável por cada operação?				
- Existe um índice de POPs?				
- Existe um procedimento para revisão dos POPs?				
7.1.1 – Existem POPs escritos e aprovados pela Gerência?				
7.1.2 – Os POPs são imediatamente disponíveis em cada setor do laboratório?				
7.2 – Aplicação				
7.2.1 – Existem POPs para todas as atividades, como por exemplo para:				
- Utilização de agentes de controle de pragas e limpeza?				
- Recebimento, identificação, rotulagem, manuseio, amostragem e armazenamento de substâncias-teste e de referência?				

- Operação, manuseio, limpeza e aferição/ calibração de equipamentos de medição e de controle ambiental?				
- Preparação de reagentes?				
c) Guarda, confecção, armazenamento e recuperação de registros?				
- Codificação de estudos, coleta de dados, preparação de relatórios, sistemas de indexação, manuseio de dados, incluindo uso de sistemas de dados computadorizados?				
d) Preparação da sala e de suas condições ambientais para sistema-teste?				
- Procedimento para o recebimento, transferência, localização, caracterização, identificação e cuidados com o sistema-teste?				
- Preparação, observação e exame do sistema-teste antes, durante e no fim do estudo?				
- Manuseio do elemento do sistema-teste encontrado morto ou moribundo?				
- Coleta, identificação e manuseio dos espécimes, incluindo necropsia e exames histopatológicos?				
e) Procedimentos de garantia da qualidade?				
f) Sistemas de segurança e higiene?				
SEÇÃO II – 8 – CONDUÇÃO DO ESTUDO	**SIM**	**NÃO**	**NA**	**OBSERVAÇÕES**
8.1 – Protocolo				
8.1.1 - Existe um protocolo antes do início dos estudos?				
8.1.2 - O protocolo é arquivado?				
8.1.3 - As mudanças ou revisões, incluindo justificativas, são documentadas,datadas e assinadas pelo Diretor de Estudo e anexadas ao protocolo?				

8.2 – Conteúdo do Protocolo				
- O protocolo contém no mínimo:				
- O método estatístico proposto para ser usado?				
8.2.1.a – Título descritivo?				
8.2.1.b – Declaração da natureza e do proposto do estudo?				
8.2.1.c – Substâncias de referência e de controle a serem usadas?				
8.2.2.a – Nome e endereço do patrocinador?				
8.2.2.b – Nome e endereço da unidade operacional?				
8.2.2.c - Nome e endereço do Diretor de Estudo?				
8.2.3.a – Data de aprovação do protocolo por assinatura do Diretor de Estudo?				
8.2.3.b – Datas propostas para início e fim do experimento?				
8.2.3.c – Data provável do fim do estudo?				
8.2.4 – Métodos?				
- Referência a métodos validados?				
- Em caso de uso de kits (métodos, aparelhos, reagentes), esta disponível o relatório de validação do fornecedor?				
8.2.5.a - Justificativa para seleção do sistema-teste?				

8.2.5.b -Caracterização do sistema-teste, tal como espécie, linhagem, sublinhagem fontes de suprimentos, números, faixa, peso corpóreo, sexo, idade e outras informações pertinentes?				
8.2.5.c - Método de administração da substância no sistema-teste a razão da escolha?				
8.2.5.d - O nível e/ou concentração, freqüência e duração da administração ou exposição?				
8.2.5.e - Informações detalhadas do delineamento experimental, incluindo a descrição do procedimento cronológico do estudo, todos os métodos, material e condições, tipo e freqüência de analises, medidas e exames a serem realizados?				
8.2.6 – Lista de dados a serem registrados?				
8.3 – Condução do Estudo				
- Os resultados apresentados nos relatórios (intermediários), são consistentes e refletem os dados brutos?				
8.3.1 – É dada uma única identificação para cada estudo?				
- Todos os itens que dizem respeito a este estudo portam essa identificação?				
8.3.2 - O estudo é conduzido de acordo com o protocolo?				
8.3.3 - Todos os dados gerados durante a condução do estudo são registrados, de forma legível, direta, pronta e exatamente?				
- Essas entradas de dados foram rubricadas e datadas?				
8.3.4 - Quando qualquer mudança é feita, o dado entrado previamente ainda fica legível?				
- A pessoa que dá entrada ao novo dado data, assina e publica o motivo da mudança?				

8.3.5 - Para dados gerados através de entradas diretas em um computador são claramente especificadas a pessoa responsável pela digitação do dado e da data de digitação?			
- Quando qualquer mudança é necessária, a digitação é feita separadamente indicando motivo da mudança, data e pessoa responsável pela correção?				

Seção II - 9 – RELATÓRIO DE Estudo	sim	**NÃO**	**N/A**	**OBSERVAÇÕES**
9.1 – Geral				
9.1.1 – É regido um relatório final de cada estudo?				
9.1.2 – O relatório final é datado e assinado pelo diretor de estudo?				
9.1.3 – Os relatórios de outras áreas anexados ao relatório são datados e assinados pelo pesquisador principal, responsável por cada área?				
9.1.4 – Correções e aditamentos ao relatório final são feitas de forma de adendos?				
Esse adendo especifica claramente o motivo da correção e é datado e assinado pelo diretor de estudo e pelo pesquisador principal de cada disciplina envolvida?				
9.2 – Conteúdo do Relatório Final				
O relatório final contém no mínimo:				
- Uma declaração do diretor de estudo mencionando aceitação e responsabilidade pela validade do estudo e confirmando que o estudo foi conduzido de acordo com os Princípios das BPL?				
- A descrição de todos os fatos que podem ter afetado a qualidade ou integridade dos dados?				
9.2.1.a – Um título descritivo?				

9.2.1.b – Identificação da substância-teste?				
9.2.1.c – Identificação da substância de referência?				
9.2.1.d – Identificação da substância de controle?				
9.2.1.e – Caracterização da substância-teste, incluindo pureza, estabilidade e homogeneidade?				
9.2.2.a – Nome e endereço da unidade operacional?				
9.2.2.b – Nome e endereço do diretor de estudo?				
9.2.2.c – Nome de outras pessoas envolvidas significativamente no estudo?				
9.2.3 – Datas nas quais o estudo foi iniciado e finalizado?				
9.2.4 – Uma declaração da unidade de garantia de qualidade certificando em que datas foram realizadas inspeções e em que datas quaisquer não conformidades foram relatadas ao gerente e ao diretor de estudo?				
9.2.5.a – Descrição do material e métodos utilizados?				
9.2.5.b – Referência aos procedimentos oficiais ou oficialmente reconhecidos?				
9.2.6.a – Sumário dos resultados?				
9.2.6.b – Todas as informações e dados requeridos no protocolo?				
9.2.6.c – Apresentação dos resultados, incluindo cálculos e quando pertinentes métodos estatísticos?				
9.2.6.d – Uma avaliação e discussão dos resultados e quando apropriadas conclusões?				

9.2.7 – Local onde todos os espécimes, dados brutos e relatório final são arquivados ou armazenados?				
Seção II - 10 – ARQUIVO DE REGISTRO E ARMAZENAMENTO DE MATERIAL	sim	**NÃO**	**N/A**	**OBSERVAÇÕES**
10.1 – Arquivo, armazenamento e recuperação				
10.1.1 – Os arquivos são estruturados e equipados para acondicionamento e estocagem de:				
a) Protocolo?				
b) Dados brutos?				
c) Relatório final?				
d) Relatórios de inspeções e auditorias conduzidas de acordo com o programa de garantia da qualidade?				
e) Espécimes?				
f) Sumário de qualificações, treinamento, experiências e descrição de cargo do pessoal?				
g) Registros e relatórios de manutenção e calibração de equipamentos?				
h) Arquivo histórico de POPs?				
- Esse acondicionamento e essa estocagem são seguros?				
10.2.2 – O material retido em arquivo é indexado para facilitar o armazenamento ordenado e uma rápida recuperação?				
10.2.3 – Somente pessoal autorizado pela gerência tem acesso aos arquivos?				
- A inclusão ou retirada de material é devidamente registrada?				

Rafaella Bericio Mendes

Bibliografia

1)Almeida,J.R. et al.,Perícia Ambiental Judicial e Securitária,Thex. Ed.,RJ,2006.501pp

2)Almeida,J.R. et al.,Gerenciamento Ambiental.Thex Ed.,RJ,2007.350 pp.

3)Almeida,J.R. et al.,Gestão Ambiental,para o Desenvolvimento Sustentável,Thex Ed.,RJ.2006.565 pp.

4)Almeida,J.R. et al.,Política e Planejamento Ambiental,Thex Ed.,RJ.2008.455 pp.

5)Almeida,J.R.,Aquino,A.R & Aguiar,A.A.,2003.Avaliação do uso de recursos florestais para fins energéticos pela população rural de São José de Mipibú(RN.Brasil).Rev.Bras.Pesq.Des.vol.5 (3):101-105.

6)Lins,G.A.Queiroz,C.,Pinna,F. & Almeida,J.R.,2004.Análise crítica de auditorias ambientais.Mundo & Vida - vol.5(1):29-36.

7)Almeida,J.R,Almeida,M.B.,Aguiar,A.A.Aquino,A.R. & Coelho,M. C.C.,2004.Custo ecológico do uso integral de recursos florestais para fins energéticos.Rev.Bras.Pesq.Des.vol 5(1):23-29.

8)Almeida,J.R.,Aquino,A.R.,Coelho,M.C.C.,Carneiro,A.L.G.,Mai,L. A.,Soares,P.S.& Rodrigues,M.G.,2005.Estudo de viabilidade para recuperação e gestão de conservação ambiental de enclaves geomorfológicos.Rev.Bras.Pesq.Des.vol.7 (2):279-285.

9)Almeida,J.R.,Aquino,A.R.,Aguiar,L.A.,Guena,A.M.O.,Carneiro,A. L.G.,Mai,L.A.

& Freire,D.D.,2005.Modelagem de circulação de matéria em floresta tropical.Rev.Bras.Pesq.Des.,vol 7(3):332-343.

10)Leite,F.D.P. & Almeida,J.R.2005.Valoração econômica do recurso e do dano ambiental aplicada a quantificação de débito imputado pelo Tribunal de Contas da União.Rev.TCU:77-90.

11)Coelho,M.C.C.,Aquino,A.R. & Almeida,J.R.,2006.Desenvolvimento sustentável e protocolo de Quito.Rev.Bras.Pesq.Des.,vol 8(2):38-46.

12)Mai,L.A.,Carneiro,A.L.G.,Aquino,A.R. & Almeida,J.R.,2006.Mudanças climáticas globais e problemas sociais:a relação com o "consumismo".Rev.Bras.Pesq.Des.,vol8(2):53-59.

13)Almeida,J.R.,Abi-chahin,J.O. & Lins,G.A.,2007.Avaliação dos impactos ambientais em empreendimentos rodoviários:Estudo de caso-rodovia br 317/AC.Anais II Congresso Internacional de Perícia Criminal e XIX Congresso Nacional de Criminalística:14 pp.

14)Almeida,J.R. & Lins,G.A.,2007.A Biopirataria no Brasil:uma análise histórica.Anais do XIV Congresso Brasileiro de Engenharia de Avaliações e Perícias:9 PP.